Der Autor

Prof. Dr. Karl Dietrich Erdmann (1910–1990) war von 1953 bis zu seiner Emeritierung Ordinarius für neuere Geschichte an der Universität Kiel. Er gehörte zu den bekanntesten deutschen Historikern; ehemaliger Vorsitzender des Verbandes deutscher Historiker und des Deutschen Bildungsrates, Präsident des Comité International des Sciences Historiques; Herausgeber der Zeitschrift ›Geschichte in Wissenschaft und Unterricht‹. Veröffentlichungen u. a.: ›Volkssouveränität und Kirche‹ (1950); ›Adenauer in der Rheinlandpolitik nach dem Ersten Weltkrieg‹ (1966); Hg.: Kurt Riezler, ›Tagebücher, Aufsätze, Dokumente‹ (1972); Mithg.: ›Akten der Reichskanzlei. Weimarer Republik‹ (1968 ff.).

Gebhardt
Handbuch der deutschen Geschichte

Neunte, neu bearbeitete Auflage,
herausgegeben von
Herbert Grundmann

Band 20

Karl Dietrich Erdmann:

Deutschland unter der Herrschaft des Nationalsozialismus 1933–1939

Deutscher
Taschenbuch
Verlag

dtv

Band 20 der Taschenbuchausgabe enthält den ungekürzten Text des HANDBUCHS DER DEUTSCHEN GESCHICHTE, Band 4: Die Zeit der Weltkriege, Teil C.
Unsere Zählung Kapitel 1–19 entspricht den §§ 51–69 im Band 4 des Originalwerkes.

Der Tabellarische Anhang aus dem Band 4 der Originalausgabe findet sich am Schluß des Bandes 22 der Taschenbuchausgabe.

1. Auflage Juni 1980
10. Auflage März 1996: 77. bis 79. Tausend
Deutscher Taschenbuch Verlag GmbH & Co. KG, München

Umschlaggestaltung: Celestino Piatti
Gesamtherstellung: C. H. Beck'sche Buchdruckerei, Nördlingen
Printed in Germany · ISBN 3-423-04220-6

Vorbemerkung

In der Neufassung der Geschichte Deutschlands im Zeitalter der Weltkriege ist im Unterschied zur 8. Auflage des Gebhardtschen Handbuches die Darstellung bis zu den Jahren 1949/50 fortgeführt worden. Sie reicht bis zur Gründung der Republik Österreich, der Bundesrepublik Deutschland und der Deutschen Demokratischen Republik auf dem Boden des ehemaligen Deutschen Reiches. Den Schlußpunkt hier und nicht später anzusetzen, empfiehlt sich aus mehreren Gründen. Die Spaltung Deutschlands, die sich in den Jahren 1945 bis 1950 vollzog, gehört als die unmittelbare Auswirkung des Zweiten Weltkrieges noch in die Thematik des 4. Bandes hinein. Mit der Entstehung der deutschen Teilstaaten beginnt eine neue Periode der deutschen Geschichte. Das Bild dieser geschichtlichen Zeit, in der wir leben, ist mehr vom politischen Ermessens- als vom historischen Sachurteil bestimmt. Die fünf ersten Nachkriegsjahre hingegen beginnen sich von Fragestellungen und Quellen her der historischen Forschung zu erschließen. Über sie kann in einem Handbuch der Geschichte berichtet werden.

Die sehr intensive zeitgeschichtliche Forschung, die seit der letzten Auflage neue Materialien erschlossen und mit neuen Fragestellungen durchdrungen hat, machte sowohl eine streckenweise erhebliche Überarbeitung wie eine thematische Erweiterung erforderlich. Bei der Erschließung der Literatur und der Gestaltung des Textes ist mir von Mitarbeitern des Historischen Seminars der Universität Kiel manche Hilfe zuteil geworden. Besonders habe ich Frau Ute Meyn und Frau Dr. Agnes Blänsdorf für ihre kritische Assistenz zu danken sowie den Herren Willy Schulz, Hans Peter Mensing und Rüdiger Wenzel für die laufende Führung der Literaturkartei und unverdrossene Hilfe bei der Bücherbeschaffung. Die beiden letzteren haben auch den Hauptanteil an der Erstellung des Registers. Für die Schulgeschichte hat Herr Dr. Wolfgang Wittwer unentbehrliche Vorarbeiten geleistet, für die Ergänzung des tabellarischen Anhangs Herr Dr. Peter Wulf. Teile des Manuskriptes sind gelesen und mit förderlichen Kommentaren versehen worden von Professor Dr. Jürgen Rohwer, Direktor der Bibliothek für Zeitgeschichte in Stuttgart (Zweiter Weltkrieg, besonders Seekrieg), und Professor Eric Kollman, USA (Entstehung der Zweiten Republik in Österreich). Manche Anregung und Hilfe kam aus dem Bundesarchiv Koblenz von meinen Mitarbeitern an der Edition der ›Akten der Reichskanzlei‹. Die Manuskripte sind mit größter Geduld und Sorgfalt von Frau Emmy Koch geschrieben worden. Dem Dank für die gute Zusammenarbeit im Historischen Seminar der Universität Kiel füge ich die an den Leser gerichtete Bitte hinzu, Unstimmigkeiten und Irrtümer anzumerken und sie den Verfasser wissen zu lassen.

Die Literatur für diesen Band ist bis einschließlich 1975 berücksichtigt worden.

Karl Dietrich Erdmann

Inhalt

Abkürzungsverzeichnis

AA	Auswärtiges Amt
Abh. Ak.	Abhandlung(en) der Akademie der Wissenschaften ..., phil.-hist. Klasse (wenn nicht anders angegeben)
ADAP	Akten zur Deutschen Auswärtigen Politik
AHR	The American Historical Review (New York 1895 ff.)
Adm.	Admiral
all.	alliiert
AöR	Archiv des öffentlichen Rechts (1886 ff.)
Ausw. Pol.	Hamburger Monatshefte für auswärtige Politik (1934 ff.)
B.	Bund(es)
BA	Bundesarchiv
Berl. Mh.	Berliner Monatshefte (1929–1944)
Bes.	Besatzung
BGBl.	Bundesgesetzblatt
Dem., dem.	Demokrat, demokratisch
DW^{10})	Dahlmann-Waitz, Quellenkunde der deutschen Geschichte, 10. Aufl., hg. v. H. Heimpel u. H. Geuss (seit 1965 im Erscheinen)
DZA	Deutsches Zentralarchiv Potsdam oder Merseburg
EA	Europa-Archiv, hg. v. W. Cornides (1947 ff.)
Ebf.	Erzbischof
Ehg.	Erzherzog
EHR	The English Historical Review (London 1886 ff.)
GBl.	Gesetzblatt
Gen.	General
GFM	Generalfeldmarschall
GWU	Geschichte in Wissenschaft und Unterricht, Zeitschrift des Verbandes der Geschichtslehrer Deutschlands (1950 ff.)
FAZ	Frankfurter Allgemeine Zeitung
Hdb.	Handbuch
Hdwb.	Handwörterbuch
Hg.	Herausgeber; hg. v. = herausgegeben von
Hist. Vjschr.	Historische Vierteljahrsschrift (1898 ff.)
HJb.	Historisches Jahrbuch der Görresgesellschaft (1880 ff.)
HZ	Historische Zeitschrift (1859 ff.)
Hzg.	Herzog
ICJ	International Court of Justice
IMT	International Military Tribunal
IWK	Internationale Wissenschaftliche Korrespondenz zur Geschichte der deutschen Arbeiterbewegung, im Auftrag der Historischen Kommission Berlin (1965 ff.)
Jb., Jbb.	Jahrbuch, Jahrbücher

JbbGOsteur.	Jahrbücher für Geschichte Osteuropas (1936–1939; NF 1953 ff.)
JCS	Joint Chiefs of Staff
K.	Kaiser
Kg.	König
Komm., komm.	Kommissar, kommissarisch
Kons., kons.	Konservativer, konservativ
Lab.	Labour Party
lib.	liberal
Lt.	Leutnant
Marsch.	Marschall
MdB	Mitglied des Bundestages
MdL	Mitglied des Landtages
MdR	Mitglied des Reichstages
MEW	Karl Marx und Friedrich Engels, Werke. 40 Bde. (Berlin-Ost 1957 ff.)
Min.	Minister, Ministerium
MIÖG	Mitteilungen des Instituts für österreichische Geschichtsforschung (Wien 1880 ff.); MÖIG = Mitteilungen des österreichischen Instituts für Geschichtsforschung, Bd. 39–55 (1928–1944)
Mon. Paed.	Monumenta Paedagogica, hg. von der Kommission für Deutsche Erziehungs- und Schulgeschichte der Deutschen Akademie der Wissenschaften zu Berlin. Reihe C: Entwicklung des Bildungswesens und der Pädagogik nach 1945 (Berlin-Ost 1968 ff.)
Ndr.	Neudruck
NF	Neue Folge
NPL	Neue Politische Literatur (1956 ff.)
OB	Oberbürgermeister
Ob.	Oberbefehlshaber
o. G.	ohne Geschäftsbereich
OKH	Oberkommando des Heeres
OKW	Oberkommando der Wehrmacht
Polit. Vjschr.	Politische Vierteljahresschrift. Zeitschrift der Deutschen Vereinigung für Politische Wissenschaft (1960 ff.)
Präs.	Präsident
R.	Reich(s)
ref.	reformiert
Reg.	Regierung
Rep.	Republikaner, republikanisch
RGBl.	Reichsgesetzblatt
RH	Revue historique (Paris 1876 ff.)
Rhein. Vjbll.	Rheinische Vierteljahrsblätter, Mitteilungen des Instituts für geschichtliche Landeskunde der Rheinlande an der Universität Bonn (1931 ff.)
RK	Reichskanzlei; Reichskanzler
RSHA	Reichssicherheitshauptamt
SB	Sitzungsberichte der Akademie der Wissenschaften ..., phil.-hist. Klasse

StIG	Ständiger Internationaler Gerichtshof
StS.	Staatssekretär
Tb.	Taschenbuch
VB	Völkerbund
VfZG	Vierteljahrshefte für Zeitgeschichte (1953 ff.)
Vors.	Vorsitzender
VSWG	Vierteljahrsschrift für Sozial- und Wirtschaftsgeschichte (1903 ff.)
VuG	Vergangenheit und Gegenwart, Zeitschrift für den Geschichtsunterricht und für staatsbürgerliche Erziehung (34 Bde., Leipzig 1911–1944)
WaG	Welt als Geschichte, Zeitschrift für universalgeschichtliche Forschung (23 Bde., 1935–1963)
Wehrwiss. Rdsch.	Wehrwissenschaftl. Rundschau (1951 ff.)
WRV	Weimarer Reichsverfassung
ZfG	Zeitschrift für Geschichtswissenschaft (Berlin-Ost 1953 ff.)
ZRG KA	Zeitschrift der Savigny Stiftung für Rechtsgeschichte. Kanonistische Abteilung (1911 ff.)
Zs.	Zeitschrift

Abkürzungen für Parteien und Organisationen sowie für einzelne Staats- und Parteiämter finden sich im Register.
In den Buchtiteln der biographischen Literaturzusammenstellungen vor den einzelnen Abschnitten sind historisch wichtige Personen bei ihrer ersten Nennung zur Erleichterung der Orientierung durch Großbuchstaben hervorgehoben, ebenso wie allgemein die Autorennamen.
Quellen- und Literaturverweise innerhalb des Handbuchs wurden auf die neue Einteilung in Taschenbücher umgestellt. So entspricht z. B. Bd. 19, Kap. 4 dem § 29 im Band 4 der Originalausgabe.
Bei Verweisen innerhalb eines Bandes wurde auf die Angabe des Bandes verzichtet und nur das Kapitel angegeben.

Allgemeine Bibliographie zur Gesamtperiode

Methodische Probleme der Zeitgeschichte (in engerem Sinne 1917 bis 1945, Rothfels) *und Gegenwartsgeschichte:* P. RASSOW, Der Historiker u. seine Gegenwart (1948); H. ROTHFELS, Zeitgesch. als Aufgabe, VfZG 1 (1953); F. ERNST, Zeitgeschehen u. Geschichtsschreibung, WaG 17 (1957); E. NOLTE, Zeitgeschichtsforschung und Zeitgeschichte, VfZG 18 (1970).

Forschungsinstitute und Zeitschriften: Inst. f. Weltwirtschaft, Kiel (umfassendes Archiv von Zeitungen u. Periodica auch für die dt. Zeitgesch.); Bibliothek f. Zeitgesch., Stuttgart (früher Weltkriegsbücherei, wichtige Bibliographien); Inst. f. Zeitgesch., München (zentrale Forschungsstelle, Schwerpunkt Weimarer Republik u. Nationalsozialismus), VfZG (1953ff.); H. KRAUSNICK, Zur Arbeit d. Inst. f. Zeitgesch., GWU 19 (1968); Forschungsinstitut d. Dt. Gesellschaft für Ausw. Politik, Bonn (früher Inst. f. Europ. Politik u. Wirtschaft, Frankfurt/M.; Schwerpunkt Probleme d. europ. Ordnung nach 1945), Europa-Archiv (1946ff., veröffentlicht laufend die wichtigsten Dokumente zur Gegenwartsgesch.); Kommission f. Gesch. d. Parlamentarismus u. d. polit. Parteien, Bonn; Hist. Kommission bei der Bayerisch. Akademie der Wissenschaften; Hist. Kommission zu Berlin beim Friedrich-Meinecke-Institut der FU Berlin, Internat. wissenschaftl. Korrespondenz zur Gesch. d. dt. Arbeiterbewegung (1965ff., darin laufend Anzeigen über z.T. noch in Bearbeitung befindliche Diss.- u. Habil.-Schriften); Archiv d. Sozialen Demokratie (Forschungsinst. d. Friedr.-Ebert-Stiftung, Bonn), Archiv f. Sozialgesch. (1961ff.); Johann-Gottfried-Herder-Inst., Marburg (Gesch. d. dt. Ostgebiete im Rahmen der Gesch. Ostmitteleuropas), Zs. f. Ostforsch. (1952ff.); Wiener Library, London (im Rahmen einer Bibliothek f. dt. Zeitgesch. umfassendes Material über Antisemitismus u. Judenverfolgung), Bulletin (1947ff.). – Informationen über diese u. andere in- u. ausländische Forschungsstellen zur Zeitgesch. in VfZG 1–3 (1953–1955) u. GWU 7 (1956).

Bibliographien, Archivalien: W. ROHR, Schicksal u. Verbleib des Schriftgutes der obersten Reichsbehörden, Archivar 8 (1955); B. POLL, Vom Schicksal d. dt. Heeresakten u. d. amtl. Kriegsgeschichtsschreibung, WaG 12 (1952); P. HEINSIUS, Das Aktenmaterial d. dt. Kriegsmarine, seine bisherige Auswertung u. sein Verbleib, ebd. 13 (1953); E. MURAWSKI, Die amtl. dt. Kriegsgeschichtsschreibung über den Ersten Weltkrieg, Wehrwiss. Rdsch. 9 (1959); W. MOMMSEN, Dt. Archivalien im Ausland, Archivar 3 u. 4 (1950/51); H. MAU, Die dt. Archive u. Dokumente in den Vereinigten Staaten, GWU 2 (1951). Einen Gesamtüberblick über die in die Hände der Alliierten gefallenen dt. Akten, eine Bibliographie der Aufsätze mit Informationen über Akten u. einen Nachweis von bisherigen Veröffentlichungen geben F. T. EPSTEIN/G. L. WEINBERG, Guide to Captured German Documents (2 Bde. New York 1952/59). F. T. EPSTEIN, Zur Quellenkunde der neuesten Gesch., ausländ. Materialien in den Archiven u. Bibliotheken der Hauptstadt der Vereinigten Staaten, VfZG 2 (1954); Guides to German records microfilmed at Alexandria, hg. v. American Historical Association (1958ff.); A Catalogue of Files and Microfilms of the German Foreign Ministry Archives 1867–1920, hg. v. American Historical Association (Oxford 1959); A Catalogue of Files and Microfilms of the German Foreign Ministry Archives 1920–1945, hg. v. G. O. KENT (3 Bde. Stanford 1962–1966); H. PHILIPPI, Das Polit. Archiv des Ausw. Amtes. Rückführung u. Übersicht über die Bestände, Archivar 13 (1960);

J. SCHMID, Der Bestand d. Ausw. Amtes im Dt. Zentral-Archiv Potsdam, in: Archivmitteilungen 12 (1962); F. FACIUS u.a., Das Bundesarchiv u. seine Bestände ([2]1968); L. DENNECKE, Die Nachlässe in den Bibliotheken der BRD (1969); W. A. MOMMSEN, Verzeichnis d. Nachlässe in dt. Archiven (1971); G. MOLTMANN/K.-F. REIMERS (Hg.), Zeitgesch. im Film- u. Tondokument. 17 hist., päd. u. sozialwiss. Beiträge (1970); H. LÖTZKE, Die Bedeutung der von der Sowjetunion übergebenen dt. Archivbestände für die dt. Geschichtsforschung, ZfG 3 (1955). – Grundlegend bis einschl. Berichtsjahr 1960 Dahlmann-Waitz, Quellenkunde d. Dt. Geschichte, 8. Buch, Abschn. 393–402 ([10]1965/66); unentbehrlich ferner Bibliogr. Vierteljahreshefte bzw. Bibliographien der Weltkriegsbücherei H. 1–40 (1934–1943) sowie Schriften der Bibliothek f. Zeitgesch., Weltkriegsbücherei NF (1962ff.) Die Bücherschau d. Weltkriegsbücherei, umbenannt in Jahresbibliographie der Bibliothek f. Zeitgesch. NF (1960ff.), bringt Listen der Neuerwerbungen. Über die Möglichkeiten der bibliograph. Erfassung der im Zweiten Weltkrieg in den verschiedenen Ländern erschienenen Lit. s. E. ZIMMERMANN in Zs. f. Bibliothekswesen u. Bibliographie 2 (1955); hier vor allem Dt. Geschichtswissenschaft im Zweiten Weltkrieg, hg. v. W. HOLTZMANN/G. RITTER (1951); für die Erfassung des Schrifttums ab 1945 grundlegend F. HERRE/H. AUERBACH, Bibliographie zur Zeitgesch. u. zum Zweiten Weltkrieg für die Jahre 1945 bis 1950 (1955, Ndr. 1967) u. laufend Bibliographien zur Zeitgesch., Beilage zu VfZG; A. MILATZ/Th. VOGELSANG, Hochschulschriften zur neueren dt. Gesch. (1956); Dt. Dissertationen zur Zeitgesch., Auswahlbibliographie, hg. v. Dt. Inst. f. Zeitgesch. (B-Ost 1956ff., Berichtszeitraum ab 1945); weitere Orientierung bei Th. VOGELSANG, Die Zeitgesch. u. ihre Hilfsmittel, VfZG 3 (1955). – Regelmäßige Literaturüberblicke zur Zeitgesch.: M. BRAUBACH, Hist. Jb. d. Görresges. 70 (1951ff.); ferner Sammelreferate in GWU 1 (1950ff.) u. NPL 1 (1956ff.); K. EPSTEIN, Neueres amerik. Schrifttum über die dt. Gesch. im 20. Jh., WaG 20 (1960).

Annalen: H. SCHULTHESS, Europ. Geschichtskalender (für die Jahre 1860–1940); G. EGELHAAF, Hist.-polit. Jahresübersicht (für 1908–1936); KEESINGS Archiv der Gegenwart (1931–1955); Survey of International Affairs u. Documents on International Affairs (Inst. of Intern. Affairs, London 1920ff. u. 1928ff.).

Quellensammlungen: J. u. K. HOHLFELD (Hg.), Dokumente d. dt. Politik u. Gesch. von 1848 bis zur Gegenwart (8 Bde. o. J. 1952–1956), führen bis 1954, für die Zeit der Weltkriege ab Bd. 2; H. MICHAELIS/E. SCHRAEPLER, Ursachen u. Folgen ... Eine Dokumentensammlung zur Zeitgesch. ab 1917 (1958ff.); G. F. de MARTENS, Recueil des principaux traités ... depuis 1761 u. Fortsetzungen, ist fortgeführt bis 1943; League of Nations Treaty series (1920–1943); Das Staatsarchiv (1861–1919 u. 1928); E. R. HUBER, Dokumente zur dt. Verfassungsgesch., Bd. 2: 1851–1918 (1964), Bd. 3: 1918–1933 (1966), enthält auch Tabellen über Wahlergebnisse u. Ämterbesetzung 1871 bis 1933; E. MENZEL/F. GROH/H. HECKER, Verfassungsregister, Teil 1 Deutschland (1954), enthält Bibliographie von Textsammlungen, Zeittafel u. Fundstellen aller dt. Verfassungen samt Vorentwürfen von 1806 bis zur Gegenwart. – Dokumente u. Materialien zur Gesch. d. dt. Arbeiterbewegung, R. II: 1914–1945, hg. v. Inst. f. Marxismus-Leninismus beim Zentralkomitee der SED, 5 Bde. für die Zeit von 1914–1923 (1957–1966).

Parlamentsberichte: vor allem Stenogr. Berichte über die Verhandlungen des Dt. Reichstages, 13. Legislaturperiode (1912–1918); Verhandlungen der Verfassunggebenden Dt. Nationalversammlung (1919/20); Stenogr. Berichte 1.–9. Wahlperiode (1920–1933); Verh. des Reichstages 1.–4. Wahlperiode (1933–1942).

Gesetzgebung: Reichsgesetzblatt (bis 1945); Amtsblatt des Kontrollrates in Dtld. (1945–1948); A. Dehlinger, Reichsrecht, Bundesrecht, Besatzungsrecht u. völkerrechtliche Verträge seit 1867, systematische Übersicht ([34]1961), gibt Fundstellen zu jedem einzelnen Gesetz an.

Verfassungsgerichtsbarkeit: Die Rechtsprechung d. Staatsgerichtshofs für das Dt. Reich u. d. Reichsgerichts auf Grund Art. 13 Abs. 2 der Reichsverfassung, hg. v. H. Lammers/W. Simons (für 1920–1931, 2 Bde. 1929–1932).

Statistik: Statist. Jb. für das Dt. Reich (bis 1940, 1940/41); Anschluß zur Nachkriegsstatistik in Wirtschaftsstatist. d. dt. Besatzungszonen 1945–1948 in Verbindung mit der Produktionsstatist. der Vorkriegszeit (1948); ausgezeichnete Abrisse durch das Statist. Reichs- bzw. Bundesamt in: Dt. Wirtschaftskunde (1930) u. Wirtschaftskunde d. Bundesrepublik Dtld. (1955).

Wirtschafts- u. Sozialgeschichte: Außer allg. Lit. in Bd. 17: Gesellschaft, Wirtschaft u. Technik Dtlds. im 19. Jh., zur Einführung in die Forschungslage: K. E. Born (Hg.), Moderne dt. Wirtschaftsgesch. (1966); H. Böhme, Prolegomena zu einer Sozial- u. Wirtschaftsgesch. Dtlds. im 19. u. 20. Jh. (Tb. [3]1969); H.-U. Wehler, Moderne dt. Sozialgesch. ([3]1970). – Ferner G. Stolper/K. Häuser/K. Borchardt, Moderne dt. Wirtschaftsgesch. ([2]1966); R. Stucken, Dt. Geld- u. Kreditpolitik 1914–1963 ([3]1964); J. Kuczynski, Die Gesch. d. Lage d. Arbeiter unter dem Kapitalismus, Teil 1: Die Gesch. d. Lage d. Arbeiter i. Dtld. von 1789 bis zur Gegenw., Bde. 4–6 für die Zeit 1900–1945 (B-Ost 1964/67).

Parteiprogramme u. Parteigeschichte: W. Mommsen (Hg.), Dt. Parteiprogramme ([2]1964); K. Berchtold (Hg.), Österr. Parteiprogramme (1967). Einen ideen- u. fraktionsgeschichtl. Überblick bietet L. Bergsträsser, Gesch. d. polit. Parteien in Dtld. ([11]1965), enthält Bibliogr. d. Quellen (Parteitagsprotokolle, Rechenschaftsberichte, Parteihandbücher etc.) u. Darstellungen zur Gesch., Soziologie u. Rechtsstellung d. dt. Parteien; unter Berücksichtigung sozialer u. organisatorischer Gesichtspunkte W. Tormin, Gesch. d. dt. Parteien seit 1848 ([2]1967); Th. Nipperdey, Die Organisation d. dt. Parteien vor 1918 (1961); H. Grebing, Gesch. d. dt. Parteien (1962); D. Fricke (Hg.), Die bürgerl. Parteien in Dtld. (2 Bde. B-Ost 1968–1970). – Klassische parteisoziolog. Studien: M. Ostrogorski, La Démocratie et l'organisation des partis politiques (1901); M. Weber, Politik als Beruf ([2]1926, Ndr. 1958, [5]1969); ders., Wirtschaft u. Gesellschaft ([4]1956); R. Michels, Zur Soziologie d. Parteiwesens in d. mod. Demokratie ([2]1925, Ndr. 1957). Eine umfassende Analyse organisatorischer u. typolog. Aspekte d. Parteien: M. Duverger, Les Partis Politiques ([3]1958, dt. 1958); Vorarb. zu einer dt. ähnl. Darstel.: K. Lenk/F. Neumann (Hg.), Theorie u. Soziologie d. polit. Parteien (1968). Eine umfassende soziologische Untersuchung der dt. Parteien liegt noch nicht vor; dazu W. Abendroth, Aufgabe u. Methoden einer dt. histor. Wahlsoziologie, VfZG 5 (1957). Ergiebig für Gesch., Soziologie u. Rechtsnatur d. dt. Parteien ist der Bericht einer Parteienrechtskommission des Bundesinnenministeriums: Rechtl. Ordnungen d. Parteiwesens, Probleme eines Parteiengesetzes ([2]1958). Aus der neueren staatsrechtl. Lit. seien hervorgehoben: G. Leibholz, Der Strukturwandel d. mod. Demokratie (1952); ders., Das Wesen d. Repräsentation u. der Gestaltwandel d. Demokratie im 20. Jh. ([3]1966); ders., Die Auflösung der liberalen Demokratie in Dtld. u. das autoritäre Staatsbild (1932).

Einzelne Richtungen: M. Greiffenhagen, Das Dilemma des Konservatismus in Dtld. (1971); G.-K. Kaltenbrunner (Hg.), Rekonstruktion des Konservatismus (1972). – G. de RUGGIERO, Gesch. d. Liberalismus in Europa (1930, Ndr. 1967); F. C. SELL, Tragödie d. dt. Liberalismus (1953). Gegenüber beiden bringt die soziologische Betrachtungsweise zur Geltung: Th. SCHIEDER, Das Verhältnis von politischer und gesellschaftlicher Verfassung und die Krise des bürgerlichen Liberalismus, HZ 177 (1954); ders., Der Liberalismus und der Strukturwandel der modernen Gesellschaft vom 19. zum 20. Jh., Relaz. del X. Congr. Internaz. di Scienze Storiche 5 (1955); Geschichte des dt. Liberalismus, Schriftenreihe der Friedrich-Naumann-Stiftung 10 (1966). – K. BACHEM, Vorgesch., Gesch. u. Politik d. dt. Zentrumspartei (9 Bde. 1927–1932, Ndr. 1965ff.); K. BUCHHEIM, Gesch. d. christl. Parteien in Dtld. (1953), guter Überblick, geht aber am Problem des Freiheitsbegriffs im polit. Katholizismus vorbei. – J. DROZ, Le Socialisme démocratique 1864–1960 (1966); H. GREBING, Gesch. d. dt. Arbeiterbewegung (1966, Tb. 1970); Gesch. d. dt. Arbeiterbewegung, hg. v. Inst. f. Marxismus-Leninismus beim Zentralkomitee der SED (8 Bde. 1966); W. GOTTSCHALCH/F. KARRENBERG/F. STEGMANN, Gesch. d. sozialen Ideen in Dtld., hg. v. H. GREBING (= Dt. Hdb. d. Politik 3, 1969); C. JANTKE, Der vierte Stand. Die gestaltenden Kräfte d. dt. Arbeiterbewegung im 19. Jh. (1955); Die Archive der SPD, Archivar 20 (1967); J. JENSEN, Archiv d. Sozialen Demokratie. Übersicht über die Archivbestände (1970); K. KOSZYK. Die Presse d. dt. Sozialdemokratie. Eine Bibliographie (1966); J. MAITRON/G. HAUPT, Dictionnaire biographique du mouvement ouvrier international. Bd. 1: L'Autriche (1971); B. ANDREAS/G. HAUPT, Bibliographie d. Arbeiterbewegung heute u. morgen, Internat. Rev. of Soc. Hist. 12 (1967). – B. VOGEL/D. NOHLEN/R.-O. SCHULTZE (Hg.), Wahlen in Dtld. Theorie-Geschichte-Dokumente 1848–1970 (1971).

Darstellungen: Eine breit angelegte wissenschaftl. Darstellung d. dt. Gesch. im 20. Jh. gibt es noch nicht. Im Rahmen von Handbüchern zur allg. Gesch. gut dokumentiert P. RENOUVIN, La crise européenne et la première guerre mondiale (⁵1969) u. M. BAUMONT, La faillite de la paix 1918–1938 (2 Bde. ⁵1967/68), Peuples et Civilisations, Bd. 19 u. 20; P. RENOUVIN, Les crises du XXᵉ siècle, Bd. I: De 1914 à 1929 (⁶1969), Bd. II: De 1929 à 1945 (⁵1970), Histoire des Relations Internationales Bd. 7 u. 8. Reich an Fragestellungen u. Forschungsproblemen H. HERZFELD, Die moderne Welt 1789–1945, 2. Teil (⁴1969). In P. RASSOW, Dt. Gesch. (³1973) geben ausgezeichneten Überblick W. CONZE für Weltkrieg und Weimarer Republik, H. MAU u. H. KRAUSNICK für Nationalsozialismus und Zweiten Weltkrieg, W. CORNIDES für die Nachkriegszeit bis 1948. In O. BRANDT/A. O. MEYER/L. JUST, Hdb. d. Dt. Gesch., Bd. 4/I (1971): W. FRAUENDIENST, Das Dt. Reich von 1890–1914, W. HUBATSCH, Der Weltkrieg 1914–1918, A. SCHWARZ, Die Weimarer Republik; Bd. 4/II (1965): W. HOFER, Die Diktatur Hitlers bis zum Beginn des Zweiten Weltkrieges, H. MICHAELIS, Der Zweite Weltkrieg. Deutsche Geschichte, hg. v. einem Autorenkollektiv, Bd. 2 u. 3 (B-Ost ²1967 u. 1968); H. HOLBORN, Dt. Geschichte der Neuzeit, Bd. 3: Das Zeitalter des Imperialismus 1871–1945 (1971); Politiker des 20. Jh., Bd. 1: Die Epoche d. Weltkriege, hg. v. R. HOČEVAR/H. MAIER/P. L. WEINACHT (1971); J. R. v. SALIS, Weltgeschichte der Neuesten Zeit, Bd. 2 u. 3 (²1962). – Über die Frage der hist. Zusammengehörigkeit von Erstem u. Zweitem Weltkrieg L. DEHIO, Dtld. u. die Weltpolitik im 20. Jh. (1955); über die Verschiedenartigkeit des Problems der Kriegsschuld 1914 u. 1939: A. HILLGRUBER, Dtlds. Rolle in der Vorgesch. d. beiden Weltkriege (1967). – Zur Entwicklung einzelner Sachgebiete im Überblick; F. HARTUNG, Dt. Verfassungsgesch. vom 15. Jh. bis zur Gegenwart (⁹1969); E. R. HUBER, Dt. Verfassungsgesch. seit 1789, Bd. 4: Struktur u. Krisen des Kaiserreichs (1969), Bd. 5: Weltkrieg, Revolution und Reichserneuerung. E. KEYSER, Bevölkerungsgeschichte Dtlds. (³1943);

H. SCHUBNELL, Der Trend der Bevölkerungsentwicklung in Dtld. Veröffentlichung der Dt. Akademie für Bevölkerungswissenschaft (1964); E. M. KULISCHER, Europe on the move. War and population changes 1917–1947 (New York 1948); B. KIESEWETTER, Europäische Wanderungsbilanz der Weltkriege, Europa-Archiv 5 (1950); G. RHODE, Völker auf dem Wege. Verschiebungen der Bevölkerung in Ostdtld. und Osteuropa seit 1917 (1952); K. M. BOLTE/ D. KAPPE, Dt. Gesellschaft im Wandel (1966). – Besonders umstritten ist das Militarismusproblem: Hdb. zur dt. Militärgeschichte 1648–1939, hg. v. Militärhist. Forschungsamt, 3. Lieferung: W. SCHMIDT-RICHBERG/E. Gf. v. MATUSCHKA, Von der Entlassung Bismarcks bis zum Ende des Ersten Weltkrieges. 1890–1918 (1970); W. GÖRLITZ, Kleine Gesch. d. dt. Generalstabes (1967); W. SCHMIDT-RICHBERG, Die Generalstäbe in Dtld. 1871–1945, in: Beiträge zur Militär- u. Kriegsgesch. 3, hg. v. Militärgeschichtl. Forschungsamt (1962); von einem beteiligten, zuverlässigen Sachkenner, W. ERFURTH, Die Gesch. d. dt. Generalstabes von 1918 bis 1945 (^{2}1960); eine Sozialgesch. d. dt. Offizierkorps gibt K. DEMETER, Das dt. Offizierkorps in Gesellschaft u. Staat 1650–1945 (^{4}1965); H. MODEL, Der dt. Generalstabsoffizier. Seine Auswahl u. Ausbildung in Reichswehr, Wehrmacht u. Bundeswehr (1968); F. HOSSBACH, Die Entwicklung d. Oberbefehls über das Heer in Brandenburg, Preußen u. im Dt. Reich von 1655–1945 (1957); E. BUSCH, Der Oberbefehl. Seine rechtliche Struktur in Preußen u. Dtld. seit 1848 (1967); W. HUBATSCH, Der Admiralstab u. die obersten Marinebehörden in Dtld. 1848–1945 (1958); G. W. F. HALLGARTEN, Das Wettrüsten. Seine Gesch. bis zur Gegenwart (a. d. Amerik. 1967). Grundlegend als Ausgangspunkt der weiteren Diskussion G. RITTER, Staatskunst u. Kriegshandwerk (Bd. 1 1954, ^{3}1965, Bd. 2 ^{2}1965, Bd. 3 1964, Bd. 4 1968); zum Ansatz des Gesamtwerkes kritisch L. DEHIO, Um den dt. Militarismus, HZ 180 (1955); aus der zahlreichen ausländ. Lit. hebt sich heraus G. A. CRAIG, The politics of the Prussian army 1640–1945 (1955, dt. 1960); zur Orientierung über die Probleme u. die Lit. H. HERZFELD, Das Problem d. dt. Heeres 1919–1945 (o. J. 1952); ders., Zur neueren Lit. über das Heeresproblem in der dt. Gesch., VfZG 4 (1956). – Über die Kirchen, ihre innere Entwicklung u. ihr Verhältnis zu Staat u. Gesellschaft unter starker Berücksichtigung der dt. Verhältnisse als guter Überblick über Probleme u. Lit. M. BENDISCIOLI, Chiesa e societa nei secoli XIX e XX, in: Questioni di storia contemporanea (1. Bd. 1953). – Zur Publizistik K. KOSZYK, Dt. Presse 1914–1945 (1972). – Zu den Ostproblemen historisch, wirtschaftlich u. völkerrechtlich: Das östl. Dtld. Ein Handbuch, hg. v. Göttinger Arbeitskreis (1959).

Zur Deutung d. dt. Gesch. im ZA d. Weltkriege hoben sich nach dem Zweiten Weltkrieg, nachdem sich die erste Flut der nur dem Augenblick verhafteten Schriften verlaufen hatte, als Festpunkte historischer Besinnung u. Auseinandersetzung heraus: F. MEINECKE, Die dt. Katastrophe. Betrachtungen u. Erinnerungen (zuerst 1946); L. DEHIO, Gleichgewicht oder Hegemonie. Betrachtungen über ein Grundproblem d. europ. Staatengesch. (zuerst 1948); G. RITTER, Das dt. Problem. Grundfragen dt. Staatslebens gestern u. heute (^{2}1966); H. ROTHFELS, Die dt. Opposition gegen Hitler. Eine Würdigung (zuerst amerik. 1948, dt. 1949, ^{2}1958, neue erw. Ausgabe Tb. 1969); ders., Zeitgeschichtl. Betrachtungen (^{2}1963). Die Auseinandersetzung mit der dt. Gesch. im 20. Jh. hat einen neuen Anstoß erhalten durch die Werke von F. FISCHER, s. hierzu Lit. zu Bd. 18, Kap. 5.

Allgemeine Bibliographie zum Dritten Reich

Allg. Lit. u. Hilfsmittel s. Allgem. Bibl. z. Gesamtperiode, unter Bibliographien.

Bibliographien: DW Abschn. 397; HERRE/AUERBACH (s. Allgem. Bibl. z. Gesamtperiode, unter Bibliographien), 666–1752; Bibliographie z. Zeitgesch., Beilage zu VfZG; W. BENZ, Quellen z. Zeitgesch., in: Dt. Gesch. seit dem Ersten Weltkrieg, hg. vom Inst. f. Zeitgesch., Bd. 3 (1973). – K. KLOTZBACH, Bibliographie z. Gesch. der dt. Arbeiterbewegung 1914–1945 (1975).

Dokumente: DW 397/9–18 c. – V. BRUNS (Hg.), Polit. Verträge (s. Bd. 19, Allgem. Bibl. z. Weim. Rep., unter Dokumente), Bd. 3,1 für 1936–37, Bd. 3,2 für 1938–40 (1938–42); M. MICHAELIS/E. SCHRAEPLER (Hg.), Ursachen u. Folgen (Allgem. Bibl. z. Gesamtperiode, unter Quellensammlgn.), Bde. 9–22, reicht jetzt bis Anfang 1945. – Aufschlußreiche Zusammenstellungen: W. HOFER (Hg.), Der Nationalsozialismus, Dokumente 1933–45 (Tb. 1957); L. POLIAKOV/J. WULF (Hg.), Das Dritte Reich u. die Juden (1955); dies., Das Dritte Reich u. seine Diener (1956); dies., Das Dritte Reich u. seine Denker (1959). – Akten z. dt. ausw. Politik 1918–1945, Serie C 1933 bis 1937 (1971 ff., bisher 3 Bde. für 1933 bis März 1935); Serie D 1937–1941 (1950 bis 1970), 13 Bde., liegt vollständig vor); Serie E 1941–1945 (bisher 4 Bde. für 12. 12. 1941 bis 31. 12. 1942); in der parallelen engl. Ausgabe: Documents on German Foreign Policy 1918–1945, ist die Serie C bis zum 31. Okt. 1936 vorangeschritten; Dokumente u. Materialien aus der Vorgesch. des Zweiten Weltkrieges, hg. vom Min. f. Ausw. Angeleg. d. UdSSR, Bd. 1, Nov. 1937–38, aus dem Arch. d. dt. Ausw. Amtes (1948); Bd. 2, D. Archiv Dirksens, 1938/39 (1949); Documents on British Foreign Policy 1919–39, 2. Serie 1929 bis 1938 (1946 ff., bisher 13 Bde. für 1929 bis März 1936), 3. Serie 1938–1939 (1949 ff., 10 Bde.); Documents diplomatiques français 1932–1939, 1. Serie 1932–1935 (1966 ff., bisher 6 Bde. für 1932 bis Juli 1934); 2. Serie 1936–1939 (1963 ff., bisher 7 Bde. für 1936 bis Jan. 1938); Documents diplomatiques belges 1920–1940 (Bde. 3–5 1964–1966 für 1931–1940); I Documenti dipl. Italiani, 8. Serie 1935–1939 (1952/53, bisher 2 Bde. für Mai–Sept. 1939); 9. Serie 1939–1943 (1954 ff., bisher 5 Bde., reicht bis Okt. 1940); Foreign Relations of the United States, Diplomatic Papers (1950 ff.); Jane DEGRAS (Hg.), Soviet Doc. on Foreign Policy (s. Bd. 19, Allgem. Bibl. z. Weim. Rep., unter Dokumente), Bd. 3 (London 1953); X. J. EUDIN/R. M. SLUSSER, Soviet Foreign Policy (s. Bd. 19, Allgem. Bibl. z. Weim. Rep., unter Dokumente); amtl. russ. Dokumentenausgabe: Dokumenty vnešnej politiki SSSR (Moskau 1957 ff., bisher 19 Bde. für Okt. 1917 bis 31. Dez. 1936).

Der Prozeß gegen die Hauptkriegsverbrecher vor dem Internat. Militärgerichtshof (42 Bde., Nürnberg 1947–49); Trials of war criminals before the Nuernberg Military Tribunals (15 Bde., Washington 1950–53); W. MOMMSEN, Die Akten der Nürnberger Kriegsverbrecherprozesse u. die Möglichkeit ihrer histor. Auswertung, Archivar 3 (1950); Bibliogr. zu den Nachkriegsprozessen in u. außerhalb Dtlds. bei HERRE/AUERBACH, Teil 4, u. Bibl. z. Zeitgesch. Gr. 14 in VfZG.

Erinnerungen, Aufzeichnungen, Lebensbeschreibungen: Deutschland: DW 397/30–103.

1. *Hitler:* s. Kap. 1 und Bd. 19, Kap. 15.

2. *Die führenden Männer:* GÖRING, HIMMLER, GOEBBELS, HESS, BORMANN, ROSENBERG s. Kap. 2; HEYDRICH s. Kap. 8; DARRÉ s. Kap. 3, Anm. 4; A. SPEER, Erinnerungen (1969, Tb. 1974); ders., Spandauer Tagebücher (1975); s. auch Bd. 21, Kap. 11; B. v. SCHIRACH, Ich glaubte an Hitler (1967); H. J. NEUMANN,

Arthur SEYSS-INQUART (Graz 1970); FREISLER s. Kap. 6, Anm. 19; J. v. RIBBENTROP, Zwischen London u. Moskau, hg. v. Annelies RIBBENTROP (1954); O. DIETRICH, Mit Hitler an die Macht ([35]1944); ders., Zwölf Jahre mit Hitler (1955); H. FRITZSCHE, Hier spricht Hans Fritzsche. Nach Gesprächen, Briefen, Dokumenten bearb. v. Hildegard SPRINGER (1949); H.FRANK s. Bd. 21, Kap. 8, Anm. 20; R. LEY, Die große Stunde, Das dt. Volk im totalen Kriegseinsatz, Reden u. Aufsätze 1941–43 (1943); K. HIERL, Ausgew. Schriften u. Reden (2 Bde. 1941); ders., Im Dienst für Dtld. 1918–45 (1954); v. PAPEN, SCHACHT, SCHWERIN v. KROSIGK s. Bd. 19, Allgem. Bibl. z. Weim. Rep.; ders., Persönliche Erinnerungen (2 Bde., 1974); H. SCHACHT, Abrechnung mit Hitler (1949); HUGENBERG s. Bd. 19, Kap. 17, Anm. 24.

3. *Diplomaten:* DIRKSEN, SCHMIDT, NADOLNY, HILGER s. Bd. 19, Allgem. Bibl. z. Weim. Rep.; O. MEISSNER, Staatssekretär unter Ebert–Hindenburg–Hitler ([3]1950); L. FRHR. GEYR v. SCHWEPPENBURG, Erinnerungen eines Militärattachés, London 1933–37 (1949); erweit. engl. Ausg.: The critical years (London 1952), m. Material aus den Jahren 1937 bis 1944; O. ABETZ, Das offene Problem. Ein Rückblick auf zwei Jahrzehnte dt. Frankreichpolitik (1951); W. v. BLÜCHER, Gesandter zwischen Diktatur u. Demokratie, Erinnerungen aus den Jahren 1935–44 (1951); R. RAHN, Ruheloses Leben (1949); KORDT u. WEIZSÄCKER s. Kap. 15, Anm. 5; zum Weizsäcker-Prozeß Margret BOVERI, Der Diplomat vor Gericht (1948); E. v.RINTELEN, Mussolini als Bundesgenosse. Erinnerungen des dt. Militärattachés in Rom 1936–1943 (1951).

4. *Soldaten:* H. SPEIDEL, Ludwig BECK in: Die Großen Deutschen, Bd. 4 ([2]1966); weitere Lit. zu BECK s. Kap. 18, Anm. 13; HALDER s. Bd. 21, Allgem. Bibl. z. 2. Weltkrieg, unter Erinnerungen; F. HOSSBACH, Zwischen Wehrmacht u. Hitler 1934–1938 ([2]1965); S. WESTPHAL, Heer in Fesseln (1950); K. H. ABSHAGEN, CANARIS, Patriot u. Weltbürger (1949); H. KRAUSNICK, Aus den Personalakten von Canaris, VfZG 10 (1962); H. FRAENKEL/R. MANVELL, Canaris. Spion im Widerstreit (1970); A. BRISSAUD, Canaris. Le »petit amiral«-Prince de l'espionnage allemand, 1887–1945 (Paris 1970); H. GROSCURTH, Tagebücher eines Abwehroffiziers 1938–1940, hg. v. H. KRAUSNICK/H. C. DEUTSCH (1970); E. RAEDER, Mein Leben (2 Bde. 1956/57).

5. *Kirchenführer u. Theologen:* v. GALEN, GRÖBER, FAULHABER, BARTH, WURM, NIEMÖLLER s. Kap. 13; BONHOEFFER s. Bd. 21, Kap. 13, Anm. 24a; O. DIBELIUS, Reden, Briefe 1933–1967 (Zürich 1970); J. KLEPPER, Unter dem Schatten deiner Flügel. Aus den Tagebüchern des Jahres 1932–1942 (1971).

6. *Sonstige:* A. KREBS, Tendenzen u. Gestalten der NSDAP, Erinnerungen an die Frühzeit der Partei (1959), von dem 1932 aus der Partei ausgeschlossenen ehemal. Gauleiter von Hamburg; R. DIELS, Lucifer ante portas, Es spricht der erste Chef der Gestapo (1949); E. HANFSTAENGL, Zwischen Weißem und Braunem Haus. Erinnerungen eines polit. Außenseiters (1970); F. WIEDEMANN, Der Mann, der Feldherr werden wollte. Erlebnisse u. Erfahrungen des Vorgesetzten Hitlers im Ersten Weltkrieg u. seines späteren Persönlichen Adjutanten (1964); E. DOLLMANN, Dolmetscher der Diktatoren (1963); F. G. v. TSCHIRSCHKY, Erinnerungen eines Hochverräters (1972); Ursula LAACK-MICHEL, Albrecht HAUSHOFER u. der Nat.soz. (1974); H. B. GISEVIUS, Bis zum bittern Ende (2 Bde. 1947); ders., Wo ist Nebe? Erinnerungen an Hitlers Reichskriminaldirektor (Zürich 1966); W. HAMMER, Hohes Haus in Henkers Hand (1956), Einzelschicksale dt. Parlamentarier während der nat.soz. Verfolgung; TH. DUESTERBERG, Der Stahlhelm u. Hitler (1949); P. FECHTER s. Bd. 19, Allgem. Bibl. z. Weim. Rep., unter 5. Wissenschaft; H. J. SCHOEPS, Die letzten dreißig Jahre (1956); Babette GROSS, Willi MÜNZENBERG, Eine polit. Biographie (1967);

V. Klemperer, LTI. Die unbewältigte Sprache. Aus dem Notizbuch eines Philologen (1949, Tb. 1969).

7. *Biographisches zum Widerstand* s. Bd. 21, Kap. 13.

Österreich: Dollfuss, Schuschnigg, Kardinal Innitzer s. Kap. 17.

Frankreich: G. Bonnet, Défense de la paix (1946); ders., Fin d'une Europe (1948); ders., De Munich à la guerre (1967); ders., Vingt ans de vie politique, 1918–1938 (1969); A. François-Poncet, Als Botschafter in Berlin 1931–1938 (^{3}1962); ders., Botschafter in Rom 1938–1940 (1962); J. Paul-Boncour, Entre deux guerres. Souvenirs de la Troisième République, Bde. 2 u. 3 (1945–46); R. Coulondre, Von Moskau nach Berlin 1936–1939. Erinnerungen des franz. Botschafters (a. d. Franz. 1950).

England: Chamberlain, Hoare, Halifax s. Kap. 17; Churchill s. Bd. 21, Allgem. Bibl. z. 2. Weltkrieg, unter Erinnerungen; N. Henderson s. Bd. 21, Kap. 1, Anm. 13; H. Nicolson, Diaries and Letters 1930–1962 (London 1967/68); Earl of Avon, The Eden Memoirs (3 Bde. London 1960–65); ders., Foreign Affairs (London 1939), Reden; H. Macmillan, Winds of Change 1914–1939 (London 1966).

Italien: Zu Mussolini s. Bd. 19, Allgem. Bibl. z. Weim. Rep., unter Erinnerungen; ferner R. de Felice, Mussolini il duce. Gli anni del consenso 1929–1936 (Torino 1974); G. Ciano, Tagebücher 1937/38 (dt. 1949); ders., Tagebücher 1939 bis 1943 (dt. ^{2}1947); Ciano's diplomatic papers (London 1948); F. Anfuso, Rom – Berlin in diplomat. Spiegel (dt. 1951).

USA: F. D. Roosevelt, The Public papers and addresses (13 Bde. 1938–50); ders., His personal letters, hg. E. Roosevelt (3 Bde. 1947–50); E. B. Nixon (Hg.), Franklin D. Roosevelt and Foreign Affairs (3 Bde. Cambridge Mass. 1969), reicht von 1933–1937; J. M. G. Burns, Roosevelt (2 Bde., New York 1956 u. 1970); R. E. Sherwood, Roosevelt und Hopkins (dt. 1950); C. Hull, Memoirs (2 Bde. 1948); Ambassador Dodd's Diary 1933–39 (1941, dt. 1963), USA-Botschafter in Berlin; G. F. Kennan, Memoiren eines Diplomaten (a. d. Amerik. 1968), für die Zeit 1925 bis 1950; ders., Diplomat in Prag: 1938–1940. Berichte, Briefe, Aufzeichnungen (a. d. Amerik. 1972); W. L. Shirer, Berlin Diary. The Journal of a Foreign Correspondent 1934–1941 (London 1941).

Sowjetunion: Stalin, Werke. Bde. 11–13 (1954–1955); M. Djilas, Gespräche mit Stalin (a. d. Amerik. 1962); I. Deutscher, Stalin (dt. ^{2}1962); M. M. Litwinow, Against Aggression. Speeches (London 1939); I. M. Maiski, Memoiren eines sowj. Botschafters (a. d. Russ. 1967), russ. Botschafter in England.

Polen: Lipski s. Kap. 15; Beck, Szembek, Razcynski s. Kap. 19; W. Jedrzejewicz (Hg.), Diplomat in Paris 1936–1939. Papers and Memoirs of Juliusz Lukasiewicz, Ambassador of Poland (New York 1970).

Tschechoslowakei: Benesch, Jaksch, Czech, Henlein s. Kap. 18.

Rumänien: Gafencu s. Bd. 21, Allgem. Bibl. z. 2. Weltkrieg, unter Erinnerungen.

Spanien: G. Hill, Franco, The Man and His Nation (London 1967); B. Crozier, Franco (London 1967); B. Nellesen (Hg.), Primo de Rivera: Der Troubadour der spanischen Falange. Auswahl u. Kommentar seiner Reden u. Schriften (1965).

Darstellungen und Analysen: DW 397/19–29. – E. Fraenkel, Der Doppelstaat (amerik. 1941, dt. 1974); H. Buchheim, Das Dritte Reich. Grundlagen u. polit. Entwicklung (1958); W. L. Shirer, Aufstieg u. Fall des Dritten Reiches (a. d. Amerik. 1961); dazu M. Broszat, W. Shirer u. die Gesch. des Dritten Reiches, HZ 196 (1963); J. C. Fest, Das Gesicht des Dritten Reiches. Profile einer totalitären Herrschaft (1963); M. Broszat, Der Staat Hitlers (Tb. ^{4}1974); K. D.

BRACHER, Die dt. Diktatur. Entstehung, Struktur, Folgen des Nat.soz. (1969); W. HOFER, Die Diktatur Hitlers bis zum Beginn des Zweiten Weltkrieges, 1933–1939, in: L. JUST (Hg.), Handbuch der Dt. Gesch. (als Studienausgabe [3]1971); H. MAU/H. KRAUSNICK, Hitler u. der Nat.soz., in: P. RASSOW (Hg.), Dt. Gesch. im Überblick ([3]1973). – Darstellungen zur Wirtschaftsgesch. s. Kap. 9; zur Sozialgesch. Kap. 7; zur Gesch. des Rechts u. der Justiz Kap. 6, Anm. 19, ferner: H. SCHORN, Die Gesetzgebung des Nat.soz. als Mittel der Machtpolitik (1963); H. JÄGER, Verbrechen unter totalitärer Herrschaft. Studien zur nat. soz. Gewaltkriminalität (1967); NS-Selbstdarstellung des Staatsrechts: E. R. HUBER, Verfassungsrecht des Großdt. Reiches (1939); zahlreiche Einzelfragen bes. über Verfolgung u. Institutionen in: Gutachten des Inst. f. Zeitgesch. (2 Bde. 1958, 1966).

NSDAP als Partei: DW 395/552–594. – s. Kap. 2; Lit. zur Parteisoziologie in Kap. 3; Parteistatistik, hg. vom Reichsorganisationsleiter der NSDAP (1935); H. VOLZ, Daten der Gesch. der NSDAP (1934).

Propaganda: s. Kap. 2, Arbeiten von BURDEN, VONDUNG, ZEMAN, BRAMSTED, KESSEMEIER; ferner H.-J. GAMM, Der braune Kult. Das Dritte Reich u. seine Ersatzreligion. Ein Beitrag zur polit. Bildung (1962); H. K. MÜLLER (Hg.), Facsimile-Querschnitt durch »Das Reich« (1964); Hildegard v. KOTZE/Sonja NOLLER, Völkischer Beobachter. Faksimile-Querschnitt (1967); Vgl. auch Lit. über Film, Kunst, Lit. u. Publizistik im Dritten Reich in Kap. 14.

Ideologie: Zu ROSENBERG u. dem ›Mythus‹ s. Kap. 2, Anm. 14; H. G. ZMARZLIK, Sozialdarwinismus, s. Kap. 1, Anm. 11; J. F. NEUROHR, Der Mythos vom Dritten Reich, zur Geistesgesch. des Nat.soz. (1957); P. KLUKE, Nat.soz. Europaideologie, VfZG 3 (1955); M. BROSZAT, Der Nationalsozialismus (1960); F. GLUM, Der Nationalsozialismus. Werden u. Vergehen (1962); H. BOTT, Die Volksfeind-Ideologie. Zur Kritik rechtsradikaler Propaganda (1969); H.-J. LUTZHÖFT, Der nordische Gedanke in Dtld. 1920–1940 (1971); G. BAKKER, Duitse Geopolitiek 1919–1945. Een imperialistische Ideologie (Assen 1967); K. BERGMANN, Agrarromantik u. Großstadtfeindlichkeit (1970); M. STOLLEIS, Gemeinwohlformeln im nat.soz. Recht (1974). Zur Rassenidee u. zum Antisemitismus s. Kap. 10.

Ankläger aus der Zeit: E. R. CURTIUS, Dt. Geist in Gefahr (1932); K. KRAUS, Die dritte Walpurgisnacht (1952), aus dem Nachlaß, geschrieben 1933; H. RAUSCHNING, Die Revolution des Nihilismus, Kulisse u. Wirklichkeit im Dritten Reich (Zürich [2]1938); E. NIEKISCH, Das Reich der niederen Dämonen, eine Analyse des nat.soz. Systems (1953), geschrieben in den ersten Jahren der nat.soz. Herrschaft; Th. MANN, Deutsche Hörer! (Stockholm 1945), enthält Radiosendungen aus der Zeit des Krieges; F. NEUMANN, Behemoth. The Structure and Practice of Nat.Socialism 1933–1944 (Toronto 1944).

Deutungen: Lit. zur Faschismusdiskussion s. Kap. 4; zu den gesellschaftl. Voraussetzungen des Nat.soz. s. Kap. 3.

Deutung aus der Sprache: D. STERNBERGER/W. E. SÜSSKIND/G. STORZ, Aus dem Wörterbuch d. Unmenschen ([2]1957, Tb. 1962); Cornelia BERNING, Vom Abstammungsnachweis zum Zuchtwart. Vokabular des Nationalsozialismus (1964); von der *philos. Entwicklung* her: Th. LITT, Philosophie u. Zeitgeist (1935); H. PLESSNER, Die verspätete Nation ([2]1959); G. LUKÁCS, Die Zerstörung der Vernunft (1953). – *Theologisch:* W. KÜNNETH, Der große Abfall, Eine geschichtstheolog. Untersuchung (1947); O. SÖHNGEN, Säkularisierter Kultus (1950). – *Psychologisch:* M. PICARD, Hitler in uns selbst ([3]1946). – Verbreitet ist eine *liberal-demokratische Interpretation* des Nat.soz., wonach dieser das historische Produkt der besonderen obrigkeitsstaatlichen Entwicklung in Dtld. u. des preuß.-dt. Militarismus sei; hiermit setzt sich in zahlreichen Werken auseinander unter Hinweis auf den revolutionär-demokratischen Ursprung des Einparteienstaates G. RITTER, Europa u. die dt. Frage, Betrachtungen über die geschichtl. Eigenart des dt. Staatsdenkens (1948); ders., Staatskunst u. Kriegshandwerk, Das Problem des »Militarismus« in Dtld. (4 Bde. 1954–1968). – Von der *außenpolit. Thematik* der europ. Gesch. her beurteilt den Nat.soz. L. DEHIO, Gleichgewicht oder Hegemonie, Betrachtungen über ein Grundproblem der europ. Staatengesch. (1948); ders., Dtld. u. die Weltpolitik im 20. Jhdt. (1955). – Ergiebig für eine Interpretation des Nat.soz. sind Studien zum *Nationalismusproblem* allgemein, wie R. WITTRAM, Nationalismus u. Säkularisation, Beiträge zur Gesch. u. Problematik des Nationalgeistes (1949); E. LEMBERG, Gesch. des Nationalismus (1950); H. ROTHFELS, Zur Krise des Nationalstaats, VfZG 1 (1953); Margret BOVERI, Der Verrat im 20. Jhdt. (Bd. 1 u. 2 ³1958, Bd. 3 1958, einbändige Gesamtausgabe 1976).

Auswärtige Beziehungen: s. Allgem. Bibl. z. Gesamtperiode u. Bd. 19, Allgem. Bibl. z. Weim. Rep. – DW 397/376–498.

Allgemein: s. Kap. 15: JACOBSEN, WEINBERG, GRAML, HILDEBRAND; ferner E. KORDT, Wahn u. Wirklichkeit, Die Außenpolitik des Dritten Reiches (1947); P. SEABURY, The Wilhelmstraße (Berkeley 1954, dt. 1956); G. A. CRAIG, The German Foreign Office from Neurath to Ribbentrop, in: The Diplomats 1919–39 (Princeton 1953); M. BAUMONT, Les Origines de la Deuxième Guerre Mondiale (Paris 1969); O. HAUSER (Hg.), Weltpolitik 1933–1939. 13 Vorträge für die Rankegesellschaft (1973).

Frankreich: E. BONNEFOUS, Histoire politique de la IIIème République, Bde. 5–7 (Paris 1962–1967).

England: s. Kap. 15, Anm. 7 und 21; Kap. 17, Anm. 1; Kap. 18; Kap. 19, Anm. 1.

Italien: s. Kap. 15, Anm. 16 u. 28; Kap. 19, Anm. 12. – J. PETERSEN, Die Außenpolitik des faschist. Italien als historiographisches Problem, VfZG 22 (1974); G. SALVEMINI, Preludio alla seconda guerra mondiale (Mailand 1967); A. AQUARONE, L'Organizzazione dello Stato totalitario (Torino 1965).

Spanien: s. Kap. 15, Anm. 29. – R. de la GIERVA (Hg.), Bibliografia general sobre la Guerra de España (1936–1939) y sus antecedentes históricos (Madrid 1968); Lit.-berichte von R. KONETZKE in HZ (Sonderheft 1969) u. R. WOHLFEIL in VfZG 16 (1968); C. SECO SERRANO, Historia de España, Bd. 6 (Barcelona 1962); G. JACKSON, The Spanish Republic and the Civil War 1931–1939 (Princeton 1965); B. NELLESEN, Die verbotene Revolution. Aufstieg u. Niedergang der Falange (1963).

USA: Lit.berichte v. W. LINK u. H. J. SCHRÖDER in NPL 15 (1970) u. 18 (1973); ferner Bd. 21, Kap. 7.

Sowjetunion: s. Kap. 15, Anm. 17; Kap. 18, Anm. 7; Kap. 19, Anm. 16. – W. MARKERT/D. GEYER (Hg.), Osteuropa-Handbuch. Sowjetunion (3 Bde. 1965–1972), im Band über die Außenpolitik 1917–1955 zahlreiche Angaben auch über die russ. Lit. – Wichtige Darstellungen: BELOFF (s. Bd. 19, Allgem. Bibl. z. Weim. Rep.); W. G. TRUCHANOWSKI (Hg.), Gesch. der internat. Beziehungen (2 Bde., a. d. Russ. Berlin-Ost 1963–65); Gesch. der sowj. Außenpolitik 1917–1966, Bd. 1: 1917–1945 (a. d. Russ. 1969); J. WEGMÜLLER, Das Experiment der Volksfront. Untersuchungen zur Taktik der kommunist. Internationale der Jahre 1934 bis 1938 (1972).

Polen: s. Kap. 15, Anm. 11 u. 12; Kap. 19. – Um Verständigung mit Dtld. bemüht W. STUDNICKI, Irrwege in Polen (dt. Übers. als Ms., Göttingen 1951); ders., Polen im polit. System Europas (1938); H. ROOS, Polen u. Europa, Studien zur poln. Außenpolitik 1931–39 (1965); W. MARKERT (Hg.), Osteuropa-Handbuch. Polen (1959); A. GIEYSZTOR u.a., History of Poland (Warschau 1968).

Danzig: L. DENNE, Das Danzig-Problem in der dt. Außenpolitik 1934–1939 (1959); C. J. BURCKHARDT, Meine Danziger Mission 1937–1939 (1960, Tb. 1962); H. S. LEVINE, Hitler's Free City: A history of the Nazi Party in Danzig, 1925–39 (Chicago 1973).

Österreich: s. Kap. 17. – Erika WEINZIERL/K. SKALNIK (Hg.), Gesch. der Zweiten Republik (1975).

Tschechoslowakei: s. Kap. 18. – K. BOSL (Hg.), Handbuch der Gesch. der böhm. Länder 4 (1970); ders. (Hg.), Die »Burg«. Einflußreiche polit. Kräfte um Masaryk u. Beneš (2 Bde. 1973 u. 1974); J. K. HOENSCH, Gesch. der tschechoslowak. Republik 1918–1965 (1966); V. S. MAMATEY/R. LUZA (Hg.), A History of the Czechoslovak Republic, 1918–1948 (Princeton 1973).

Japan: s. Kap. 15, Anm. 26. – Guter Überblick: R. STORRY, A History of Modern Japan (Penguin Books 1960); J. TOLAND, The Rising Sun. The decline and fall of the Japanese Empire 1936–1945 (New York 1970); D. BERGAMINI, Japan's imperial conspiracy (London 1971). Überblick über die japan. Forschung bei M. BROSZAT, Zeitgesch. in Japan, VfZG 22 (1974).

Emigration: DW 397/162–170. – Eine umfassende Darstellung der Emigration liegt noch nicht vor; die wissenschaftl. Voraussetzungen für eine solche sind noch zu schaffen. Hierzu gehört das in Herstellung befindliche biographische Verzeichnis der Emigration, das vom Institut für Zeitgeschichte betreut wird. Zum Forschungsstand: P. U. HOHENDAHL/E. SCHWARZ (Hg.), Exil u. innere Emigration (2 Bde. 1972 u. 1973), enthält Referate zweier internat. Symposien über die dt. Exilliteratur; in Bd. 2 Beitrag von W. ROEDER, Zur Situation der Exilforschung in der Bundesrepublik; W. STERNFELD/Eva TIEDEMANN, Dt. Exil-Lit. 1933–1945. Eine Bio-Bibliographie (1962). – Zentrale Dokumentationsstelle: die Abt. »Dt. Emigration« in der »Dt. Bibliothek« in Frankfurt, ferner die »Wiener Library« in London. – Wichtigste Zeitungen der dt. Emigration: Pariser Tageblatt (1933–36), dann Pariser Tageszeitung (1936–40); Der Aufbau (New York 1934ff.); Das neue Tagebuch (Paris u. Amsterdam 1933–40, hg. von L. SCHWARZSCHILD); Die Sammlung (Amsterdam 1933–35, hg. von K. MANN). – Erster Versuch einer Gesamtdarstellung: R. GROSSMANN, Emigration. Gesch. der Hitler-Flüchtlinge 1933–1945 (1969). – Bibliographie der dt.sprachigen Emigration in den Vereinigten Staaten 1933 bis 1963, in: Jb. für Amerikastudien 11 (1960). – Teilaspekte: H. MÜSSENER, Exil in Schweden. Politische u. kulturelle Emigration nach 1933 (1974); F. GOLDNER, Die österr. Emigration 1938–1945 (Wien 1972); P. STAHLBERGER, Der Zürcher Verleger Emil Oprecht u. die dt. polit. Emigration 1933–1945 (1970); Ursula LANGKAU-ALEX, Dt. Emigrations-Presse, in: Internat. Review of Soc. History 15 (1970); J. RADKAU, Die dt. Emigration in den USA. Ihr Einfluß auf die amerik. Europapolitik 1933–1945 (1971); R. E. CAZDEN, German exile literature in America 1933–1950. A history of the free German press and booktrade (Chicago 1970); D. FLEMING/B. BAILYN (Hg.), The intellectual immigration. Europe and America, 1930–1960 (Cambridge Mass. 1969). – H. DUHNKE, Die KPD von 1933 bis 1945 (1972); A. SYWOTTEK, Dt. Volksdemokratie. Studien zur polit. Konzeption der KPD 1935 bis 1946 (1971); weitere Lit. zum kommunist. Exil in Moskau s. Bd. 21, Kap. 13. – E. MATTHIAS, Sozialdemokratie u. Nation. Ein Beitrag zur Ideengesch. der soz.dem. Emigration in der Prager Zeit des Parteivorstandes 1933–38 (1952); ders. (Hg.), Mit dem Gesicht nach Dtld. Eine Dokumentation über die soz.dem. Emigration aus dem Nachlaß von Friedrich STAMPFER (1968); L. J. EDINGER, Sozialdemokratie u. Nat.soz. Der Parteivorstand der SPD im Exil von 1933–1945 (a. d. Amerik.

1960); Jutta v. FREYBERG, Sozialdemokratie u. Kommunisten. Die Revolut. Soz. Dtlds. vor dem Problem der Aktionseinheit 1934–1937 (1973); G. PLUM, Volksfront, Konzentration u. Mandatsfrage. Ein Beitrag zur Gesch. der SPD im Exil 1933–1939, VfZG 18 (1970); W. RÖDER, Die dt. sozialist. Exilgruppen in Großbritannien (1969). – W. KIESSLING, Alemania Libre in Mexiko (2 Bde. Berlin-Ost 1975). – H.-A. WALTER, Dt. Exilliteratur 1933–1950, 9 Bde., bisher erschienen Bd. 1, 2 u. 7 (1972 u. 1974). – H. BRÜNING, Briefe u. Gespräche 1934–1945 (1974); S. R. TREVIRANUS, Für Dtld. im Exil (1973); E. PORTNER, Koch-Wesers Verfassungsentwurf. Ein Beitrag zur Ideengesch. der dt. Emigration, VfZG 14 (1966); E. FISCHER, Erinnerungen u. Reflexionen (1969); A. BRECHT, Mit der Kraft des Geistes. Lebenserinnerungen. Zweite Hälfte. 1927–1967 (1967); Margarete BUBER-NEUMANN, Kriegsschauplätze der Weltrevolution (1967); dies., Als Gefangene bei Hitler u. Stalin (1962); J. DEUTSCH, Ein weiter Weg. Lebenserinnerungen (1960); – A. KANTOROWICZ, Exil in Frankreich (1971); ders., Dt. Schicksale. Intellektuelle unter Hitler u. Stalin (1964); G. W. HALLGARTEN, Als die Schatten fielen. Erinnerungen vom Jahrhundertbeginn bis zur Jahrtausendwende (1966); L. SCHWARZSCHILD, Die Lunte am Pulverfaß. Aus dem »Neuen Tagebuch« 1933–1940 (1965); W. BENJAMIN, Briefe (Bd. 2, 1966); H. KESTEN (Hg.), Dt. Lit. im Exil. Briefe europ. Autoren 1933 bis 1949 (1964); Th. MANN, Briefe 1937–1947, hg. von Erika Mann (1963); Th. MANN/H. MANN, Briefwechsel 1900–1949 (1968); Lit. zu Th. MANN s. Kap. 12 u. Kap. 14; H. MANN, Ein Zeitalter wird besichtigt (1946); K. MANN, Der Wendepunkt. Ein Lebensbericht (1944, Tb. 1963); R. LEMP, Annette KOLB. Leben u. Werk einer Europäerin (1970); K. WOLFSKEHL, Zehn Jahre Exil. Briefe aus Neuseeland 1938–1948 (1959); K. TUCHOLSKY, Ausgewählte Briefe 1913–1935 (1962); A. DÖBLIN, Briefe (1970); H. GRAF KESSLER, Tagebücher 1918–1937 (1962); A. EINSTEIN/ Hedwig u. Max BORN, Briefwechsel 1916–1955 (1969); A. EINSTEIN, Lebenserinnerungen (1952); – Zur jüd. Emigration s. Kap. 10 u. Bd. 21, Kap. 9. H. E. TUTAS, Nat. soz. u. Exil. Die Politik des Dritten Reiches gegenüber d. dt. polit. Emigration (1975).

Kapitel 1
Hitler und sein Programm

Hitler war nach seinem mißglückten Putsch (Bd. 19, Kap. 15) am 1. April 1924 wegen Hochverrats zu fünf Jahren Festungshaft verurteilt worden. Schon am 20. Dezember wurde er jedoch entlassen. Während der Haft, die er in Landsberg verbüßte, hat er seine Rechenschafts- und Programmschrift ›Mein Kampf‹ begonnen[1]. Diesem Buch kommt als Quelle für die Erfassung der Gedanken Hitlers und für die Zielsetzung der nationalsozialistischen Bewegung eine zentrale Bedeutung zu. Bis Ende 1932 wurden 287000 Exemplare verkauft. Die Gesamtauflage des Werkes bis zum Ende des Nationalsozialismus erreichte einschließlich zahlreicher Geschenkexemplare fast

10 Millionen. Als Hitler dieses Buch schrieb, stand er nicht in unmittelbarer Verantwortung für die täglichen Aufgaben der Parteiführung. Die erzwungene Ruhepause während der Festungshaft gab ihm die Möglichkeit, den bisherigen Weg zu überdenken und, für die zukünftige Entwicklung weiter ausholend als es in dem Parteiprogramm von 1920 der Fall gewesen war, seine politischen Gedanken zu entwickeln. Hitler hat den Text des ersten Bandes seinen Mithäftlingen Maurice und Heß heruntergediktiert. Der erste Band erschien 1925, der zweite, nach der Haft entstanden, folgte 1927. Die Schrift ist nicht als logisches Gebäude gefügt, sondern schnell herausgesetzt als Zeugnis seiner Vorstellungswelt. Man hat die vielen einander folgenden Auflagen miteinander verglichen. Das Ergebnis war die Feststellung, daß der Text zwar an zahlreichen Stellen stilistische Änderungen erfahren hat, daß jedoch mit Ausnahme einer Verschärfung des Diktaturprinzips[2] der Inhalt der gleiche blieb. Was Hitler 1924 niederschrieb, behielt also für die Gesamtperiode des Nationalsozialismus seine richtungweisende Bedeutung. Sicherlich ist die Schrift ein echterer Ausdruck seiner Gedanken als etwa seine öffentlichen Reden nach 1933. Damals hatte er noch nicht die taktisch bedingten, namentlich außenpolitischen Rücksichten zu nehmen wie später als Kanzler. Fragt man bei der Lektüre des Buches nach Hitlers Vorstellung von der erstrebten inneren politischen Ordnung, so bleiben die Aussagen unbestimmt und allgemein. Deutlich wird der italienische Faschismus als Vorbild gesehen. Dazu kommt ein unpräziser, in seiner ökonomischen Bedeutung nicht festgelegter Begriff von »Sozialismus«. Es wurde schon darauf hingewiesen, wie Hitler diejenigen Elemente in der Partei, die mit sozialistischen Forderungen ernst machen wollten, hinausdrängte[3]. Er selbst verstand unter dem Wort Sozialismus in etwa die nationale Volksgemeinschaft mit sozial-egalitärer Tendenz. Deutlich und genau ist Hitler jedoch in der Negation: Ablehnung des Parlamentarismus, Vernichtung des »Systems«.

Wichtig ist das Buch wegen der Aufschlüsse, die es über die rassen- und raumpolitischen Zielsetzungen Hitlers gibt. Der frühere völkische Antisemitismus Hitlers, der sich gelegentlich bereits zu der Forderung nach »Entfernung« der Juden gesteigert hatte, wird jetzt radikalisiert und in eine universale sozialdarwinistische Geschichtsideologie eingebettet: dem Anspruch auf Herrschaft für die hochgezüchtete nordische Rasse steht die Forderung nach »Ausrottung« der Juden gegenüber. Nun mußte »Ausrottung« im Sprachgebrauch Hitlers nicht notwendigerweise physische Vernichtung bedeuten. So sprach Hitler gelegentlich von der Ausrottung des Deutschtums in der Habsburgermonarchie und meinte damit einen Prozeß der langsamen Entdeutschung. Aber die spätere Methode des Massenmordes am europäischen Judentum zeichnet sich in ›Mein Kampf‹ doch bereits in einem Vokabular ab, das, wo von den Juden die Rede ist, dem Bereich der Parasitologie entstammt[4].

Der Brutalisierung des Antisemitismus entspricht das in ›Mein Kampf‹ vorgetragene Raumprogramm. Ursprünglich hatten sich Hitlers außenpolitische Zielvorstellungen im Rahmen eines nationalen Revisionismus gehalten: Kampf gegen Versailles, Wiederherstellung der früheren Größe des Reiches, Rückgewinnung der Kolonien. In ›Mein Kampf‹ entwickelte er eine hiervon unterschiedene Lebensraumprogrammatik, in der sich Ostexpansion, Vernichtung des Bolschewismus und Ausrottung des Judentums verbinden[5].

Hitler gewinnt den Ansatz für sein außenpolitisches Programm aus einer Beurteilung der deutschen Außenpolitik vor dem Ersten Weltkrieg, die er für verfehlt erachtet. Für Deutschland habe es zwei Möglichkeiten gegeben: entweder Exportindustrie und Handel zu entwickeln oder territoriale Expansion auf dem Kontinent zu suchen. Der erste Weg habe mit Notwendigkeit zum Krieg mit England, der andere zum Kampf gegen Rußland führen müssen. Deutschland sei in dem ersten Falle auf Rückendeckung bei Rußland, im anderen Falle auf England angewiesen gewesen. Hitler wirft dem Vorkriegsdeutschland vor, daß es weder das eine noch das andere konsequent gewollt, sondern sich gegenüber England mit dem Risikogedanken begnügt und gegenüber Rußland überhaupt auf den Gedanken der Expansion verzichtet habe. Wenn die bürgerlich-nationale Kriegsschuldforschung in Deutschland in ihrem Kampf gegen den Artikel 231 des Versailler Vertrags darauf hinwies, daß Deutschland kein Ziel besessen habe, das nur durch Krieg erreichbar gewesen wäre, und daß die deutsche Politik friedlich gewesen sei, so stimmt Hitler dieser Feststellung zu, indem er zugleich der deutschen Politik eben dies vorwirft, daß sie nicht so gewesen sei, wie die Kriegsschuldanklage es wahrhaben wollte. In dem möglichen Entweder-Oder einer ausgreifenden Machtpolitik entscheidet sich Hitler für die kontinentale Expansion im Osten. Dies ist sein mit aller Schärfe aufgestelltes außenpolitisches Programm: »Damit ziehen wir Nationalsozialisten bewußt einen Strich unter die außenpolitische Richtung unserer Vorkriegszeit. Wir setzen dort an, wo man vor sechs Jahrhunderten endete ... Wir schließen endlich ab die Kolonial- und Handelspolitik der Vorkriegszeit und gehen über zur Bodenpolitik der Zukunft. Wenn wir aber heute in Europa von neuem Grund und Boden reden, können wir in erster Linie nur an Rußland und die ihm untertanen Randstaaten denken.« Hier setzt nun eine höchst merkwürdige, nur aus der Verblendung der Rassenideologie zu erklärende Denkweise ein. Ein solcher Expansionskrieg gegen Rußland nämlich schien ihm erfolgversprechend, weil durch die bolschewistische Revolution das führende germanische Element vernichtet worden sei. Von den Slawen redet er als von einer »minderwertigen Rasse«, und die Juden, die an die Stelle der germanischen Führerschicht getreten seien, erscheinen in seinen Augen als »Ferment der Dekomposition«, unfähig zur Staatsführung. So erklärt er: »Das Riesenreich im Osten ist reif zum Zusammenbruch.«[6]

Mit solchen Zielsetzungen greift Hitler weit über den bürgerlichen Nationalismus hinaus. Den Ruf nach Wiederherstellung der alten Grenzen vor 1914 verwirft er kategorisch. Er sei nur geeignet, Deutschland mit allen Nachbarn zu verfeinden, und raube die Voraussetzungen für eine Bündnispolitik, die über Kleinigkeiten hinwegsehen müsse – damit meinte er den Verzicht auf Südtirol, das er einem Bündnis mit Italien[7] im Dienste seines großen Kriegs um Lebensraum gegen Rußland aufzuopfern bereit war, und ebenso den Verzicht auf eine außereuropäische Wirtschaftsexpansion und Kolonialpolitik, durch den er England als zweiten Verbündeten Deutschlands zu gewinnen hoffte. »Deutschland wird entweder Weltmacht oder überhaupt nicht sein« – ein irrsinniges Entweder-Oder, das für ihn neben der Forderung des Krieges gegen Rußland auch die Niederwerfung Frankreichs einschloß. Sein klares Programm für einen deutschen Hegemonialkrieg in Europa lautet in der Formulierung von ›Mein Kampf‹: »Duldet niemals das Entstehen zweier Kontinentalmächte in Europa. Seht in jeglichem Versuch, an den deutschen Grenzen eine zweite Militärmacht zu organisieren, und sei es auch nur in Form der Bildung eines zur Militärmacht fähigen Staates, einen Angriff gegen Deutschland und erblickt darin nicht nur das Recht, sondern die Pflicht, mit allen Mitteln, bis zur Anwendung von Waffengewalt, die Entstehung eines solchen Staates zu verhindern, beziehungsweise einen solchen, wenn er schon entstanden, wieder zu zerschlagen.«[8]

Welches Recht besaß Deutschland in den Augen Hitlers, um solcher Ziele willen Krieg zu entfesseln? Hitler erkannte für den Besitz von Grund und Boden keinen anderen Rechtstitel an als den der Gewalt, »denn kein Volk besitzt auf dieser Erde auch nur einen Quadratmeter Grund und Boden auf höheren Wunsch und laut höherem Recht«[9]. Er erkannte kein Recht auf Heimat an, weder für die Südtiroler, die er Italien preiszugeben bereit war, noch für die Baltendeutschen und andere deutsche Volksgruppen in Osteuropa, die später seine Politik gewaltsam aus ihrer Heimat reißen sollte; erst recht nicht für die Polen, die er aus dem Warthegau vertrieb, und für die Russen, die er der deutschen Herrschaft unterwerfen wollte. Die Basis dieses moralischen Nihilismus in der Politik, dem Humanität als eine »Mischung von Dummheit und Feigheit«[10] erschien, war ein primitiver Geschichtsdarwinismus[11], der mit seiner Anschauung vom »natürlichen Kampf um das Dasein, der nur den Allerstärksten und Gesündesten am Leben läßt,« einer weitverbreiteten populären Anschauung entsprach, aber erst von dem Fanatiker Hitler mit skrupelloser Konsequenz in die politische Praxis übertragen wurde: »Ein stärkeres Geschlecht wird die Schwachen verjagen, da der Drang zum Leben in seiner letzten Form alle lächerlichen Fesseln einer sogenannten Humanität der einzelnen immer wieder zerbrechen wird, um an seine Stelle die Humanität der Natur treten zu lassen, die die Schwäche vernichtet, um der Stärke den Platz zu schenken.«[12]

Es gibt ein zweites Buch von Hitler, das seine außenpolitischen Vorstellungen noch deutlicher herausstellt[13]. Anlaß zu seiner Niederschrift war der im Kampf um die Reichstagswahlen vom Mai 1928 gegen ihn auch von völkischer Seite erhobene Vorwurf, mit seiner pro-faschistischen Einstellung in der Südtirolfrage deutsche Interessen zu verraten. Die Wahlen brachten den Nationalsozialisten nur zwölf Sitze im Reichstag. Hitler hielt es daher zunächst für geboten, gegen das »Gekläff der feigen bürgerlichen Köter sowohl als der vaterländischen Verbändler« die Zielsetzung seiner ausgreifenden Raumpolitik, die den Verzicht auf eine nationale Revisionspolitik voraussetzte, noch einmal im Zusammenhang darzustellen. Ausschweifender noch als in ›Mein Kampf‹ läßt Hitler in seinem zweiten Buch seine Phantasie spielen, die sich künftige Kriege ausmalt. Wenn erst Rußland erobert und Frankreich niedergeworfen sein werden, muß sich Deutschland früher oder später darauf vorbereiten, »der drohenden Überwältigung der Welt durch die amerikanische Union« entgegenzutreten. Aber die Vorstellung, daß es eines Tages notwendig sein werde, »Nordamerika ... die Stirn zu bieten«, war eine Zukunftsvision. Das erste und überragende Ziel hieß für ihn Eroberung von Lebensraum im Osten[14]. Das Gebiet Deutschlands betrug damals ca. 470000 qkm; 500000 hinzugewonnene Quadratkilometer, so spekulierte er, können »Millionen deutscher Bauern neue Heimstätten bieten, der deutschen Volkskraft für den Ernstfall aber Millionen von Soldaten zur Verfügung stellen«. Mit »stümperhaften Grenzregulierungen«, wie sie die bürgerlichen Nationalisten anstrebten, mit einer Wiederherstellung der Grenzen von 1914, die er für »die allerdümmste außenpolitische Zielsetzung« hielt, und selbst mit dem Zusammenschluß aller von Deutschen bewohnten Gebiete wollte er sich nicht begnügen. Er verachtete das Bürgertum, dessen Nationalrevisionismus sich in solchen begrenzten Vorstellungen bewegte. Aber zunächst brauchte er es als Bundesgenossen auf dem Wege zur Macht. Hier ist wohl der Grund dafür zu suchen, daß der im Sommer 1928 verfaßte Entwurf nicht in eine druckreife Form gebracht und veröffentlicht wurde[15].

Das raumpolitische Programm Hitlers war in seiner Eindeutigkeit und Klarheit so herausfordernd, daß kaum jemand, der das Buch ›Mein Kampf‹ las, ihn beim Wort nahm[16]. Man kann mit Sicherheit sagen, daß es nicht diese ausschweifenden Eroberungsziele waren, die dem Hakenkreuz die Massen zuführten. In Bd. 19, Kap. 24 wurde auf den Zusammenhang hingewiesen, der zwischen Wirtschaftskrise und Nationalsozialismus in ihrem parallelen Ablauf bestand. Hitler hat in der Zeit der Massenarbeitslosigkeit propagandistische Möglichkeiten, die sich aus der wirtschaftlichen Krisensituation im Zusammenhang mit dem Aufbegehren gegen den »Schandfrieden von Versailles« und der Unzufriedenheit mit dem »System« ergaben, meisterhaft auszunutzen verstanden. Die Abschnitte seines Buches, die sich mit massenpsychologischen Problemen befassen, verraten einen Demagogen, der mit unheimlichem Geschick und in kalter Berechnung die großen Worte und die großen Ideen ebenso wie das äußere Arrangement seiner Massenversammlungen und Aufmärsche als Instrument zu verwenden wußte, um die ihres eigenen Willens beraubten, in der Masse untergehenden Menschen seinen Zwecken zu unterwerfen. Der Meister der Massenpsychologie und politischen Taktik überwand sie alle, seine Widersacher innerhalb der Partei, die

Stennes und Strasser[17], ebenso wie die bürgerlich-aristokratischen Koalitionspartner vom 30. Januar 1933, die geglaubt hatten, Hitler für sich zu engagieren, und gleich zu Beginn die Partie verloren.

Mit Hitler trat eine ungewöhnliche Figur in den Vordergrund der deutschen Geschichte. Kann man ihm, der das Gewissen für eine jüdische Erfindung hielt, historische Größe zusprechen? Daß die weltgeschichtliche Persönlichkeit nicht mit normalen sittlichen Maßstäben gemessen werden könne, war eine Überzeugung Hegels, und Burckhardt stellte für die historische Größe eine Dispensation von dem gewöhnlichen Sittengesetz fest. Aber beiden stand hierbei nicht die Möglichkeit von baren Verbrechen vor Augen, wie sie Hitler gegenüber den Juden, gegenüber anderen Völkern und nicht zuletzt gegenüber dem deutschen Volke selbst verübte. Diese Feststellung darf nun allerdings nicht den Blick dafür verstellen, daß in Hitler jenes erste Attribut, durch das Burckhardt die historische Größe bestimmt, gegeben ist, nämlich die »in einzelnen Individuen konzentrierte Weltbewegung«. Friedrich Meinecke hat in seinen Betrachtungen über die deutsche Katastrophe darauf hingewiesen, daß Hitler mit seiner Bewegung am Kreuzungspunkt der beiden großen, die Massen ergreifenden Strömungen des 20. Jahrhunderts gestanden habe, des Nationalismus und des Sozialismus. Er vollzog in der Tat eine grandiose negative Synthese dieser beiden Tendenzen[18], indem er mit Hilfe der modernen technischen Mittel der Massenbeeinflussung wie Funk und Film, mit den theatralischen Schaustellungen der Parteitage und Massenversammlungen, durch Terror und Theater und genialische Rhetorik an die unterrationalen, unkontrollierten Ressentiments und Emotionen appellierte und in bewußt manipulierten Ausbrüchen nationaler Hysterie die Kontrolle durch Vernunft und Gewissen beiseite schob. Die Besucher seiner Massenversammlungen und diejenigen, die ihm persönlich begegneten, hatten den Eindruck des Ungewöhnlichen, wenn es auch unabhängige Geister gab, die der Taktik seiner Psychologie und dem, was man die Magie seiner Persönlichkeit genannt hat, nicht verfielen. Es bleibt aber außerordentlich, in welchem Maße in seiner Gegenwart Bedenken und selbständige Meinung hinwegschmolzen. Burckhardt sagt in seinem Kapitel über die historische Größe: »Ordinärer Gehorsam gegen irgendwie zur Macht Gekommene findet sich bald, hier dagegen bildet sich die Ahnung der Denkenden, daß das große Individuum da sei, um

Dinge zu vollbringen, die nur ihm möglich und dabei notwendig seien. Der Widerspruch in der Nähe wird völlig unmöglich, wer noch widerstehen will, muß außer dem Bereich des Betreffenden, bei seinen Feinden leben und kann ihm nur noch auf dem Schlachtfeld begegnen.«[19] Worin die faszinierende Kraft Hitlers beruhte, läßt sich aber nun in einigen Momenten auch noch deutlicher fassen. So besaß er ein erstaunliches Gedächtnis und überraschte die Generale durch die Breite seiner waffentechnischen Kenntnisse. Er besaß ein ausgesprochenes Gespür für die in einer politischen oder auch in einer militärischen Situation liegenden taktischen Möglichkeiten, unbegrenztes Vertrauen in die Kraft seines Willens und die Witterung des Raubtieres für ihm drohende Gefahren und für den rechten Moment des Absprungs. Mit dieser lauernden Beweglichkeit und der Bereitschaft zum großen Risiko war freilich, wie es Generalfeldmarschall v. Manstein für den Bereich der Kriegführung sehr deutlich heraushebt[20], auf der anderen Seite eine merkwürdige Starrheit, ja geradezu Ängstlichkeit verbunden. Er besaß nicht die freie, in Erfahrung und sachlicher Überschau begründete Kenntnis vielschichtiger Gesamtzusammenhänge und wagte darum z.B. 1940 nicht, nach dem großen Durchbruch im Westen, während sich der Ring um die feindlichen Armeen in Nordfrankreich und Belgien schloß, zugleich nach Südwesten hin durch einen Vorstoß über die Aisne hinweg die französische Armee daran zu hindern, hier eine neue Abwehrfront aufzubauen; ebenso wagte er es nicht, in der Verteidigung in Rußland und später im Westen sich vom krampfhaften Festklammern an den einmal erreichten Positionen zu lösen. Die gleiche Starrheit eignet auch seinen politischen Grundvorstellungen. Sein dogmatisch starres Rußlandbild ist eine der Ursachen der Katastrophe.

Er wurde schließlich zum Gefangenen des Bildes, das er sich von sich selber machte. In den frühen Jahren des Parteikampfes hat er sich mehr in der Rolle des Trommlers gesehen als in der eines zukünftigen absoluten Gewalthabers. Aber zur Technik seiner Massenwerbung gehörte die Propagierung des Führermythos, der sich durch die großen politischen Anfangserfolge der Zeit von 1933–1938 und dann durch die großen Siege in den Feldzügen der ersten Kriegsjahre, die gegen das Zögern oder gar den Widerspruch des Generalstabs errungen wurden, in ihm selbst als Überzeugung festigte. Wenn der Hitler der zwanziger Jahre noch in einer historischen Rolle, die er sich selbst zuschrieb, theatralisch posierte, so glaubte der wie durch ein Wunder von dem Bombenanschlag des 20. Juli Gerettete, daß durch den »Willen der Vorsehung« sein Geschick und das Deutschlands identisch seien. Oder war auch dies nur Pose? War er, wie es etwa Rauschning sieht, immer nichts anderes als der radikale Nihilist, der in Wirklichkeit nicht einmal an seine eigene Schicksalsberufung glaubte[21]? Es bleibt hier ein im letzten nicht zu durchdringendes Dunkel seiner Person. Wie dem auch sei, er züchtete den Führermythos, wenn er die beiden Parolen seiner Propaganda ernst zu nehmen verlangte, in denen die Grundordnung der Werte auf den Kopf gestellt wurde: »Recht ist, was dem Volke nützt« und »Der Führer hat immer recht«. Das Griechische gibt hierfür den prägnanten Begriff mit dem Worte »diaballein« = verwirren, irreführen. Die welthistorische Größe Hitlers, der das Denken verwirrte, um nach kurzen Jahren eines steilen Anstiegs seiner Macht die Welt in Flammen zu setzen und mit seinem eigenen Sturz sein Volk mit hinabzureißen, ist diabolisch.

Zu Hitler bis 1923 s. Lit. in Bd. 19, Kap. 15. DW 393/937 u. 397/59–78.
Selbstzeugnisse: A. Hitler, Mein Kampf. (Bd. 1: Eine Abrechnung 1925, Bd. 2: Die nat.-soz. Bewegung 1926; zahlreiche Neuauflagen bis 1944); G. L. Weinberg (Hg.), Hitlers Zweites Buch. Ein Dokument aus dem Jahre 1928 (1961); H. Picker, Hitlers Tischgespräche im Führerhauptquartier 1941–1942, hg. v. G. Ritter (1951); anstelle der hier vorgenommenen Aufgliederung nach Sachgesichtspunkten werden die Gespräche chronologisch dargeboten in der von P. E. Schramm besorgten Neuausgabe (1963), wichtig auch wegen des vom Hg. in der Einleitung gezeichneten Bildes der Persönlichkeit Hitlers. Diese dt. Ausgaben enthalten von Picker u. H. Heim im Auftrag Bormanns angefertigte Niederschriften über Hitlers Tischmonologe. Auf Bormanns Redigierungen der Aufzeichnungen Heims u. Pickers (Bormann-Vermerke) beruhen die franz., engl. u. amerik. Ausgaben: Adolf Hitler, Libres propos sur la guerre et la paix, recueillis sur l'ordre de Martin Bormann (Paris 1952) umfaßt nur die Zeit von Juli 1941 bis März 1942; der gesamte Bestand aus dem Bormann-Nachlaß, zeitlich weiter reichend als die dt. Ausgabe, in engl. Übersetzung in: H. R. Trevor-Roper (Hg.), Hitler's Table Talks 1941–1944 (London 1953); amerik. Parallelausgabe: Hitler's Secret Conversations 1941–1944 (New York 1953). Zur Textüberlieferung vgl. neben der Einleitung von P. E. Schramm E. Jäckel, Dokumentationen z. Gesch. des Zw. Weltkrieges, NPL 9 (1964). Äußerungen Hitlers von Februar u. April 1945, die Bormann aufnahm, in: H. R. Trevor-Roper (Hg.), Le Testament Politique de Hitler, Notes recueillis par Martin Bormann (Paris 1959, engl. Ausg. London 1961). – M. Domarus (Hg.), Hitler, Reden u. Proklamationen 1932–1945 (2 Bde. 1962/63); E. Klöss (Hg.), Reden des Führers. Politik u. Propaganda Adolf Hitlers 1922–1945 (Tb. 1967); Hildegard v. Kotze/H. Krausnick (Hg.), Es spricht der Führer. 7 exemplarische Hitler-Reden (1966); Reden aus der Zeit vor 1933: E. Boepple (Hg.), Adolf Hitlers Reden (1934); H. Preiss (Hg.), Adolf Hitler in Franken. Reden aus der Kampfzeit (o. J., 1939); E. Deuerlein, Hitlers Eintritt in die Politik u. die Reichswehr,

Dokumentation, VfZG 7 (1959); R. PHELPS, Hitler als Parteiredner im Jahre 1920, Dokumentation, VfZG 11 (1963); ders., Hitlers »grundlegende« Rede über den Antisemitismus, VfZG 16 (1968), Rede vom 13. 8. 1920; W. HORN, Ein unbekannter Aufsatz Hitlers aus dem Frühjahr 1924, VfZG 16 (1968); W. JOCHMANN, Im Kampf um die Macht. Hitlers Rede [28. 2. 26] vor dem Hamburger Nationalklub von 1919 (1960); H. A. TURNER, Hitlers geheime Broschüre für Industrielle 1927, in: ders., Faschismus u. Kapitalismus in Deutschland (1972); F. DICKMANN, Die Regierungsbildung in Thüringen als Modell der Machtergreifung. Ein Brief Hitlers aus dem Jahre 1930, VfZG 14 (1966); Th. VOGELSANG, Hitlers Brief an Reichenau v. 4. Dez. 1932, VfZG 7 (1959); W. TREUE, Hitlers Denkschrift zum Vierjahresplan 1936, VfZG 3 (1955). – W. MASER, Hitlers Briefe u. Notizen (1973); E. NOLTE, Eine frühe Quelle zu Hitlers Antisemitismus, HZ 192 (1961) sieht Hitler auch als Mitautor an von D. ECKART, Der Bolschewismus von Moses bis Lenin. Zwiegespräche zwischen Adolf Hitler u. mir (1925); dagegen mit guten Argumenten S. ESH, Eine neue literarische Quelle Hitlers?, GWU 15 (1964). – Dokumente zu Hitler als Parteiführer vor 1933 bei A. TYRELL, Kap. 2; ferner zur Außenpolitik Kap. 15, Anm. 9, Kap. 19, Anm. 2; zur Kriegführung Bd. 21, Allgem. Bibl. z. 2. Weltkr. – Zahlreiche frühere Hitlerbiographien u. Lebensbilder überholt durch die breit angelegte, anschaulich erzählende, psychologisch meisterhafte Darstellung v. J. C. FEST, Hitler. Eine Biographie (1973), dort auch ausführliches Lit.-Verz.; kritisch hierzu H. GRAML, Zur neuen Hitler-Biographie von J. Fest, VfZG 22 (1974). Zu den verschiedenen Deutungen Hitlers in der Forschung K. HILDEBRAND, Der »Fall Hitler«. Bilanz u. Wege der Hitler-Forschung, NPL 14 (1969). Von der zu Hitlers Lebzeiten erschienenen Literatur behält ihren Wert als Zeitdokument: Th. HEUSS, Hitlers Weg. Eine hist.-polit. Studie über den Nat.Soz. (1932), neu hg. u. eingeleitet v. E. JÄCKEL (1968), als erster Versuch einer objektivierenden, wissenschaftlichen Darstellung; ferner K. HEIDEN, Adolf Hitler (2 Bde. Zürich 1936/37). Bleibende Bedeutung kommt auch der ersten nach dem Ende Hitlers verfaßten wissenschaftlichen Biographie v. A. BULLOCK, Hitler. A Study in Tyranny (London 1951, erw. Aufl. dt. 1967), insofern zu, als hier entgegen der Zeittendenz zur Minimalisierung der Person Hitlers, die in ihm nur das Werkzeug von Junkern, Schwerindustrie u. Reichswehr sehen wollte, seine nihilistische Genialität herausgearbeitet wird. Wichtig für biographische Einzelheiten, aber nicht immer zuverlässig W. MASER, Adolf Hitler. Legende, Mythos, Wirklichkeit (³1972). – Eine knappe Systemdarstellung bietet E. JÄCKEL, Hitlers Weltanschauung. Entwurf einer Herrschaft (1969), dort auch Überblick über die Lit. zu der Frage, ob Hitler ein nihilistischer Machtpolitiker war ohne klare Ziele oder ob er über ein festes konsequent verfolgtes Prgramm verfügte; die programmatische Konsequenz betont H. R. TREVOR-ROPER, Hitlers Kriegsziele, VfZG 8 (1960); Herausarbeitung der irrationalen, letztlich nihilistischen Komponenten in Denken u. Sprache Hitlers bei M. BROSZAT, Betrachtungen zu »Hitlers Zweitem Buch«, VfZG 9 (1961). Zur Bedeutung der von Hitler vertretenen Vorstellungen für die Ideologie der NSDAP insgesamt sowie auch für die Politik nach 1933 ders., Soziale Motivation u. Führer-Bindung des Nat.soz., VfZG 18 (1970). – Zur Frage des »Stufenplans« s.u. Anm. 14; zur Nihilismus-Frage s.u. Anm. 21.

[1] H. HAMMER, Die dt. Ausgaben von Hitlers »Mein Kampf«, VfZG 4 (1956); W. MASER, Hitlers Mein Kampf (1966).

[2] Zur Abwandlung des Begriffs der »germanischen Demokratie« vgl. unten Kap. 6.

[3] Vgl. Bd. 19, Kap. 24. Zur Bewertung des nat.soz. »Sozialismus«: M. H. KELE, Nazis and Workers

(Chapel Hill 1972); s. Lit. Kap. 7, Anm. 20 u. 21.

[4] So zutreffend herausgearbeitet mit vielen Belegen bei E. JÄCKEL, Hitlers Weltanschauung, S. 75.

[5] Die Entwicklung vom Revisionismus zur Lebensraumprogrammatik ist in ihren einzelnen Schritten nachgewiesen bei A. KUHN, Hitlers außenpolitisches Programm. Entstehung u. Entwicklung 1919–1939 (1970); K. LANGE, Der Terminus »Lebensraum« in Hitlers »Mein Kampf«, VfZG 13 (1965).

[6] Mein Kampf (einbändige Ausg.), S. 742 u. 743.

[7] Zur Entwicklung dieses Aspektes im außenpolit. Programm Hitlers: W. W. PESE, Hitler u. Italien 1920–1926, VfZG 3 (1955); K.-P. HOEPKE, Die dt. Rechte u. der ital. Faschismus (1968); J. PETERSEN, Hitler – Mussolini. Die Entstehung der Achse Berlin-Rom 1933–1936 (1973).

[8] Mein Kampf, S. 742.

[9] Ebd., S. 740.

[10] Ebd., S. 148.

[11] H. G. ZMARZLIK, Der Sozialdarwinismus in Dtld. als geschichtl. Problem, VfZG 11 (1963), ergänzte Neuausgabe in: ders., Wieviel Zukunft hat unsere Vergangenheit? Aufsätze u. Überlegungen eines Historikers vom Jahrgang 1922 (1970).

[12] Mein Kampf, S. 145.

[13] Hitlers Zweites Buch (s. o.).

[14] Für die Abfolge solcher Zielsetzungen ist der Begriff »Stufenplan« in die wissenschaftl. Diskussion eingeführt worden von A. HILLGRUBER, Hitlers Strategie, Politik u. Kriegführung 1940–1941 (1965); ders., Kontinuität u. Diskontinuität in der dt. Außenpolitik von Bismarck bis Hitler (1969); ders., England in Hitlers außenpolit. Konzeption, HZ 218 (1974); in diesem Aufsatz, der einen Überblick über die unterschiedlichen Interpretationsansätze der Forschung gibt, werden Thesen zu der Frage aufgestellt, welche Rolle England für die verschiedenen »Stufen« der Planung von Hitler zugedacht war und in welchen »Etappen« sich das deutsch-brit. Verhältnis tatsächlich entwickelte. Der Begriff »Stufenplan« ist noch umstritten. Er suggeriert eine Systematik, von der es zweifelhaft ist, ob mit ihr die Visionen u. Improvisationen Hitlers zutreffend bezeichnet werden. Auf jeden Fall aber hat sich dieses Konzept als ein fruchtbarer Anstoß für die Forschung erwiesen. Von ihm gehen aus u. a.: K. HILDEBRAND, Vom Reich zum Weltreich. Hitler, NSDAP u. koloniale Frage 1919–1945 (1969); ders., Dt. Außenpolitik 1933–1945. Kalkül oder Dogma? ([2]1973); J. HENKE, England in Hitlers polit. Kalkül 1935–1939 (1973); J. DÜLFFER, Weimar, Hitler u. die Marine – Reichspolitik u. Flottenbau 1920–1939 (1972). – Zu Hitlers Äußerungen über Weltmacht u. Weltherrschaft auch G. MOLTMANN, Weltherrschaftsideen Hitlers, in: Festschrift E. Zechlin (1961).

[15] Gespräche, die Hitler 1931 mit einem angesehenen bürgerlichen Journalisten, dem Chefredakteur der ›Leipziger Neuesten Nachrichten‹, Richard Breiting, führte, bekunden auch für diese Periode die Kontinuität seiner raumpolitischen Vorstellungen: E. CALIC, Ohne Maske. Hitler–Breiting Geheimgespräche 1931 (1968); Bedenken gegen die Verläßlichkeit dieser Quelle werden erhoben v. H. MOMMSEN in ›Der Spiegel‹, 27. 1. 1972.

[16] Zur Wirkung des Buches bis 1933 vgl. K. LANGE, Hitlers unbeachtete Maximen. »Mein Kampf« u. die Öffentlichkeit (1968); aufschlußreich für die zeitgenössische Beurteilung Hitlers u. seiner Partei auch P. W. FABRY, Mutmaßungen über Hitler. Urteile von Zeitgenossen (1969).

[17] Schriften der Brüder Strasser s. Bd. 19, Kap. 24, Anm. 12.

[18] F. MEINECKE, Die deutsche Katastrophe (1946), verweist auf frühere Bestrebungen, Nationalismus und Sozialismus zu verbinden, insbesondere

auf Friedrich Naumann, der in seiner nationalsozialen Bewegung nach einer positiven Synthese der beiden Tendenzen gesucht hatte. Wenn der damalige Versuch – so Meinecke –, »Bürgertum und Arbeiterschaft in den großen Hauptphasen des öffentlichen Lebens in Harmonie zu bringen«, gelungen wäre, »so würde es wohl nie zu einer Hitlerbewegung gekommen sein« (S. 34). Theodor Heuß, Sachwalter des geistigen Erbes von Friedrich Naumann, hatte schon in seinem Buch über ›Hitlers Weg‹ (1932) einen Problemzusammenhang zwischen national-sozial und national-sozialistisch gesehen (S. 164), verwahrt sich aber in seiner Friedrich-Naumann-Biographie mit Recht gegen Versuche, Friedrich Naumann wegen seiner Idee einer national-sozialen Synthese unter die »Vorläufer« Hitlers einzureihen, indem er feststellt: »Die Männer, die in ihren Jugend- und werdenden Reifejahren von Naumann erfaßt und bestimmt wurden, haben sich nach 1918, auch nach 1945 in die verschiedenen politischen Gruppen verteilt. Kein einziger, der irgendeinmal in einer, wenn auch nur bescheidenen Verantwortung gestanden hatte, ist nach 1933 in Hitlers Gefolgschaft als aktive Kraft sichtbar geworden ... Wer von Naumann aus den Weg in das öffentliche Leben fand, war durch einen elementaren sittlichen Impuls bestimmt gewesen. Nur dies feite ihn gegen eine Bewegung, deren Führerschicht auch den ganz primitiven sittlichen Maßstab verwarf, verhöhnte und verlachte, weil sie das Spannungsproblem zwischen Ethik und Macht überhaupt nicht empfand.« Th. HEUSS, Friedrich Naumann. Der Mann, das Werk, die Zeit (^{2}1949), S. 512; vgl. auch die Einleitung von E. JÄCKEL zur Neuauflage von ›Hitlers Weg‹ (1968).

[19] J. BURCKHARDT, Weltgeschichtliche Betrachtungen (Kröner-Ausgabe 1946), S. 234.

[20] E. v. MANSTEIN, Verlorene Siege (1955).

[21] So in den Schriften des ehemaligen nat.soz., später emigrierten Senatspräsidenten von Danzig, Hermann RAUSCHNING, Die Revolution des Nihilismus (Zürich 1938, gekürzte Neuausg. v. G. MANN, 1964); ders., Gespräche mit Hitler (Zürich 1940). Nach E. JÄCKEL (a.a.O., S. 14) ist den Schriften Rauschnings kein Quellenwert für Hitler zuzubilligen. Er verwirft namentlich die These aus Rauschnings Nihilismusbuch, daß es kein Ziel gegeben habe, »das nicht der Nat.Soz. um der Bewegung willen jederzeit preiszugeben oder aufzustellen bereit« gewesen wäre. Differenzierter urteilt hierüber Th. SCHIEDER, Hermann Rauschnings »Gespräche mit Hitler« als Geschichtsquelle (1972). Die in den Jahren 1932/34 geführten, anhand von Notizen Rauschnings später aufgezeichneten, also nicht wörtlich zu nehmenden Gespräche mit Hitler bezeugen jedenfalls die Kontinuität von Hitlers Raum- und Rassendogmatik, wie sie in ›Mein Kampf‹ zum erstenmal entwickelt vorliegt. Rauschning selbst – so Schieder – habe in den »Gesprächen« seine ursprünglich pointiert vorgetragene These vom doktrinlosen Nihilismus Hitlers durch Aufzeigen von inhaltlich konstanten Elementen seiner »Weltanschauung« korrigiert. Es ist zu fragen, ob nicht zutreffender als mit dem von Hitler verwendeten Begriff »Weltanschauung« der Komplex seiner Fundamentalüberzeugungen mit dem Begriff »Ideologie« bezeichnet wird, insofern die Rasse- und Raumdoktrin nichts ist als die Verhüllung eines in sich selbst sinnlosen Machtwillens. Daß diese Ideologie nicht inhaltsleer ist, sondern, wie bei Jäckel nachgewiesen, dogmatische Elemente enthält, an denen sich Hitlers Denken kontinuierlich orientiert hat, ist kein Einwand gegen die Subsumierung dieser »Weltanschauung« unter den Begriff des Nihilismus, sondern macht diesen Begriff wegen des spezifischen Inhalts des Hitlerschen

Credo geradezu erforderlich. Überzeugend wird der Nihilismusbegriff im Zusammenhang einer Reflexion über den Faschismus von Richard Löwenthal verwendet, wenn er schreibt: »Doch das geschichtliche Element in den Bedingungen der Entstehung und des Sieges des Faschismus geht über die Sphäre der aufzählbaren wirtschaftlichen, sozialen und politischen Institutionen, der gewissermaßen greifbaren Überreste einer vordemokratischen Vergangenheit weit hinaus. Besonders der deutsche Nationalsozialismus hat eine zerstörende explosive Wucht, eine Berserkerwut in der Verneinung anerkannter Werte der europäischen Tradition entfaltet, deren Wurzeln wir in einer anderen Dimension des geschichtlichen und gesellschaftlichen Geschehens suchen müssen. Die tierische Auffassung vom Menschendasein, deren konsequente Durchführung von der Rassentheorie über die ›Vernichtung lebensunwerten Lebens‹ bis zur Ausrottung von Millionen mit den sonst für schädliche Insekten reservierten Methoden geführt hat, ist mehr als eine Begleiterscheinung der totalen Kriegswirtschaft oder eine Folgeerscheinung der totalen Diktatur: Sie ist der Ausdruck eines umfassenden geschichtlichen Prozesses – der nihilistischen Revolte gegen Europa. Diese Revolte hat eine gesamteuropäische und eine spezifisch deutsche Seite. Die humanistische Tradition, die in christlichen, liberalen oder sozialistischen Formen jeder Art von zivilisierter Gemeinschaft in Europa zugrunde liegt, ist wie jede Errungenschaft menschlicher Gesittung immer wieder vom Hereinbrechen des Chaos bedroht.«; aus P. Sering, pseud. für R. Löwenthal, Jenseits des Kapitalismus (1946), Neudruck in E. Nolte (Hg.), Theorien über den Faschismus (1967), S. 412. Zum Nihilismus des »Geistes der Entschlossenheit« als des Kerns der Weltanschauung Hitlers auch M. Broszat, Betrachtungen zu »Hitlers Zweitem Buch«, VfZG 9 (1961).

Kapitel 2
Die Hitlerbewegung

Die nationalsozialistische Partei befand sich bei der Rückkehr Hitlers aus der Haft Ende 1924 in einer tiefen Krise. Sie war im ganzen Reichsgebiet verboten worden, und ihre Anhänger waren in mehrere miteinander rivalisierende Gruppen gespalten. Ein Teil hatte sich in der »Großdeutschen Volksgemeinschaft« gesammelt, in der Alfred Rosenberg, Julius Streicher aus Nürnberg, der schamloseste der Antisemiten, Herausgeber der pornographischen Zeitung ›Der Stürmer‹, und Philipp Bouhler, der spätere Chef der »Kanzlei des Führers«, eine führende Rolle spielten. Daneben bildete sich in Bayern ein »Völkischer Block«, der sich mit der norddeutschen, 1922 gegründeten »Deutschvölkischen Freiheitspartei« zur »Nationalsozialistischen Freiheitsbewegung« verband[1a]. An der Spitze standen der Deutschvölkische v. Graefe, der Nationalsozialist Gregor Strasser und Ludendorff. Diese Partei errang bei den Wahlen zum Reichstag im Mai 1924 32 Mandate, davon 10 Nationalsozialisten, aber bei den Wahlen im Dezember des gleichen Jahres nur noch 14 Mandate, davon lediglich 4 Nationalsozialisten. Hitler ist es nach seiner Entlassung sehr bald gelungen, den größten Teil der rivalisierenden Anhänger wieder unter seiner Führung zusammenzufassen. Die »Nationalsozialistische Freiheitsbewegung« zerfiel. Die norddeutschen Völkischen gingen unter Graefe ihre eigenen Wege, ohne daß sie noch einmal parlamentarische Bedeutung erlangt hätten. Am 27. Februar 1925 wurde die NSDAP erneut gegründet. Die »Großdeutsche Volksgemeinschaft« und der »Völkische Block« lösten sich auf. Von Bedeutung war es, daß die Partei, die bis 1924/25 im wesentlichen auf Bayern beschränkt war, in der Folgezeit auch das Erbe der völkischen Vereinigungen in Norddeutschland antreten konnte. Dort entstand im Herbst 1925, größtenteils ohne Hitlers Zutun, die »Arbeitsgemeinschaft Nordwest«, die sich in mancher Hinsicht von dem süddeutschen Nationalsozialismus unterschied und sich anfangs als dessen Konkurrent empfand. Es gelang Hitler jedoch, die wichtigsten Führer der Arbeitsgemeinschaft für sich zu gewinnen bzw. sie durch die Ernennung des populären und loyalen Gregor Strasser zum Organisationsleiter der Partei an seine Person zu binden. Die Wahlerfolge der Partei waren bis 1928 gering. Dann setzte durch die Förderung, die Hitler durch das Bündnis mit Hugenberg und Seldte zuteil wurde, durch die beginnende Weltwirtschaftskrise und den durch den Übergang zur Präsidialregierung heraufbeschworenen Verfassungskonflikt der rasche Aufstieg des Nationalsozialismus ein. Die Mitgliedsnummern – die nicht der Zahl der tatsächlich in einem bestimmten Zeitpunkt vorhandenen Parteimitglieder entsprechen – stiegen von 32373 im März 1926 über 85464 im März 1928 auf 1002157 im März 1932. Die Zahl der Parteimitglieder betrug am Tage des Hitlerputsches 1923 55287, am Tage der Machtübernahme 1933 849009 (ohne die Angehörigen der SA und anderer Gliederungen der Partei, soweit sie nicht Mitglieder der Politischen Organisation, PO, waren).

Der Nationalsozialismus verstand sich selbst als Hitlerbewegung. Die Parteijugend nannte sich nach ihm, und die Menschen, die der Hakenkreuzfahne folgten, versicherten einander mit dem »Heil Hitler«-Gruß, daß sie im Zeichen dieses Namens eine Erfüllung erwarteten, die jenseits nüchterner politischer Zielsetzungen lag. In der Tat war diese Bewegung unverwechselbar geprägt durch diesen Menschen. Wenn man sich im Kreise derer umsieht, die seit der »Kampfzeit« in der nationalsozialistischen Bewegung standen und später zu den Mächtigen im Dritten Reich gehörten, so ist es undenkbar, daß sich die Hitler zuströmenden Massen mit irgendeinem von ihnen so identifiziert hätten wie mit ihm. Martin Bormann[1] war in den letzten Jahren der nationalsozialistischen Herrschaft der einflußreichste von allen, aber er wirkte als Leiter des Stabes des persönlich unbedeutenden Rudolf Heß[2] (Privatsekretär Hitlers, Dezember 1932 Vorsitzender der Politischen Zentralkommission, April 1933 »Stellvertreter des Führers«) und nach dessen England-Flug seit 1941 als Leiter der Parteikanzlei hinter den Kulissen, eine Bürokratennatur, die zu jeder Art von öffentlichem Auftreten ungeeignet war. Der Gegentyp zu ihm war Hermann Göring[3], lange Zeit der populärste unter den »Paladinen« des Führers. Kampfflieger im Ersten Weltkrieg, Führer der berühmten Richthofen-Staffel, Träger des Pour le mérite, der höchsten Tapferkeitsauszeichnung, vor der Feldherrnhalle am 9. November 1923 als Führer der SA verwundet, ins Ausland entkommen und erst 1927 nach einer Amnestie zurückgekehrt, galt er als der »Zweite Mann« nach Hitler, dem er den Weg zur Macht durch seine gesellschaftlichen Beziehungen in Berlin ebnen half. Hier fungierte er nach dem Juli 1932 als Reichstagspräsident. Zu dem »ideologischen Kram« der NS-Gläubigkeit hatte er ebensowenig ein Verhältnis wie zum Recht, das der Gewalt Grenzen setzt. Seine joviale Robustheit, sein zur Schau gestellter Macht- und Lebensgenuß, seine zuletzt am Schein der Macht mit den Orden und Phantasieuniformen eines »Reichsmarschalls« sich noch mehr als an der Macht selbst befriedigende Eitelkeit gab seiner Figur einen Zug ins Lächerliche. Er fiel mit seiner Mentalität ganz und gar aus der permanenten weltanschaulichen Überanstrengung des NS-Klimas heraus. Der prahlerische »Zweite Mann« hätte nie ein Erster sein können.

Sehr bescheiden waren die Anfänge des späteren SS-Gewaltigen und Herrn über die Polizei, Heinrich Himmler[4]. Er gehörte zu den Kriegsfreiwilligen, deren Weg nach dem Zusammenbruch in die Verbände des revolutionären Nationalismus führte. Beim Marsch auf die Feldherrnhalle war er dabei, arbeitete zeitweilig mit Gregor Strasser zusammen, trat aber nicht hervor, bis ihn Hitler 1929 mit der Führung der SS betraute. Er war ohne Wärme und Ausstrahlungskraft und im Gegensatz zu Göring ein engstirniger Fanatiker des Rassegedankens und der Blut-und-Boden-Ideologie, die er bis in ihre absurdesten Konsequenzen durchzog und zu verwirklichen suchte, kein Volksführer, der des Appells an die Massen fähig gewesen wäre, sondern ein kalter Rechner beim systematischen Aufbau eines von ihm beherrschten Machtapparates, der von innen her die Bewegung durchdrang.

Das größte demagogische Talent des Nationalsozialismus war Joseph Goebbels[5]. Er hatte bei dem berühmten jüdischen Literaturwissenschaftler Friedrich Gundolf in Heidelberg studiert, danach mit schriftstellerischen Versuchen aber keinen Erfolg gehabt und schließlich in der NS-Bewegung das Wirkungsfeld gefunden, auf dem sich seine propagandistischen Fähigkeiten entfalten konnten. Dem Strasser-Kreis angehörend, kokettierte er ideologisch zunächst mit den Kommunisten[6]. Er sprach verächtlich von den »Münchener Bonzen« und dem »kleinen Bourgeois Hitler«, bis er 1926 sein Damaskus erlebte und von nun an einen hemmungslosen Führerkult inszenierte. Seiner physisch-psychischen Erscheinung nach war er als Intellektueller, der sich mit Gewaltanstrengung gegen sich selbst zum Glauben zwang, und als körperlich Behinderter mit einem verkrüppelten Fuß der leibhaftige Kontrast zur nordischen Heldenfigur der NS-Ideologie. Wenn er die »Kanaille Mensch«, wie er sie nannte, im Berliner Sportpalast zur Raserei aufzuputschen verstand, blieb er selbst kühl und beherrscht. Er war zu klug, um zu glauben, was er sagte. Im Grunde ohne eigene politische Substanz, löschte er sich in widerlichem Byzantinismus vor der Person Hitlers selber aus, in dieser Hinsicht aber konsequent bis zum schmachvollen Ende hin.

Der Aufstieg des Nationalsozialismus als einer national-revolutionären Bewegung ist unter den politischen, wirtschaftlichen und sozialen Gegebenheiten Deutschlands im 20. Jahrhundert schließlich denkbar ohne diese Namen, aber als Sammlungsbewegung, in die Zuflüsse aus allen Schichten des Volkes einmündeten, nicht ohne die Integrationsfigur Hitlers. Natürlich hat Hitler die Bewegung nicht aus dem Nichts geschaffen, wie er sich selber gerne stilisierte, wenn er die »Kampfzeit« vor seinen Zuhörern ausbreitete. Es schien dann so, als habe am Anfang der Entschluß des einsamen, verwundeten Soldaten gestanden, Politiker zu werden, und als habe es für die stetig wachsende Partei keine inneren Rivalitäten und Kämpfe, sondern nur äußere Feinde gegeben. In Wirklichkeit war die Führerideologie, der Anspruch Hitlers, in der Bewegung der Alleinbestimmende zu sein, zwar schon vor dem Putsch im November 1923 angemeldet, aber endgültig setzte sie sich als das die Organisation der Partei und ihrer Gliederungen bestimmende Führungsprinzip erst in den Jahren nach der Rückkehr Hitlers aus der Festungshaft in Landsberg durch. Das Problem des Nationalsozialismus liegt im Kern nicht in der Person Hitlers, der trotz der Außerordentlichkeit seiner rednerischen Begabung und seines taktischen Geschicks ohne innere, einen Biographen lockende Spannweite gewesen ist. Es liegt auch nicht in seiner Ärgernis erregenden, in seelischer Erstarrung und mit unbewegter Konsequenz befolgten Weltanschauung. Die Frage, die der Erklärung bedarf, lautet, warum ihm die Menschen in Deutschland in solcher Menge zuströmten.

In den Kapiteln über die Weimarer Republik wurde dargelegt, aus welchen inneren und äußeren Gründen die parlamentarische Demokratie in Deutschland versagte. Zurück blieb das durch die Republik unerfüllte und eben durch ihr Scheitern als objektiv berechtigt erwiesene Verlangen vieler, über der gesellschaftlichen Zerrissenheit und dem Parteienstreit das Verbindende wieder zur Geltung gebracht und das Gemeinwohl als Richtschnur politischen Handelns anerkannt zu sehen. Dem Klassenkampf von oben und unten und der Ideologie des permanenten gesellschaftlichen Konflikts stellte sich ein elementares Verlangen nach Autorität, Ordnung und »Volksgemeinschaft« entgegen. Die Binsenwahrheit, daß Gemeinnutz vor Eigennutz geht, wurde von der Propaganda Hitlers als Schlagwort für seine in der Zielsetzung die Klassen übergreifende Sammlungsbewegung aufgegriffen. Man kann dieses Verlangen nach Gemeinschaft als irrational bezeichnen, insofern es sich in rückwärtsgewandte Traumbilder einer idealisierten bäuerlich-handwerklich-ständischen Ordnung verlor. Ein rationaler Kern steckte insofern darin, als gerade eine demokratische Industriegesellschaft mit ihren organisierten legitimen Gruppeninteressen auf die Bereitschaft zum Ausgleich als Bedingung ihres Gedeihens angewiesen ist. In die Verachtung des versagenden Parteienstaates mischte sich das durch Propaganda aufgepeitschte Gefühl der nationalen Frustration und in der Wirtschaftskrise die Angst der bürgerlichen Massen vor dem gesellschaftlichen Abgleiten und dem Verlust der überkommenen Lebensformen. Vielen so Gestimmten erschien Hitler als die Verkörperung der gleichen Ängste und Sehnsüchte. Man nahm ihm ab, was er sagte. In ihm empfand die ihm zuströmende Menge zugleich die personifizierte Zuversicht einer kommenden Befreiung und Erfüllung. Entscheidend aber war, daß diese Erfüllung in pseudoreligiösen politischen Ritualen der Bewegung vorweggenommen und als hier und jetzt sich schon vollziehend erlebt wurde: in der ziellosen Dynamik der marschierenden Kolonne, in der Gleichmachung durch die politische Uniform, im Symbol der Fahne, in der sich das Rot der Revolution mit dem Schwarzweiß-rot der nationalen Reichserinnerung verband, in dem mystifizierenden Zeichen des Hakenkreuzes. Sakramentalen Charakter hatten der Märtyrerkult, der Blutorden, die Standartenweihen mit der Blutfahne, die Strahlendome und, millionenfach erlebt, die Liturgie der Hitlerversammlungen, die sich zum besinnungslosen Aufschrei der versammelten Massen steigerte. In diesen auf die Person Hitlers bezogenen Erlebnissen unkontrollierter Selbstpreisgabe lag zu einem guten Teil die Realität der Bewegung. Sie hatte mit konkreter politischer Programmatik wenig zu tun und war völlig bar jedes durchdachten Angebots für politische, gesellschaftliche oder wirtschaftliche Sachlösungen.

Die ihm zujubelnde Menge legte sich keine Rechenschaft darüber ab, daß Hitler es gerade mit den extremen Vorstellungen seiner Weltanschauung ernst meinte und daß in ›Mein Kampf‹ offen ausgesprochen war, was er wollte. Es hat keine »Geheimlehre« Hitlers gegeben, die er nur einem engeren Kreis anvertraut hätte und die Rauschning zu enthüllen meinte. Was in Rauschnings Gesprächen mit Hitler über die Antriebe seines Denkens und Handelns gesagt wird, hätte schon vor dem 30. Januar 1933 den fast 300000 unter die Leute gebrachten Exemplaren von ›Mein Kampf‹ entnommen werden können. Man hat zu Recht dieses Buch als den wohl am wenigsten gelesenen Bestseller bezeichnet[7]. Und die wenigen, die die Qual einer genauen Lektüre auf sich nahmen, vermochten es nicht für möglich zu halten, daß gerade in den horrenden Vorstellungen von Judenausrottung und Ostkrieg um Lebensraum die zentrale programmatische Aussage Hitlers enthalten war[8]. Eine solche Feststellung erklärt, warum man Hitler weithin für einen anderen nahm als er war, aber sie entschuldigt nicht die diesem Mißverständnis zugrunde liegende Blindheit. Nur einer zutiefst unpolitischen und aus religiösen Bindungen gelösten Denkweise war es möglich, sich einem solchen politischen Propheten als einem Heilsverkünder auszuliefern.

Zur Nichtbeachtung des in Hitlers Buch enthaltenen Programms mußte auch beitragen, daß Hitler in seinen Reden dieses allenfalls vage andeutete. Den größten Raum nahmen in seinen Reden die Angriffe auf das Weimarer System, auf die Demokratie und das Parteiwesen überhaupt sowie auf die jeweilige Regierung ein. Sie waren eine Artikulation verbreiteter Unzufriedenheiten – wobei er die Schwerpunkte nach den Vorstellungen der jeweiligen Zuhörerschaft setzte – und eine Beschwörung der aus der sozialen, wirtschaftlichen und politischen Lage sich ergebenden Gefahren. Demgegenüber blieben seine Aussagen über die Ziele des Nationalsozialismus so unbestimmt, daß man sich zwischen 1930 und 1933 allgemein fragte, was Hitler neben der Diktatur eigentlich wolle und welche politischen Lösungen er anzubieten habe. Stellt man zusammen, was Hitlers Reden an positiven Zielsetzungen enthalten, so erscheinen als konstante Faktoren die Beseitigung des Marxismus, die Überwindung des Klassenkampfes durch die »nationale Volksgemeinschaft«, die Ablehnung der »pazifistischen« Gesinnung, die Anerkennung des Kampfes als allgemeines »Lebensprinzip«, die Erziehung des deutschen Volkes zu nationaler Gesinnung und »Wehrfreudigkeit«, der Führergedanke als Alternative zum Parlamentarismus und die Wiederherstellung der nationalen Größe Deutschlands. All dies bleibt jedoch ohne konkrete Aussagen über die politische Ausführung. Hitler operierte mit Schlagworten, die jeder in seinem Sinn auslegen konnte. Der Rassegedanke und der Antisemitismus, bis 1928/29 der hervorstechende Zug seiner Äußerungen, traten in den Reden der folgenden Jahre zurück. In ihnen erschien der Marxismus als letzte Ursache des inneren und äußeren Niedergangs Deutschlands. Wenig war in dieser Zeit vom Lebensraumgedanken die Rede, der doch in den Reden aus den Jahren 1927–29 häufig ein Drittel des ganzen Textes ausgemacht hatte und dort ziemlich deutlich mit dem Ziel der Eroberung von »Siedlungsland« im Osten verbunden gewesen war[9]. Weiter trug zur Verwischung der Konturen im politischen Programm der Partei bei, daß verschiedene Redner die Schwerpunkte anders setzten als Hitler oder sich auch gegenseitig widersprachen. Diese Vielfalt vergrößerte sich noch, als seit 1928 in den Sonderabteilungen der Partei Programme für spezifische Bevölkerungsgruppen ausgearbeitet wurden, die genau auf deren Belange zugeschnitten waren, ohne daß sie in einem systematisierten Gesamtprogramm der NSDAP aufeinander abgestimmt worden wären. Hitler lehnte es ausdrücklich ab, sich auf eines dieser Programme oder auch nur auf spezielle politische oder wirtschaftliche Forderungen festzulegen, weil jede Festlegung Angriffspunkte schaffen und die Möglichkeit beeinträchtigen konnte, alle Schichten der Bevölkerung anzusprechen. So bemühte er selbst sich seit 1929, insbesondere die sozialrevolutionären Elemente im Programm der Partei herunterzuspielen und sich gegenüber dem Bürgertum als konservativ darzustellen; gleichzeitig betonte die Partei jedoch den nationalen Sozialismus, um in den Großstädten, vor allem in Berlin, einen Einbruch in die Arbeiterbevölkerung zu erzielen. In den Vordergrund der gesamten nationalsozialistischen Propaganda rückte nun der Kampf gegen die marxistischen Parteien und die massive Diffamierung der Regierungen von Müller bis Schleicher. Um die christlich-konservativen Wähler zu gewinnen, schaltete die Partei von der anfangs stark betonten Kirchenfeindlichkeit um auf die Betonung ihrer positiven Einstellung zum Christentum[10] und ihrer Ablehnung des marxistischen Atheismus. Der vieldeutige Charakter dieser Propaganda minderte nicht ihre Werbekraft, sondern trug im Gegenteil wesentlich zum Erfolg der Partei bei. Denn jede Gruppe von Anhängern war bereit zu glauben, daß Hitler sich gerade ihrer Sorgen annehme.

Um das Verhältnis zwischen Hitler und seiner »Gefolgschaft« zu begreifen, liegt der Begriff des charismatischen Führertums[11] bereit. Bei Max Weber, der diesen Begriff geprägt hat, heißt es: »Das ewig Neue, Außerwerktägliche, Niedagewesene und die emotionale Hingenommenheit dadurch sind hier Quellen persönlicher Hingebung ... Ganz ausschließlich dem Führer, rein persönlich, um seiner persönlichen, unwerktäglichen Qualitäten willen wird gehorcht, nicht wegen gesatzter Stellung oder traditionaler Würde ... Der Verwaltungsstab ist ausgelesen nach Charisma und persönlicher Hingabe: dagegen weder nach Fachqualifikation (wie der Beamte) noch nach Stand (wie der ständische Verwaltungsstab) ... Es fehlt der rationale Begriff der ›Kompetenz‹ ebenso wie der ständische des ›Privilegs‹ ... Der Verwaltung – soweit dieser Name adäquat ist – fehlt jede Orientierung an Regeln ... Tat und Beispiel, Entscheidung von Fall zu Fall ... charakterisiert sie.«[12] Im Falle des Nationalsozialismus war die mit dem Begriff des charismatischen Führertums bezeichnete Irrationalität und besonders die in den Massenversammlungen erzeugte rauschhafte Identifikation mit der in der Person des Führers inkarnierten Idee zugleich das Ergebnis einer kühlen Zweckrationalität. Der Ablauf der Kundgebungen war in seinem Ritual auf den gewünschten emotionalen Effekt hin psychologisch genau durchkalkuliert. Auch von der Technik wurde bei der Anlage von Kundgebungskampagnen planmäßig Gebrauch gemacht. Wohlorganisierte Deutschlandflüge erlaubten es Hitler, mehrere solcher Kundgebungen an einem Tage zu bedienen und die harrende Menge durch die Erscheinung des gleichsam allpräsenten »Führers« hinzureißen. Seine Legitimation als Führer war plebiszitär. Sie wurde unmittelbar und ständig von der Basis her erneuert. Dem kam zugute, daß die in vielen Ländern wie Preußen, Sachsen und Bayern bestehenden Redeverbote für Hitler in den Jahren 1927/28 aufgehoben wurden. Seine Einbürgerung in Braunschweig 1932 – er wurde dort von einer bürgerlich-nationalsozialistischen Koalitionsregierung zum Regierungsrat ernannt – ermöglichte es ihm, sich um die Reichspräsidentenschaft gegen Hindenburg zu bewerben und eine Wahlkampagne von einer bis dahin unerhörten Vehemenz zu führen.

Der ständig in Gang gehaltene Prozeß einer Legitimierung von der Basis her versetzte Hitler in die Lage, seinen Führungsanspruch auch innerhalb der Parteiorganisation im Verhältnis zu den Unterführern und gegenüber der Parteiapparatur zur schließlich unbestrittenen Geltung zu bringen. Am 22. Mai 1926 war auf einer Generalversammlung der Partei in München das Parteiprogramm vom 24. Februar 1920 für unabänderlich erklärt worden. Hitler beanspruchte in der Folgezeit das Monopol für die Programminterpretation, die Unfehlbarkeit für diese Interpretation und die unbeschränkte Vollmacht für die Führung der Bewegung auch dann, wenn er sich mit dem Parteiprogramm in Widerspruch setzte. Das ging nicht ohne innerparteiliche Auseinandersetzungen ab; waren doch die Orts- und Gauverbände der Partei vielfach spontan und keineswegs zentral gesteuert entstanden. Es gab lokale und regionale Führer mit eigenem Anspruch und eigener Zielsetzung. Hitler bediente sich ihnen gegenüber der alten Herrschaftsregel des »teile und herrsche«. Dies galt insbesondere gegenüber dem sog. linken Flügel der Partei, der zeitweilig seinen Rückhalt in der »Arbeitsgemeinschaft Nordwest« hatte. Es gelang Hitler, den dazu gehörenden Joseph Goebbels im Laufe des Jahres 1926 ganz auf seine Seite herüberzuziehen und die von dieser Gruppe ausgehenden Versuche zu einer Revision des Programms zu vereiteln, indem er alle Richtungskämpfe in der Partei untersagte. Die

Arbeitsgemeinschaft wurde aufgelöst. Wie bei allen anderen Auseinandersetzungen um die Ziele und die Ideologie des Nationalsozialismus vermied Hitler es jedoch, abweichende Meinungen als falsch zu verbieten und damit den Konflikt mit bestimmten Gruppen in der Partei zu provozieren. Er ließ die verschiedenen Auffassungen weiterbestehen, sofern nicht seine Führerstellung und seine Taktik gefährdet wurden. Sah er sich zum Eingreifen veranlaßt, so führte er die Auseinandersetzungen unter Berufung auf persönliche Unzulänglichkeiten, nicht aber als Kampf gegen eine programmatische Richtung.

Das zeigte sich sehr deutlich 1930 beim Ausscheiden Otto Strassers, des Wortführers des sozialrevolutionären Flügels[13]. Strasser und sein Kreis opponierten gegen Hitlers Legalitätskurs und das Bündnis mit dem nationalen Bürgertum. Obwohl das Unbehagen daran von einem nicht unbeträchtlichen Teil der Parteimitglieder geteilt wurde, konnte Hitler Strasser isolieren und damit erreichen, daß ihm nur wenige Führer des linken Flügels folgten. Dasselbe galt für den Konflikt mit Gregor Strasser Ende 1932, der zu einer ernsthaften Krise in der Partei hätte führen können. Er entzündete sich an der Frage, ob sich die Partei nach dem Wahlerfolg im Juli 1932, der sie zur stärksten Partei im Reichstag gemacht, aber nicht in den Besitz der absoluten Mehrheit gebracht hatte, weiterhin, wie Hitler es wollte, auf die parlamentarische Obstruktion und die Forderung nach dem Kanzleramt in einer Präsidialregierung festlegen sollte. Die Richtigkeit dieses Standpunktes des »alles oder nichts« wurde von einem größeren Teil der Parteimitglieder so weit in Frage gestellt, daß spürbare Zweifel an Hitlers Alleinzuständigkeit für die Festlegung der Kampftaktik auftraten. Gregor Strasser machte sich zum Sprecher derer, die die erreichte Macht zur Zusammenarbeit mit anderen Parteien der Rechten und zur Beteiligung an einem Koalitionskabinett auch unter einem nicht nationalsozialistischen Kanzler ausnutzen wollten. Als Strasser eigenmächtig mit Schleicher über den Eintritt in dessen Regierung verhandelte, entschloß sich Hitler, ihn aus der Partei hinauszudrängen. Er warf ihm vor, seine eigenen Bemühungen um die Kanzlerschaft zu untergraben. Strasser nahm den Kampf nicht auf; er legte resigniert seine Parteiämter nieder und zog sich zurück.

Ein Beispiel dafür, in welchem Maße Hitler sein Interpretationsmonopol zu wahren wußte, ist der Fall Rosenberg[14]. Alfred Rosenberg, der zum Münchener Gründerkreis der NSDAP gehörte, hatte als Chefredakteur des ›Völkischen Beobachter‹ eine einflußreiche Stellung. In seinem Buch ›Der Mythus des zwanzigsten Jahrhunderts‹ (1930) verkündete er in scharfer Wendung gegen das Christentum eine politisch-völkische Religiosität. Hitler hielt solche Spekulationen für überflüssig und taktisch schädlich. Der ›Mythus des zwanzigsten Jahrhunderts‹ wurde deswegen als Äußerung privater Ansichten abgetan und ihm jede parteiprogrammatische Verbindlichkeit bestritten, ohne daß jedoch die Tätigkeit Rosenbergs eingeschränkt worden wäre.

Hitler hat in seiner Bewegung nur einen einzigen Rivalen gehabt, der ihm das Führermonopol ernsthaft streitig machte: Ernst Röhm[15]. Als Stabsoffizier im Münchener Reichswehrkommando in den ersten Nachkriegsjahren mit der Organisation und Bewaffnung von Wehrverbänden befaßt, hat Röhm durch seine Verbindungen dem von ihm protegierten Hitler den Weg in die Politik eröffnet. Zwei Monate vor dem Novemberputsch des Jahres 1923 faßte er mehrere Wehrverbände, unter ihnen die damals unter der Leitung Görings stehenden Sturmabteilungen der NSDAP, zum »Deutschen Kampfbund« zusammen. Nach dem Scheitern des Putsches hielt der inzwischen aus der Reichswehr ausgeschiedene Soldat an der Vorstellung fest, die SA als Wehrverband neu zu schaffen, während Hitler aus dem 9. November die Lehre zog, daß eine gewaltsame Eroberung der Macht durch Putsch und Bürgerkrieg nicht möglich sei. Der SA schrieb Hitler die Aufgabe zu, nicht den Staat, sondern die Straße zu erobern, die Macht der Partei zu demonstrieren und die Kundgebungen der Bewegung zu schützen. Er wollte die SA als ein Propagandainstrument in seiner Hand und nicht länger als eigenständigen Wehrverband, der mit einer gewissen Verachtung auf die politische Organisation der Partei herabsah. 1925 kam es zum Bruch zwischen den beiden Männern. Nach einem gescheiterten Versuch, im bürgerlichen Leben Fuß zu fassen, folgte Röhm einem Ruf als militärischer Berater nach Bolivien. Von hier holte ihn Hitler zurück und ernannte ihn im Jahre 1930 zum »Stabschef« der SA, nachdem er zuvor die SA-Führer persönlich auf sich als »Obersten SA-Führer« verpflichtet hatte. Durch die formelle Unterordnung Röhms unter Hitler wurde freilich der Dualismus Partei-Wehrverband nicht aus der Welt geschafft. Unter Röhms Führung schwoll die SA in den Krisenjahren der Weimarer Republik nicht zuletzt durch den Zustrom zahlreicher, von den SA-Küchen und den SA-Heimen angelockter Arbeitsloser zu einem mehrere Hunderttausende umfassenden Verband an. Die Rivalität zwischen Wehrverband und politischer Bewegung, zwischen Röhm und Hitler, spitzte sich gerade aufgrund der Erfolge, die die SA für die NSDAP einbrachte, erneut zu, bis der schwelende Konflikt schließlich im Jahre 1934 durch Hitler gewaltsam gelöst werden sollte[16].

Die latente Unzuverlässigkeit der SA war der Grund, warum als militanter Kern und Elite der Bewegung, aus einem »Stoßtrupp Hitler« und der sog. »Stabswache« Hitlers hervorgehend, die »Schutzstaffeln« gebildet wurden. Die SS, durch ihre schwarze Uniform aus dem Braun der Massenorganisationen von SA und Politischer Organisation hervorgehoben und mit dem mystifizierenden Symbol des Totenkopfes geschmückt, wurde durch Heinrich Himmler, 1929 zum »Reichsführer SS« ernannt, ganz und gar auf die Ideologie und Person Hitlers eingeschworen[17]. Die SS war damals noch der SA-Führung unterstellt, verstand sich aber zugleich als ein Organ zu deren Überwachung. So wurden 1931 mit Hilfe der SS gegen Hitler gerichtete Putschabsichten des Berliner SA-Führers Stennes aufgedeckt und vereitelt. Himmler baute die SS durch strenge Aufnahme- und Dienstvorschriften zur Parteielite aus. Deren von Hitler formulierte Losung lautete: »SS-Mann, Deine Ehre heißt Treue«. Der Elite- und Korpsgedanke der SS gab sich auch als Idee eines politischen Ordens. Man pflegte romantische Erinnerungen an den Deutschen Ritterorden, wie überhaupt die Ideologen der SS die mittelalterliche Geschichte mit der Ostkolonisation, Heinrich dem Löwen und Herzog Widukind und vor allem auch die Vor- und Frühgeschichte bemühten. Im August 1931 begann unter Himmlers Leitung Reinhard Heydrich mit dem Ausbau eines eigenen Sicherheitsdienstes (SD), der 1932 den ganzen Nachrichten- und Abwehrdienst der Partei übernahm. Im Januar 1932 errichtete Himmler ein eigenes Rasseamt der SS unter dem agrarpolitischen Experten der NSDAP Walter Darré[17a].

Die auf die Person Hitlers hin entwickelte und durch ihn zusammengehaltene Massenbewegung, zu der der ursprüngliche Kampfbund bis zur Zeit der Machtübernahme angeschwollen war, zeigte in ihrer inneren Gliederung ein organisatorisches Bild, das man zutreffend als »Konsens eines vielfältigen Interessen-Pluralismus« bezeichnet hat (Broszat). Die Politische Organisation der Partei (PO) beruhte auf den Gauen mit Unterteilungen in Kreise, Ortsgruppen, Sektionen, Zellen, Blocks. Die Gauleiter bedurften der Bestätigung durch Hitler, verdankten ihre Stellung aber in der Regel ihrer eigenen Fähigkeit, lokale Parteigruppen ins Leben zu rufen und sich gegenüber Rivalen zu behaupten. Diese »alten Kämpfer« verfügten über eine ansehnliche Hausmacht und behielten trotz der von Hitler geforderten Unterordnung eine beträchtliche Machtfülle. Für die zentrale Parteiführung hatte Hitler unterschiedliche Weisungsvollmachten an Amts- (später Reichs-)leiter übertragen. Zwischen diesen gab es keine institutionalisierte kollegiale Absprache, nicht einmal eine räumliche Zusammenfassung am offiziellen Sitz der Partei in München. So war der Reichspropagandaleiter Goebbels (seit 1926) zugleich seit 1926 Gauleiter von Berlin. Mit dem Reichsorganisationsleiter Gregor Strasser (1926 bis Dezember 1932, dann Robert Ley) stand er auf schlechtem Fuße. Innerhalb der Bewegung, aber mit unterschiedlichen Graden von Selbständigkeit gegenüber der Politischen Organisation, bildeten sich mit jeweils eigenen Befehlsträgern eine Fülle von Sonderorganisationen für verschiedene Funktionen, Stände, Berufe. Um die wichtigsten zu nennen: 1926 entstand die »Hitler-Jugend«, an deren Spitze 1931 Baldur v. Schirach trat; 1927, von Hans Schemm begründet, der »Nationalsozialistische Lehrerbund«; im Oktober 1928 gründete der Münchener Rechtsanwalt Dr. Hans Frank den »Bund Nationalsozialistischer Deutscher Juristen«; im Jahre 1929 entstanden der »Kampfbund für deutsche Kultur« unter Alfred Rosenberg und der »Nationalsozialistische Deutsche Ärztebund«. Von größerer Bedeutung waren der seit 1930 von Darré innerhalb der Politischen Organisation aufgebaute agrarpolitische Apparat und die Ansätze zur Erfassung der Arbeiter in der Nationalsozialistischen Betriebszellenorganisation.

Dieses Organisationsbild der Partei wurde in der Zeit der NS-Herrschaft, wie zu zeigen sein wird, in mancherlei Hinsicht verändert und ergänzt. Charakteristisch für die »Hitlerbewegung« war, daß sie keine in klaren vertikalen und horizontalen Kompetenzabgrenzungen durchorganisierte Einheit besaß. Der Interessenpluralismus der verschiedenen Teilorganisationen, Gliederungen, Verbände und Dienststellen fand seinen Zusammenhalt allein in der Unterordnung aller unter die Person Hitlers. Die Folge dieses Zustandes waren beständige Rivalitäten unter den Cliquen und Machthabern der Partei, die zur Verteidigung ihrer Position einen Rückhalt bei Hitler suchten und damit zugleich dessen Stellung als »Führer« noch mehr befestigten.

Dessen politische Taktik stand in der »Kampfzeit« im Zeichen der »Legalität«. Was er hierunter verstand, beschrieb Hitler am 25. September 1930 im Leipziger Reichswehrprozeß, der durch nationalsozialistische Agitation unter jungen Offizieren ausgelöst worden war, mit folgenden Worten: »Die Verfassung schreibt nur den Boden des Kampfes vor, nicht aber das Ziel. Wir treten in die gesetzlichen Körperschaften ein und werden auf diese Weise unsere Partei zum ausschlaggebenden Faktor machen. Wir werden dann allerdings, wenn wir die verfassungsmäßigen Rechte besitzen, den Staat in die Form gießen, die wir als die richtige ansehen«[18]. Und noch herausfordernder hatte Goebbels schon vor den ersten großen Wahlerfolgen der Nationalsozialisten am 30. April 1928 in seiner Berliner Zeitung ›Der Angriff‹ erklärt: »Wir gehen in den Reichstag hinein, um uns im Waffenarsenal der Demokratie mit deren eigenen Waffen zu versorgen. Wir werden Reichstagsabgeordnete, um die Weimarer Demokratie mit ihrer eigenen Unterstützung lahmzulegen ... Uns ist jedes gesetzliche Mittel recht, den Zustand von heute zu revolutionieren. Wenn es uns gelingt, bei diesen Wahlen 60 bis 70 Agitatoren unserer Partei in die verschiedenen Parlamente hineinzustecken, so wird der Staat selbst in Zukunft unseren Parteiapparat ausstatten und besolden ... Wir kommen als Feinde! Wie der Wolf in die Schafherde einbricht, so kommen wir. Jetzt seid ihr nicht mehr unter euch!«[19]

DW 393/273–288/916f., 395/552–594. – Für die Frühzeit vgl. Bd. 19, Kap. 15; ferner A. TYRELL (Hg.), Führer befiehl ... Selbstzeugnisse aus der Kampfzeit der NSDAP. Dokumentation u. Analyse (1969); ders., Vom »Trommler« zum »Führer«. Der Wandel von Hitlers Selbstverständnis zw. 1919 u. 1924 u. die Entwicklung der NSDAP (1975); A. KREBS, Tendenzen u. Gestalten der NSDAP. Erinnerungen an die Frühzeit der Partei (1959); J. NYOMARKAY, Charisma and Factionalism in the Nazi Party (Minneapolis 1967); vor allem W. HORN, Führerideologie u. Parteiorganisation in der NSDAP 1919–1933 (1972); zur inneren Struktur der NSDAP auch P. HÜTTENBERGER, Die Gauleiter, Studie zum Wandel des Machtgefüges in der NSDAP (1969). Zum linken Flügel der Partei bes. M. H. KELE, Nazis and Workers (Chapel Hill 1972); G. SCHILDT, Die Arbeitsgemeinschaft Nord-West. Untersuchungen zur Geschichte der NSDAP 1925/26 (Diss. Freiburg 1964). Zu Propaganda u. Kult des Nat.soz. Z. A. B. ZEMAN, Nazi-Propaganda (London 1964); H. T. BURDEN, Die programmierte Nation. Die Nürnberger Reichsparteitage 1923–1938 (London 1967, dt. 1970); K. VONDUNG, Magie u. Manipulation. Ideologischer Kult u. politische Religion des Naz.soz. (1971). – E. DEUERLEIN (Hg.), Der Aufstieg der NSDAP in Augenzeugenberichten (1968), enthält Dokumente u. Statistiken; als Beispiele regionalbezogener Forschung: W. JOCHMANN (Hg.), Nat.soz. u. Revolution. Ursprung u. Gesch. der NSDAP in Hamburg 1922–1933 (1960); M. BROSZAT (Hg.), Die Anfänge der Berliner NSDAP 1926/27, VfZG 8 (1960); E. SCHÖN, Die Entstehung des Nat.soz. in Hessen (1972); W. BÖHNKE, Die NSDAP im Ruhrgebiet (1974); J. NOAKES, The Nazi party in Lower Saxony 1921–1933 (London 1971).

[1a] R. WULFF, Die Deutschvölkische Freiheitspartei 1922–1928 (Diss. Marburg 1968).

[1] H. R. TREVOR-ROPER, Martin Bormann, in: Der Monat (1954); ders. (Hg.), The Bormann Letters. The Private Correspondence between M. Bormann and his Wife from Jan. 1943 to April 1945 (London 1954); J. WULF, Martin Bormann – Hitlers Schatten (1962).

[2] DW 397/54. – R. HESS, Reden (²1938); Ilse HESS, England–Nürnberg-Spandau. Ein Schicksal in Briefen (1952); R. MANVELL/H. FRAENKEL, Hess. A biography (London 1971); W. SCHWARZWÄLLER, Der Stellvertreter des Führers, Rudolf Heß (1974). Vgl. ferner Bd. 21, Kap. 4, Anm. 5.

[3] DW 397/49. – H. GÖRING, Aufbau einer Nation (1934); ders., Reden u. Aufsätze (1942); W. BROSS, Gespräche mit H. Göring während des Nürnberger Prozesses (1950); H. FRAENKEL/R. MANVELL, Hermann Göring (a.d. Engl. 1964).

[4] DW 397/57. – H. HEIBER (Hg.), Reichsführer! ... Briefe an u. von Himmler (Tb. 1968); Agnes PETERSON/B. F. SMITH (Hg.), Heinrich Himmlers Geheimreden 1933 bis 1945 u. andere Ansprachen (1974); L. Gf. SCHWERIN v. KROSIGK, Der Methodiker des Schreckens, H. Himmler, in: Es geschah in Dtld. Menschenbilder unseres Jahrhunderts (1951); J. WULF, Heinrich Himmler. Eine biograph. Studie (1960); F. KERSTEN, Totenkopf u. Treue. Heinrich Himmler ohne Uniform. Aus den Tagebuchblättern des finnischen Medizinalrats F. Kersten (o. J.); B. F. SMITH, Heinrich Himmler: A Nazi in the Making, 1900–1926 (Stanford 1971); J. ACKERMANN, Heinrich Himmler als Ideologe (1970); H. FRAENKEL/R. MANVELL, Heinrich Himmler. Kleinbürger u. Massenmörder (a.d. Engl. 1965, Tb.).

[5] DW 397/48. – H. HEIBER (Hg.), Das Tagebuch von Joseph Goebbels 1925/26 (²1961); J. GOEBBELS, Vom Kaiserhof zur Reichskanzlei. Eine historische Darstellung in Tagebuchblättern, vom 1. Januar 1932 bis 1. Mai 1933 (⁴¹1943); L. P. LOCHNER (Hg.), Goebbels Tagebücher aus den Jahren 1942/43 (1948). – H. HEIBER (Hg.), Goebbels Reden, 1932–1945 (2 Bde. 1971/72). – Carin KESSEMEIER, Der Leitartikler Goebbels in den NS-Organen »Der Angriff« u. »Das Reich« (1967). – H. FRAENKEL/R. MANVELL, Goebbels. Eine Biographie (1960); H. HEIBER, Joseph Goebbels (1962, Tb. 1965); V. REIMANN, Dr. Joseph Goebbels (1971); E. K. BRAMSTED, Goebbels u. die nat.soz. Propaganda 1925–1945 (a.d. Engl. 1971). S. auch Bd. 21, Allgem. Bibl. z. 2. Weltkr., unter Propaganda.

[6] J. GOEBBELS, Die Zweite Revolution. Briefe an Zeitgenossen (1926).

[7] E. JÄCKEL, Hitlers Weltanschauung (1969).

[8] Das galt auch für die drei scharfsinnigsten Analysen des Nat.soz., die in den Endjahren der Weimarer Republik in Dtld. vorgelegt wurden: S. NEUMANN, Die Parteien in der Weimarer Republik (1931, Neuausgabe v. K. D. Bracher 1965) gab eine genaue Aussage über die gesellschaftliche Zusammensetzung des Nat.soz., blieb aber unbestimmt in der Beschreibung der Zielsetzung; Th. HEUSS, Hitlers Weg (1932) hielt Hitlers Lebensraumideologie auf Grund eines statistischen Vergleichs der Bevölkerungsentwicklung u. angesichts der machtpolitischen Verhält-

nisse in Europa für undurchführbar, eine Phantasterei ohne ernsthafte Bedeutung; K. HEIDEN, Geschichte des Nat.soz. (1932) sah den Untergang der Partei für bevorstehend an, u. ihr »Marsch ohne Ziel« schien ihm eine Äußerung des »deutschen Hangs zum Absurden«. Hierzu Ph. W. FABRY, Mutmaßungen über Hitler. Urteile von Zeitgenossen (1969) u. K. LANGE, Hitlers unbeachtete Maximen. »Mein Kampf« u. die Öffentlichkeit (1968).

[9] Eine Untersuchung über die in Hitlers Reden genannten polit. Ziele fehlt. Hinweise bei D. GRIESWELLE, Propaganda der Friedlosigkeit (Diss. Stuttg. 1972), u. H. BALLE, Die propagand. Auseinandersetzung des Nat.soz. mit der Weimarer Republik u. ihre Bedeutung für den Aufstieg des Nat.soz. (Diss. Erlangen 1963). Für die Einschätzung Hitlers in der Zeit vor 1933 vgl. neben der in Anm. 8 genannten Lit. Eva PFEIFER, Das Hitlerbild im Spiegel einiger konservativer Zeitungen in den Jahren 1929–1933 (Diss. Heidelberg 1966); K. KAISER, Braunschweiger Presse und Nat.soz. (1970).

[10] Die Bedeutung dieser Veränderungen in der Propaganda für den Erfolg des Nat.soz. betont M. BROSZAT, Der Staat Hitlers, S. 45f.

[11] Der Begriff wird verwendet von M. Broszat, K. D. Bracher u.a., neuerdings von J. NYOMARKAY; Bedenken hiergegen bei W. HORN, S. 14f.

[12] M. WEBER, Wirtschaft u. Gesellschaft ([4]1956), S. 555.

[13] Lit. zu den Brüdern Strasser s. Bd. 19, Kap. 24, Anm. 12; ferner U. WÖRTZ, Programmatik u. Führerprinzip. Das Problem des Strasser-Kreises in der NSDAP (Diss. Erlangen 1966).

[14] DW 397/91. – A. ROSENBERG, Der Mythus des 20. Jhdts. (1930); ders., Letzte Aufzeichnungen (1955); H. G. SERAPHIM (Hg.), Das polit. Tagebuch Alfred Rosenbergs 1934/35 u. 1939/40 (1956, Tb. 1964); R. CECIL, The Myth of the Master Race. Alfred Rosenberg and Nazi Ideology (London 1972). Ferner R. BOLLMUS, Kap. 6, Anm. 26.

[15] Ernst RÖHM, Die Geschichte eines Hochverräters ([5]1934).

[16] H. BENNECKE, Hitler u. die SA (1962); vor allem A. WERNER, SA u. NSDAP (Diss. Erlangen 1964).

[17] s. Lit. zu Kap. 8.

[17a] H. GIES, Zur Entstehung des Rasse- u. Siedlungsamtes der SS, in Festschr. P. Kluke (1968).

[18] Zit. bei E. O. SCHÜDDEKOPF, Linke Leute von rechts (1960), S. 265ff.

[19] Zit. bei K. D. BRACHER, Die dt. Diktatur (1969), S. 154.

Kapitel 3
Die soziale Struktur der NSDAP
Mittelständische Sammlungsbewegung, Arbeit und Kapital

Als nationale Sammlungspartei, die im Zeichen der Legalitätstaktik um Mitglieder und Wähler warb, wandte sich die NSDAP in ihrer Propaganda unter Zurückstellung ihrer extremsten Weltanschauungselemente an alle Schichten des Volkes. Es gelang ihr auch tatsächlich, hinsichtlich der Zusammensetzung ihrer Mitgliederschaft eine alle Berufsstände umfassende Volkspartei zu werden. Nur sehr wenig Frauen (5%)

gehörten ihr an, aber im Vergleich zu allen anderen Parteien unverhältnismäßig viele junge Menschen. Bei einem Mitgliederstand von annähernd 850000 Ende Januar 1933 lag der Anteil der Arbeiter mit 275 000 bei einem Drittel, der Anteil der Angehörigen des neuen Mittelstandes (Beamte und Angestellte) etwas unter einem Drittel und der Anteil der Selbständigen einschließlich mithelfender Familienangehöriger etwas über einem Drittel. Bei diesem in sich ausgewogenen Bild darf jedoch nicht übersehen werden, welch ungleichmäßige Repräsentanz der verschiedenen Gruppen von Berufstätigen sich hierin widerspiegelt, betrug doch der Anteil der Arbeiter an der Gesamtzahl der Berufstätigen in Deutschland 45,1%, des neuen Mittelstandes aber nur 20,2% und der Selbständigen einschließlich der mithelfenden Familienangehörigen 34,7%. Bei der Zahl der Arbeiter unter den Parteimitgliedern ist ferner zu berücksichtigen, daß etwa die Hälfte von ihnen Arbeitslose waren, deren Zustrom in der Zeit der Wirtschaftskrise besonders anschwoll. Man hat zu Recht festgestellt, die Berufsstatistik im einzelnen zeige den »relativ hohen Anteil der mittelständischen bzw. ›kleinbürgerlichen‹ Sozial- und Berufsgruppen«[1]. Dabei darf jedoch nicht übersehen werden, daß von allen nichtmarxistischen Parteien die NSDAP den relativ höchsten Anteil von Arbeitern gehabt hat[2].

Eine andere Frage ist die nach der sozialen Zugehörigkeit des Führerkorps. Genauere Untersuchungen, die alle Stufen der Führungshierarchie erfassen, liegen nicht vor. Es läßt sich aber folgendes sagen: Für die Gruppe der Gauleiter ist charakteristisch, daß sie mit einigen Ausnahmen eine gehobene Schulbildung hatten und daß bei vielen ihre weiterführende Universitäts- oder Berufsausbildung durch den Krieg unterbrochen wurde. Nach der Revolution konnten sie nicht oder wollten sie nicht im bürgerlichen Leben Fuß fassen. Nur wenige aus dem höheren Führerkorps erwarben eine abgeschlossene Universitätsbildung wie Dr. Goebbels und Dr. Ley. Einige kamen aus dem Offiziersberuf. Ehemalige Soldaten und Freikorpskämpfer bestimmten die Mentalität des SA-Führerkorps. Der Kern von Partei und SA fand sich in den Jahren 1925 bis 1930 zusammen, in einer Zeit also, in der der spätere Aufstieg zur Massenpartei und die Eroberung der staatlichen Macht noch keineswegs mit Sicherheit vorauszusehen war. Der sozialen Herkunft nach gehörten, von wenigen Adligen abgesehen, die führenden Männer in der NS-Bewegung zum kleinen und mittleren Bürgertum.

Aber sie waren aus dem soldatischen oder einem geregelten zivilen Berufsgang herausgeschleudert worden und im Risiko der »Kampfzeit« in ihrer Existenz nicht primär an einem bürgerlichen Sekuritätsinteresse orientiert.

Genau hier, in dem Verlangen nach Wiedergewinnung von Existenzsicherheit, lag jedoch die Erwartung der Bauern und Handwerker und der Angehörigen des neuen Mittelstandes, die mit dem Einbruch der Wirtschaftskrise in Massen Hitler zuströmten, so unterschiedlich im übrigen die wirtschaftlichen Interessen dieser verschiedenen Mittelstandsgruppen waren. Aus den Ängsten, zwischen Marxismus und Kapitalismus zerrieben zu werden, suchten sie den Ausweg in einer »Partei über den Parteien«[3]. Insofern war die NSDAP eine »Sammelpartei des Mittelstandes« (Bracher). Es gelang ihr, berufsständische Organisationen von Handwerkern, Angestellten und namentlich Bauern zu durchdringen. Auf dem flachen Lande hat der Nationalsozialismus relativ spät, dann aber in großer Dichte namentlich im protestantischen Norden und Osten Deutschlands Fuß gefaßt. In keinem Berufsstand hatte er schon vor dem 30. Januar 1933 einen so starken Rückhalt gefunden wie in der Landwirtschaft. Dem diente der von Walter Darré[4] aufgebaute »agrarpolitische Apparat« der NSDAP, keine eigene Bauernorganisation, sondern ein Instrument zur Beeinflussung und Steuerung von agrarischen Interessenverbänden und Landwirtschaftskammern. Ein Blick auf die Wahlstatistik und Wahlgeographie der ausgehenden Weimarer Republik macht allerdings deutlich, daß das Wahlverhalten keineswegs zwingend durch wirtschaftlich-gesellschaftliche Gegebenheiten bestimmt wurde. Die bäuerlich-mittelständischen Schichten in den noch stark von der katholischen Kirche geprägten Regionen des Reiches blieben politisch weitgehend am Zentrum orientiert. Diese Partei konnte im Unterschied zu den Deutschnationalen und zu den dahinschmelzenden bürgerlichen Parteien ihren Stimmenanteil mit nur geringen Einbußen halten. Das Zentrum hat sich von allen politischen Organisationen gegenüber dem Ansturm der Feinde des Rechtsstaates am stärksten behauptet.

Außerhalb des mittelständisch-bäuerlichen Einzugsbereichs der NSDAP war der Rückgang der sozialdemokratischen Stimmen bei den Reichstagswahlen sehr hoch. In der Zeit vom Mai 1928 zum November 1932 fielen sie von 9,15 auf 7,24 Millionen, anteilsmäßig von 29,8% auf 20,4%. Die Kommunisten wurden im gleichen Zeitraum im Verhältnis zu den Sozialdemokraten erheblich stärker. Von 3,26 Millionen stiegen sie auf 5,98 Millionen Stimmen, anteilsmäßig von 10,6% auf 16,9%. Die beiden »Arbeiterparteien« zusammengerechnet konnten bei einer deutlichen Gewichtsverlagerung zum antidemokratischen linken Flügel ihre absolute Stimmenzahl von 12,41 Millionen im Mai 1928 auf 13,22 Millionen im November 1932 erhöhen, wobei zugleich ihr Gesamtanteil an den Stimmen von 40,4% auf 37,3% sank. Das erklärt sich nicht nur aus der erhöhten allgemeinen Wahlbeteiligung (75,6% 1928, 80,6% Nov. 1932), sondern auch daraus, daß der Zuwachs an Wahlberechtigten von 41,2 Millionen auf 44,4 Millionen sich in erster Linie zugunsten der Nationalsozialisten auswirkte. Ohne Zweifel hatte die Sache der parlamentarisch-demokratischen Republik in den sozialen Schichten, aus denen sich die politisch organisierte Arbeiterschaft rekrutierte, an Werbekraft eingebüßt. Wie ein Teil der traditionellen sozialdemokratischen Wählerschicht abbröckelte, so ging auch die Mitgliederzahl der Partei zurück (Anfang 1932 1,008 Millionen, Ende 1932 0,971 Millionen). Drastischer war der Mitgliederschwund bei den Freien Gewerkschaften; er betrug mehr als ein Viertel im Zeitraum von 1929 bis 1932 (Ende 1929 ADGB und Afa-Bund 5,3 Millionen, Ende 1932 3,9 Millionen). Aufschlußreich ist die Mitgliederbewegung im Deutschen Metallarbeiterverband. Den Höhepunkt der Entwicklung hatte die Revolution gebracht. Die Zahl schnellte von 786000 im Jahre 1918 auf 1,6 Millionen im Jahre 1919 empor. Inflation und Stabilisierungskrise brachten einen tiefen Einschnitt; 1924 zählte der Verband nur noch 710000 Mitglieder. Dann stieg in den Jahren des wirtschaftlichen Aufschwungs der Bestand 1929 auf 965000, um in der wirtschaftlichen und politischen Krise der Weimarer Endzeit auf 690000 im Jahre 1932 abzufallen, wenn sich auch im letzten Quartal 1932 die Verlustquote deutlich abschwächte. Man sprach von den »verlorengegangenen Massen« und von einer »Erschütterung in dem Glauben an die Richtigkeit der ökonomischen Grundsätze, die wir marxistisch nennen«[5]. Aber der Kern der Arbeiterorganisationen hielt stand. An ihnen und am politischen Katholizismus brach sich vorerst die nationalsozialistische Sammlungsparole.

Von der Bildung eigener nationalsozialistischer Gewerkschaften wollte Hitler trotz des beachtlichen Zuzugs von Arbeitern zur Partei nichts wissen[6]. Als eine Sektion der Partei zur politischen Erfassung ihrer Anhänger in den Betrieben entstand zuerst in Berlin 1928 die »Nationalsozialistische Betriebszellenorganisation« (NSBO). Sie unterstand dem Reichsorganisationsleiter Gregor Strasser, dem nach dessen Bruch mit Hitler im Dezember 1932 Robert Ley nachfolgte. Ihre Mitgliederzahl war im Augenblick der Machtergreifung immer noch gering im Verhältnis zu den millionenstarken Freien Gewerkschaften. Immerhin hatte sie sich aber im Verlaufe eines Jahres fast verzehnfacht, von über 43000 im Januar 1932 auf etwa 400000 im Januar 1933. Innerhalb der Partei stellten die Nationalsozialistischen Betriebszellen ein unruhiges und herausforderndes Element dar. Mit dem linken Flügel der Partei versuchten sie, die sozialistischen Forderungen des Parteiprogramms ernst zu nehmen. Daß es ihnen um die aktive Verteidigung von Arbeiterinteressen ging und sie insofern tatsächlich die Funktion von Gewerkschaften übernahmen, bekundeten sie durch die Teilnahme an zahlreichen Arbeitskämpfen. Beim Streik der Berliner Verkehrs-A. G. im November 1932 agitierten sie gleichzeitig mit den Kommunisten gegen die dem Streik fernbleibenden Freien Gewerkschaften.

Solche Aktivitäten fügten sich nicht in die taktische Generallinie der Partei. Man hat zutreffend auf die problematische Situation eines »Führers« hingewiesen, »der seinen Anhängern die alle Klassengegensätze überwindende ›Volksgemeinschaft‹ predigte, dabei aber selbst um seiner eigenen Erfolgschancen willen einem Votum in den Kämpfen sozialer und wirtschaftlicher Interessen nicht ausweichen konnte«[7]. Für Hitler, dem es nicht gelungen war, entsprechend seinem angekündigten Ziel den deutschen Arbeiter zu überzeugen, schien in der gegebenen Parteienkonstellation der Weg zur Macht auf legalem Wege, wenn überhaupt, so nur dann möglich, wenn es die NSDAP vermochte, die Unterstützung des liberalen und konservativen Bürgertums zu gewinnen. Die von Hitler vorgenommene propagandistische Akzentverlagerung auf einen staatsautoritären nationalen Revisionismus diente diesem Zweck. Auf der anderen Seite mußte die Fähigkeit der NSDAP, Massen unter der nationalen Parole zu mobilisieren, den bürgerlich nationalen Parteien die Frage eines Zusammengehens mit der Hitler-Bewegung nahelegen. So konvergierten beide Seiten zueinander mit vielen gegenseitigen Vorbehalten, bis es schließlich zur Koalitionsbildung des 30. Januar 1933 kam.

Welche Rolle hat hierbei die Industrie gespielt[8], deren Führer dem liberal-nationalen oder konservativ-nationalen Lager angehörten? Diese Frage stellt sich auf verschiedenen Ebenen: 1. In welchem Ausmaße ist die NSDAP von seiten der Industrie finanziell unterstützt worden? 2. In welchem Ausmaß hat sich die Industrie durch eigene Bemühungen in den politischen Prozeß eingeschaltet, der zur Bildung der Hitler-Regierung führte? 3. In welchem Ausmaß ist die Industrie mitverantwortlich dafür, daß in Deutschland eine politische Situation entstand, in der die NSDAP zur stärksten Partei werden und ihren Anspruch auf Führung mit Erfolg geltend machen konnte?

Was die finanziellen Zuwendungen betrifft, so ist diese Frage schwer zu beantworten, weil die wichtigste Quelle, das Tagebuch des Schatzmeisters der Partei, nicht mehr existiert; es ist von diesem selbst kurz vor dem Zusammenbruch verbrannt worden. So läßt sich im einzelnen nicht ausmachen, welche Summen von der Industrie an Hitler gingen. Es steht fest, daß solche Zahlungen erfolgten. Bis zur Wirtschaftskrise Anfang der 30er Jahre zeigte die Großindustrie im allgemeinen keine Neigung, die Nationalsozialisten zu unterstützen, abgesehen von den Zuwendungen durch die Industriellen Fritz Thyssen[9] und Emil Kirdorf[10]. Offen ist, ob die finanzielle Unterstützung durch Mittel- und Kleinindustrie stärker zu Buche schlug. Als in den Jahren der Depression die Hitler-Bewegung Massen anzuziehen begann, änderte sich das Bild. Die Großindustrie mußte mit ihr als einem Machtfaktor rechnen. Nachweislich haben Friedrich Flick, der die Vereinigten Stahlwerke beherrschte, und die IG-Farben im Jahre 1932 Wahlgelder an die Nationalsozialisten gezahlt. Ähnliches gilt auch für die AEG und für die Dachorganisation der Kohlenindustrie im Ruhrgebiet, den Bergbauverein. Auch über die sog. Ruhrlade, einen privaten Zusammenschluß von zwölf führenden Ruhrindustriellen, flossen der NS-Bewegung Gelder zu. Sie dienten teils der Rückversicherung für den Fall, daß Hitler zur Macht gelangte, teils dem Bestreben, über bestimmte Adressaten innerhalb der Bewegung wie Göring oder Stennes oder Strasser die wirtschaftspolitische Richtung der Partei zu beeinflussen. Diese Zuwendungen sind insgesamt relativ begrenzt gewesen, und zwar einmal im Verhältnis zu dem Geldbedarf der NSDAP – man weiß aus den Goebbels-Tagebüchern, daß die Partei in dem entscheidenden Jahre des Aufstiegs zur Macht von ständigen Geldsorgen geplagt wurde –, zum anderen im Verhältnis zu den Zuwendungen für diejenigen Parteien, die sich bei der Reichspräsidentenwahl hinter Hindenburg und gegen Hitler stellten und die bei den Reichstagswahlen vom Juli und November 1932 Papen unterstützten. Eine systematische Aufbringung größerer Mittel durch die Industrie für Hitler setzte auch nicht, wie bisher angenommen, schon nach der Unterredung vom 4. Januar 1933 zwischen Hitler und Papen im Hause des Bankiers Schröder ein, sondern erst nachdem Hitler Kanzler geworden war[11]. »Hätte Geld politische Macht kaufen können«, so faßt Turner das Ergebnis seiner Untersuchung zusammen, dann »wäre auf die Republik Papens ›Neuer Staat‹ gefolgt und nicht Hitlers ›Drittes Reich‹. Aber der Versuch, Geld in Wählerstimmen zu verwandeln, erwies sich als ein niederschmetternder Fehlschlag.«

Hat die Industrie, so lautet die nächste Frage, das Zustandekommen der Hitlerregierung, wenn schon nicht in entscheidendem Maße finanziert, so doch vielleicht politisch gefördert? Ein Stein des Anstoßes auf dem Wege zu einer möglichen Annäherung zwischen Hitler und der Industrie war das Parteiprogramm der NSDAP. Die darin vorgesehene »Brechung der Zinsknechtschaft«, die »Verstaatlichung aller (bisher) bereits vergesellschafteten (Trusts) Betriebe« und die geforderte »Gewinnbeteiligung an Großbetrieben« war für die Großindustrie unannehmbar. Dieses Parteiprogramm war 1926 für unabänderlich erklärt worden. Es war ein wesentliches Element der Legalitätstaktik Hitlers, der Industrie klarzumachen, daß die sozialistischen Forderungen des Parteiprogramms trotz ihrer Unabänderlichkeit, an der er aus propagandistischen Gründen festhielt, in Wirklichkeit unverbindlich seien. Dies geschah, indem er auf der einen Seite die Regungen des linken Parteiflügels aufs Ganze gesehen zu kontrollieren wußte und indem er sich auf der anderen Seite intensiv um die Industrie bemühte. Ein frühes Dokument dieser Bemühungen ist eine Emil Kirdorf 1927 übersandte Denkschrift, die zur Verbreitung in Kreisen der Industrie bestimmt war. Hier wird zur Beruhigung der Empfänger der Begriff »Sozialismus« gleichgesetzt mit »Volks- und Vaterlandsliebe«. Mit dem Bekenntnis zu einer »unabhängigen nationalen Wirtschaft«, zu einem starken Staat als Beschützer der Wirtschaft, zu einer starken Wehrmacht und zum Werte der Persönlichkeit appellierte er an eine nationalautoritäre Gesinnung, mit der er bei den Empfängern rechnete[12]. Auch den Grundbesitz beruhigte er, indem er entgegen der Forderung des Parteiprogramms auf »Schaffung eines Gesetzes zur unentgeltlichen Enteignung von Boden für gemeinnützige Zwecke« 1928 erklärte, dieser Programmpunkt richte sich »in erster Linie gegen die jüdischen Grundstücksspekulationsgesellschaften«. Unter den mancherlei Begegnungen mit Industriellen hebt sich eine Rede vor dem Industrieklub in Düsseldorf vom 27. Januar 1932 heraus. Hier stellte sich Hitler ganz auf sein liberales und konservatives Publikum ein, sprach von Arbeit, Leistung, Gehorsam, Persönlichkeit und einem starken Staat, appellierte an die nationale Gesinnung, ließ aber seine eigentlichen Gedanken, Kampf gegen das Judentum und Eroberung im Osten, unausgesprochen[13]. Als besonderer Beauftragter Hitlers gegenüber den Unternehmern diente Wilhelm Keppler. Als dieser, Mitinhaber eines chemischen Werkes, im Jahre 1927 der Partei beitrat, ließ er Hitler nicht im Zweifel darüber, daß er die wirtschaftlichen Forderungen des Parteiprogramms ebenso wie die Theorien Feders über die Brechung der Zinsknechtschaft für abwegig hielt. Eben deswegen war er der richtige Mann für Hitler in seinen Bemühungen um die Unternehmer. Im Auftrage Hitlers bildete er einen Kreis aus Männern der Wirtschaft[14], der Hitler in Wirtschaftsfragen beraten sollte, aber diese Funktion tatsächlich nie ausgeübt hat. Diesem etwa 20 Personen umfassenden Kreis gehörten der ehemalige Reichsbankpräsident Hjalmar Schacht und der Kölner Bankier v. Schröder, von den einflußreicheren Industrieführern aber nur Albert Vögler, der Generaldirektor der Vereinigten Stahlwerke, an. Die Mehrheit der Großunternehmer war politisch anders orientiert. Nach den Septemberwahlen 1930 setzte sich das geschäftsführende Präsidialmitglied des Reichsverbandes der Deutschen Industrie, Kastl, für die Wiederherstellung der Großen Koalition ein. In den Jahren 1930 bis 1932 unterstützten breite Kreise der Industrie einen von Paul Reusch, dem Generaldirektor der Gutehoffnungshütte, u. a. entwickelten Plan, eine antimarxistische bürgerliche Einheitspartei zu gründen. Aber trotz des auf die bestehenden bürgerlichen Parteien ausgeübten finanziellen Drucks weigerten sich diese, ihre Sonderexistenz aufzugeben. In den zwei Reichspräsidenten- und zwei Reichstags-Wahlkämpfen des Jahres 1932 setzte die Industrie durchweg auf Hindenburg und Papen gegen Hitler. Ein Aufruf zur Novemberwahl zugunsten Papens trug die Namen führender Unternehmer. Nachdem auch diese Wahl Papen keine parlamentarische Basis verschafft hatte und es zugleich deutlich wurde, daß die NS-Bewegung ihren Kulminationspunkt überschritten hatte, versuchten Keppler, Schacht und Schröder, Hitler als Kanzlerkandidaten bei der Industrie und bei Hindenburg doch noch ins Spiel zu bringen. Sie sammelten Unterschriften für eine Eingabe an Hindenburg, in der dieser aufgefordert wurde, Hitler als Reichskanzler zu berufen. Die Eingabe wurde aber nur von etwa 20 Männern aus Finanz, Industrie und Landwirtschaft unterzeichnet. Es fehlten hingegen, abgesehen von Thyssen, die maßgeblichen Namen der Ruhrindustrie[15]. Die Eingabe hatte keinen Erfolg, weil Hindenburg Hitler zwar in ein Kabinett Papen zu berufen bereit war, es jedoch damals noch ablehnte, ihm die Führung der Regierung zu übertragen. Nach der Berufung Schleichers, der ebenso wie von den Gewerkschaften mit wenigen Ausnahmen von den Unternehmern, wenn auch aus entgegengesetzten Gründen, abgelehnt wurde, unternahm Keppler von neuem einen Versuch, Hitler zur Kanzlerschaft zu verhelfen. Diesmal hatte er Erfolg. Er war es, der jene entscheidende Unterredung zwischen Papen und Hitler vom 4. Januar 1933 im Hause des Bankiers Schröder zustande brachte (vgl. Bd. 19, Kap. 24, S. 305). Kurz darauf traf sich v. Papen mit einigen führenden westdeutschen Wirtschaftlern, um sie über den Stand der Dinge zu unterrichten. Diese gewannen den Eindruck, daß es zu einer Koalitionsregierung mit den Nationalsozialisten unter Papen kommen werde. Hiergegen hatten sie keine Einwände. Als aber dann aus dem Berliner Intrigenspiel im Januar 1933 offensichtlich überraschend für sie der von ihnen als Kanzler nicht gewünschte Hitler als Sieger hervorging, akzeptierten sie auch diese Lösung. Sie glaubten, dies tun zu können, weil ihnen die Zusammensetzung des Kabinetts mit Papen als Vizekanzler die Gewähr für eine Wahrnehmung der Interessen der Wirtschaft zu bieten schien. Es wäre also falsch, die Unternehmerschaft als ganze oder auch nur ihren überwiegenden oder wirtschaftlich bedeutendsten Teil direkt dafür verantwortlich zu machen, daß Hitler Kanzler wurde. Es besteht jedoch eine indirekte Verantwortung, und zwar darin, daß sie dem letzten Versuch, Hitler den Weg zur Macht zu versperren, ihre Unterstützung versagten. Statt dessen setzten sie in kurzsichtiger Interessenblindheit und in Verkennung der tatsächlichen Kräfteverhältnisse auf den Intriganten Papen.

Daß es aber überhaupt zu einer Situation kommen konnte, in der das Schicksal Deutschlands in so entscheidendem Maße von den Hofintrigen um einen politisch seiner Aufgabe nicht gewachsenen Reichspräsidenten abhing, war das Ergebnis einer Entwicklung, in der das Großunternehmertum nicht neutral abwartend beiseite gestanden, sondern zu seinem Teil dazu beigetragen hatte, die Existenzvoraussetzungen der Weimarer Republik zu zerstören. Weil es ihm in der Klassenauseinandersetzung mit den Gewerkschaften nicht möglich gewesen war, die Wirtschafts- und Gesellschaftspolitik der Republik in dem von ihm gewünschten Maße unter seine Kontrolle zu bringen, hat es wie jene dazu beigetragen, daß die Flügelparteien der Großen Koalition in der Krise Anfang 1930 einander den Kompromiß verweigerten und den Regierungsmechanismus der parlamentarischen Demokratie funktionsunfähig machten. Die in diesem Vakuum sich entwickelnde präsidiale Regierungsweise entsprach seinem am Erinnerungsbild einer autoritären Monarchie und einer Privilegiengesellschaft orientierten Herrschaftsverständnis in weit höherem Maße als der verachtete, glanzlose Parteienstaat der Weimarer Republik. Vor diesem politischen Hintergrund der mangelnden Bereitschaft der organisierten Interessengruppen zum wirtschaftlichen und sozialen Ausgleich wuchsen unter dem Antrieb der Wirtschaftskrise Kommunismus und Nationalsozialismus zu Massenbewegungen. In der durch diese beiden Namen bezeichneten Scheinalternative wurde der Nationalsozialismus durch seine konservativen Koalitionspartner in den Sattel gehoben und gelangte zur Macht.

Für dieses Kap. als Darstellung u. Analyse grundlegend die entspr. Abschnitte aus: W. Schäfer, NSDAP. Entwicklung u. Struktur der Staatspartei im Dritten Reich (1957); M. Broszat, Der Staat Hitlers (Tb. 1969); K. D. Bracher, Die dt. Diktatur ([3]1970); H.-A. Winkler, Mittelstandsbewegung oder Volkspartei? Zur sozialen Basis der NSDAP (Referat Historikertag Braunschweig 1974, Ms); ders., Extremismus der Mitte? Sozialgeschichtl. Aspekte der nat.soz. Machtergreifung, VfZG 20 (1972).

[1] M. Broszat, Der Staat Hitlers, S. 50; Zahlenangaben in: Parteistatistik, hg. vom Reichsorganisationsleiter der NSDAP (3 Bde. 1935). Nach W. Böhnke, Die NSDAP im Ruhrgebiet 1920–1933 (1974), S. 198f. ergibt sich hier folgendes Bild: 1925–1929/30 betrug der Arbeiteranteil im Gau Essen 33,1% (im Reichsdurchschnitt 26,1%) gegenüber 31,6% Angestellte (Reichsdurchschnitt 24%); im Gau Westfalen-Süd waren es 35,3% Arbeiter u. 29,8% Angestellte; im Gau Westfalen-Nord 32,4% Arbeiter u. 28,1% Angestellte. 1930–1933 waren im Gau Essen 39,6% der Partei Arbeiter (26,4% Angestellte); im Gau Westfalen-Süd 43,8% Arbeiter (24,1% Angestellte) u. im Gau Westfalen-Nord 37,5% Arbeiter (21,1% Angestellte). Im Reichsdurchschnitt betrug der Anteil der Arbeiter zu dieser Zeit 31,5% u. der der Angestellten 21,1%. – Für die Frühzeit der Partei vgl. Bd. 19, Kap. 15, Anm. 9.

[2] Gegen die Interpretation des Naz.soz. als einer bloßen Mittelstandsbewegung wendet sich in Kritik an diesem in der Lit. verbreiteten Mißverständnis M. H. Kele, Nazis and Workers. Nat.Soc. appeals to German labor 1919–1933 (Chapel Hill 1972), S. 215ff.

[3] H. Lebovics, Social Conserva-

tism and the Middle Classes in Germany 1914–1933 (Princeton 1969); vgl. Lit. in Bd. 19, Kap. 18, Anm. 4, Bd. 19, Kap. 22, Anm. 9; ferner M. SCHUMACHER, Mittelstandsfront u. Republik. Wirtschaftspartei-Reichspartei des dt. Mittelstandes 1919–1933 (1972); M. LIPSET, Soziologie der Demokratie (a.d. Amerik. 1962).

[4] R. W. DARRÉ, Das Bauerntum als Lebensquell der nord. Rasse (1929); ders., Neuadel aus Blut u. Boden (1930); Um Blut u. Boden. Reden u. Aufsätze (1940). – R. GIES, Walther Darré u. die nat.soz. Bauernpolitik 1930 bis 1933 (Diss. Frankfurt/M. 1966); ders., NSDAP u. landwirtschaftl. Organisationen in der Endphase der Weim. Rep., VfZG 15 (1967), Auswertung der Rundschreiben des agrarpolit. Apparates im Nachlaß Darré; K. BERGMANN, Agrarromantik u. Großstadtfeindlichkeit (1970); s. ferner Bd. 19, Kap. 18, Anm. 3.

[5] Äußerungen des Gewerkschaftsführers Grassmann u. des Parteivorsitzenden Crispien auf der Sitzung des Parteiausschusses am 10. Nov. 1932, H. SCHULZE (Hg.), Anpassung oder Widerstand? Aus den Akten des Parteivorstandes der dt. Sozialdemokratie 1932/33 (1975), Nr. 2. – Zur Mitgliederbewegung der Gewerkschaften vgl. die von G. BEIER zusammengestellten Angaben im Anhang, Tab. Nr. 28, in Korrektur zu H.-G. SCHUMANN, s.u. Anm. 6 u. F. OPEL/D. SCHNEIDER, Fünfundsiebzig Jahre Industriegewerkschaft. Vom Dt. Metallarbeiter-Verband zur Industriegewerkschaft Metall (1966).

[6] H.-G. SCHUMANN, Nat.soz. u. Gewerkschaftsbewegung (1958).

[7] W. HORN, Führerideologie u. Parteiorganisation in d. NSDAP (1972), S. 429.

[8] D. PETZINA, Hitler u. die dt. Industrie. Ein kommentierter Lit.- u. Forschungsbericht, GWU 17 (1966). – Aus der älteren Lit. heben sich heraus: G. F. W. HALLGARTEN, Hitler, Reichswehr u. Industrie (1955), vor allem auf dem Material der Nürnberger Industrieprozesse beruhend; A. HEINRICHSBAUER, Schwerindustrie u. Politik (1948), Verf. war Wirtschaftsjournalist u. Mittelsmann der Ruhr zu Hitler; L. P. LOCHNER, Die Mächtigen u. der Tyrann (1955). Diese Lit. ist weitgehend überholt durch die zuerst in amerik. Zeitschriften 1968 bis 1972 veröffentlichten, u.a. auf neuem Material aus Werksarchiven beruhenden Forschungen von H. A. TURNER jr., Faschismus u. Kapitalismus in Dtld. Studien zum Verhältnis zwischen Nat.soz. u. Wirtschaft (a.d. Amerik. 1972). In der DDR ist die ältere, z.B. von A. NORDEN, Lehren dt. Geschichte. Zur polit. Rolle des Finanzkapitals u. der Junker (1947), vertretene These, daß eine Verschwörung der als monolithische Gruppe verstandenen »Monopolkapitalisten« u. Junker Hitler zur Macht gebracht habe, auch in einer mehr differenzierenden, unterschiedliche industrielle Gruppen mit unterschiedlichen wirtschaftlichen u. polit. Interessen feststellenden Lit. nur wenig verändert beibehalten worden. So kommt E. CZICHON, Wer verhalf Hitler zur Macht? Zum Anteil d. dt. Industrie an der Zerstörung der Weim. Rep. (1967), zu der Feststellung, »daß eine Mehrheitsgruppe dt. Industrieller, Bankiers und Großagrarier Hitlers Kanzlerschaft gewollt und organisiert« habe (S. 54). Ähnlich F. KLEIN, Zur Vorbereitung der faschistischen Diktatur durch die dt. Großbourgeoisie 1929–1931, in: ZfG 1 (1953). Die Gegenthese TURNERS lautet, »daß die große Mehrheit der deutschen Großunternehmer Hitlers Triumph weder gewünscht noch materiell zu ihm beigetragen hat« (S. 30), ohne daß er damit eine Mitverantwortung in Abrede stellen will. In Auseinandersetzung mit Turner u. ergänzend zu Czichon wichtig als Dokumentenveröffentlichung D. STEGMANN, Zum Verhältnis

von Großindustrie u. Nat.soz. 1930–1933, in: Archiv f. Soz.gesch. 13 (1973); die Quintessenz seiner Untersuchung, eine Definition des »deutschen Faschismus« als einer »Sonderform traditioneller autoritärer Herrschaftstechnik«, wird sich so nicht halten lassen. Kritische Replik auf Stegmann: H. A. TURNER, Großunternehmertum u. Nat.soz. 1930–1933, HZ 221 (1975).

[9] F. THYSSEN, I Paid Hitler (New York 1941); hierzu H. A. TURNER jr., Fritz Thyssen u. das Buch ›I Paid Hitler‹, in: Faschismus u. Kapitalismus.

[10] H. A. TURNER jr., Emil Kirdorf u. die NSDAP, in: Faschismus u. Kapitalismus.

[11] Hierzu H. A. TURNER jr., Faschismus u. Kapitalismus, S. 28, Anm. 47. Auch STEGMANN, der von der entscheidenden Rolle der Industrie als Wegbereiter Hitlers überzeugt ist, muß sich, nachdem er die massive finanzielle Unterstützung der bürgerlichen Parteien für die Novemberwahl durch die Schwerindustrie durch ein eindrucksvolles Dokument über die entscheidende Besprechung belegt hat, für die nachfolgenden Monate damit begnügen zu »unterstellen – exakte Belege dafür liegen bisher nicht vor –, daß seit dieser Zeit ganz erhebliche Geldmittel der NSDAP zuflossen«, Zum Verhältnis von Großindustrie u. Kapitalismus, S. 438.

[12] A. HITLER, Der Weg zum Wiederaufstieg (1927), wiederabgedruckt in H. A. TURNER jr., Faschismus u. Kapitalismus.

[13] Text der Rede bei M. DOMARUS (Hg.), Hitler. Reden u. Proklamationen 1932–1945 (2 Bde. 1962/63), Bd. 1, S. 68–90.

[14] R. VOGELSANG, Der Freundeskreis Himmler (1972), aus dem Keppler-Kreis hervorgegangen.

[15] Text der Eingabe von Mitte November 1932: Ursachen u. Folgen 8 Nr. 1909; dazu Schreiben Schachts an Hitler vom 12. Nov. 1932, ibid. Nr. 1903, in dem er sich über die mangelnde Zustimmung der Schwerindustrie beklagt. Zur unterschiedlichen Interpretation der Eingabe vgl. einerseits: A. SCHREINER, Die Eingabe dt. Finanzmagnaten, Monopolisten u. Junker an Hindenburg für die Berufung Hitlers zum Reichskanzler Nov. 1932, in: ZfG 4 (1956); E. CZICHON, Wer verhalf Hitler zur Macht? (1967), S. 42ff. u. in Anlehnung an Czichon D. STEGMANN, Zum Verhältnis von Großindustrie, S. 435; andererseits: H. A. TURNER jr., Faschismus u. Kapitalismus, S. 26, Anm. 44.

Kapitel 4
Nationalsozialismus – Faschismus – Totalitarismus

Der Nationalsozialismus erklärt sich in der Entwicklung der deutschen Geschichte aus einer bestimmten Konstellation ineinandergreifender gesellschaftlicher, wirtschaftlicher und politischer Faktoren. Ohne sie hätte das Auftreten der Person Hitlers keinen Erfolg gehabt. Aber nicht nur aus der Besonderheit der deutschen Geschichte ist die Hitlerbewegung in ihrer Verschränkung überindividueller und individueller Wirkungskräfte zu verstehen. Ähnliche Bewegungen zeigen sich in anderen Teilen Europas. Sie werden unter dem Begriff des »Faschismus«

zusammengefaßt. Was gibt dieser Begriff für das Verständnis des Nationalsozialismus her?

Der historische Ausgangspunkt für den Faschismus ist die Situation, wie sie sich in Europa am Ende des Ersten Weltkrieges darbot. Die Niederlage der Mittelmächte schien, von dem noch ungeklärten Ausgang des Bürgerkriegs in Rußland abgesehen, den endgültigen Triumph der Demokratie zu bedeuten. Als zwei Jahrzehnte später Hitler mit dem Zugriff auf die Tschechoslowakei den Kampf um »Lebensraum« über das deutsche Siedlungsgebiet hinaus vortrug, waren in Südeuropa sowie in den größten Teilen Mittel- und Südosteuropas diktatoriale Herrschaftsformen verschiedener Art entstanden, in denen es nicht mehr den freien Wettbewerb mehrerer um politischen Einfluß ringender Parteien gab. Außer der Tschechoslowakei, der Schweiz und einzelnen kleineren Staaten im Baltikum und in Südosteuropa konnten nur Frankreich, Belgien, die Niederlande, England und die skandinavischen Staaten als demokratisch und liberal gelten. Unter den diktatorischen Regierungsformen, die sich entwickelten, lassen sich drei Typen unterscheiden: der sowjetische, der autoritäre und der faschistische. Der autoritäre und der faschistische haben sich weitgehend in Reaktion gegen das geschichtliche Auftreten des Sowjetkommunismus und in Ausnutzung einer propagandistisch gesteigerten Angst vor der Revolution gebildet. Autoritäre Staaten erscheinen entweder als Militärdiktaturen unterschiedlicher Intensitätsgrade und Legitimierungen wie in Polen, Spanien, Portugal und Griechenland oder als Königsdiktatur wie in Jugoslawien.

Die faschistischen Bewegungen sind in ihrem Selbstverständnis alle am italienischen Prototyp orientiert, so tiefgreifend auch im übrigen die national bedingten Unterschiede sind. Das gilt besonders auch für den Nationalsozialismus. Es gibt zahllose Zeugnisse für die Bewunderung, die Hitler Mussolini gegenüber empfand. Dem Marsch auf Rom suchte er es 1923 mit einem Marsch auf Berlin gleichzutun. Den Faschistengruß übernahm er als »Deutschen Gruß« in seine Bewegung. Den Weg zur Überwindung des Bolschewismus sah er in einer »Faschistisierung der europäischen Staaten«[1]. Außer dieser subjektiven Bezogenheit auf Mussolini und seine Bewegung lassen sich im Erscheinungsbild der verschiedenen Faschismen folgende Gemeinsamkeiten nennen: ein aus der Empfindung einer nationalen Frustration erwachsener aggressiver Nationalismus, eine mit Vehemenz vorgetragene Propaganda unter dem Leitwort der sozialen Gerechtigkeit bzw. des Sozialismus, eine scharfe Frontstellung sowohl gegen den Kommunismus wie gegen die bürgerlich-liberale Staats- und Gesellschaftsordnung, eine das politische Monopol beanspruchende Partei mit paramilitärischen Verbänden als terroristischen Hilfsorganisationen und die Führerideologie. Bewegungen dieses Typs hat es außer in Italien und Deutschland auch in Finnland, Estland, Rumänien und Ungarn gegeben. In Ländern mit fester parlamentarischer Tradition blieb der Faschismus eine Randerscheinung. Unter den europäischen Hauptmächten ist der Faschismus nur in Italien und Deutschland imstande gewesen, aus eigener Kraft von innen her den Staatsapparat zu erobern. An den Vorgängen in diesen beiden Staaten orientieren sich daher mehr als an den anderen faschistischen Bewegungen die unterschiedlichen Faschismustheorien.

Bevor die wichtigsten Faschismustheorien beschrieben werden, ist freilich einem Einwand Rechnung zu tragen, der sich gegen eine verallgemeinernde Verwendung des auf italienischem Boden erwachsenen Faschismusbegriffs richtet: In dem Maße, wie ein solcher Begriff, der ursprünglich eine zeitlich und räumlich begrenzte Erscheinung bezeichnet, sich von seinem historischen Ursprung entfernt und zu einem Gattungsbegriff erweitert wird, verliert er an inhaltlicher Bestimmtheit, Aussagekraft und Farbe. Im Falle des »Faschismus« geht dies so weit, daß der heutige Sprachgebrauch dazu neigt, diesen Begriff als inhaltsleeres Schlagwort zur Kennzeichnung sehr unterschiedlicher, je nach Standort für mißliebig gehaltener politischer Erscheinungen zu verwenden. Ein solcher inflationärer Gebrauch des Faschismusbegriffs bedeutet aber, so K. D. Bracher, »im Grunde eine Bagatellisierung totalitärer Diktatur, weil damit alles in einen Topf geworfen wird: ob es sich um Militärregime, Entwicklungsdiktaturen, lateinamerikanische Oligarchien handelt oder ob gar westliche Demokratien an ihren Krisenpunkten als faschistisch beschimpft werden. Das läuft entweder auf eine Dämonisierung aller Diktaturtendenzen oder aber auf eine Bagatellisierung derjenigen Regime hinaus, die sich wie das nationalsozialistische Gewalt- und Vernichtungssystem auch vom italienischen Faschismus weit und prinzipiell unterscheiden.«[2]

Die Verwendbarkeit des Begriffs ist demnach an einem Vergleich der analogen italienischen und deutschen Bewegungen zu prüfen[3]. Hier springen Unterschiede und Gemeinsamkeiten in die Augen:

1. die größere Geschlossenheit der nationalsozialistischen Weltanschauung mit ihrer Aufeinanderbezogenheit von Rasse- und Raumideologie – obwohl sich auch im italienischen Faschismus Elitebewußtsein und Imperialismus miteinander verbinden, hier wie dort gestützt auf eine ideologische Verherrlichung von Kampf und Krieg;
2. die Bezogenheit des Totalitätsanspruchs beim Nationalsozialismus auf die Bewegung, beim italienischen Faschismus auf den Staat – wobei hier wie dort die Geltendmachung dieses Anspruchs Sache der privilegierten Partei und ihrer terroristischen Kampfverbände war;
3. das stärkere Vorhandensein eines proletarisch-sozialistischen Faktors in der Anfangs- wie in der Endphase des italienischen Faschismus – der aber auch im Nationalsozialismus nicht fehlte;
4. der italienische Faschismus verfügte im Augenblick des Marsches auf Rom nur über 7% der Parlamentssitze, er war stärker noch als der Nationalsozialismus auf die anfängliche Stützung durch konservative Kräfte in Staat und Gesellschaft angewiesen und hat stärker als der Nationalsozialismus an dem Vorhandensein solcher Elemente (König, Kirche, Armee) eine Begrenzung seines Totalitätsanspruchs erfahren – aber beider hier wie dort scheinlegaler Weg zur Macht wäre ohne eine solche Unterstützung nicht möglich gewesen;
5. die Verherrlichung des »Duce« trägt weniger pseudoreligiöse Züge als der Kult des »Führers« – aber in beiden Fällen hat die Diktatur eine plebiszitär-akklamatorische Grundlage.

Dieser Vergleich zwischen dem italienischen Faschismus und dem deutschen Nationalsozialismus, der durch Einbeziehung anderer »faschistischer« Bewegungen erweitert werden könnte, zeigt, daß die festgestellten Unterschiede Modifikationen bzw. stärkere oder schwächere Intensitätsgrade von beiden gemeinsamen Strukturelementen sind. Die Modifikation und unterschiedliche Intensität bestimmen die historische Individualität der beiden Bewegungen. Das hier wie dort kongruent angelegte Grundmuster erlaubt es jedoch, sie (abweichend von Bracher) dem gleichen Typus zuzurechnen und den Terminus »Faschismus« trotz der genannten Vorbehalte als Gattungsbegriff zu verwenden.

Wie aber ist das Phänomen des Faschismus selber zu verstehen? Die mannigfachen Theorien, die hierauf eine Ant-

wort zu geben versuchen, reduzieren sich im wesentlichen auf drei Haupttypen des methodischen Vorgehens:
entweder geht man von den wirtschaftlich-sozialen Gegebenheiten des kapitalistischen Wirtschaftssystems aus und *erklärt* den Faschismus aus dem mehr oder weniger als zwangsläufige Determination verstandenen Kausalzusammenhang zwischen diesen Gegebenheiten als Ursachen und den politischen Folgen als deren Wirkung (marxistische Faschismustheorien); oder man legt den Akzent auf die Feststellung von Strukturanalogien zwischen Faschismus und Bolschewismus und *subsumiert* beide unter dem übergreifenden Gattungsbegriff des Totalitarismus, der einen neuen Typus von Herrschaft bezeichnet (liberale Totalitarismustheorien); oder aber man verharrt bei der analysierenden Beschreibung des Phänomens und *interpretiert* unter Zurückweisung sowohl der kausal erklärenden wie der begrifflich subsumierenden Methode den Faschismus von dem in seinen Aktionen wie in seinen Proklamationen zutage tretenden Selbstverständnis her als eine unableitbare und nur mit sich selbst vergleichbare Erscheinung (phänomenologische Faschismusinterpretation, besonders bei Ernst Nolte).

Von kommunistischer Seite sind zum ersten Male die verschiedenen antimarxistischen Massenbewegungen unter dem Begriff des Faschismus zusammengefaßt und unter einem einheitlichen Aspekt gedeutet worden. Man hat diese Deutung zu Recht als heteronomistisch bezeichnet (Nolte), insofern der Faschismus hier als politische Sekundärerscheinung eines anderen und eigentlich bestimmenden ökonomischen Faktors erklärt wird. Die im Bereich des sowjetischen Kommunismus bis heute Geltung beanspruchende Definition wurde im Dezember 1933 vom 13. Plenum des Exekutivkomitees der Komintern gegeben. Sie lautet: »Der Faschismus ist die offene terroristische Diktatur der am meisten reaktionären, chauvinistischen und imperialistischen Elemente des Finanzkapitals«. Diese Theorie hatte sich im Verlaufe der 20er Jahre unter Stalin gegen eine realistischere Einschätzung der Eigenbedeutung des Faschismus durch Radek und die deutsche Kommunistin Clara Zetkin durchgesetzt[4]. Sie führte zu einer verhängnisvollen Fehleinschätzung dessen, was in den Krisenjahren der Weimarer Republik und am 30. Januar 1933 in Deutschland eigentlich vor sich ging. Sie ist dafür verantwortlich zu machen, daß die Kommunisten die Eigenart und Stärke der nationalsozialistischen Massenpartei nicht zu erkennen vermochten und glaubten, den Hauptstoß gegen die Sozialdemokraten richten zu sollen, wie es Ulbricht noch am 18. Januar 1933 forderte[5]. Aber auch bei den von den Kommunisten als »Sozialfaschisten« diffamierten Sozialdemokraten gab man sich der gleichen Täuschung hin. Man verkannte das Eigengewicht des Nationalsozialismus und ordnete ihn in die gewohnten Denkschemata ein. Am Tage nach der Ernennung Hitlers zum Reichskanzler erklärte Rudolf Breitscheid vor dem Parteiausschuß der SPD: »Wir stehen jetzt in einem Klassenkampf in seiner reinsten Form. Es stehen zwei Fronten einander gegenüber: die Arbeiterklasse auf der einen, die vereinigte Reaktion, der vereinigte Kapitalismus, unterstützt von den braunen Scharen des Herrn Hitler, auf der anderen Seite. Nie gab es eine klarere, einwandfreiere Klassenkampfsituation ... Wir müssen uns bewußt sein, daß nach Hitler nichts anderes mehr kommen kann und kommen darf als eine Regierung, auf die die Arbeiterschaft den maßgebenden Einfluß ausübt.«[6] Und noch stärker simplifizierend hieß es in einem Bericht der »Internationalen Information« über diese Rede: »Die Reaktion hat ihre letzte Karte ausgespielt, die Söldnerscharen des Faschismus eingesetzt. Wenn sie nicht sticht, und sie wird nicht stechen, dann ist die Stunde gekommen, in der die Arbeiterschaft das entscheidende Wort spricht.«[6a] Die marxistische Einschätzung des Verhältnisses zwischen bürgerlichem Kapitalismus und nationalsozialistischer Massenpartei entsprach in gewisser Hinsicht dem Selbstverständnis der konservativen Koalitionspartner Hitlers. Sie waren ja gewillt und glaubten in der Lage zu sein, die NS-Bewegung vor den Wagen ihrer Interessen spannen zu können. Entsprechend erschien in sowjetischer Sicht Hugenberg als die entscheidende Figur der neuen Regierung, Hitler hingegen lediglich als ein Werkzeug in den Händen des Monopolkapitals[7].

Die Agententheorie beherrscht bis heute die Sichtweise der Geschichtsschreibung in der DDR über den Nationalsozialismus[8]. Allerdings sind im Rahmen des dogmatischen Gehäuses dieser Theorie verschiedene Modifizierungen möglich. Wenn etwa der Kapitalismus nicht mehr als undifferenzierte Einheit, sondern als Feld von Interessenkämpfen unterschiedlicher Wirtschaftszweige erscheint, kann der Nationalsozialismus als Instrument innerkapitalistischer Auseinandersetzungen gedeutet werden. Sein Sieg erscheint dann als der Sieg einer bestimmten wirtschaftlichen Interessengruppe über ihre Rivalen. Eine andere Differenzierung ist die zeitliche. Sie trägt der Tatsache Rechnung, daß das Verhältnis des Kapitalismus zum Nationalsozialismus situationsbedingt war und zu verschiedenen Zeiten sehr verschieden sein konnte. Eine weitere Unterscheidung betrifft die Formen der Einflußnahme des Kapitalismus auf den Nationalsozialismus, wobei die finanzielle Unterstützung an Bedeutung zurücktritt hinter spezifisch politischen Faktoren[9]. Aber auch bei solchen Modifizierungen wird in der heteronomen kommunistischen Faschismusdeutung die These festgehalten, daß die historische Funktion des Nationalsozialismus darin bestanden habe, die »Diktatur der reaktionärsten Schichten des deutschen Monopolkapitals« zu ermöglichen: »Hitler erreichte sein Ziel, weil er den gesellschaftlichen Auftrag des deutschen Monopolkapitals erfüllte.«[10]

Nicht erklärbar wird durch die sowjet-marxistische Faschismustheorie die Tatsache, daß der Faschismus in den am meisten entwickelten bürgerlich-kapitalistischen Gesellschaften des Westens – USA, England, Frankreich – nichts auszurichten vermochte, sondern daß er sich im Gegenteil gerade dort entfaltete, wo in Gesellschaft und Staat noch starke vorindustrielle Elemente vorhanden waren wie in Italien und Deutschland. Nicht genügend berücksichtigt wird in dieser Theorie auch die Tatsache, daß der Faschismus, jedenfalls was den Nationalsozialismus betrifft, erst zu einer Zeit für die kapitalistische Wirtschaft interessant wurde, als er bereits zu der stärksten politischen Massenbewegung in Deutschland geworden war. Es ist absurd, die Erfolge der nationalsozialistischen Propaganda in irgendeinem beträchtlichen Ausmaß darauf zurückzuführen, daß erst die finanzielle Unterstützung durch das Großkapital den Aufbau des Propagandaapparates ermöglicht habe[11].

Eine Deutung des Faschismus als einer Sekundärerscheinung des Kapitalismus findet sich auch in der westlichen marxistischen und vom Marxismus beeinflußten historischen Literatur, wenn auch die simplifizierende Agententheorie durchweg abgelehnt wird. Mit Abweichungen im einzelnen wird die These vertreten, daß zwischen Unternehmertum und Faschismus eine situations-, interessen- und strukturbedingte Konvergenz bestanden habe[12]. Für die Bemühung neomarxistischer Historiker um eine gegenüber der kommunistischen Dogmatik differenziertere Einschätzung des Verhältnisses sozialökonomischer und politischer Faktoren hat eine Schrift des kommunistischen Oppositionellen August Thalheimer über den Faschismus (1930) besondere Beachtung erlangt[13]. Thalheimer überträgt die

Bonapartismusdeutung von Karl Marx auf den Faschismus[14]: in bestimmten Situationen, in denen das von Rückschlägen getroffene Proletariat noch nicht die Kraft besitzt, die Gesellschaft zu ändern, und die Bourgeoisie nicht mehr imstande ist, sich aus eigener Kraft zu behaupten, komme es zu einer »Verselbständigung der Exekutivgewalt«, durch die die politische Macht der Bourgeoisie gebrochen werde, um ihre gesellschaftliche Macht unversehrt zu erhalten. Der Faschismus sei demnach »nicht eine einfache Funktion des ökonomischen Entwicklungsgrades der bürgerlichen Gesellschaft«. Entscheidend sei vielmehr »die Gesamtheit der Klassenverhältnisse«. Im Unterschied zum Bonapartismus besitze der Faschismus eine breite Massenbasis. Es bestehe jedoch ein innerer Widerspruch »zwischen den sozialen Interessen dieser Massen und den Interessen der herrschenden Klasse, denen [er] dienstbar gemacht wird«. Dies ist nach Thalheimer neben der Verselbständigung der Staatsgewalt ein weiteres Charakteristikum des Faschismus. Als Thalheimer diesen Gedanken formulierte, war die kommunistische Faschismusdogmatik noch nicht kanonisiert. In direkter Auseinandersetzung mit dieser und radikaler formulierend als Thalheimer spricht der englische Historiker Tim Mason geradezu von einem »Primat der Politik« im Nationalsozialismus. Als Marxist stellt er sich die paradoxe Aufgabe, diesen Primat der Politik sozialökonomisch zu erklären. Er weist dabei u.a. zutreffend hin auf das Versagen der parlamentarischen Demokratie vor der Aufgabe, den für ihre Existenz notwendigen Ausgleich der Klasseninteressen herbeizuführen. Er betont die gegenüber der Schwerindustrie wachsende Bedeutung der chemischen Industrie für die Autarkiepolitik des Dritten Reiches und die zentrale Stellung des Staates als Auftraggeber für die Rüstungsindustrie. Sozialwirtschaftliche Faktoren dieser Art müssen in der Tat bedacht werden, um den äußeren Bedingungsrahmen für Entstehung, Ausbau und Wirkung der von eigener Dynamik getriebenen nationalsozialistischen Herrschaft zu erstellen. Hierin liegt ein richtiges Moment der heteronomen marxistischen Faschismustheorie und zugleich die Grenze ihrer Aussagefähigkeit. Die Frage, wer nach dem 30. Januar 1933 wen beherrschte, ist in der heutigen Forschung jedoch noch nicht ausdiskutiert[15]. Gab es einen Primat der Politik oder der Wirtschaft, oder ist das Verhältnis als eine Dyarchie zu begreifen?[16] Der Weg zur Beantwortung dieser Frage muß im Rahmen einer empirischen Erforschung der politisch-wirtschaftlichen Verhältnisse Deutschlands in der Zeit der nationalsozialistischen Herrschaft gesucht werden.

Zum marxistischen Faschismusverständnis gehört auch die soziologische Charakterisierung des Faschismus als einer kleinbürgerlichen Mittelstandsbewegung. Auch in der westlichen Literatur wird der Nationalsozialismus im allgemeinen so gesehen. Richtig hieran ist, daß das soziale Substrat der faschistischen Bewegungen und auch des Nationalsozialismus weitgehend mittelständisch ist. So hat man den Nationalsozialismus als einen »Faschismus der Mitte« gekennzeichnet und ihn nicht nur gegen den Extremismus der Linken, sondern auch gegen einen konservativen Extremismus der Rechten abgegrenzt[17]. In der Tat haben die Nationalsozialisten bei den Wahlen bis 1933 mehr Stimmen auf Kosten der Liberalen als auf Kosten der Konservativen gewonnen. »Im Jahre 1932 war der idealtypische Wähler der Nationalsozialistischen Partei ein selbständiger protestantischer Angehöriger des Mittelstandes, der entweder auf einem Hof oder in einer kleinen Ortschaft lebte und der früher für eine Partei der politischen Mitte oder für eine regionale Partei gestimmt hatte, die sich der Macht und dem Einfluß von Großindustrie und Gewerkschaften widersetzte.«[18] Dabei muß jedoch der Tatsache Rechnung getragen werden, daß der Begriff des Mittelstandes und selbst der des kleinbürgerlichen Mittelstandes durchaus gegensätzliche ökonomische Interessenrichtungen umschließt (Kleinbauern, städtische kleine Angestellte, beamtete Lehrer, Handwerker und Kleinhandel). Mit Recht wird deshalb von K. D. Bracher betont, daß der Nationalsozialismus als eine »Einigungsbewegung verschiedener antagonistischer Gruppen« zu verstehen sei und »nicht als sozial geschlossene Interessenbewegung des Mittelstandes«, d.h. nicht als »Klassenbewegung«[19]. Die Reduzierung des Nationalsozialismus auf eine mittelständische Klassenbewegung übersieht zudem den nicht unerheblichen proletarischen Faktor sowohl in der Zusammensetzung der Mitgliedschaft der Bewegung wie in ihrer antibürgerlichen Ideologie und in dem Stil ihres politischen Kampfes. Schließlich wird an der Geschichte des Faschismus im allgemeinen und des Nationalsozialismus im besonderen deutlich, daß innergesellschaftliche Konflikte nicht nur durch Klassengegensätze bestimmt sind. Es gibt Massenbewegungen, die, von einer eigenen Ideologie geleitet, als politische Gruppe und nicht als Klasse eine eigene Dynamik und für ihre Mitglieder eine eigene Bindekraft entfalten, die sich nicht mehr ökonomisch zutreffend erfassen lassen. Die Geschichte ist nicht nur eine Abfolge von Klassenkämpfen. Der Faschismus läßt sich nicht einfach auf die Nenner Kapitalismus und Mittelstand bringen. Diese gehören zu den von Land zu Land sehr unterschiedlichen Bedingungen seiner Entstehung, sagen aber als solche noch nichts über sein eigentliches Wesen aus[20].

Wenn die marxistische Theorie den Faschismus und die bürgerlich-kapitalistische Gesellschaft in einen Determinationszusammenhang stellt, so bringt im Gegensatz hierzu der vom liberal-demokratischen Ansatz her entwickelte Totalitarismusbegriff den Faschismus und Kommunismus in einen Klassifikationszusammenhang. Unter dem Eindruck der Zerstörung der rechtsstaatlichen Institutionen und der bürgerlichen Freiheiten haben schon in den 20er Jahren zuerst italienische Liberale den Faschismus seinem eigenen Selbstverständnis entsprechend von seinem Totalitätscharakter her verstanden und verurteilt[21]. Der ehemalige liberale italienische Ministerpräsident Francesco Nitti verglich unter diesem Gesichtspunkt Bolschewismus und Faschismus: Sie »beruhen nicht auf entgegengesetzten Grundsätzen, sie bedeuten die Verleugnung derselben Grundsätze von Freiheit und Ordnung ...« Sie waren für ihn eine »Verleugnung aller Grundlagen der modernen Zivilisation«[22]. Diese frühen Vergleiche von Bolschewismus und Faschismus zeigen, daß der historische Ansatz für die Entstehung der Totalitarismustheorie keineswegs in der Zeit des »Kalten Krieges« liegt. Allerdings führte die Konfrontation zwischen dem sowjetischen Kommunismus und den Westmächten nach dem Zweiten Weltkrieg dazu, daß die begriffliche Zusammenspannung von Faschismus und Bolschewismus theoretisch systematisiert wurde. Das geschah insbesondere durch die beiden in den Vereinigten Staaten lebenden deutschen Emigranten Hannah Arendt und Carl Joachim Friedrich[23]. Der Totalitarismus wird bei ihnen als eine geschichtlich neuartige Staatsform beschrieben. Hannah Arendt sieht das Wesen der totalitären Herrschaft, die durch einen Dualismus von Staats- und Parteiorganisation gekennzeichnet ist, im Terror, den die Staat und Partei durchdringende Geheimpolizei ausübt. Der Terror dient dem Vollzug eines für objektiv erachteten historischen Bewegungsgesetzes, zu dessen Verwirklichung auch gegen den Willen der unerleuchteten Masse sich die elitären Träger der politischen Gewalt für berufen halten.

C. J. Friedrich stellt einen Katalog der charakteristischen

Merkmale des Totalitarismus auf: »Eine Ideologie, eine Partei, eine terroristische Geheimpolizei, ein Nachrichtenmonopol, ein Waffenmonopol und eine zentral gelenkte Wirtschaft. Aus ihnen setzt sich das Modell zusammen ... Es ist in jedem Fall so, daß diese sechs Wesenszüge, die untereinander in enger Verbindung stehen, zusammen den Charakter der totalitären Diktatur bestimmen ... Man darf deshalb nicht in den Fehler verfallen, den einen oder den anderen dieser Züge herauszugreifen und ihn zur Grundlage von Vergleichen zu machen und etwa zu behaupten, daß Caesar, weil er eine terroristische Geheimpolizei entwickelt habe, der erste totalitäre Diktator gewesen sei, oder zu sagen, daß die katholische Kirche, weil sie eine ideologische Gedankenlenkung anstrebt, im Grunde totalitär sei – und was derartiger Behauptungen mehr sind.«[24] Aufgrund einer Übereinstimmung der faschistischen und kommunistischen Diktaturen in diesen sechs Punkten gelangte Friedrich zu der Feststellung, »daß sie sich untereinander mehr ähneln als anderen Systemen staatlicher Ordnung, einschließlich älterer Formen der Autokratie.«[25] Natürlich bezieht sich diese Übereinstimmung nicht auf die jeweiligen Besonderheiten der wirtschaftlichen und gesellschaftlichen Ursprünge, nicht auf den Inhalt der totalitären Ideologien und nicht auf das Selbstverständnis der totalitären Mächte in ihrem Verhältnis zueinander. Die mit dem Begriff Totalitarismus bezeichnete Gemeinsamkeit ist eine solche der Herrschaftstechnik und der Herrschaftsstruktur, aber nicht des Herrschaftszweckes. Ist dies nun ein formales oder ein inhaltliches Kriterium? Betrifft dies nur die äußere Form oder auch das Wesen einer Herrschaft? Wenn man mit K. D. Bracher der Meinung ist, daß »das entscheidende Kriterium zur Beurteilung der modernen Staaten das Kriterium der politischen Freiheit« sei, dann ergibt sich die Konsequenz, daß mit dem Totalitarismusbegriff ein gemeinsamer Wesenszug von Parteidiktaturen unterschiedlicher Ideologien adäquat bezeichnet wird[26].

Nun ist die Verwendung des Totalitarismusbegriffs nicht unumstritten. Daß er von kommunistischer Seite zurückgewiesen wird, liegt auf der Hand. Aber auch in der westlichen Geschichts- und Gesellschaftswissenschaft wird seine Brauchbarkeit in Frage gestellt[27]. Das ist besonders bei solchen Forschern der Fall, die bemüht sind, liberalisierende Strukturveränderungen in Staaten des sowjetischen Herrschaftsbereiches zu registrieren. Der Begriff des Totalitarismus hat idealtypischen Charakter, und er vermag als solcher nicht alle Variationsformen und vielleicht heute in den sozialistischen Staaten sich vollziehende Entwicklungen zu decken. Aber eine solche Begrenztheit teilt der »Totalitarismus« mit schlechthin jedem historischen Allgemeinbegriff, der der ständigen Kontrolle und Ergänzung und gegebenenfalls der Revision durch die Empirie bedarf.

Ein Verzicht auf die Verwendung des Totalitarismusbegriffs in seiner umfassenden Bedeutung leuchtet am ehesten dort ein, wo eine immanente Faschismusinterpretation von dessen eigenem Selbstverständnis her vorgenommen wird. Dies geschieht in dem Werk von Ernst Nolte[28]. Nolte hat das Verdienst, zum ersten Male den Faschismus als ein in seinen mannigfachen Erscheinungsformen einheitliches Phänomen in einem dreifachen philosophisch-analytischen, historisch-deskriptiven und politologisch-systematischen Ansatz umfassend und anschaulich beschrieben zu haben. Er nennt seine Methode »phänomenologisch«. Damit kennzeichnet er seine Absicht, die Faschismen und, in ihnen sichtbar gemacht, *den* Faschismus von ihren Selbstäußerungen her zu erfassen. Zu diesen Selbstäußerungen gehört als Kern ihrer Bewegungen und Aktionen ihr Denken über sich selbst in Abgrenzung gegen das, was bekämpft wird. Bekämpft wird die bürgerlich-liberale Demokratie und besonders der Marxismus. Der Gegensatz zum Marxismus wird trotz ähnlicher Herrschaftsmethoden als radikal gesehen. Nolte gibt folgende Definition: »Faschismus ist Antimarxismus, der den Gegner durch die Ausbildung einer radikal entgegengesetzten und doch benachbarten Ideologie und die Anwendung von nahezu identischen und doch charakteristisch umgeprägten Methoden zu vernichten trachtet, stets aber im undurchbrechbaren Rahmen nationaler Selbstbehauptung und Autonomie.«[29] Nolte bestreitet aber nicht nur die Tragfähigkeit des Totalitarismusbegriffs, wofür er von den Anhängern des marxistischen Interpretationsansatzes gelobt wird, sondern auch die Ergiebigkeit der sozio-ökonomischen Methode für die Erhellung des Faschismus, wofür er von den gleichen kritisiert wird. Natürlich hat Nolte weder den Totalitarismusbegriff noch die Berechtigung eines sozio-ökonomischen Zugangs zum Faschismusproblem widerlegt. Er benötigt sie nicht für seinen Interpretationsansatz. Denn weder die vergleichende Einordnung des Faschismus in ein übergreifendes Begriffsraster wie das der »Totalitarismus«-Theorie noch dessen Zurückführung auf außerhalb seiner selbst liegende Bedingungen wirtschaftlich-gesellschaftlicher Art widersprechen der radikalen Rückbezogenheit auf sich selbst, die Nolte als seine eigene Interpretation des Faschismus von diesem übernimmt. Diese Rückbezogenheit auf sich selbst artikuliert sich einmal als extremer Nationalismus, negativ als die Verwerfung aller übernationalen, humanitären, kosmopolitischen und völkerrechtlichen Tendenzen, die den einzelnen wie die einzelne Nation auf eine übergreifende Rechtsordnung verweisen. Dieser Nationalismus ist reaktionär, insofern er in romantischem Rückgriff sich an vorindustriellen und vorbürgerlichen, ständischen und kriegerischen Verhaltensweisen orientiert. Sowohl die bürgerlich-kapitalistische wie die kommunistische Industriegesellschaft sind, mit einem von Nolte verwendeten Begriff, auf »praktische Transzendenz« angelegt, d. h. ihrer Intention nach weisen sie über sich selber hinaus. Den Faschismus und hierin besonders den Nationalsozialismus begreift Nolte als den radikalen Gegensatz dazu. In der Tat stellt der antimodernistische Zug den Faschismus, wenn er sich auch der modernsten Machtmittel zur Steigerung seiner Herrschaft bedient, in einen Gegensatz zum bürgerlichen Kapitalismus wie zum sowjetischen Kommunismus[30].

Die drei geschilderten Faschismustheorien, nämlich die marxistische, die liberale und die phänomenologische, entsprechen den drei Hauptausformungen der Gesellschaft im 20. Jahrhundert. Von jeder dieser drei Positionen, nämlich der marxistischen, der bürgerlich-liberalen und der faschistischen, her erscheinen die jeweils beiden anderen in einer gewissen Gemeinsamkeit. In diesem Dreiecksverhältnis begreift sich der sowjetische Kommunismus als Gegensatz zum bürgerlich-liberalen wie zum faschistischen Kapitalismus, der liberal-bürgerliche Kapitalismus als Gegensatz zum kommunistischen und faschistischen Totalitarismus und der Faschismus als Gegensatz zum Rationalismus und zur Modernität des demokratischen Liberalismus und des Kommunismus. Die genannten Gegensätze und Gemeinsamkeiten in diesem Dreieck sind nicht konstruiert. Die hieraus abgeleiteten Theorien besitzen ihren Wahrheitsgehalt, aber es ist jeweils nur eine Teilwahrheit. Historisch erschlossen wird jedes dieser drei Phänomene, wenn es in den dreifachen Bezug des Selbstverständnisses und der Doppelinterpretation von außen gestellt wird. Kann man das Zeitalter der Weltkriege als Epoche des Faschismus bezeichnen, wie es Nolte vorschlägt? Das oben Gesagte spricht dagegen. Nicht der Faschismus allein prägt das Gesicht unseres Jahrhunderts, sondern die wechselnden Bündnisse und Feindschaften in dem Dreiecksverhältnis von liberalem Bürgertum, Faschismus und Kommunismus.

DW 393/255-272, 916; 397/19-29. – Zur Lit. über den Faschismus als Gesamterscheinung u. in den einzelnen Ländern sei verwiesen auf die Verzeichnisse in den Werken von E. NOLTE, s.u. Anm. 28 u. bei W. SCHIEDER, Faschismus, Art. in: Sowj. System u. Demokrat. Gesellschaft. Eine vergleichende Enzyklopädie 2 (1968). Neben Nolte hervorzuheben E. WEBER, Varieties of Fascism (Princeton 1964), F. L. CARSTEN, Der Aufstieg des Faschismus in Europa (1968); W. LAQUEUR/G. L. MOSSE (Hg.), Internationaler Faschismus 1920-45 (a.d. Engl. 1966); S. J. WOOLF (Hg.), European Fascism (London 1968); ders. (Hg.), The Nature of Fascism (London 1968); A. J. MAYER, Dynamics of Counterrevolution in Europe (New York 1971). Nützlicher Überblick bei W. WIPPERMANN, Faschismustheorien. Zum Stand der gegenwärtigen Diskussion (1972); O.-E. SCHÜDDEKOPF, Bis alles in Scherben fällt: die Gesch. des Faschismus (1973); G. SCHULZ, Faschismus – Nationalsozialismus. Versionen u. theoretische Kontroversen 1922–1972 (1974); R. de FELICE, Le interpretazioni del fascismo (Bari [2]1970).

[1] Zum nat.soz. Faschismusverständnis K.-P. HOEPKE, Die dt. Rechte u. der ital. Faschismus. Ein Beitrag zum Selbstverständnis u. zur Politik von Gruppen u. Verbänden der dt. Rechten (1968), zit. S. 140; zur allg. Rezeption des ital. Faschismus in Dtld. Einleitung zu J. PETERSEN, Hitler – Mussolini. Die Entstehung der Achse Berlin-Rom 1933–1936 (1973).

[2] K. D. BRACHER, Der Faschismus (Sonderbeitrag aus Meyers Enzyklopädischem Lexikon 8, 1973), S. 551.

[3] I. FETSCHER, Faschismus u. Nationalsozialismus. Zur Kritik des sowj. Faschismusbegriffs, in: Pol. Vjschr. 3 (1962); W. SCHIEDER, Fascismo e Nazionalsocialismo. Profilo d'uno studio comparativo, in: Nuova Riv. Storica 54 (1970).

[4] Zur Entwicklung d. kommunistischen Faschismustheorien im einzelnen vgl. den Überblick bei W. SCHIEDER, Faschismus, in: Sowjetsystem u. Demokratische Gesellschaft. Eine vergleichende Enzyklopädie 2 (1968), S. 454ff., u. Th. PIRKER (Hg.), Komintern u. Faschismus 1920 bis 1940. Dokumente zur Geschichte u. Theorie des Faschismus (1965).

[5] Inprekor 18. Jan. 1933, nach Carola STERN, Ulbricht (1963), S. 59f.; zur verhängnisvollen Fehleinschätzung des Nat.soz. durch die Komintern bes. Th. WEINGARTNER, Stalin u. der Aufstieg Hitlers. Die Deutschlandpolitik d. Sowjetunion und der Kommunistischen Internationale 1919–1934 (1970), u. P. H. LANGE, Stalinismus versus ›Sozialfaschismus‹ u. ›Nationalfaschismus‹. Revolutionspolit. Ideologie u. Praxis unter Stalin 1927–1935 (1969).

[6] Text in: H. SCHULZE (Hg.), Anpassung oder Widerstand? Aus den Akten des Parteivorstands d. dt. Sozialdemokratie 1932/33 (1975), Nr. 5.

[6a] Internat. Information, hg. von d. Sozialist. Arbeiter-Internationale, Zürich, 8. 2. 1933. – Der ehemalige soz.dem. Finanzminister R. HILFERDING, Das historische Problem, in: Z. f. Politik 1 (1954) gelangt als marxist. Theoretiker umgekehrt zu dem Ergebnis: »Der totale Staat dagegen unterwirft die Wirtschaft seinen eigenen Bedürfnissen; er legt ihr nicht allgemeine Regeln auf, er schafft keinen Rahmen, innerhalb dessen sich die Wirtschaft und die Produktionsagenten frei und unabhängig bewegen können, ihren eigenen Motiven folgend,

ihre eigenen Wirtschaftszwecke erfüllend. Er unterwirft alle Wirtschaftszwecke und alle Wirtschaftsangehörigen unmittelbar seinen Befehlen. An Stelle der Wirtschaftszwecke der einzelnen Produktionsagenten setzt er seinen Staatszweck. Es ist diese Substituierung der Zwecke, die den totalen Staat charakterisiert« (S. 297).

[7] Hierzu S. Bahne, Die Kommunistische Partei Dtlds., in: E. Matthias/R. Morsey (Hg.), Das Ende der Parteien 1933 (1960), S. 689f.

[8] Von einer marxist. Grundposition her kritische Auseinandersetzung mit der Agententheorie bei B. Blanke/R. Reiche/J. Werth, Die Faschismus-Theorie der DDR, in: Das Argument 7, H. 2 ([3]1970).

[9] S. z. B. F. Klein, Zur Vorbereitung der faschist. Diktatur durch die dt. Großbourgeoisie 1929–1930, ZfG 1 (1953), Nachdr. in: G. Jasper (Hg.), Von Weimar zu Hitler 1930–1933 (1968); H.-J. Bartmuss u. a. (Hg.), Dt. Geschichte in drei Bänden (1968) Bd. 3; E. Czichon, Der Primat der Industrie im Kartell der NS-Macht, in: Das Argument 10 (1968); D. Eichholtz/W. Schumann, Anatomie des Krieges (1969). Einleitung.

[10] F. Klein, op.cit.

[11] So F. Klein, op.cit.

[12] Zeugnisse älterer sozialistischer bzw. nicht konformistisch kommunistischer Autoren neu vorgelegt in W. Abendroth (Hg.), Otto Bauer, Herbert Marcuse, Arthur Rosenberg u. a.: Faschismus u. Kapitalismus. Theorien über die sozialen Ursprünge u. die Funktion des Faschismus ([3]1968). Aus der neueren marxist. westlichen Faschismusliteratur hervorzuheben T. Mason, Der Primat der Politik. Politik u. Wirtschaft im Nat.soz., in: Das Argument 8 (1966, [4]1970); R. Kühnl, Formen bürgerlicher Herrschaft. Liberalismus-Faschismus (Tb. 1971); E. Hennig, Thesen zur dt. Sozial- u. Wirtschaftsgesch. 1933 bis 1938 (1973).

[13] Abgedr. in W. Abendroth (Hg.), Otto Bauer etc., s. o. Anm. 12.

[14] K. Marx, Der achtzehnte Brumaire des Louis Bonaparte (1852), MEW 8.

[15] Diskussion hierüber auf dem Dt. Historikertag 1974 in Braunschweig. – Die durch die Forschung überholte kommunistische Faschismustheorie vom Jahre 1933 wird neuerdings gegen westliche bürgerliche u. marxistische Historiker verteidigt von Elfriede Lewerenz, Neue bürgerliche Angriffe auf die Einschätzung des Faschismus durch die KI, in: Beitr. z. Gesch. d. Arb.beweg. 16 (1974).

[16] So spricht etwa A. Kuhn, Das faschistische Herrschaftssystem u. die moderne Gesellschaft (1973), von einer »symmachistischen Faschismustheorie«.

[17] S. M. Lipset, Soziologie d. Demokratie (1962), Auszug hieraus unter dem Titel »Nationalsozialismus – ein Faschismus der Mitte«, in: G. Jasper (Hg.), Von Weimar zu Hitler 1930–1933 (1968): »Konservative oder rechtsradikale Bewegungen hat es in der modernen Geschichte zu verschiedenen Zeiten gegeben, angefangen von der Horthy-Partei in Ungarn, der Christlich-Sozialen Partei von Dollfuß in Österreich, dem Stahlhelm und anderen Nationalisten in Deutschland vor Hitlers Tagen und Salazar in Portugal, bis zu den gaullistischen Bewegungen in Frankreich vor 1958 und den Monarchisten im heutigen Frankreich und Italien. Die Rechtsextremisten sind keineswegs revolutionär, sondern konservativ. Sie versuchen, politische Institutionen zu verändern, um kulturelle oder wirtschaftliche Einrichtungen zu bewahren oder wiedereinzuführen. Die Extremisten der Linken und der Mitte dagegen bedienen sich politischer Mittel, um eine kulturelle und gesellschaftliche Revolution herbeizuführen.« (Lipset in Jasper, S. 103).

[18] S. M. Lipset, ibid., S. 114f.

[19] K. D. Bracher, Die dt. Diktatur

(1969), S. 173. Ähnliche Kritik an der Reduzierung des Nationalsozialismus auf eine bloße Mittelstandsbewegung bei M. H. KELE, Nazis and Workers (1972). Erörterung des Problems bei E. NOLTE, Der Nationalsozialismus (Tb. 1970), Anhang: Zur Soziologie des Nat.soz., u. bei H. A. WINKLER, Extremismus der Mitte? Sozialgeschichtl. Aspekte d. nat.soz. Machtergreifung, VfZG 20 (1972).

[20] Ein Musterbeispiel für sorgfältige, differenzierende Abwägung der sozialökonomischen Entstehungsbedingungen faschistischer Bewegungen bietet der ungarische Historiker M. LACKÓ, Ostmitteleuropäischer Faschismus. Ein Beitrag zur allg. Faschismus-Definition, VfZG 21 (1973). Dieses auf dem internationalen Historikertag in Moskau 1970 gehaltene Referat wendet sich gegen »jene vulgärmarxistische Anschauung ..., die mit der Betonung eines ganz allgemein und stereotyp definierten, so gar nicht auf alle Länder applizierbaren Klassencharakters des Faschismus dessen vielgestaltige Problematik glaubt lösen zu können«. – Ähnlich Th. NIPPERDEY, Der Faschismus in seiner Epoche. Zu den Werken von E. Nolte zum Faschismus, HZ 210 (1970), S. 632: »Das ›cui bono‹, selbst wenn es eindeutig beantwortbar wäre – und das ist bei der Ambivalenz des Faschismus nicht möglich –, ist nicht die Frage nach der Sache selbst und führt nicht zu ihrer Beantwortung. Vor allem aber, der Vergleich faschistischer Bewegungen ergibt, daß sie in wirtschaftlich und sozial sehr unterschiedlich strukturierten Ländern aufkommen und daß wirtschaftlich und sozial sehr ähnlich strukturierte Länder in ganz verschiedener Weise betroffen sind. Die Sozialgeographie spricht gegen die simple soziologisch-ökonomische Erklärung des Faschismus.«

[21] F. TURATI, Fascimo, Socialismo e Democrazia (1928), dt. in: E. NOLTE (Hg.), Theorien über den Faschismus (1967).

[22] F. NITTI, Bolschewismus, Faschismus u. Demokratie (1926), S. 53. Ähnlich E. v. BECKERATH, Wesen u. Werden des faschistischen Staates (1927); vor dem Hintergrund der Erklärung der Menschenrechte von 1789 stellt er Ähnlichkeiten zwischen Bolschewismus u. Faschismus fest unter gleichzeitiger Betonung der »Tiefe des Gegensatzes zwischen beiden Ideologien« (S. 147). In der modernen italienischen Faschismusforschung spielt der Totalitarismusbegriff trotz der Propagierung des totalen Staates durch Mussolini im Gegensatz namentlich zur angelsächsischen und deutschen, teilweise auch zur französischen Literatur keine Rolle. Sie betont statt dessen den gesellschaftlichen Pluralismus im faschistischen Italien (Kirche, König, Armee) und die geringe Durchdringungstiefe des weithin unerfüllten totalen Staatsanspruchs. Vgl. hierzu A. AQUARONE, L'organizzazione dello Stato totalitario (Torino 1965). Sie neigt zudem dazu, die Unterschiede zwischen Faschismus und Nationalsozialismus stärker herauszustellen, als es sich halten läßt, so: R. de FELICE, Intervista sul fascismo (Bari 1975); hierzu kritisch J. PETERSEN, Der it. Faschismus zw. polit. Polemik u. hist. Analyse, GWU 27 (1976). – Daß der im Unterschied zum Bolschewismus und Nationalsozialismus geringere Grad der totalitären Durchdringung der Gesellschaft kein Gegenargument sein kann gegen die Subsumierung auch des italienischen Faschismus unter den Oberbegriff des Totalitarismus, ist in klarer Weise formuliert worden von L. SHAPIRO, Totalitarianism (London 1972), S. 118f.: »Totalitarianism is a new form of dictatorship which grew in the conditions of mass democracy after the First World War. It was characterized by the predominance of the Leader of the victorious movement, who, with the aid of his subordinate élite and a manipulated ideology, aimed at total control over state, society and the in-

dividual. Leader and élite, by claiming the right to interpret the official ideology, in effect embodied both church and state: they subverted the law to their own ends and claimed to control private morality. They mobilized mass enthusiasm and support, from which they claimed to derive their legitimacy. In National Socialist Germany and in Stalin's Russia these aims were achieved as nearly, perhaps, as it is ever possible to achieve them, since man's resistance to tyranny is never easily quenched. In Mussolini's Italy the aims remained to a much greater extent in the realms of rhetoric. The survival of the monarchy and of the Catholic Church and Mussolini's inability in practice to break the resistance and independence of powerful institutions such as the police and the army all served to render much of the so-called ›totalitarian state‹ which he invented a ramshackle sham. The concept on which these three régimes were based was nevertheless a new one. The failure of Mussolini merely served to underline the features which were essential to justify the application of the new term; and to emphasize the obvious fact that in a society based primarily on leadership the ultimate, determining factor will always be the personality of the Leader.«

[23] Hannah ARENDT, Elemente u. Ursprünge totaler Herrschaft (New York 1951, dt. 1955) u. C. J. FRIEDRICH, Totalitäre Diktatur (Harvard 1957, dt. 1957). – H. BUCHHEIM, Totalitäre Herrschaft. Wesen u. Merkmale (1962). – Schon in der Zeit der nat.soz.-sowjetischen Freundschaft hatte im Jahre 1939 in den USA ein Symposion stattgefunden, in dem beide Systeme unter dem Aspekt des Totalitarismus verglichen wurden: Symposium on the Totalitarian State, Nov. 1939. Proceedings of the American Philosophical Society 82 (Philadelphia 1940).

[24] C. J. FRIEDRICH, Totalitäre Diktatur, S. 19.

[25] Ebd., S. 15.

[26] Die Stelle bei K. D. BRACHER, Der Faschismus, S. 551, lautet im Zusammenhang: »Faschistisch oder nicht, alle Diktaturbewegungen, ob rechts oder links, leben vor allem aus der Kampfansage an liberale Demokratie, an Toleranz und Kompromiß. Seit Lenins und Mussolinis Machtergreifungen sind es diese modernen Versionen von Diktatur, die mit Verführung und Terror, Unterdrückung und Manipulation der Bevölkerung einen Großteil der Erde beherrschen oder bedrohen. Eine bloß ideologische oder sozio-ökonomische Klassifizierung, die dem modischen Schema faschistisch-sozialistisch folgt, verkennt das entscheidende Kriterium zur Beurteilung der modernen Staaten: das Kriterium der politischen Freiheit. Vor ihm sind alle Systeme, die auf Unterdrückung beruhen, durchaus vergleichbar – seien es rechte oder linke Diktaturen. Faschismus- oder Sozialismustheorien, die das verschleiern, sind selbst ideologisch und jedenfalls ungeeignet, den wahren Charakter jener Systeme aufzudecken.«

[27] Hierzu B. SEIDEL/S. JENKNER (Hg.), Wege der Totalitarismusforschung ([3]1974); K. HILDEBRAND, Stufen der Totalitarismusforschung, in: Pol. Vjschr. 9 (1968) u. W. SCHLANGEN, Der Totalitarismus-Begriff. Grundzüge seiner Entstehung, Wandlung u. Kritik, in: Das Parlament B 44 (1970); M. JÄNICKE, Totalitäre Herrschaft – Anatomie eines politischen Begriffs (1971); P. Gf. KIELMANSEGG, Krise der Totalitarismustheorie?, in: Z. f. Pol. 21 (1974); D. ALBRECHT, Zum Begriff d. Totalitarismus, GWU 26 (1975).

[28] E. NOLTE, Zur Phänomenologie des Faschismus, VfZG 10 (1962); ders., Der Faschismus in seiner Epoche ([4]1971); hieraus erweiterter Auszug: ders., Der Nationalsozialismus (Tb. 1970); ders., Die Krise des liberalen Systems u. die faschistischen Be-

wegungen (1968 = erweit. Fassung nach: ders., Die faschistischen Bewegungen, Tb. [3]1971); ders. (Hg.), Theorien über den Faschismus (1967); ders. (Hg.), Der Faschismus. Von Mussolini zu Hitler. Texte, Bilder u. Dokumente (1968).

[29] E. NOLTE, Der Faschismus in seiner Epoche, S. 51.

[30] Hierzu auch H. A. TURNER jr., Faschismus u. Antimodernismus, in: ders., Faschismus u. Kapitalismus in Dtld. (1972), möchte den Gattungsbegriff »Faschismus«, der »für ernsthafte analytische Zwecke wertlos« sei, durch den Begriff des »utopischen Antimodernismus« ersetzen.

Kapitel 5
Nationale Erhebung oder nationalsozialistische Machtergreifung?

Es war keine nationalsozialistische, sondern eine Koalitionsregierung des »Nationalen Zusammenschlusses«, die mit Hitler als Reichskanzler am 30. Januar 1933 von Hindenburg vereidigt wurde. Die Nationalsozialisten waren sogar in der Minderzahl. Frick, der schon 1923 als bayerischer Amtmann der Hitlerpartei Hilfestellung geleistet hatte und 1930 in Thüringen als erster Nationalsozialist Minister geworden war, erhielt das Innenministerium. Göring wurde Minister ohne Geschäftsbereich (seit 28. April Minister für Luftfahrt) und zugleich preußischer kommissarischer Innenminister (seit 11. April Ministerpräsident). Als vierter Nationalsozialist trat am 13. März Goebbels in die Regierung ein, für den ein »Ministerium für Volksaufklärung und Propaganda« geschaffen wurde. Diesen wenigen Nationalsozialisten standen gegenüber Hugenberg als Wirtschafts- und Landwirtschaftsminister, v. Papen als Vizekanzler und Reichskommissar für Preußen und nicht weniger als vier Minister aus seiner eigenen letzten Regierung, nämlich Gürtner für die Justiz, v. Neurath für das Auswärtige, Graf Schwerin v. Krosigk für die Finanzen und Frh. Eltz Rübenach für Post und Verkehr. Mit dem Arbeitsministerium wurde der Stahlhelm-Führer Seldte betraut. Zur großen Enttäuschung Schleichers erhielt das Reichswehrministerium v. Blomberg, der bisher Befehlshaber des ostpreußischen Wehrbereichs gewesen war.

Das Kabinett stellte seinen Kurs unter das Schlagwort der »nationalen Erhebung« und appellierte an die Zusammenarbeit aller nichtmarxistischen politischen Richtungen. Die Figur, die für die Stimmung jener Tage das beherrschende Symbol darstellte, war Hindenburg und nicht Hitler. Endlich, so glaubte man, war es gelungen, alle diejenigen nationalen Kräfte, die in der Weimarer Republik nur eine Übergangserscheinung gesehen hatten, zu vereinigen. In den Fackelzügen, Feiern und dem nationalen Überschwang jener Tage bekundete die von den Konservativen und bürgerlichen Nationalisten, vom Reichspräsidenten, der Reichswehr und dem Stahlhelm repräsentierte Tradition ihre Bereitschaft, sich mit dem Erneuerungswillen der von Hitler geführten Partei zu verbünden, wobei das Verhältnis dieser beiden Kräfte in jenem weitverbreiteten Bild vom Staatsakt in Potsdam am 21. März dargestellt zu sein schien, wo Hitler barhäuptig und sich tief verneigend vor dem in seiner Generalfeldmarschallsuniform prangenden Hindenburg steht. Die Illusion jener Tage, das konservative Mißverständnis der »nationalen Erhebung«, ist bewußt und viele Gutwillige irreleitend von der geschickten Propaganda, die Joseph Goebbels inszenierte, weitergeführt worden. Auch der Aufruf der Reichsregierung vom 1. Februar an das deutsche Volk war ganz auf diesen Ton der Versöhnung und der Ehrfurcht vor den alten Traditionen eingestimmt[1].

Hugenberg und vor allem v. Papen, die damals allgemein als die Hauptfiguren des Kabinetts angesehen wurden, glaubten, durch die Art der Ämterverteilung die Nationalsozialisten wirkungsvoll »eingerahmt« zu haben. Sie waren überzeugt, daß es ihnen gelingen werde, diese zu »zähmen« oder zu überspielen. »In zwei Monaten haben wir Hitler in die Ecke gedrückt, daß er quietscht«, äußerte v. Papen gegenüber einem deutschnationalen Kritiker der Koalition; seine Meinung war: »Wir haben ihn uns engagiert«[2]. In Wirklichkeit hatte es sich schon am 30. Januar, und zwar vor der Vereidigung gezeigt, wer von den Partnern der Stärkere war. Hugenberg hatte die Koalitionsverhandlungen mit Hitler unter der Voraussetzung geführt, daß keine neuen Reichstagswahlen stattfinden sollten. Die beiden Parteien, auf die sich das Kabinett stützte, verfügten in dem bestehenden, am 6. November 1932 gewählten Reichstag zusammen über 42% der Stimmen. Das war zwar keine Majorität, aber eine breitere parlamentarische Basis als diejenige der Präsidialkabinette Papen und Schleicher. Von Neuwahlen konnten sich die Deutschnationalen nichts versprechen. Zudem war das Zentrum zunächst bereit, die Regierung Hitler/Papen zu dulden bzw. sich an ihr zu beteiligen[3]. Ein abermaliger Appell an den Wähler widersprach auch einer Verfassungsentwicklung, die nach dem Wunsche der Deutschnationalen zu einer stärkeren Herausbildung der Präsidialgewalt hinführen sollte. Nun erhob jedoch Hitler noch vor der Vereidigung die Forderung nach sofortiger Reichstagsauflösung und Neuwahlen in der Erwartung, im Besitz der Regierungsmacht die Mehrheit zu gewinnen. Hugenberg, der sich heftig dagegen wehrte, gab schließlich auf Drängen Papens nach, um nicht die Bildung des neuen Kabinetts überhaupt zu gefährden. Sein Nachgeben in dieser Frage war symptomatisch. Die national-konservativen Koalitionspartner haben durch beruhigende Erklärungen zu den Vorgängen der nächsten Wochen wesentlich dazu beigetragen, die Illusion der »nationalen Erhebung« aufrechtzuerhalten.

Am 1. Februar wurde der Reichstag aufgelöst und die Neuwahlen für den 5. März angesetzt. Im Wahlkampf entfaltete sich die nationalsozialistische Propaganda in ungehemmter Weise, der Terror der SA und SS wurde nun von keiner staatlichen Gewalt mehr gezügelt. Noch vor dem Ermächtigungsgesetz schuf Hitler sich durch Notverordnungen aufgrund des Art. 48 die Machtbasis, von der aus er seine Herrschaft in Deutschland errichten konnte. Am 4. Februar wurde unter Hinweis auf eine kommunistische Aufforderung zum Generalstreik vom 31. Januar eine Verordnung »zum Schutze des deutschen Volkes« erlassen, die dehnbare Bestimmungen zur Kontrolle von Zeitungen und politischen Versammlungen enthielt und eine weitgehende Behinderung der Propaganda gegnerischer Parteien im Wahlkampf ermöglichte[4]. Am 4. Februar verfügte Papen als Reichskommissar für Preußen die Auflösung sämtlicher kommunaler Vertretungen und setzte Neuwahlen fest. Eine Notverordnung »zur Herstellung geordneter Regierungsverhältnisse in Preußen« vom 6. Februar übertrug alle der Regierung Braun-Severing noch verbliebenen Befugnisse auf die Kommissariatsregierung. Am gleichen Tage löste Papen den preußischen Landtag auf[5]. Schon im Februar wurden in Preußen zahlreiche republikanische Beamte entfernt. Göring übernahm die Polizei. Damit waren die Voraussetzungen für die nationalsozialistische Machtergreifung in Preußen geschaffen.

Am 27. Februar brannte der Reichstag. Bis heute ist umstritten, wer die Hintermänner der Brandstiftung waren. Von seiten der Nationalsozialisten wurden sofort und noch vor jeder Untersuchung die Kommunisten für schuldig erklärt. Umgekehrt gab die Frage des cui bono sowie eine Reihe von kriminologischen sowie von brandtechnischen Anhaltspunkten der Vermutung Nahrung, daß die Nationalsozialisten selber die Täter oder Mittäter seien. Das Reichsgericht erklärte am 23. Dezember 1933 nur den Holländer van der Lubbe für schuldig und verurteilte ihn zum Tode. Die mitangeklagten Kommunisten wurden freigesprochen. Neuere Untersuchungen schienen die Alleintäterschaft van der Lubbes erhärten zu können. Andere Forscher halten mit guten Argumenten daran fest, daß hinter der Brandstiftung die Nationalsozialisten gestanden hätten[6]. Von dieser offenen kriminologischen Frage nach der Täterschaft ist zu unterscheiden die historische Frage, wie der Brand von den Machthabern für ihre Zwecke ausgenutzt wurde. Hierin liegt seine eigentliche Bedeutung.

Noch in der Brandnacht ordnete Göring die Verhaftung der Abgeordneten und der führenden Funktionäre der KPD, das Verbot ihrer Presse und die Schließung der Parteibüros an, außerdem ein vierzehntägiges Verbot der sozialdemokratischen Presse in Preußen. Eine eilig vom Kabinett beschlossene »Verordnung zum Schutz von Volk und Staat« wurde schon am 28. Februar von Hindenburg erlassen[7]. Durch diese »Reichstagsbrandverordnung« wurden die laut Strafgesetz für Hochverrat, Brandstiftung u.a. vorgesehenen lebenslänglichen Zuchthausstrafen zur Todesstrafe verschärft und die Grundrechte außer Kraft gesetzt. An sich lag eine Aufhebung der Grundrechte durchaus innerhalb der Möglichkeiten des Art. 48, aber im Unterschied zu früheren Notverordnungen wurde jetzt keine Appellationsmöglichkeit der Verhafteten an das Gericht vorgesehen. Da der Verordnung keine Ausführungsbestimmungen durch den Innenminister folgten, war von vornherein die Möglichkeit zu willkürlicher Auslegung und Ausweitung gegeben. Hier und nicht erst im späteren Ermächtigungsgesetz wurde die Basis des Rechtsstaates verlassen und noch mitten im Aufschwung der »nationalen Erhebung« das Instrument für die Willkürherrschaft der Partei geschaffen[8]. Göring, dem die preußische Polizei unterstand, erklärte: »Meine Maßnahmen werden nicht angekränkelt sein durch irgendwelche juristische Bedenken. Meine Maßnahmen werden nicht angekränkelt sein durch irgendeine Bürokratie. Hier habe ich keine Gerechtigkeit zu üben, hier habe ich nur zu vernichten und auszurotten, weiter nichts.«[9] Vor allem gegen die Kommunisten richtete sich der Terror. Der Parteiapparat wurde zerschlagen. Tausende von KPD-Funktionären wurden verhaftet. Ein Teil der KPD-Führung ging in die Emigration (so Willi Münzenberg, Wilhelm

Pieck); andere hielten sich noch einige Monate in Deutschland auf und versuchten, eine illegale Organisation aufzubauen. Zu den Verhafteten gehörten aber auch Sozialisten und namhafte Personen der intellektuellen Linken wie Erich Mühsam, Carl v. Ossietzky oder der Pazifist Lehmann-Rußbüldt. Allein in Preußen wurden im März und April 1933 rund 25 000 Personen verhaftet.

Gleichzeitig mit der Brandverordnung wurde ebenfalls am 28. Februar eine schon am Vortage beschlossene, also nicht als Reaktion auf den Reichstagsbrand zu verstehende »Verordnung gegen Verrat am Deutschen Volke und hochverräterische Umtriebe« erlassen[10]. Sie setzte die Todesstrafe auch für bestimmte Landesverratsdelikte fest. Die Einführung der Todesstrafe für Hoch- und Landesverrat durch die Verordnungen vom 28. Februar 1933 gab der späteren nationalsozialistischen Terrorjustiz eine scheinlegale strafrechtliche Grundlage. Die Strafbestimmungen wurden zusammengefaßt und neu formuliert in einem Gesetz vom 24. April 1934[11]. Im übrigen blieb die Reichstagsbrandverordnung bis zum Ende der nationalsozialistischen Herrschaft in Kraft. Sie diente bis in die Endphase des Krieges zur Begründung der Todesstrafe wegen Vorbereitung zum Hochverrat[12].

Durch die Reichstagsbrandverordnung wurde die Reichsregierung auch ermächtigt, die Befugnisse der Länder vorübergehend wahrzunehmen, wenn diese nicht »die zur Wiederherstellung der öffentlichen Sicherheit und Ordnung nötigen Maßnahmen« trafen. Teilweise unter Berufung darauf, teilweise durch gezielten Einsatz der SA und durch den Druck der nationalsozialistischen Bewegung von unten wurden in den Tagen zwischen dem 5. und 9. März Vorwände für die Einsetzung nationalsozialistischer Reichskommissare in den nicht nationalsozialistisch regierten Ländern geschaffen. Auf diese Weise wurde deren Gleichschaltung eingeleitet und die Alleinherrschaft der NSDAP faktisch begründet, noch bevor diese eine staatsrechtliche Form erhielt (vgl. Kap. 6). Durch die willkürliche Anwendung der Verordnungen vom 28. Februar und die unter ungezügelter Beteiligung von SA und SS vollzogene Machtergreifung in den Ländern trat im März 1933 ein Zustand allgemeiner Rechtsunsicherheit ein.

Für die Reichstagswahlen vom 5. März 1933 erhielt die »Regierung der nationalen Konzentration« massive Unterstützung von seiten der deutschen Wirtschaft. Im Anschluß an eine Rede

Hitlers vor den am 20. Februar in Berlin versammelten Vertretern von Großindustrie und Großfinanz wurde für die Wahlfonds der die Regierung stützenden Parteien die Summe von 3 Millionen RM aufgebracht. Aber trotz der äußersten Entfaltung der Propaganda, trotz Terror und einer Rekordwahlbeteiligung von über 88% erhielt die Regierungskoalition in diesem Plebiszit nur 51,9% der Stimmen (die NSDAP 43,9%). Die bürgerlichen Mittelparteien verschwanden fast ganz, das Zentrum und die SPD behaupteten sich, und auch die KPD erlitt trotz des Terrors nur eine verhältnismäßig geringe Einbuße. Das Kabinett verfügte nun im Parlament über eine einfache Mehrheit. Es hätte also die Möglichkeit gehabt, mit diesem Reichstag in parlamentarischer Weise zu regieren und die Gesetzgebung wieder in der von der Verfassung vorgeschriebenen Form durchzuführen. Wenn Hitler mehr forderte und vom Reichstag ein Ermächtigungsgesetz verlangte, das ihm volle Handlungsfreiheit ohne Rücksicht auf die verfassungsmäßige Begrenzung der Exekutive geben sollte, so war dieses Verlangen aus der parlamentarischen Situation heraus nicht begründet und ließ als solches bereits Hitlers Absicht erkennen, die verfassungsmäßige Möglichkeit eines Ermächtigungsgesetzes zu mißbrauchen, um die Verfassung selber auszuhöhlen. Für dieses Gesetz war eine Zweidrittelmehrheit im Reichstag erforderlich. Es gehört zu den merkwürdigsten, verhängnisvollsten und umstrittensten Geschehnissen der jüngsten deutschen Geschichte, daß es Hitler tatsächlich gelang, über die Deutschnationalen hinaus das Zentrum und die bürgerlichen Mittelparteien zu gewinnen. Das dem Reichstag am 23. März vorgelegte Gesetz forderte, daß der Regierung neben dem normalen Gesetzgebungsverfahren auf vier Jahre das Recht gegeben werden sollte, ohne Beteiligung des Reichstages und des Reichsrates Gesetze zu erlassen[13]. Die seit dem Bruch der Großen Koalition 1930 vollzogene Selbstausschaltung des Reichstages sollte legalisiert werden. Die freiwillige Preisgabe der »funktionellen und regionalen Gewaltenteilung« mußte die Entwicklung eines unkontrollierten Führerregimes beschleunigen. An sich war die Erteilung einer besonderen Ermächtigung an die Regierung nichts Ungewöhnliches. Stresemann sowohl wie Marx hatten in dem kritischen Jahr 1923 außergewöhnliche Verordnungsvollmachten erhalten. Der jetzige vom Kabinett beschlossene Entwurf ging aber über jene früheren Ermächtigungsgesetze wesentlich hinaus, insofern sich die Gesetzgebungsbefugnis der Regierung auch auf Kreditfragen, den Haushalt und allgemein auf solche Gebiete erstreckte, die unter besonderer Verfassungsgarantie standen. Zudem sollte der Reichstag auf das Recht verzichten, über völkerrechtliche Verträge zu entscheiden. Aus der verfassungsändernden Gesetzgebungsvollmacht der Reichsregierung wurden lediglich die Rechte des Reichspräsidenten und der Bestand des Reichstages und des Reichsrates als solche ausgenommen.

Gegen dieses Gesetz erhoben sich bei allen Parteien außerhalb der Nationalsozialisten schwere Bedenken, auch bei den deutschnationalen Koalitionspartnern[14]. Hier war es vor allem der Fraktionsführer Oberfohren, der in seiner Partei vor der gefährlichen Entwicklung zur Willkürherrschaft warnte, in die das Regime Hitlers hineinführe. Größer waren die Bedenken beim Zentrum[15]. Eine Minderheit um Brüning und Wirth, die vor der Annahme des Gesetzes warnten, stand einer Mehrheit unter dem Parteivorsitzenden Kaas gegenüber, der für die Zustimmung eintrat. Kaas wollte erreichen, daß der Fortbestand des Zentrums gesichert werde und der Partei die Möglichkeit zur Mitarbeit im Staat erhalten bleibe. Daher wollte er den offenen Gegensatz zur Regierung vermeiden. Da dem Zentrum für die Erreichung der Zweidrittelmehrheit eine Schlüsselposition zukam, hoffte Kaas, die Zustimmung zu dem Gesetz von Bedingungen gegen den Mißbrauch der Ermächtigung abhängig machen zu können. Es haben in der Tat Verhandlungen zwischen Hitler und der Zentrumsführung stattgefunden, in denen von seiten der Regierung Zusicherungen hinsichtlich der Stellung der Kirche, der bestehenden Länderkonkordate, der dem Zentrum angehörenden Staatsbeamten, der Unabhängigkeit der Richter, des Weiterbestehens von Reichstag und Reichsrat sowie der Rechte des Reichspräsidenten gemacht wurden. Diese vom Zentrum anschließend auch schriftlich fixierten Forderungen sind von Hitler nicht ausdrücklich unterschrieben worden. In seiner geschickt formulierten Regierungserklärung, die am 23. März der Vorlage des Ermächtigungsgesetzes voranging, übernahm Hitler, wenn auch in vager Formulierung, die vom Zentrum gestellten Bedingungen. War seine Rede als eine ausreichende Bestätigung anzusehen? Aus dem Protokoll der Sitzungen der Zentrumsfraktion vom 23. März geht hervor, daß die Meinungen geteilt waren, daß sich aber schließlich die Gesamtfraktion auf den Standpunkt stellte, Fraktionsdisziplin zu wahren und dem Votum der Mehrheit zu folgen, die sich für

Annahme des Ermächtigungsgesetzes aussprach[16]. Das Protokoll nennt als Motiv dieses Beschlusses die »Rücksicht auf die Partei und ihre Zukunft«. Karl Bachem faßte in einer Niederschrift vom 25. März die Meinung der Zentrumsmehrheit folgendermaßen zusammen: Die Ablehnung hätte die sofortige Zerschlagung der Partei und die Entlassung aller Zentrumsbeamten nach sich gezogen. Die Partei hätte »einen heroischen Abgang gehabt, aber ohne daß der katholischen Sache oder der Sache der Zentrumspartei etwas genützt worden wäre. Dann wäre das Tischtuch zwischen Zentrum und Nationalsozialismus völlig entzweigeschnitten gewesen, jede Mitarbeit mit den Nationalsozialisten und jede Möglichkeit einer Einflußnahme auf ihre Politik von vornherein unmöglich geworden«[17]. Ein entscheidender Grund für die Zustimmung des Zentrums war wohl die Überzeugung, daß Hitler bei Ablehnung des Gesetzes seine Ziele auf anderem Wege durchsetzen und eine hemmungslose Willkürherrschaft errichten werde, die Annahme jedoch vielleicht noch eine Chance bot, Hitler auf die wenigen im Gesetz enthaltenen Garantien festzulegen und die seit dem Reichstagsbrand herrschende Willkür zu beenden. Diese Erwägung scheint auch die bürgerlichen Parteien bestimmt zu haben, für das Gesetz zu stimmen. Damit war die Zweidrittelmehrheit erreicht. Von den bei der Abstimmung anwesenden 538 Abgeordneten stimmten 444 mit »Ja«.

Als einzige Partei wandten sich die Sozialdemokraten mit den 94 anwesenden Stimmen gegen das Gesetz. Als ihr Sprecher gab der Parteivorsitzende Otto Wels im Reichstag eine mutige Erklärung ab, das letzte freie Wort, das im deutschen Parlament gesprochen wurde[18]. Man mag fragen, ob nicht die SPD durch eine andere Taktik, nämlich durch parlamentarische Obstruktion, das Zustandekommen des Gesetzes hätte verhindern können. Für Gesetze, die eine verfassungsändernde Zweidrittelmehrheit der abgegebenen Stimmen erforderten, war nämlich laut Verfassung Voraussetzung, daß mindestens zwei Drittel der gesetzlichen Abgeordnetenzahl anwesend waren, von den 647 Abgeordneten also 432. Bei der Abstimmung am 23. März waren weit mehr, nämlich 538 Abgeordnete zugegen, darunter 94 Sozialdemokraten. Zur Obstruktion wäre das Fernbleiben von mindestens 216 Abgeordneten erforderlich gewesen; man hätte also außer den vom Reichstag ausgeschlossenen Kommunisten und den Sozialdemokraten mit insgesamt 201 Mandaten etwa 20 bürgerliche Abgeordnete für diese Taktik gewinnen müssen. Frick befürchtete, daß die SPD diesen Versuch machen würde. Daher legte die Regierung noch vor der Abstimmung über das Ermächtigungsgesetz einen Antrag auf Änderung der Geschäftsordnung vor, der besagte, daß die »unentschuldigt Fehlenden« als anwesend zu gelten hätten, d.h. praktisch alle Nichtanwesenden, da es in das Belieben des Reichstagspräsidenten gestellt sein sollte, wer als unentschuldigt zu gelten habe und wer nicht. Alle kommunistischen und auch einige sozialdemokratische Abgeordnete, die entweder verhaftet oder vor dem Zugriff der Polizei geflohen waren, konnten demnach als anwesend gezählt werden. Dieser Geschäftsordnungsänderung haben unbegreiflicherweise auch das Zentrum und die bürgerlichen Parteien zugestimmt, obwohl die SPD in der Sitzung vom 23. März den Antrag demaskierte und darauf hinwies, daß es sein Zweck sei, eine Obstruktion von vornherein unmöglich zu machen. Durch diese Änderung der Geschäftsordnung wurde bereits der Boden der Weimarer Verfassung verlassen. Angesichts der widerspruchslosen Zustimmung der bürgerlichen Parteien zu dieser Änderung der Geschäftsordnung hätte keine Chance für eine Obstruktionstaktik der SPD bestanden.

Nach dem Zusammenbruch Deutschlands ist die Frage lebhaft umstritten worden, ob das Ermächtigungsgesetz als legal zu gelten habe[19]. Auszuscheiden ist dabei die in der Literatur verschiedentlich vertretene These, daß die Zweidrittelmehrheit, mit der das Gesetz angenommen wurde, erst durch die Ausschaltung der KPD ermöglicht worden sei. Denn die tatsächlich abgegebenen 444 Ja-Stimmen machten mehr als zwei Drittel der Gesamtzahl von 647 Abgeordneten einschließlich der Kommunisten aus. Die Frage der Legalität bezieht sich neben dem Zustandekommen des Gesetzes auch auf seinen Inhalt. Was diesen anbetrifft, so wurde der Art. 76 der Weimarer Verfassung, der von der Verfassungsänderung auf dem Wege der Gesetzgebung handelt, in der herrschenden Rechtslehre, u.a. von G. Anschütz, so verstanden, daß er sich auf alle Inhalte der Verfassung beziehen konnte und dem Reichstag faktisch eine unbegrenzte verfassungsändernde Kompetenz verlieh. Die Gegenthese vertrat Carl Schmitt, der in seiner »Verfassungslehre« aufgrund der Unterscheidung von verfassunggebender und verfaßter Gewalt die Grundstruktur der Verfassung als nicht in die Kompetenz des Art. 76 fallend betrachtete[20]. Schließlich erhebt sich die Frage, ob nicht der Reichstag durch den Ausschluß einer großen Zahl seiner Abgeordneten bereits in seinem Wesen so verändert worden war, daß seine Beschlüsse keine Rechtskraft mehr beanspruchen konnten. Dieser Schluß ist aber damals nicht gezogen worden. Der gewichtigste Einwand gegen die Legalität bezieht sich auf den Reichsrat. Laut Weimarer Verfassung ist für ein verfassungsänderndes Gesetz eine qualifizierte Mehrheit von zwei Dritteln der abgegebenen Stimmen auch im Reichsrat erforderlich. Im Reichsrat waren die 13 preußischen Stimmen aufgrund des Reichsgerichtsurteils nach dem Papenschen Staatsstreich gegen Preußen (s. Bd. 19, Kap. 24) weiterhin von der legalen preußischen Regierung wahrgenommen worden. Durch Verordnung des Reichspräsidenten vom 6. Februar 1933 wurde der Regierung Braun dieses ihr zustehende Recht genommen. Die preußischen Stimmen im Reichsrat sollten hinfort durch den Reichskommissar v. Papen instruiert werden. Eine ähnliche Situation bestand bei den sieben sächsischen Reichsratsstimmen. Dies waren insgesamt 20 von den 23 Stimmen, die erforderlich gewesen wären, um einen Zweidrittel-Beschluß des Reichsrats zu verhindern. Ob diese 23 Nein-Stimmen zustande gekommen wären, wenn die preußischen und sächsischen Stimmen noch verfassungsmäßigen Charakter gehabt hätten, ist natürlich eine offene Frage, aber ohne Zweifel liegt hier ein starkes Argument gegen die Legalität. Die Frage der Legalität ist auch in der Rechtspraxis seit 1945 verschiedentlich aufgetaucht und verschieden beantwortet worden. Besonders akut wurde sie durch den Entscheid des Bundesverfassungsgerichts über die Rechtsgültigkeit des zwischen der Kurie und der deutschen Regierung aufgrund des Ermächtigungsgesetzes am 20. Juli 1933 abgeschlossenen Reichskonkordats, das zustande kam ohne die laut Weimarer Verfassung notwendige Mitwirkung des Reichstages und Reichsrates[21].

Eine nur staatsrechtliche Betrachtungsweise trifft jedoch nicht die politische Bedeutung und den Zweck des Ermächtigungsgesetzes. Dieser erklärt sich aus dem bestimmenden Charakterzug der Geschehnisse jener Monate, in denen sich scheinbar eine nationale Erhebung vollzog, in Wirklichkeit aber hinter der nationalen Drapierung und unter der Maske der Legalität die Errichtung der nationalsozialistischen Einparteienherrschaft sich vorbereitete und die rechtsstaatliche Ordnung aufgelöst wurde.

DW 397/115. – H. O. Meissner/H. Wilde, Die Machtergreifung. Ein Bericht über die Technik des nat.soz. Staatsstreichs (1958); K. D. Bracher/W. Sauer/G. Schulz, Die nat.soz. Machtergreifung, Studien zur Errichtung des totalitären

Herrschaftssystems in Dtld. 1933/34 (²1962, Tb. 1974); G. JASPER (Hg.), Von Weimar zu Hitler, 1930–1933 (1968). Zur Rolle des Reichspräsidenten: A. DORPALEN, Hindenburg in der Gesch. d. Weimarer Republik (a.d. Amerik. 1966).

[1] Text in Ursachen u. Folgen 9, Nr. 1970.

[2] Zitate aus E. v. KLEIST-SCHMENZIN, Die letzte Möglichkeit, in: Politische Studien 10 (1959), H. 106, S. 92, u. L. Gf. SCHWERIN v. KROSIGK, Es geschah in Deutschland (1951), S. 147. Zu Papen vgl. J. C. FEST, Franz v. Papen u. die Konservative Kollaboration, in: G. JASPER (Hg.), Von Weimar zu Hitler. Zu Hugenberg vgl. F. HILLER v. GAERTRINGEN, Das Ende der Deutschnat. Volkspartei, in: Das Ende der Parteien (s.u. Anm. 14).

[3] D. JUNKER, Die dt. Zentrumspartei u. Hitler 1932/33 (1969); R. MORSEY, Hitlers Verhandlungen mit der Zentrumsführung am 31. Januar 1933. Dokumentation, VfZG 9 (1961).

[4] RGBl. 1933 I, Nr. 8.

[5] Verordnung des Reichspräsidenten vom 6. 2. 1933, in: RGBl. I, Nr. 9; R. MORSEY, Der Beginn der Gleichschaltung in Preußen, Dokumentation, VfZG 11 (1963).

[6] DW 397/119. Die Alleintäterschaft van der Lubbes halten für gegeben F. TOBIAS, Der Reichstagsbrand. Legende u. Wirklichkeit (1962); H. MOMMSEN, Der Reichstagsbrand u. seine politischen Folgen, VfZG 12 (1964); A. BERNDT, Zur Entstehung des Reichstagsbrands, VfZG 23 (1975); dagegen W. HOFER/E. CALIC/K. STEPHAN/F. ZIPFEL, Der Reichstagsbrand, Bd. 1 (1972), hierin u.a. eine Expertise des Instituts für Thermodynamik der TU Berlin vom 17. 2. 1970, aus der sich schwerwiegende Bedenken gegen die Möglichkeit einer Alleintäterschaft ergeben; W. HOFER/Chr. GRAF, Neue Quellen zum Reichstagsbrand, GWU 27 (1976); der Reichstagsbrand aus kommunistischer Sicht bei P. STOJANOFF, Reichstagsbrand. Die Prozesse in London u. Leipzig (Wien 1966). Hauptfiguren im Reichstagsbrandprozeß waren der bulgarische Kommunist Dimitroff u. der deutsche Kommunist Torgler; vgl. G. DIMITROFF, Reichstagsbrandprozeß, Dokumente, Briefe u. Aufzeichnungen (³1953); E. TORGLER, Der Reichstagsbrand u. was nachher geschah, DIE ZEIT 3 (1948), Nr. 44–46.

[7] RGBl. 1933 I, Nr. 17.

[8] Über den Unterschied der Verordnung zu früheren Außerkraftsetzungen der Grundrechte vgl. A. BRECHT, Vorspiel zum Schweigen (1948), S. 125ff. Ferner K. D. BRACHER, Stufen totalitärer Gleichschaltung: Die Befestigung der nat.soz. Herrschaft 1933/34, VfZG 4 (1956); U. KOLBE, Zum Urteil über die »Reichstagsbrand-Notverordnung« vom 28. 2. 1933, GWU 16 (1965).

[9] H. GÖRING, Reden u. Aufsätze (1942), S. 27.

[10] RGBl. 1933 I, Nr. 18.

[11] RGBl. 1934 I, Nr. 47. Dieses Gesetz trat an die Stelle der »Verordnung gegen Verrat am Deutschen Volke und hochverräterische Umtriebe« u. des § 5, Abs. 1 der »Verordnung zum Schutz von Volk und Staat«; Näheres bei W. WAGNER, Der Volksgerichtshof im nat.soz. Staat (1974), S. 50–58.

[12] Als Beispiel die Dokumente zur Strafsache gegen den am 10. Mai 1943 hingerichteten Rentner Wilhelm Lehmann, in G. WEISENBORN (Hg.), Der lautlose Aufstand (1953), S. 278ff.

[13] Text u. Dokumente zur Entstehung u. Annahme des Gesetzes in: R. MORSEY, Das »Ermächtigungsgesetz« vom 24. März 1933 (1968); über die Vorgänge um das Zustandekommen des Gesetzes u. das Rechtsproblem: H. SCHNEIDER, Das Ermächtigungsgesetz vom 24. März 1933. Bericht über das Zustandekommen u. die Anwendung des Gesetzes (²1961).

[14] Vgl. zum Folgenden E. MATTHIAS/R. MORSEY (Hg.), Das Ende der Parteien 1933 (1960).

[15] R. MORSEY (Hg.), Die Protokolle der Reichstagsfraktion u. des Fraktionsvorstandes der Dt. Zentrumspartei, 1926–1933 (1969); ders., Ermächtigungsgesetz, Nr. 22–25; D. JUNKER, s.o. Anm. 3.

[16] Die Motive des Zentrums für die Zustimmung zum Ermächtigungsgesetz werden in der Lit. unterschiedlich beurteilt, umstritten ist dabei bes. die Person u. die Rolle des Parteivorsitzenden Kaas. E.-W. BÖCKENFÖRDE, Der dt. Katholizismus im Jahre 1933, in: Hochland 53 (1960/61) u. 54 (1961/62), abgedr. bei G. JASPER, op. cit.; J. BEKKER, Das Ende der Zentrumspartei u. die Problematik des polit. Katholizismus in Dtld., in: Welt als Geschichte 23 (1963), in überarb. Form auch bei G. JASPER, op. cit.; K. v. ARETIN, Prälat Kaas, Franz v. Papen u. das Konkordat von 1933, VfZG 14 (1966).

[17] Zit. in: Ende der Parteien, S. 431.

[18] E. MATTHIAS, in: Das Ende der Parteien; H. SCHULZE (Hg.), Anpassung oder Widerstand? Aus den Akten des Parteivorstands der dt. Sozialdemokratie 1932–33 (1975); H. ADOLPH, Otto Wels u. die Politik der dt. Sozialdemokratie 1894–1939 (1971).

[19] Zum Problem Legalität u. Legitimität des Ermächtigungsgesetzes s. H. SCHNEIDER, op. cit.

[20] C. SCHMITT unterscheidet zwischen Verfassungsänderung u. Verfassungsbeseitigung, die durch den Art. 76 nicht gedeckt sei; Verfassungslehre (Neudruck 1954), S. 102ff.

[21] Zum Reichskonkordat s. Kap. 13, Anm. 8.

Kapitel 6
Der Führerstaat

Die Weimarer Republik war in der Abwehr der drohenden Rätevolution aus einem Zusammenwirken sozialistisch-demokratischer mit konservativ-monarchischen und bürgerlich-nationalen Kräften entstanden. Sie vermochte so lange zu leben, wie in dieser oder jener Form die Zusammenarbeit dieser Gruppen unbeschadet verschiedener Staatsanschauungen fortbestand. Seit Ende der zwanziger Jahre wandten sich die bürgerlich-nationalen und konservativ-monarchischen Elemente vom Weimarer Staat ab, bis sie über Konservative Revolution und Harzburger Front schließlich in der Stunde der »nationalen Erhebung« im Nationalsozialismus einen neuen Partner gefunden zu haben glaubten, mit dessen Unterstützung sie die Werte der Tradition zur Geltung zu bringen und einen Umbau der Verfassung im Sinne einer Stärkung der personalen Obrigkeit, sei es des Präsidenten, sei es einer wiederhergestellten Monarchie, zu erreichen hofften. Die Voraussetzungen dieses Bündnisses, dessen konkrete Form das Koalitionskabinett vom 30. Januar 1933 war, erwiesen sich jedoch als Illusion. Die Alternative zum Parteienstaat und zur Herrschaft des Parlaments war nicht eine konservative Erneuerung des Staatslebens aus gewachsenen

Grundordnungen des Volkes mit der Autorität einer verfassungsmäßig abgesicherten personalen Obrigkeit, sondern der Einparteienstaat mit der despotischen Herrschaft eines »Führers«. Ausgangspunkt für diese Entwicklung zum Führerstaat waren die Verordnungen nach dem Reichstagsbrand und das Ermächtigungsgesetz. Der Prozeß vollzog sich in vier Schichten, nämlich als Ausschaltung der Länder, als Beseitigung aller politischen Organisationen außerhalb der NSDAP, als Zerschlagung einer inneren Opposition in der nationalsozialistischen Gesamtbewegung und als Kontrolle über Wirtschaft und Kultur. Für diese Vorgänge, die gemäß der nationalsozialistischen Ideologie eigentlich der Ermöglichung einer organischen Volksgemeinschaft hätten dienen sollen, wurde in der Sprache der Zeit der dem technischen Bereich entstammende Begriff der »Gleichschaltung« verwendet.

Der Aufbau der nationalsozialistischen Machtstellung begann mit dem Zugriff auf die Polizei. Göring, im Reichskabinett Minister ohne Geschäftsbereich, wurde durch die Betrauung mit dem Amt eines kommissarischen preußischen Innenministers zum Herrn des größten Polizeiapparates innerhalb Deutschlands, der, im wesentlichen von dem preußischen sozialdemokratischen Innenminister Severing aufgebaut, bis zum Staatsstreich Papens gegen Preußen als eine besonders zuverlässige Stütze der Republik gegolten hatte. Während des Wahlkampfes im März 1933 erhielten in Preußen SA und Stahlhelm als bewaffnete Hilfspolizei freie Hand. In den übrigen Ländern wurde, soweit sie noch keine Mehrheit der Parteien der nationalen Koalition besaßen, die tatsächliche Staatsgewalt, von der Übernahme der Polizeigewalt ausgehend, gleichgeschaltet[1]. Die unmittelbar im Anschluß an die Wahl in Bayern, Sachsen, Württemberg, Baden, Hessen, Schaumburg-Lippe und den drei Hansestädten eingesetzten nationalsozialistischen Reichskommissare instruierten die Stimmen der Länder im Reichsrat und legten die Polizeigewalt zumeist in die Hände von SA-Führern als Polizeikommandeuren. Das Sondergebiet der politischen Polizei wurde zur Domäne der SS. Ihr Führer Heinrich Himmler übernahm zunächst in Bayern das Kommando über die politische Polizei, innerhalb Jahresfrist auch in allen anderen deutschen Ländern, im April 1934 in Preußen, wo Göring die politische Polizei als Geheime Staatspolizei (Gestapo) aus dem Zusammenhang mit der übrigen Verwaltung herausgelöst hatte[2]. Die Länder waren also faktisch ihrer Eigenständigkeit beraubt, schon bevor durch das »Gesetz zur Gleichschaltung der Länder mit dem Reich« vom 31. März 1933 die Länderparlamente auch außerhalb Preußens entsprechend den Ergebnissen der Reichstagswahl ohne eigene Neuwahlen umgebildet wurden[3]. Auch die Selbstverwaltungskörperschaften der Gemeinden wurden in der gleichen Weise neu zusammengesetzt. Das Gesetz ermächtigte außerdem die Landesregierungen, Gesetze zu erlassen und die Landesverwaltung neu zu ordnen, ohne die Zustimmung der Landtage einzuholen. Am 7. April wurden durch das »Zweite Gesetz zur Gleichschaltung der Länder mit dem Reich« die Länderkommissare als Reichsstatthalter institutionalisiert und als Vollstreckungsorgane des Reiches »für die Beobachtung der vom Reichskanzler aufgestellten Richtlinien der Politik« in den Ländern eingesetzt[4]. Die Reichsstatthalter erhielten die Befugnis, die Länderregierungen zu ernennen und zu entlassen entsprechend den ihnen von der Berliner Zentrale erteilten Weisungen. Das bedeutete formal das Ende der parlamentarischen Regierungsweise in den Ländern. Die Länderparlamente selbst wurden schließlich durch ein »Gesetz über den Neuaufbau des Reiches« vom 30. Januar 1934, dem Reichstag und Reichsrat zustimmten, beseitigt[5]. Die Hoheitsrechte der Länder fielen an das Reich, die Länderregierungen wurden der Reichsregierung unterstellt, der Reichsrat aufgelöst[6]. An die Stelle der bundesstaatlichen Struktur, wie sie seit der Bismarckschen Reichsgründung bestanden hatte, trat ein rigoroser staatlicher Zentralismus.

Dieser setzte sich bis zu der untersten Stufe der staatlichen Verwaltung, den Gemeinden, durch. Die Städte erfreuten sich in Deutschland einer alten Tradition kommunaler Selbstverwaltung. Abgeordnetenwahl und Verantwortlichkeit des Bürgermeisters gegenüber der Gemeinde hatten gerade in der Selbstverwaltung der Städte dem Bürger Möglichkeiten freier verantwortlicher Tätigkeit geboten, wie sie sich im eigentlich staatlichen Bereich erst in der Weimarer Republik eröffneten. Der nationalsozialistische Staat aber brachte auch in der Gemeindeverwaltung das Führerprinzip zur Geltung, d.h. Bürgermeister, Beigeordnete und Ratsherren (Stadtverordnete) wurden nunmehr von Partei bzw. Staats wegen ernannt und dem Gemeinde- oder Stadtrat die Mitwirkung an der kommunalen Willensbildung entzogen. Die Gemeindeordnung vom 30. Januar 1935 bedeutete das Ende der freien kommunalen Selbstverwaltung[7].

Ein weiterer Schritt auf dem Wege der Gleichschaltung war das »Gesetz zur Wiederherstellung des Berufsbeamtentums« vom 7. April 1933. Es sah die Entlassung aller Beamten vor, die nicht die berufsmäßige »Eignung« besaßen oder »nicht arischer Abstammung« waren und auch aller derer, die nach ihrer bisherigen politischen Betätigung nicht die Gewähr dafür boten, »daß sie jederzeit rückhaltlos für den nationalen Staat eintreten« würden[8].

Der Reichstag, der dem »Neuaufbau des Reiches« zustimmte, war aber nicht mehr der gleiche, der das Ermächtigungsgesetz erlassen hatte. Der Verfolgung der KPD nach der Reichstagswahl folgte am 22. Juni 1933 das Verbot der SPD. Dieser Partei hatte es nichts genutzt, daß sie trotz ihrer Opposition gegen den Nationalsozialismus sich ihrer Tradition entsprechend und in der Hoffnung, den Fortbestand ihrer Organisation retten zu können, loyal verhielt. Sie ging in der Betonung ihres loyalen Verhältnisses zum Staat so weit, daß sie am 17. Mai gemeinsam mit allen übrigen Parteien eine Reichstagsrede Hitlers über Außenpolitik und Abrüstung billigte und daß sie sich öffentlich von den Erklärungen distanzierte, die ein Teil des SPD-Vorstandes erließ, der sich im Mai in Prag als neue Parteileitung etabliert hatte[9].

Die übrigen Parteien warteten angesichts des auf sie ausgeübten Druckes gar nicht erst ab, daß Hitler ihnen den Todesstoß gab. Sie lösten sich selber auf: am 27. Juni die Deutschnationalen, am 28. Juni die Staatspartei, am 4. Juli die Deutsche Volkspartei und die Bayerische Volkspartei und als letzte, am 5. Juli, das Zentrum[10]. Der Führer der Deutschnationalen, Hugenberg, schied am 29. Juni aus der Regierung nach nur fünfmonatiger Zugehörigkeit aus. Hitler hatte seine Koalitionspartner überspielt. Ein »Gesetz zur Sicherung der Einheit von Partei und Staat« verlieh schließlich am 1. Dezember 1933 der Monopolstellung der NSDAP eine Scheinlegalität[11]. Die NSDAP wurde als alleiniger politischer Willensträger eine Körperschaft des öffentlichen Rechts mit eigener Disziplinargerichtsbarkeit. Der Reichstag sank auf den unwürdigen Status eines bloßen Instruments für die Akklamation von Regierungsmaßnahmen ab. Durch die fundamentale Veränderung des Reichstags und durch die Auflösung des Reichsrates waren nun gerade die beiden Institutionen betroffen, für deren Bestand und Geltung eine ausdrückliche Garantie in das Ermächtigungsgesetz vom 23. März 1933 eingebaut worden war. Der tatsächliche Verfassungsbruch unter dem Firnis der Legalität liegt hier offen zutage.

Man hat diesen Vorgang, der unter Verwendung äußerlich verfassungsmäßiger Formen in Wirklichkeit das Wesen des Staates radikal veränderte, treffend als gleitende Revolution bezeichnet. Dieser im staatlichen Bereich ablaufende Vorgang wurde vorangetrieben durch die Dynamik der »Bewegung«, deren revolutionärer Kern die SA war.

Seit 1930 stand diese wieder unter der Führung des aus Bolivien zurückgekehrten Ernst Röhm. Obwohl er sich seit seiner Rückkehr mit der Stellung als »Stabschef« begnügte, trat nach der Machtergreifung im Verlaufe der gleitenden Revolution der alte Gegensatz zwischen Hitler und Röhm erneut zutage, der sich aus der Doppelstruktur der Bewegung als Partei und Wehrverband ergeben hatte. Während für Hitler die SA ein Instrument der Partei war und deren stärkste Waffe im Kampf um die politische Macht, vertrat Röhm den Primat des Soldaten vor dem Politiker[12]. Die Machtergreifung verlief in parlamentarischen Formen, aber die SA verlangte eine revolutionäre Aktion. Hitler erklärte am 6. Juli 1933 nach der Selbstauflösung des Zentrums, d.h. sobald alle Machtpositionen des alten Staates beseitigt waren, die nationalsozialistische Revolution für beendet. Aber die Geister, die er gerufen, ließen sich nicht mehr in die ruhigere Bahn einer Evolution hineinleiten. Das Wort von einer »zweiten Revolution« ging um, die notwendig sei, um die eigentlichen Ziele, für die die Bewegung ihren Kampf geführt habe, gegen die Reaktion durchzusetzen. Röhm hatte in den Jahren von seiner Rückkehr bis zur nationalsozialistischen Machtergreifung die SA von etwa 100000 auf 300000 Mann erhöht. Im Laufe des Jahres 1933 wurde sie weiter vergrößert und weitgehend bewaffnet. Ihr Aktionsdrang entlud sich im Terror gegen politische Gegner. Die Folterung, als Mittel zur Erpressung von Geständnissen und als Methode der Justiz durch die Aufklärung des 18. Jahrhunderts in Europa abgeschafft, wurde im nationalsozialistischen Deutschland wieder üblich. Aber die SA ließ sich nicht mit der unbefriedigenden Rolle einer Hilfspolizei abspeisen. Sie geriet in eine natürliche Rivalität zur Reichswehr. Im Grunde war das Mißtrauen Röhms gegen das konservativ-monarchisch gesonnene Offizierskorps das gleiche wie bei Hitler. Es war das ehrgeizige Ziel Röhms, die Reichswehr mit der SA als einer Miliz zu verschmelzen und in seiner Hand zu vereinigen. Damit hätte die

SA die beherrschende Stellung im Staate gewonnen. In der SA wirkten zudem die sozialistisch-revolutionären Forderungen des Parteiprogramms weiter. Die konservativ und bürgerlich Gesonnenen sahen daher dem Treiben der SA weithin mit Besorgnis und auch mit Abscheu zu. Indessen nahmen landauf, landab Hunderttausende von wohlmeinenden, aber verblendeten Leuten den Schein für die Wirklichkeit und marschierten in Braunhemd, Breecheshose und Reitstiefeln hinter der Hakenkreuzfahne her in der Meinung, einer guten Sache zu dienen. Die aktiven Gegner Röhms saßen in der Reichswehrführung, wo unter Blomberg als Reichswehrminister der General v. Reichenau das Ministeramt leitete und Frhr. v. Fritsch als Chef der Heeresleitung im Februar 1934 den Frhr. v. Hammerstein abgelöst hatte. Reichenau war überzeugter Nationalsozialist, Blomberg wurde es in seinem Amte, und Fritsch sah als militärischer Fachmann die Chancen, die die nationalsozialistische Staatsführung für den Aufbau der Wehrmacht bot. Zu den natürlichen Gegnern der SA-Führung gehörten aber ebenso die Parteiführung mit Göring, Goebbels und dem Stellvertreter des Führers Heß wie vor allem die SS mit Himmler und Heydrich. Die Machtstellung, die diese beiden von der politischen Polizei her sich aufzubauen begannen, mußte bei einem Sieg der SA zusammenbrechen.

Hitler entschied sich für die Reichswehr gegen die SA. Denn so wesensfremd ihm von Hause aus der Typ des Reichswehroffiziers war, so konnte er doch mit der Loyalität der Reichswehr rechnen. Sie war seiner eigenen Machtstellung auf alle Fälle weniger gefährlich, als es das SA-Führerkorps unter Röhm sein würde, wenn es zugleich über das Machtinstrument der Reichswehr verfügte. Man rechnete damals zudem mit dem baldigen Tode Hindenburgs. Hitler erstrebte für diesen Fall die Vereinigung der Ämter des Reichspräsidenten und des Reichskanzlers. Eine Vereidigung der Reichswehr aber auf Hitler als Staatsoberhaupt war nicht gegen den Willen der Reichswehr möglich. Zudem brauchte er die militärischen Fachleute für die Aufrüstung. In dieser Konstellation der Kräfte schaffte eine geschickte Regie, die sich in einzelnen Punkten in aller Deutlichkeit greifen läßt, einen Zustand gegenseitiger Alarmierung zwischen Reichswehr und SA. So lag z.B. in Breslau die Reichswehr in Alarmbereitschaft gegen einen angeblichen Putschplan der SA und die SA in Abwehrbereitschaft gegen einen angeblich geplanten Handstreich der Reichswehr. In diesem besonderen

Falle ist der Willkürcharakter der gegenseitigen Alarmierung durch eine Aussprache zwischen dem zuständigen Reichswehr- und dem SA-Kommandeur geklärt worden. Jedenfalls konnte von einer unmittelbar bevorstehenden Putschabsicht Röhms keine Rede sein, als die Regie am 30. Juni 1934 eine Situation herbeiführte, in der sich Hitler plötzlich entschloß, nach München zu fliegen und den in Bad Wiessee zusammengerufenen SA-Führern entgegenzutreten. Dies war der Auftakt zu einem dreitägigen Morden. Neben Röhm und einem größeren Teil der höheren SA-Führerschaft wurde eine Anzahl von Personen beseitigt, einfach weil sie politisch unliebsam waren, obwohl sie mit den Plänen der SA nicht das geringste zu tun hatten, wie Gregor Strasser, die Generäle v. Schleicher[13] und v. Bredow, der ehemalige Staatskommissar v. Kahr – Rivale und schließlich Gegner Hitlers beim Putsch 1923 –, Klausener, der Führer der Katholiken in Berlin[14] und zwei der engsten Mitarbeiter Papens, v. Bose und der Schriftsteller Edgar Jung[15]. Die Aktion wurde von der SS mit indirekter Hilfestellung der Reichswehr durchgeführt. Das Schamloseste an diesem nackten Ausbruch der Gewalt war aber die moralische Verbrämung, die Goebbels dem Verbrechen gab und die Hitler vor dem Reichstag wiederholte. Hier wurde Hitler als der Wahrer der deutschen Ehre und Sittenreinheit gefeiert. Die SA-Führerschaft erschien als ein Ring von Homosexuellen, deren sittenverderbende Umtriebe Hitler als Schützer der deutschen Jugend zunichte gemacht habe. Dabei war die Homosexualität Röhms seit vielen Jahren gerichtsnotorisch, aber das hatte Hitler nicht daran gehindert, ihn, als es ihm nützlich erschien, mit der SA-Führung zu beauftragen.

Der Zusammenhang der Vorgänge ist damals im deutschen Volke nur wenigen bewußt geworden. Viele beschwichtigten ihr Gewissen über die unerhörten Mordtaten, indem sie sich einredeten, daß hier im Grunde doch die guten Kräfte über die bösen gesiegt hätten. Der von der Staatsführung organisierte Mord, der jeder Vorstellung eines Rechtsstaates ins Gesicht schlug, wurde vom Reichskabinett am 3. Juli durch Gesetz als Staatsnotwehr für rechtens erklärt[16]. Hindenburg und selbst Papen, dessen treueste Mitarbeiter ein Opfer der Mörder geworden waren und der jetzt aus dem Kabinett ausschied, um den Botschafterposten in Wien zu übernehmen, beglückwünschten Hitler öffentlich zu seinem Vorgehen. Dieser nahm nun vor dem Reichstag die höchste richterliche Gewalt für sich in Anspruch[17]. Nachdem das Ermächtigungsgesetz bereits den Unterschied zwischen Exekutive und Legislative verwischt hatte, wurde jetzt mit der Aufhebung jeder Rechtssicherung das Prinzip der Gewaltenteilung, das bisher als die Grundlage rechtsstaatlicher Ordnung und persönlicher Freiheit gegolten hatte, auch theoretisch verworfen. Der Begriff des Rechts wurde zu einer Vokabel für die Gewalt. Carl Schmitt, mit Formeln flink bei der Hand, rechtfertigte das Geschehen in einer Schrift unter dem Titel ›Der Führer schützt das Recht‹. Darin hieß es: »Der Führer schützt das Recht vor dem schlimmsten Mißbrauch, wenn er im Augenblick der Gefahr kraft seines Führertums als oberster Gerichtsherr unmittelbar Recht schafft ... Der wahre Führer ist immer auch Richter. Aus dem Führertum fließt das Richtertum ...«[18]

Hitler und die Nationalsozialisten standen dem überkommenen Recht und Gerichtswesen negativ gegenüber, nahmen aber nicht eine systematische Umformung der liberalen Rechtsverfassung vor. Von einzelnen Erneuerungsversuchen abgesehen, arrangierte sich das Regime mit der bestehenden Justiz ebenso wie mit der Bürokratie und der Wehrmacht, griff aber laufend in ihre Geschäfte ein oder drängte sie zur Seite, wenn sie den Zielen des Führers oder den »Sondergewalten« des Dritten Reiches im Wege stand. Während das bürgerliche Recht, das Handelsrecht und das einfache, nicht politische Strafrecht im allgemeinen von Eingriffen verschont und in diesen Bereichen Inseln des Rechtsstaats bestehen blieben, wurden das öffentliche Recht und die politische Strafjustiz durch Sonderanordnungen und Sondergerichte immer stärker dem normalen Rechtsgang entzogen. Durch Verordnung vom 21. März 1933 wurden Sondergerichte bei allen Oberlandesgerichten geschaffen. Sie erhielten die Zuständigkeit für Straftaten gemäß einem gleichzeitigen »Heimtückegesetz« und der drei Wochen zuvor erlassenen Reichstagsbrandverordnung. Durch stärkere Einwirkung des Gerichtsvorsitzenden auf den Prozeßverlauf, durch Beschneidung der Einspruchsmöglichkeiten und durch den Wegfall der gerichtlichen Voruntersuchung wurden Schnellverfahren ermöglicht. Am 14. Juli 1934 setzte Hitler anstelle des Reichsgerichts als oberste Instanz in politischen Strafsachen den berüchtigten Volksgerichtshof ein, der unter der Leitung zuverlässiger Nationalsozialisten, seit 1942 unter Roland Freisler als Vorsitzendem, stand. Eine grundsätzliche »Korrektur der Justiz« bedeutete die Verselbständigung der Gestapo mit ihrer jeder rechtlichen Kontrolle entzogenen Vollmacht zur Verhängung von »Schutzhaft« oder »Vorbeugehaft« in den von der SS geleiteten Konzentrationslagern. Damit wurde ein rechtlicher Ausnahmezustand auf Dauer institutionalisiert. Hatten zunächst die nationalsozialistischen Juristen versucht, die polizeiliche Ausnahmepraxis unter ihren Einfluß zu bringen und bestimmten Normen zu unterwerfen, so mußten sie mit Kriegsbeginn völlig vor der Gestapo und der SS kapitulieren. Zu Anfang des Dritten Reiches waren Vorstellungen eines völkisch autoritären Rechtsstaats, der auf der Wiederbelebung germanischer Rechtsauffassungen beruhen sollte, propagiert worden, so z. B. von Hans Frank, dem Führer des »Bundes Nationalsozialistischer Deutscher Juristen«[19]. Im Gegensatz zu solchen Erwartungen löste sich der Führerstaat aber aus allen geschichtlich gewordenen rechtsstaatlichen Bindungen, ohne irgendeine andere Norm anzuerkennen als den absolut gesetzten Führerwillen.

Dieser Entwicklung ist weder von seiten der Rechtswissenschaft noch in der Justiz, von Einzelfällen abgesehen, Widerstand entgegengesetzt worden. Wenn sich die Justiz an das vom Nationalsozialismus gesetzte unrechte Recht z. B. in der Judengesetzgebung gebunden und auf seine Handhabung verpflichtet fühlte, so hat man zutreffend eine der Ursachen hierfür im Rechtspositivismus erkannt, der die Rechtswissenschaft und die Justiz im späten Kaiserreich und in der Weimarer Zeit fast ausschließlich beherrschte und keine übergeordneten Normen des Naturrechts als verbindliche Rechtssätze anerkannte. Gustav Radbruch, Rechtsgelehrter von Rang und ehemaliger sozialdemokratischer Reichsjustizminister, hatte noch im Jahre 1932 erklärt: »Für den Richter ist es Berufspflicht, den Geltungswillen des Gesetzes zur Geltung zu bringen, das eigene Rechtsgefühl dem autoritativen Rechtsbefehl zu opfern, nur zu fragen, was rechtens ist und niemals, ob es auch gerecht ist.« Dem entsprach es, wenn es in einem Spruch des Reichsgerichts der Weimarer Zeit hieß: »Der Gesetzgeber ist selbstherrlich und an keine anderen Schranken gebunden als diejenigen, die er sich selbst in der Verfassung oder in anderen Gesetzen gezogen hat.«[20]

Eine solche Selbstherrlichkeit ist von Hitler in unbeschränkter Weise in Anspruch genommen worden. Nach der Ermordung Röhms hatte er keinen Rivalen mehr. Er allein entschied in politischen Fragen. Das Kabinett wurde praktisch außer Funktion gesetzt[21]. Seine Mitglieder erfuhren später den Kriegsausbruch aus Funk und Zeitung. Beim Tode Hindenburgs am

2. August 1934 übernahm Hitler aufgrund eines am Vortage durch die Regierung erlassenen »Gesetzes über das Staatsoberhaupt des Deutschen Reiches« das Amt des Reichspräsidenten[22]. Als »Führer und Reichskanzler« ließ er noch am Todestag Hindenburgs die durch einen Befehl des allzu beflissenen Blomberg überrumpelte Reichswehr auf seine Person vereidigen[23]. In der Eidesformel fehlte die bisher übliche Verpflichtung auf die Verfassung, während die persönliche Gehorsamsbindung als eine unbedingte abverlangt wurde, auch dies im Gegensatz zum früheren Soldateneid. Auch die Beamten und Minister wurden statt auf die Verfassung jetzt auf die Person Hitlers vereidigt.

Der Reichswehr bestätigte Hitler, daß sie der alleinige Waffenträger der Nation sei. So schien von außen her betrachtet die Reichswehr der Sieger geblieben zu sein. Wie durch diese Vorgänge jedoch das Wesen der Reichswehr betroffen wurde, läßt sich nicht besser sagen als mit den Worten Hermann Maus, der als erster in die verworrenen Zusammenhänge des 30. Juni Licht brachte: »Der 30. Juni hat einen Schatten auf die Integrität ihrer Führung geworfen. Gewiß war die Reichswehr nicht an den eigentlichen Exekutivmaßnahmen des 30. Juni und der beiden folgenden Tage beteiligt worden. Aber diejenigen, die in ihrem Namen an den Vorbereitungen der Aktion sich beteiligt haben, mußten wissen, daß sie das große Morden riskierten, das sich dann abspielte. Sie sind von der Mitverantwortung nicht freizusprechen. Daß die Reichswehrführung selbst die Ermordung zweier ihrer Generäle, trotz empörtem Widerspruch aus Armeekreisen, stillschweigend hinnahm, zeigt, daß sie sich auf eine dunkle Weise gebunden fühlte. Mit Notwendigkeit erwuchs daraus Zwiespalt in einem Offizierskorps, das seinen inneren Zusammenhalt vor allem in der Gemeinsamkeit der sittlichen Überzeugungen gesichert glaubte. Die kalte Revolution hatte die Keime der Zersetzung auch in das geschlossenste Gefüge gesenkt, das es in Deutschland noch gab. Das war Hitlers größter Triumph am 30. Juni.«[24]

Die SA wurde als Machtfaktor bedeutungslos. Wenn Röhm seit Dezember 1933 Mitglied des Reichskabinetts gewesen war, so wurde dem neuen Stabschef Lutze diese Stellung nicht mehr zugebilligt. Die SS wurde aus ihrer bisherigen Unterstellung unter die SA-Führung herausgelöst. Das war eine entscheidende Stufe im Aufstieg Himmlers. Die Partei insgesamt stand dabei in einem unklaren Verhältnis zum Staat. Dies war charakteristisch für das Herrschaftssystem des Nationalsozialismus. Auf der einen Seite blieb der hierarchisch strukturierte bürokratische Apparat des Staates mit seinen besonderen Qualitätsanforderungen und Befehlssträngen erhalten, auf der anderen Seite erhob die nach dem personalen Führerprinzip aufgebaute Partei Ansprüche auf die Kontrolle des Staatsapparates und auf die Besetzung von Staatsämtern. Dem gab Hitler nur insofern nach, als er es geschehen ließ, daß während der »nationalen Revolution« die Partei in zahlreiche öffentliche Ämter eindrang und im Laufe der Zeit die Verwaltung mit Parteianhängern durchsetzt wurde. An einigen Stellen wurden Staats- und Parteifunktionen personell verklammert (Gauleiter/Oberpräsidenten; Polizei-/SS-Führer). Vor allem erhielten zuverlässige Nationalsozialisten diejenigen Positionen, die für die politische Steuerung des Staates zentrale Bedeutung hatten (Reichsinnenministerium, Polizeiführung, Propagandaministerium, Erziehungsministerium, Reichsstatthalter). Aber der Staatsapparat insgesamt und in den ersten Jahren des Regimes besonders das Reichswehrministerium und das Reichswirtschaftsministerium mit Generalität und Großindustrie im Hintergrund behielten gegenüber der Partei zunächst ihr eigenes politisches Gewicht. Andererseits verhinderte Hitler aber auch die vom Reichsinnenministerium getragenen Versuche, eine neue Reichsverfassung zu erarbeiten, in die die Partei mit einem bestimmten und klar umgrenzten Platz einbezogen worden wäre. So zeigte das Herrschaftssystem des Führerstaates in den ersten Jahren des »Dritten Reiches« ein Nebeneinander von Staat und Partei, das vielfach zu einem Gegeneinander wurde. Auf allen Stufen der Verwaltung standen sich Ämter des Staates und der Partei gegenüber, die Zuständigkeit für die gleichen Bereiche beanspruchten und sich in ihrer Legitimation alle auf den Führer beriefen. Das System wurde, wie besonders für den Bereich der Wirtschaft zu zeigen sein wird, dadurch zusätzlich kompliziert, daß im Laufe der Zeit durch Führerbefehl für verschiedene Aufgaben Sonderbeauftragte mit weitreichenden Vollmachten eingesetzt wurden. Eine Abgrenzung wurde von Hitler bewußt unterlassen. Die Partei konnte, gestützt auf Hitlers Anspruch, daß sie dem Staate zu »befehlen« habe[25], immer wieder Aufgaben aus dem Bereich der staatlichen Stellen an sich heranziehen und in eigene oder zumindest konkurrierende Verwaltung übernehmen. Nach außen wirkte der von einer Propagandawolke umhüllte Staat Hitlers als ein monolithisches Gebilde. In Wirklichkeit jedoch war er gekennzeichnet durch chaotische Machtkämpfe innerhalb der

Führungsschicht. Der Führerstaat bot das Bild eines »institutionellen Darwinismus«, der durch den von Hitler begünstigten Kompetenzwirrwarr heraufbeschworen wurde[26]. Auf dem Gebiet der Kulturverwaltung z.B. rivalisierten Rust als Kultusminister, Goebbels als Propagandaminister, Rosenberg als Beauftragter für die weltanschauliche Schulung, Ley als Führer der Arbeitsfront und Himmler. Ein anderes Beispiel ist die Außenpolitik. Hier gab es neben dem Auswärtigen Amt das halb private »Büro Ribbentrop«, das parteioffizielle »Amt Rosenberg«, die Auslandsorganisation der NSDAP und eine SS-Stelle für die Verbindung zu den nordischen Ländern. Neben dem Wirtschaftsministerium stand der Beauftragte für den Vierjahresplan, neben dem Arbeitsminister ein Reichskommissar für die Arbeitsbeschaffung, neben der Wehrmacht die Waffen-SS. Durch die Taktik des »divide et impera« versuchte Hitler die Bildung stabiler Zwischenschichten von Machtträgern zu verhindern, um damit seine eigene Position abzusichern. Die Unangreifbarkeit der Führerstellung Hitlers und die Rivalität von Personen und Institutionen, die unter seinem Befehl standen, bedingten sich gegenseitig. Außerdem widerstrebte ihm grundsätzlich jede verfassungsrechtliche oder gesetzliche Festlegung. »An die Stelle des Staates als höchster Rechtseinheit und rechtlicher Organisation sollte im Dritten Reich der unbeschränkte und potentiell jederzeit wandelbare Wille des Führers als ›oberstes Gesetz‹ treten.«[27] Dessen Ausdruck war die in die Form von Ausnahmeverfügungen und Sondermaßnahmen gekleidete Willkür. Der Staat wurde zum bloßen Werkzeug für die Durchführung der Befehle des »Führers«, der selber über dem Staat stand und durch keine staatliche Rechtsnorm gebunden war.

Hitler hat niemals ein inhaltlich gegliedertes und durchgestaltetes Bild der ihm vorschwebenden Herrschaftsorganisation entwickelt. Die von der Partei auf den Staat übertragene Praxis, Rivalitäten zu pflegen, Kompetenzen zu verwischen und durch Schaffung von Paralleleinrichtungen das Machtgefüge in den nachgeordneten Rängen undurchsichtig zu machen, widersprach jedem Gedanken an eine rationale Strukturierung des Staatsaufbaues. Man würde in Hitlers Schriften und Reden vergeblich nach einem durchdachten Verfassungsbild suchen. Sein Interesse an verfassungsrechtlichen Fragen beschränkte sich auf die Legitimation der Führerstellungen, d.h. der Macht und ihrer Ableitung. Dabei ist es bemerkenswert, daß die Antwort auf diese Frage der einzige Gedanke ist, der im Verlaufe der verschiedenen Auflagen von ›Mein Kampf‹ eine erhebliche sachliche Abwandlung erfahren hat. Bis 1928 hieß es von der »germanischen Demokratie«, daß sie auf der Wahl des Führers und zugleich auf dessen Autorität beruhe, wobei dieses Prinzip auf allen Stufen der Hierarchie von der Ortsgruppe bis zur Reichsführung durchzuführen sei: »Immer wird der erste Vorsitzende gewählt, allein damit auch mit unbeschränkter Vollmacht und Autorität bekleidet.« Seit 1930 las man: »Immer wird der Führer von oben eingesetzt und gleichzeitig mit unbeschränkter Vollmacht und Autorität bekleidet. Nur der Führer der Gesamtpartei wird aus vereinsgesetzlichen Gründen in der Generalmitgliederversammlung gewählt.«[28] Übertragen auf den nationalsozialistischen Staatsaufbau bedeutete dieses Prinzip, daß alle Funktionen und Verantwortlichkeiten von oben her bestimmt wurden, und daß sich der Führer selber von Zeit zu Zeit durch plebiszitäre Abstimmungen in seiner Politik bestätigen ließ. Es ist charakteristisch für diese Abstimmungen der nationalsozialistischen Zeit, daß es bei ihnen niemals um die Aufforderung zur Wahl zwischen mehreren Personen, mehreren politischen Programmen oder mehreren Entscheidungsmöglichkeiten in einer bestimmten außen- oder innenpolitischen Situation ging. Sie waren lediglich eine staatlich und parteilich gelenkte Akklamation der Wählermassen für den »Führer«.

Das erste dieser Plebiszite wurde am 12. November 1933 veranstaltet. Deutschland war aus dem Völkerbund ausgetreten, und Hitler ließ mit einem »Ja« oder »Nein« zu seiner Politik zugleich die Abgeordneten für einen neuen Reichstag wählen, die diesmal dem deutschen Volke in einer Einheitsliste präsentiert wurden. Die zweite Abstimmung fand am 19. August 1934 statt und bestätigte die Zusammenlegung der Ämter des Reichspräsidenten und Reichskanzlers. Das Ergebnis waren im ersten Falle 95%, im zweiten 90% der Stimmen aller Wahlberechtigten für Hitler. Hitler bekannte sich aus Anlaß dieser Volksabstimmung zum Gedanken der plebiszitären Führerdemokratie, »fest durchdrungen von der Überzeugung, daß jede Staatsgewalt vom Volke ausgehen und von ihm in freier und geheimer Wahl bestätigt sein muß«[29]. Es handelte sich hierbei lediglich um die Akklamation zu einem bereits in Kraft gesetzten, vorweg verkündeten Regierungsgesetz und nicht um einen Gesetzgebungsakt. Zudem steht gerade für diese Abstimmung eindeutig fest, daß sie bereits manipuliert war und weitgehend von einer freien oder geheimen Stimmabgabe keine Rede mehr sein konnte.

Um eine möglichst breite Zustimmung zu erreichen, pflegte Hitler die plebiszitären Abstimmungen an solche wehr- und außenpolitischen Ereignisse anzuhängen, von denen aus an das Nationalbewußtsein schlechthin appelliert werden konnte, ohne eine besondere nationalsozialistische Gesinnung anzusprechen: 1933 nach dem Austritt aus dem Völkerbund wegen des deutschen Anspruchs auf Gleichberechtigung Volksabstimmung und Reichstagswahl, 1936 nach der Wiederbesetzung des Rheinlandes Reichstagswahl, 1938 nach dem Anschluß Österreichs Volksabstimmung und Reichstagswahl. Es läßt sich nicht abschätzen, wie viele bei diesen Plebisziten etwa aus Überzeugung, aus allgemeinen nationalen Motiven, aus Mitläufertum oder bloßer Feigheit ihre Stimme abgegeben haben. Unbezweifelbar ist es, daß der »Führer und Reichskanzler« Hitler es vermocht hat, die große Masse des deutschen Volkes so oder so hinter sich zu bringen und zwölf Jahre lang auf seinem politischen Kurs festzuhalten. Das ist, neben dem Eindruck seiner wirtschafts- und außenpolitischen Erfolge, von denen noch die Rede sein wird, ein Ergebnis auch der systematischen Gleichschaltung aller tragenden Institutionen der Gesellschaft und des Kulturlebens. Die Umwandlung der parlamentarischen Demokratie in einen Führerstaat dadurch, daß neben den Volksabstimmungen auch der Reichstag zu einem Forum für gelegentliche Akklamation des Führerwillens wurde und daß zudem das Reichskabinett als Regierungsorgan ausgeschaltet wurde, sei abschließend in einer Tabelle verdeutlicht.

Sitzungen des Reichskabinetts (Min.Besprechgn.)	Wahlen und Volksabstimmungen	Reichstagssitzungen
1933 70	5. 3. 33 Reichstagswahl	
		21. 3. 33 Tag von Potsdam
		23. 3. 33 Ermächtigungsgesetz
		17. 5. 33 Billigung einer Erklärung Hitlers (Friedensrede zur Beschwichtigung des Auslands) durch alle Parteien

Sitzungen des Reichskabinetts (Min.Besprechgn.)	Wahlen und Volksabstimmungen	Reichstagssitzungen
	12. 11. 33 Reichstagswahl, Volksabstimmung (Austritt aus dem Völkerbund)	
		12. 12. 33 Eröffnung des neuen Reichstages (gewählt nach Einheitsliste)
1934 21		30. 1. 34 Gesetz über den Neuaufbau des Reiches
		13. 7. 34 Entgegennahme einer Erklärung Hitlers (Röhm-Putsch)
		6. 8. 34 Trauerkundgebung–Hindenburg
	19. 8. 34 Volksabstimmung (Zusammenlegung der Ämter von Reichspräsident und Reichskanzler)	
1935 11		21. 5. 35 Entgegennahme einer Erklärung Hitlers (Einführung der Wehrpflicht)
		15. 9. 35 Außerkraftsetzung der Geschäftsordnung des Reichstages – Nürnberger Gesetze
1936 2		7. 3. 36 Entgegennahme einer Erklärung Hitlers (Wiederbesetzung des Rheinlandes)
	29. 3. 36 Reichstagswahl	
1937 6		30. 1. 37 Verlängerung des Ermächtigungsgesetzes bis zum 1. 4. 41. Entgegennahme einer

Sitzungen des Reichskabinetts (Min.Besprechgn.)	Wahlen und Volksabstimmungen	Reichstagssitzungen
		Erklärung Hitlers (zur Spanienpolitik, an England gerichtet, daß »die Zeit der sogenannten Überraschungen abgeschlossen ist«)
1938 1 (5. 2.)		20. 2. 38 Entgegennahme einer Erklärung Hitlers (Maßnahmen gegen Österreich und die Tschechoslowakei)
		18. 3. 38 Entgegennahme einer Erklärung Hitlers (Anschluß Österreichs)
	10. 4. 38 Reichstagswahl, Volksabstimmung (Anschluß Österreichs)	
1939 Keine	Keine	30. 1. 39 Verlängerung des Ermächtigungsgesetzes bis zum 10. 5. 43. Entgegennahme einer Erklärung Hitlers (Drohung der Judenvernichtung)
		28. 4. 39 Entgegennahme einer Erklärung Hitlers (gegen Quarantänerede Roosevelts)
		1. 9. 39 Gesetz über Eingliederung Danzigs. Entgegennahme einer Erklärung Hitlers (Krieg gegen Polen)
Keine	Keine	6. 10. 39 Entgegennahme einer Erklärung Hitlers (Polenfeldzug)

Sitzungen des Reichskabinetts (Min.Besprechgn.)	Wahlen und Volksabstimmungen	Reichstagssitzungen	
		19. 7. 40	Entgegennahme einer Erklärung Hitlers (»Friedensangebot« an England)
		4. 5. 41	Entgegennahme einer Erklärung Hitlers (Balkanfeldzug)
		11. 12. 41	Entgegennahme einer Erklärung Hitlers (Kriegserklärung an die USA)
		26. 4. 42	Bestätigung Hitlers als Oberster Gerichtsherr. Entgegennahme einer Erklärung Hitlers (der Führer nicht an bestehende Rechtsvorschriften gebunden)

E. Fraenkel, The Dual State – A Contribution to the Theory of Dictatorship (New York 1940, 2. Aufl. 1969, dt. 1974) stellte als erster die Unanwendbarkeit des bisherigen Staatsbegriffs auf das nat.soz. System heraus u. charakterisierte diesen als »Doppelstaat«, mit der Unterscheidung zwischen dem zum »Normenstaat« erstarrten Apparat der staatlichen Behörden u. dem daneben von der Partei ausgeübten »Maßnahmenstaat«, der nach u. nach bis in alle gesellschaftlichen Bereiche eindrang u. das alte Staatsgefüge aushöhlte. Neben Fraenkel als früher wichtiger Beitrag zur Struktur der nat.soz. Herrschaft: F. Neumann, Behemoth. The Structure and Practice of National Socialism 1933–1944 (1. Aufl. New York 1941, ²1944, Neudruck 1963). Neumann sah in Partei u. Armee die herrschenden Faktoren im NS-Staat, die zur Sicherung ihrer Herrschaft vor allem drei Methoden anwandten: monistische Organisation anstelle des soz. Pluralismus, »Atomisierung« der »Individuen« u. Zersplitterung aller gesellschaftlichen Gruppierungen. Das Dritte Reich sei ein »Chaos«, für das es keine Bezeichnung gebe, ein »nonstate«, die »Herrschaft der Gesetzlosigkeit«. – Neue Arbeiten über die Struktur des NS-Regimes haben den Dualismus von Staat u. Partei deutlicher beschrieben u. den chaotischen Charakter des von Machtkämpfen u. Kompetenzwirrwarr gekennzeichneten Hitler-Staates herausgearbeitet: G. Schulz, Die Anfänge des totalitären Maßnahmenstaates, in: K. D. Bracher/W. Sauer/G. Schulz, Die nat.soz. Machtergreifung (²1962); P. Diehl-Thiele, Partei u. Staat im Dritten Reich. Untersuchungen zum Verhältnis von NSDAP u. allgemeiner innerer Staatsverwaltung 1933–1945 (1969); J. Klenner, Verhältnis von Partei u. Staat 1933–1945, dargestellt am Beispiel Bayerns (1974); E. N. Peterson, The Limits of Hitler's Power (Princeton 1969); H. Mazerath, Nationalsozialismus u. kommunale Selbstverwaltung (1970); H. MOMMSEN, Beamtentum im Dritten Reich (1966); P. HÜTTENBERGER, Die Gauleiter. Studien zum Wandel des Machtgefüges in der NSDAP (1970). Allgemein: M. BROSZAT, Der Staat Hitlers ([4]1974). Zur nat.soz. Staats- u. Rechtsauffassung D. KIRSCHENMANN, »Gesetz« im Staatsrecht u. in der Staatsrechtslehre des Nat.soz. (1971). – B. VOLLMER (Hg.), Volksopposition im Polizeistaat. Gestapo- u. Regierungsberichte 1934–1936 (1957).

[1] W. BESSON, Württemberg u. die dt. Staatskrise 1928–1933 (1959); H. REHBERGER, Die Gleichschaltung des Landes Baden 1932/33 (1966); K. SCHWEND, Bayern zw. Monarchie u. Diktatur (1954); F. WIESEMANN, Die Vorgesch. d. nat.soz. Machtübernahme in Bayern 1932/33 (1974); O. DOMRÖSE, Der NS-Staat in Bayern von der Machtergreifung bis zum Röhm-Putsch (1974); E. SCHÖN, Die Entstehung des Nat.soz. in Hessen (1972); E.-A. ROLOFF, Bürgertum u. Nat.soz. 1930–1933. Braunschweigs Weg ins Dritte Reich (1961); H. SCHWARZWÄLDER, Die Machtergreifung der NSDAP in Bremen 1933 (1966); H. TIMPKE (Hg.), Dokumente zur Gleichschaltung des Landes Hamburg 1933 (1964); R. THÉVOZ/ H. BRANIG/Cécile LOWENTHAL-HENSEL, Pommern 1934/35 im Spiegel von Gestapo-Lageberichten u. Sachakten, in: Die Geh. Staatspolizei in den Preuß. Ostprovinzen 1934–1936 (2 Bde. 1974).

[2] Dazu im einzelnen H. BUCHHEIM, Die organisatorische Entwicklung der polit. Polizei in Dtld. in den Jahren 1933 u. 1934, in: Gutachten des Inst. f. Zeitgesch. (1958), S. 294ff.; Lit. zu SS u. Gestapo in Kap. 8.

[3] RGBl. 1933 I, Nr. 29.

[4] RGBl. 1933 I, Nr. 33.

[5] RGBl. 1934 I, Nr. 11.

[6] RGBl. 1934 I, Nr. 16.

[7] RGBl. 1935 I, Nr. 6. Ausführl. Darstellung der Entwicklung in den Kommunen nach 1933 bei H. MAZERATH. Als Beispiel für die Gesch. einer Großstadt im Dritten Reich: H.-P. GÖRGEN, Düsseldorf u. der Nat. soz. (Diss. Köln 1968); F. J. HEYEN (Hg.), Nat. soz. im Alltag. Quellen zur Gesch. des Nat.soz. vornehmlich im Raum Mainz-Koblenz-Trier (1967). – Aufschlußreich auch W. S. ALLEN, The Nazi seizure of power. The experience of a single German town 1930–1935 (Chicago 1965, dt. 1966).

[8] RGBl. 1933 I, Nr. 34. Zur Bedeutung u. Anwendung H. MOMMSEN, op. cit., S. 39ff. Mommsen kommt hinsichtlich der Anwendung zu dem Schluß, daß zwar im höheren Dienst eine nicht unbeträchtliche Veränderung erfolgte, die Veränderungen im Beamtenkörper als ganzem jedoch begrenzt blieben, da die Säuberungsmaßnahmen »weitgehend an der inneren Geschlossenheit des Beamtenapparates abprallten, mit Ausnahme der Entlassung von Kommunisten und Juden ... Das weiteste Vordringen der NSDAP erfolgte auf kommunaler Ebene, danach auf der Stufe der Landrats- und Bezirksämter, Landeshauptmannschaften, dann in den Regierungs- und Oberpräsidien« (S. 59). Jedoch schuf das Gesetz die Grundlage für die Einschüchterung u. Kontrolle der Beamtenschaft. Während die fortbestehenden alten Ministerien sich um die Erhaltung des Berufsbeamtentums bemühten, bekämpfte die Führungsschicht der NSDAP das Fachbeamtentum als politisch unzuverlässig u. versuchte, möglichst viele Parteianhänger in die Ministerialbürokratie einzuschleusen. In den ersten Jahren des Nat.soz. konnte der Beamtenapparat im wesentlichen seine Geschlossenheit wahren. Mit dem »Deutschen Beamtengesetz« vom Januar 1937 wurde die Stellung der Beamten erneut erschüttert u. diese noch stärker

der Kontrolle durch die Partei unterstellt. Schließlich hob der Reichstag am 26. April 1942 durch eine Generalbevollmächtigung für Hitler alle beamtenrechtlichen Garantien auf. Nach dem Willen der Nat.soz. u. Hitlers, der »für das Prinzip der Gesetzmäßigkeit der Verwaltung und damit für die besondere Funktion des Beamtentums überhaupt« kein Verständnis hatte (S. 119), sollten die Juristen aus der Verwaltung verdrängt u. das Beamtentum in eine »Dienstgefolgschaft« des Führers umgewandelt werden. Dieses Ziel wurde nicht erreicht. Es gelang der Partei jedoch, den Beamtenapparat u. die Ministerien seit 1937 immer mehr in die Isolierung zu drängen.

[9] Dokumentation der Entwicklung, die zur Absage des Berliner Parteivorstandes u. der soz.demokrat. Fraktionen des Reichstags u. des preuß. Landtags an den Prager Parteivorstand führte, in: H. SCHULZE (Hg.), Anpassung oder Widerstand? Aus den Akten des Parteivorstands der dt. Sozialdemokratie 1932/33 (1975); Lit. zur Gesch. der SPD in der Emigration s. Allgem. Bibl. z. Dritt. Reich, unter Emigration.

[10] E. MATTHIAS/R. MORSEY (Hg.), Das Ende der Parteien 1933 (1960), enthält Beiträge über Staatspartei, SPD, Zentrum, BVP, DVP, DNVP u. KPD. Zum Ende der Zentrumspartei vgl. Kap. 5, Anm. 13 u. Kap. 13, Anm. 2. Dokumente zum Ende des Stahlhelm, dessen Auflösung der der DNVP vorausging, hg. von V. R. Berghahn, VfZG 13 (1965).

[11] RGBl. 1933 I, Nr. 135.

[12] E. RÖHM, Geschichte eines Hochverräters ([5]1934), S. 349. Zur SA vgl. Kap. 2, Anm. 16. Zum Folgenden grundlegend H. MAU, Die »Zweite Revolution«. Der 30. Juni 1934, VfZG 1 (1953); W. SAUER, Die Mobilmachung der Gewalt, in: K. D. BRACHER/W. SAUER/G. SCHULZ, Die nat.soz. Machtergreifung ([2]1962); Ch. BLOCH, Die SA u. die Krise des NS-Regimes 1934 (1970); H. BENNEKKE, Die Reichswehr u. der »Röhm-Putsch« (1964); K.-J. MÜLLER, Reichswehr u. »Röhm-Affäre«. Aus den Akten des Wehrkreiskommandos VII, in: Militärgeschichtl. Mitteilungen (Nr. 1, 1968); ders., Das Heer u. Hitler (1969), Kap. 3. – Dokumente zum 30. Juni 1934 in: Ursachen u. Folgen 10, Nr. 2377ff.

[13] Th. ESCHENBURG, Zur Ermordung des Generals v. Schleicher, Dokumentation, VfZG 1 (1953). – Hitler gab die Zahl der Opfer in der Reichstagsrede vom 13. Juli 1934 mit 77 an. Die tatsächliche Zahl ist unbekannt; H. MAU schätzt sie auf das Zwei- bis Dreifache.

[14] L. GRUCHMANN, Erlebnisbericht Werner Pünders über die Ermordung Klauseners am 30. Juni 1934 u. ihre Folgen, Dokumentation, VfZG 19 (1971).

[15] Jung u. Bose gehörten einem jungkonservativen Oppositionskreis an, der sich im Amt Papens gebildet hatte u. der sich mit einer von Jung verfaßten Rede Papens vor den Marburger Studenten vom 17. Juni 1934 zum erstenmal an die Öffentlichkeit wandte. Papen kritisierte darin ziemlich offen die Allmacht der Partei im neuen Regime u. spielte auf eine Restauration der Monarchie an. Goebbels hatte die Verbreitung der Rede des Vizekanzlers verboten. Text in: Ursachen u. Folgen 10, Nr. 2375 a; zu dem Kreis um Papen neben dessen Erinnerungen F. G. v. TSCHIRSCHKY, Erinnerungen eines Hochverräters (1972); zum Ende E. Jungs: B. JENSCHKE, Zur Kritik der konservativ-revolutionären Ideologie in der Weimarer Republik. Weltanschauung u. Politik bei Edgar Julius Jung (1971).

[16] RGBl. 1934 I, Nr. 7. Verfahren gegen die Mordaktionen vom 30. Juni, die einige wenige Gerichte einzuleiten wagten, wurden niedergeschlagen. Nur vereinzelt bemühten sich Juristen, Geistliche u. Militärs streng vertraulich um die Rehabilitierung der

Opfer oder die Versorgung ihrer Hinterbliebenen. In wenigen Fällen wurde auf dem Amtswege Kritik erhoben. Vgl. neben dem Bericht Pünders (Anm. 14) H. ROTHFELS, Promemoria eines bayerischen Richters zu den Juni-Morden 1934, Dokumentation, VfZG 5 (1957).

[17] Reichstagsrede vom 13. Juli 1934, M. DOMARUS, Hitler. Reden u. Proklamationen 1, S. 410ff. Göring am 13. Juli 1934, Rede zur Röhm-Revolte vor den preuß. Staatsanwaltschaften: »... wir sehen das Recht nicht als etwas Primäres an, sondern das Primäre ist und bleibt das Volk ... Das Recht und der Wille des Führers sind eins ... Das Handeln der Staatsführung in diesen Tagen war die höchste Verwirklichung des Rechtsbewußtseins des Volkes ... Keine Stelle [kann] mehr das Recht zu irgendeiner Nachprüfung dieser Aktion für sich in Anspruch nehmen ... Es kann nur eine Rechtsauffassung gelten, und zwar die, die der Führer selbst festgelegt hat.« Zit. bei H. WEINKAUFF (s. u. Anm. 19), S. 44.

[18] Zit. bei W. HOFER (Hg.), Der Nat.soz. 1933–1945 (Tb. 1957), Nr. 55.

[19] H. FRANK, Im Angesicht des Galgens (1953); Frank wurde wegen seiner Kritik an den rechtsfeindlichen Bestrebungen der SS durch Hitler seiner Ämter als Präsident der Akademie f. Dt. Recht, als Führer des NS-Rechtswahrerbundes u. als Leiter des Rechtsamtes der NSDAP enthoben. Aufschlußreiches Dokument für die Absage an das rechtsstaatliche Denken bei P. SCHNEIDER, Rechtssicherheit u. richterliche Unabhängigkeit aus der Sicht des SD, VfZG 4 (1956). Zum Thema Recht u. Justiz sind in den letzten Jahren zahlreiche Veröffentlichungen erschienen; die wichtigsten: Die dt. Justiz u. der Nat.soz., hg. vom Inst. f. Zeitgesch., Teil 1: H. WEINKAUFF, Die dt. Justiz u. der Nat.soz. Ein Überblick; gibt eine hervorragende Einführung in Voraussetzung, Problematik u. Entwicklung; A. WAGNER, Die Umgestaltung der Gerichtsverfassung u. des Verfahrens- u. Richterrechts im nat.soz. Staat (1968); Teil 2: R. ECHTERHÖLTER, Das öffentliche Recht im nat.soz. Staat (1970); Teil 3: W. WAGNER, Der Volksgerichtshof im nat.soz. Staat (1974). Ferner W. JOHE, Die gleichgeschaltete Justiz. Organisation des Rechtswesens u. Politisierung der Rechtsprechung 1933–1945, dargestellt am Beispiel des Oberlandesbezirks Hamburg (1967); Ilse STAFF (Hg.), Justiz im Dritten Reich. Eine Dokumentation (Tb. 1964). Gute zusammenfassende Darstellung bei M. BROSZAT, Der Staat Hitlers, S. 403ff. Zur Umwandlung der Rechtstheorie im Nat.soz.: B. RÜTHERS, Die unbegrenzte Auslegung. Zum Wandel der Privatrechtsordnung im Nat.soz. (1968); M. STOLLEIS, Gemeinwohlformeln im nat.soz. Recht (1974). Biographie Freislers bei G. BUCHHEIT, Richter in roter Robe (1968).

[20] Zit. nach H. WEINKAUFF, op. cit., S. 31; dort weitere Ausführungen über Rechtspositivismus u. Naturrecht im Zusammenhang der Frage nach den geistigen Grundlagen des Richtertums; zur Naturrechtsproblematik vor allem: F. WIEACKER, Zum heutigen Stand d. Naturrechtsdiskussion (1965); ders., Privatrechtsgeschichte d. Neuzeit (^{2}1967), S. 586ff.

[21] Dazu M. BROSZAT, S. 349ff.

[22] RGBl. 1934 I, Nr. 89. – Ein Testament Hindenburgs vom 11. Mai 1934 wurde im Völk. Beob. am 15. August 1934 veröffentlicht. Text in: Ursachen u. Folgen 10, Nr. 2414. Außer diesem allgemein gehaltenen Vermächtnis hat Hindenburg – nach Angabe v. PAPENS, Der Wahrheit eine Gasse, u. seines Mitarbeiters F. G. v. TSCHIRSCHKY, Erinnerungen eines Hochverräters (1972) – einen Brief an Hitler gerichtet, in dem er die Wiederherstellung der Monarchie empfahl. Dieser Gedanke war nach Papen auch

in dem Entwurf des Testaments ausgesprochen, den Papen selber für den Reichspräsidenten ausgearbeitet hatte; Wortlaut dieses Briefes mit Warnung Hindenburgs, das Amt des Staatsoberhauptes nicht mit dem des Regierungschefs in einer Person zu verquikken, bisher nicht sicher belegt. Eine Version in: Neue Zeitung, Münchener Ausg., 26. November 1945, ist nicht authentisch; vgl. W. HUBATSCH, Hindenburg u. der Staat (1966), Dok. 115b. Zum Ende Hindenburgs A. DORPALEN, Hindenburg in der Gesch. d. Weimarer Republik (a.d. Amerik. 1966).

[23] K.-J. MÜLLER, Das Heer u. Hitler (1969), S. 133ff.; Th. SCHIEDER, Der Fahneneid als polit. Problem in der dt. Gesch., in: Der Fahneneid (Kappenberger Gespräche der Frhr. v. Stein-Gesellschaft 4, 1970).

[24] VfZG 1 (1953), S. 136.

[25] Hitler auf dem Nürnberger Parteitag 1933, s. Die Reden Hitlers am Reichsparteitag 1933 (1934).

[26] Ausführliche Darstellung dieser Machtkämpfe am Beispiel Rosenbergs bei R. BOLLMUS, Das Amt Rosenberg u. seine Gegner. Studien zum Machtkampf im nat.soz. Herrschaftssystem (1970).

[27] P. DIEHL-THIELE, Partei u. Staat im Dritten Reich, S. 8.

[28] Vgl. H. HAMMER, Die dt. Ausgaben von Hitlers »Mein Kampf«, VfZG 4 (1956), S. 171f. Zu der auf die »Führergewalt« bezogenen Verfassungstheorie des Dritten Reiches vgl. E. R. HUBER, Verfassungsrecht des Großdeutschen Reiches (^{2}1939). Zum »Führerprinzip« ausführlich KIRSCHENMANN, op. cit.

[29] So im »Erlaß des Reichskanzlers zum Vollzug des Gesetzes über das Staatsoberhaupt des Dt. Reiches vom 1. August 1934«, wörtlich auch auf dem Stimmzettel vom 19. August 1934, RGBl. 1934 I, Nr. 93.

Kapitel 7
Die Gleichschaltung der Gesellschaft und der deutschen Volksgruppen

Die nationalsozialistische Bewegung bot in ihrem Bestreben, alle Bereiche der Gesellschaft zu durchdringen, das Bild einer weitgefächerten organisatorischen Vielfalt. Im Kernbereich der Macht standen die Politische Organisation (PO) und in Rivalität zu ihr zunächst die SA, später die SS. Um ihn herum gruppierten sich weitere sogenannte »Gliederungen der NSDAP« und »angeschlossene Verbände«. Dieser definitorische Unterschied wurde erst im März 1935 rechtsverbindlich festgelegt; er ist zivilrechtlicher Art: die Gliederungen waren vereinsrechtlich Teile der Partei, die angeschlossenen Verbände besaßen eigene Rechtspersönlichkeit[1]. Zu den Gliederungen zählten neben SA und SS das Kraftfahrer-Korps (NSKK), die Hitlerjugend (HJ), die NS-Frauenschaft, der NS-Deutsche Studentenbund (NSDStB) und der NS-Deutsche Dozentenbund, zu den angeschlossenen Verbänden der NS-Deutsche Ärztebund, der NS-

Rechtswahrerbund, der NS-Lehrerbund, die Volkswohlfahrt, die NS-Kriegsopferversorgung, der Reichsbund der Deutschen Beamten, der NS-Bund Deutscher Technik. Alle diese Gliederungen und Verbände erhoben für ihr jeweiliges Tätigkeitsfeld monopolistische Ansprüche, mit gewissen Vorbehaltsrechten lediglich für innerkirchliche Vereine. Sie alle waren nach dem Führerprinzip organisiert und für die Legitimierung bzw. Ausübung ihrer Funktionen abhängig von den Machtkonstellationen im inneren Raum der Bewegung und letztlich von den Entscheidungen des »Führers«. Zu ihren wichtigsten Aufgaben gehörte die weltanschaulich-politische Schulung, die für die Gesamtbewegung zentral, wenn auch infolge der Rivalitätskämpfe der damit Befaßten nicht einheitlich gesteuert wurde. Eigene Schulungskompetenz beanspruchten insbesondere der Reichsführer SS Himmler, der Reichspropagandaminister Goebbels, der Reichsjugendführer v. Schirach und der Führer der zahlenmäßig größten nationalsozialistischen Organisation, der Deutschen Arbeitsfront, Robert Ley.

Die Zerstörung der Gewerkschaften und die Formierung der Deutschen Arbeitsfront sind entscheidende Vorgänge im Prozeß der Gleichschaltung der Gesellschaft. Die Gleichschaltung auf diesem Gebiet, so schrieb Goebbels am 17. April 1933 in sein Tagebuch, werde zur Folge haben, daß in einem Jahr »ganz Deutschland in unserer Hand« ist[2]. Es begann im März 1933 mit zahllosen lokalen Aktionen gegen Gewerkschaftshäuser. Sie wurden durchgeführt von der nationalsozialistischen Betriebszellenorganisation mit Unterstützung von SA und SS. Diese wilden Aktionen lagen jedoch nicht im Sinne der Parteiführung. Es bestand die Gefahr, daß es zu Streiks kommen würde, die für das wirtschaftliche Wiederaufbauprogramm nicht tragbar gewesen wären. Zudem war es offensichtlich unmöglich, auf diesem Wege die mit ihren Gewerkschaften verbundenen Massen der Arbeiter für den neuen Staat zu gewinnen. Deshalb verfügte z.B. der bayerische Staatskommissar Adolf Wagner am 15. März, daß im Interesse der öffentlichen Sicherheit und Ruhe die Arbeit in den Gewerkschaftshäusern sofort wiederaufzunehmen sei. Gleichzeitig verbot er den Gewerkschaften aber jede parteipolitische Betätigung[3]. Ähnliches geschah in anderen Ländern. Wenn man die Gewerkschaften unter Kontrolle bringen wollte, mußte die Gleichschaltung als ein zentral gesteuerter Vorgang angelegt werden. Die Pläne hierfür wurden im Laufe des Monats April entwickelt. Bevor die eigentliche Aktion der

Gleichschaltung begann, schien es notwendig, die Massen psychologisch so vorzubereiten, daß sie die Zerschlagung ihrer bisherigen Organisation hinnehmen würden. Dem diente ein verbal und regiemäßig außerordentlich geschickt angelegtes Täuschungsmanöver. Ein Gesetz vom 10. April 1933 erhob den 1. Mai, den Tag der internationalen Arbeitersolidarität und des Klassenkampfes, zum »Feiertag der nationalen Arbeit«. Gleichzeitig wurde ein detailliertes, geheimgehaltenes Programm entwickelt, um sofort im Anschluß an diese Feier sich der Gewerkschaften zu bemächtigen. Man war sich des Risikos bewußt. Es war nicht sicher, daß das Täuschungsmanöver gelang. »Ein kleiner Fehler könnte bei den Riesenmassen, die wir auf die Beine bringen wollen, zur Katastrophe führen.«[4]

In der Tat verfügten die Gewerkschaften noch über einen beträchtlichen Anhang. Das zeigten die im März durchgeführten Betriebsratswahlen. Wenigstens 75% der Stimmen wurden für Gewerkschaftsvertreter abgegeben[5]. Unter dem Eindruck dieser für die Nationalsozialisten so enttäuschenden Teilergebnisse wurden deshalb durch Reichsgesetz vom 4. April »aus Gründen der öffentlichen Sicherheit und Ordnung« weitere Betriebsratswahlen ausgesetzt. Aber trotz ihrer starken Stellung in den Betrieben zeigten die Gewerkschaften keinen energischen Willen zur Selbstbehauptung. Gegenüber den wilden Aktionen, die zur Besetzung von lokalen Gewerkschaftshäusern geführt hatten, begnügten sie sich mit schriftlichen Beschwerden beim Reichspräsidenten und dem Vizekanzler v. Papen[6]. Der Verzicht auf jede reale Widerstandsaktion wurde eben damals durch die Auflösung der »Eisernen Front« unterstrichen, deren Kern die »Hammerschaften« der Gewerkschaften gewesen waren. Der Vorstand der Freien Gewerkschaften, der um die sozialpolitischen Errungenschaften eines 40jährigen Gewerkschaftskampfes ebenso besorgt war wie um das Weiterbestehen der Organisation, versicherte am 20. März 1933 Hitler seiner Loyalität. Die Freien Gewerkschaften sagten ihrer bisherigen engen Verbindung mit der SPD ab und bekannten sich zu einer Verpflichtung ihren sozialen Aufgaben gegenüber, »gleichviel welcher Art das Staatsregime ist«[7]. »Diese Erklärung wurde Hitler am Tag von Potsdam durch Leipart übermittelt – gleichsam als gewerkschaftlicher Beitrag zur konservativen Versöhnung.«[8] Man rechnete damals irrigerweise bei den Gewerkschaften damit, daß Hitler eine Einheitsgewerkschaft bilden wolle. Die Bereitschaft, hieran mitzuwirken, brachte der Vorstand des ADGB in einer Erklärung an die Reichsregierung vom 9. April 1933 zum Ausdruck[9]. Er bekundete, daß er gewillt sei, die »Selbstverwaltungsorganisation der Arbeitskraft in den Dienst des neuen Staates zu stellen«, sprach von dem »höheren Recht des Staates«, an dem die gewerkschaftliche Bewegungsfreiheit ihre Grenzen finden müsse, und ging in seiner ideologischen Selbstgleichschaltung so weit, »an dem von der Regierung geplanten berufsständischen Aufbau der Wirtschaft« mitarbeiten zu wollen. Was die christlichen Gewerkschaften anlangte, so sprach Goebbels in seinem Tagebuch vom 11. April verächtlich von ihren Vertretern, die ihn aufsuchten und »in plumper Vertraulichkeit um gut Wetter bitten und dafür versprechen, daß ihre Gefolgschaft am 1. Mai mit uns marschieren werde«[10]. Den Gewerkschaftsführern aller Richtungen schien die Schaffung einer Einheitsorganisation der rettende Gedanke zu sein. Über die Einheitsgewerkschaft sprach der ADGB-Vorstand am 13. April ohne Ergebnis mit Vertretern der NSBO. In letzter Minute, am 28. April, schlossen die drei Gewerkschaftsrichtungen ein Abkommen, durch das sich ein »Führerkreis der vereinigten Gewerkschaften« bildete mit der Aufgabe, den Zusammenschluß herbeizuführen. Sie bekannten sich zum Grundsatz der parteipolitischen Neutralität und zur Beschränkung auf die Vertretung der sozialen und wirtschaftlichen Interessen. In der Präambel hieß es in einer Sprache, die auf das Wohlwollen der Mächtigen ausgerichtet war und sich dem Stil der Zeit angepaßt hatte: »Die nationale Revolution hat einen neuen Staat geschaffen. Dieser Staat will die gesamte deutsche Volkskraft einheitlich zusammenfassen und machtvoll zur Geltung bringen. Aus diesem volklichen Einheits- und Machtwillen heraus kennt er weder klassenmäßige Trennung noch volksabgewandte Internationalität. Diese Tatsache stellt das gesamte deutsche Volk, jeden seiner Stände und jeden einzelnen vor die Notwendigkeit, seine Haltung zu diesem Staat festzulegen ... Die deutschen Gewerkschaften sind des Glaubens, daß sie der großen Aufgabe des neuen Staates, alle Kräfte des deutschen Volkes zu einer stärkeren Einheit zusammenzufassen, am besten dienen, wenn sie sich über alle Trennungen der Vergangenheit hinweg zu einer einzigen umfassenden nationalen Organisation der Arbeit vereinigen.«[11] Dieser Anpassungstaktik entsprach es, wenn der Vorstand des ADGB es öffentlich begrüßte, daß die Reichsregierung den 1. Mai zum Volkstag erklärt habe. Der Bundesausschuß des ADGB ging noch einen Schritt weiter.

Er forderte am 22. April die Mitglieder auf, sich an den Feiern »festlich zu beteiligen«. Sicherlich hat hierbei die Sorge eine Rolle gespielt, daß die Belegschaften der Betriebe ohnedies öffentlichem Druck ausgesetzt sein würden, bei den Kundgebungen mitzumachen. Man geht aber nicht fehl in der Annahme, daß die Gewerkschafsführung sich auch der großen Werbekraft bewußt war, die von solchen Parolen ausging, wie sie Goebbels am 24. April in einem Aufruf zum Tag der nationalen Arbeit verkündete. Die Überwindung von Klassenhaß und Standesdünkel, die Ehrung der Arbeit und des Arbeiters, der Aufruf zu Schaffensmut und freudiger Lebensbejahung – das waren Parolen, die sich für die nach den Erfahrungen mit der Weimarer Zeit enttäuschten Massen als elementar einsichtig erweisen sollten. Zu welchen Zwecken sie mißbraucht werden konnten, das ahnten damals nur wenige. Der 1. Mai sah dann in der Tat Millionenmassen auf den Straßen und den Plätzen, freiwillig und unfreiwillig, nicht nur Arbeiter, sondern Angehörige aller Berufe. Hitler hielt eine seiner propagandistisch geschicktesten Reden, die an das soziale und nationale Selbstbewußtsein der Schaffenden appellierte und große Anstrengungen für die Arbeitsbeschaffung ankündigte.

Am nächsten Tag erfolgte nach vorbereitetem Plan, mit dessen Durchführung Robert Ley beauftragt worden war, der Schlag gegen die Gewerkschaften. Im ganzen Reich wurden die Gewerkschaftshäuser durch SA und SS unter Leitung von Funktionären der Partei und der NSBO besetzt und die führenden Gewerkschaftler in Schutzhaft genommen. Im übrigen sollte der Apparat mit seinen mittleren und kleinen Funktionären zunächst unter Aufsicht der NSBO weiterarbeiten. Für diesen Schlag gegen die Gewerkschaften gab es keinerlei gesetzliche Grundlage oder behördliche Anweisung. Es war eine reine Parteiaktion. Sie vollzog sich, ohne auf Widerstand zu stoßen. Dies war wohl das Erstaunlichste an dem Vorgang. Unbegreiflich auch mußte es der internationalen Arbeiterbewegung außerhalb Deutschlands erscheinen, daß die stolzen deutschen Gewerkschaften vor dem Nationalsozialismus nicht nur äußerlich kapitulierten. Schon am 22. April war durch die deutsche Presse die Mitteilung gegangen, daß die in Amsterdam versammelten Vertreter der Gewerkschaftsinternationale beschlossen hatten, die Beziehungen zu ihren deutschen Genossen abzubrechen. Dem ADGB wurde der Vorwurf der »Ehrlosigkeit« gemacht, weil er »der Regierung Hitler seine unbedingte Mitarbeit und die Einverleibung der Freien Gewerkschaften in den faschistischen Staat angeboten habe«. Er habe sich dadurch in Gegensatz gesetzt zu den Prinzipien des Internationalismus und des Klassenkampfes[12].

Man wird diesen Vorgang der Zerstörung der Gewerkschaften, der in dieser Weise nicht möglich gewesen wäre ohne eine vorherige gewisse Selbstgleichschaltung der Gewerkschaften, nur dann richtig einschätzen, wenn man ihn in Beziehung setzt zu den gleichzeitigen Illusionen im konservativen Lager. Hier wie dort waren die Intentionen nicht schon deshalb »faschistisch«, weil sie sich, wie etwa in den Gewerkschaftsverlautbarungen vom März und April 1933, eines Vokabulars bedienten und in Vorstellungen bewegten, die sich zum Teil auch in den nationalsozialistischen Kundgebungen finden. Der Gedanke der Einheitsgewerkschaft, das Zurücktreten der Klassenkampfparole gegenüber der Idee des Gemeinwohls und »dem höheren Recht des Staates als Repräsentanten der gesamten Volksgemeinschaft« waren aus der spezifischen Tradition der deutschen Gewerkschaften heraus durchaus erklärbar und legitim. Verhängnisvoll war es jedoch, daß eine solche Bereitschaft jetzt und diesem Staat und dieser Bewegung gegenüber bekundet wurde, während die Praktizierung dieser Grundsätze zu einem früheren Zeitpunkt hätte helfen können, die große Koalition im Jahre 1930 zu retten, einen Ausgleich zwischen Arbeitgeber- und Arbeitnehmerinteressen herbeizuführen und damit vielleicht die Weimarer Republik vor dem Untergang zu bewahren. So aber, zu diesem verspäteten Zeitpunkt, kam das Verhalten der Gewerkschaften nur den Absichten der Nationalsozialisten entgegen, alle Kräfte der Gesellschaft für ihre im Ergebnis zerstörerischen Absichten gleichzuschalten.

Es wurde nichts aus einer Einheitsgewerkschaft. Statt dessen verkündete Robert Ley, der Leiter eines »Aktionskomitees zum Schutze der Deutschen Arbeit«, das die Aktionen des 2. Mai dirigiert hatte, am gleichen Tage die Bildung einer »Deutschen Arbeitsfront« (DAF), die am 10. Mai in Berlin gegründet wurde. Robert Ley, zugleich Stabsleiter der »Politischen Organisation« der NSDAP, übernahm ihre Führung. Durch diese Verklammerung wurde die Gleichschaltung der neuen umfassenden Organisation unter dem Primat der Politik gesichert. In die Deutsche Arbeitsfront wurden zunächst die gleichgeschalteten Verbände der Arbeiter und Angestellten eingegliedert. Die Funktionäre der NSBO und auch Ley hatten ursprünglich die

Absicht, für die DAF in Fortführung gewerkschaftlicher Aufgaben die Zuständigkeit für die Festsetzung der Tarife zu sichern. Diese Hoffnung erfüllte sich jedoch nicht. Tariffragen fielen durch Gesetz vom 19. Mai 1933 in die Zuständigkeit der neueingesetzten staatlichen »Treuhänder der Arbeit«. In diesem Gesetz hieß es: »Bis zur Neuordnung der Sozialverfassung regeln die Treuhänder an Stelle der Vereinigungen von Arbeitnehmern, einzelner Arbeitgeber oder der Vereinigungen von Arbeitgebern rechtsverbindlich für die beteiligten Personen die Bedingungen für den Abschluß von Arbeitsverträgen.«[13] Damit war die Tarifautonomie der Arbeitnehmer sowohl wie der Arbeitgeber, der kollektiv ausgehandelte Tarifvertrag als wichtigstes Element der bisherigen gewerkschaftlichen Mitbestimmung, aufgehoben. In der Konsequenz dieser Entwicklung lag die Auflösung der Arbeitnehmer- wie auch der Arbeitgeberorganisationen. Die Arbeitsfront wurde im November 1933 umorganisiert und umfaßte nach und nach die Gesamtheit der Arbeiter, Angestellten und Unternehmer (bei formeller Freiwilligkeit ca. 20 Mill. Mitglieder). Zur Hauptaufgabe der Arbeitsfront wurde die Schulung erklärt im Sinne der allgemeinen politischen Zielsetzung der Partei und der sich inzwischen vollziehenden Neuordnung des Arbeitsrechts. Daneben stand die soziale Betreuung in den Betrieben, die Sorge für die hygienische und ästhetische Verbesserung der Arbeitsstätten (»Schönheit der Arbeit«) und die Freizeit- und Reisebetreuung durch die nach dem italienischen Vorbild des »Dopo Lavore« geschaffene Organisation »NS-Gemeinschaft Kraft durch Freude« (KdF).

Das Führungsmonopol der Partei wurde für den gesamten Tätigkeitsbereich der Deutschen Arbeitsfront festgelegt. Die Mitglieder der NSBO-Betriebszellen waren «Parteigenossen». Das gleiche galt für die »Amtswalter« der »Betriebsgruppen«, in denen jeweils die Belegschaften von Betrieben der gleichen Produktionsrichtung auf den verschiedenen lokalen und regionalen Stufen bis hinauf zu Reichsbetriebsgruppen zusammengefaßt waren. Die regionale Gliederung der Arbeitsfront entsprach der der Partei. Dem Gauleiter sollte in seinem Gebiete, einer Anordnung Leys zufolge, auch die Arbeitsfront in politischer und personeller Hinsicht unterstehen[14]. Freilich gab es in der NSBO Kräfte, die sozialpolitisch stärker an den gewerkschaftlich errungenen Arbeiterrechten hätten festhalten wollen, als es dem tatsächlichen Kurs des Regimes entsprach, das sich für seine

Zwecke auf die Unterstützung durch die Mächtigen in der Industrie angewiesen sah.

Durch das »Gesetz zur Ordnung der nationalen Arbeit« vom 20. Januar 1934 wurden die in der Zeit der Weimarer Republik entstandenen arbeitsrechtlichen Verhältnisse tiefgreifend umgestaltet[15]. Unter dem Leitbegriff der »Betriebsgemeinschaft«, die durch ein Fürsorge- und Treueverhältnis zwischen »Führer« und »Gefolgschaft« bestimmt werden sollte, wurden den Belegschaften ihre bisherigen betrieblichen Mitbestimmungsrechte genommen. An die Stelle des Betriebsrates trat ein »Vertrauensrat«, der lediglich beratende Befugnisse besaß. Das bedeutete allerdings nicht eine einfache Rückkehr zum Herr-im-Hause-Standpunkt. Der Vertrauensrat konnte nämlich gegen die Entscheidung des Betriebsführers an den für das Gebiet zuständigen Treuhänder der Arbeit appellieren. Die Treuhänder waren Reichsbeamte unter der Dienstaufsicht des Reichsarbeitsministers. Ihre Aufgabe war die »Erhaltung des Arbeitsfriedens«. Sie erhielten zu diesem Zweck weit in die Betriebe hineinreichende Befugnisse. Sie entschieden in Streitfällen zwischen Vertrauensmännern und Betriebsführung, konnten Entscheidungen des Betriebsführers aufheben und eigene Regelungen treffen. Sie gaben Richtlinien für Tarifordnungen und überwachten deren Durchführung. Bei größeren Entlassungen war der Treuhänder zu hören. Die Wahl der Vertrauensmänner erfolgte aufgrund von Einheitslisten, die von der NSBO-Betriebszelle aufgestellt wurden. Wenn die Liste in den Betriebswahlen abgelehnt wurde, konnte der Treuhänder von sich aus die Vertrauensmänner einsetzen. Am 12. und 13. April 1935 wurden Vertrauensratswahlen durchgeführt[16]. Als Ergebnis verkündete Robert Ley, daß weit über 80% der Industriearbeiterschaft Deutschlands im nationalsozialistischen Sinne gestimmt hätten. Schriftstücke, die aus den Trümmern der Reichskanzlei geborgen werden konnten, lassen jedoch erkennen, daß man dort genau wußte, wie sehr das wirkliche Ergebnis hinter dem öffentlich verkündeten zurückgeblieben war. Aus den wichtigsten Harburger Betrieben liegen die Ergebnisse vor. Hier gaben für die nationalsozialistischen Kandidaten zum Betriebsrat nur etwa 30–40% der Belegschaft ihre Stimme. Die große Diskrepanz zwischen den öffentlichen politischen und den innerbetrieblichen Abstimmungen ist daraus zu erklären, daß die Vertrauensratswahlen nicht unter einem so scharfen Druck standen wie die öffentlichen und daß die Mehrzahl der Arbeiterschaft, die in den Gewerkschaften und den Linksparteien organisiert gewesen war, eine Ordnung der Arbeitsverhältnisse mißbilligte, die die früheren Rechte der Arbeiter aufgehoben und an deren Stelle die weitgehenden Eingriffsbefugnisse des Staates und das politische Monopol der Partei in den Betrieben gesetzt hatte. Das für die Partei negative Ergebnis dieser Wahlen hatte zur Folge, daß Vertrauensratswahlen von nun an nicht mehr stattfanden. Durch wiederholte Gesetze wurde die Amtszeit der Vertrauensmänner verlängert, zuletzt unbegrenzt.

Im nationalsozialistischen System der Arbeit kam eine wesentliche Erziehungsaufgabe dem Arbeitsdienst zu. Unter dem späteren Reichsarbeitsdienstführer Konstantin Hierl, einem ehemaligen aktiven Offizier, wurden die in den Endjahren der Weimarer Republik entstandenen zahlreichen freiwilligen Arbeitslager verschiedener, besonders auch kirchlicher Trägerorganisationen zu einem NS-Arbeitsdienst zusammengefaßt. Die allgemeine halbjährige Arbeitsdienstpflicht für Jungen und Mädchen wurde am 26. Juni 1935 eingeführt; sie bestand vorher schon für Studenten. Das entsprach der arbeitspädagogischen Zielsetzung, dem intellektuellen Nachwuchs die Schwere und Würde der körperlichen Arbeit zum Bewußtsein zu bringen (vgl. Kap. 11). Die ursprüngliche Funktion des freiwilligen Arbeitsdienstes, jugendliche Arbeitslose von der Straße zu holen, trat demgegenüber zurück.

Wie die Arbeiter, so wurden die Bauern in einer Monopolorganisation zusammengefaßt. Anstelle der verschiedenen agrarischen Interessenverbände trat unter Darré[17], der als Nachfolger des schon im Juni 1933 aus dem Kabinett ausgeschiedenen Hugenberg[18] das Landwirtschaftsministerium übernahm, der »Reichsnährstand«. Mit seinen drei Hauptverwaltungen »Der Mensch«, »Der Hof« und »Der Markt« versuchte er das ganze bäuerliche Leben vom Bauernkalender und der Pflege des Volkstums über die Betriebsführung und Rechtsordnung der Bauernwirtschaft bis zu den nationalökonomischen Fragen des Absatzes, der Marktordnung und der Preise zu lenken. In den jährlichen Erntedankfestkundgebungen auf dem Bückeberg, auf denen regelmäßig Hitler zu den Massen sprach, erhielt das Bauerntum vom Blut-und-Boden-Mythos der nationalsozialistischen Ideologie her unter den Berufsständen des deutschen Volkes eine völkisch verklärte Sonderstellung zugewiesen.

Weniger tiefgreifend als im Bereich der Arbeitnehmerorganisationen und der Landwirtschaft war die Gleichschaltung der

Industrieverbände. Zwar wurden auch sie zu Zwangseinrichtungen umgestaltet und unter staatliche Aufsicht gestellt, aber sie vermochten es doch, ein erhebliches Maß an Selbstverwaltung zu bewahren mit vorherrschendem Einfluß der Großindustrie. In den ersten Monaten der »nationalen Revolution« waren allerdings die Industrieverbände mancherlei Willküreingriffen von seiten der revolutionären Kräfte in der NSDAP ausgesetzt. Aber anders, als es bei den Gewerkschaften der Fall war, konnten mit Hilfe des Staates solche Eingriffe im allgemeinen abgewehrt werden. Es war nur eine äußerliche Anpassung an die Ständeideologie der Partei, wenn der »Reichsverband der deutschen Industrie« sich im Jahre 1933 von innen heraus und nicht durch staatlichen Eingriff unter der Führung von Krupp in den »Reichsstand der deutschen Industrie« umwandelte. Unter Reichswirtschaftsminister Schacht wurde 1934 das industrielle Verbandswesen umfassend geregelt: in der »Reichsgruppe Industrie« – anstelle des »Reichsstandes« – und den ihr angehörenden Wirtschafts- und Fachgruppen behielt sich der Reichswirtschaftsminister das Ernennungs- und Aufsichtsrecht vor, aber weitgehend blieben die bisherigen Personen. Ein Beispiel hierfür aus dem Bereich der Schwerindustrie (nach Broszat): aus dem »Verein deutscher Eisen- und Stahlindustrieller« wurde die »Wirtschaftsgruppe Eisenschaffende Industrie«, aber die Führung unter Ernst Poensgen blieb die gleiche; ähnliches galt für die regionalen Untergruppen in diesem Industriebereich.

Die nationalsozialistische Gleichschaltung konnte unter dem Vorzeichen sehr unterschiedlicher gesellschaftlicher Leitbilder stehen. Die Gleichschaltung der Industrie vollzog sich als Kooperation mit dem Staat, der sich in Verfolg seiner Rüstungsinteressen darauf angewiesen sah, den Industrialisierungsprozeß zu fördern. Innerhalb der nationalsozialistischen Partei jedoch wurde wie schon in der Kampfzeit, so während der nationalsozialistischen Revolution die Idee eines berufsständischen Aufbaus der Wirtschaft mit Selbstverwaltung und korporativen Lenkungsvollmachten als Weg zur Überwindung des Klassenkampfes im Unterschied sowohl zum wirtschaftlichen Liberalismus als auch zu einer staatlich dirigierten Wirtschaft vertreten. So hatte ja auch das Parteiprogramm Art. 25 die Bildung von Stände- und Berufskammern gefordert. Ein »NS-Kampfbund für den gewerblichen Mittelstand« unter Theodor v. Renteln machte sich zum Vorkämpfer dieser Gedanken. Nach der

Machtübernahme war es gleichzeitig mit dem SA-Terror gegen politische Gegner und dem NSBO-Terror gegen die Gewerkschaften auch im Bereich der mittelständischen Wirtschaft zu Willkürhandlungen gekommen. Eine Boykotthetze richtete sich unter antisemitischen, antikapitalistischen und antimarxistischen Parolen gegen jüdische Geschäfte, gegen Kaufhäuser und Konsumgenossenschaften. Als Ansätze zur ständischen Ordnung wurden am 3. und 4. Mai, d.h. unmittelbar nach der Auflösung der Gewerkschaften, ein »Reichsstand des deutschen Handels« und ein »Reichsstand des deutschen Handwerks« gegründet. Aber anders, als es Parteiprogramm und Propaganda versprochen hatten, wurden kleinere und mittlere Gewerbetreibende, Handwerker und Geschäftsleute keineswegs vom Regime besonders gefördert. Ein in Aussicht gestelltes Gesetz zum Schutz des Mittelstandes kam nicht zustande. Die mittelständischen Forderungen wurden durch Staat, Industrie und Arbeitsfront zurückgedrängt. Rudolf Heß mußte als Stellvertreter des Führers schon am 7. Juli 1933 den Mitgliedern der Partei im Widerspruch zum Parteiprogramm Art. 16 untersagen, weiter irgendwelche Aktionen gegen Warenhäuser zu unternehmen, und Robert Ley stellte sich schützend vor die Konsumvereine, nachdem diese der Arbeitsfront einverleibt worden waren[19]. Das Handwerk geriet, statt in einer ständischen Organisation korporative Selbstverwaltung zu erlangen, in Form einer obligatorischen Zunftverfassung unter die Aufsicht der staatlichen Wirtschaftsbürokratie. In einer Verordnung über den »vorläufigen Aufbau des deutschen Handwerks« vom 15. Juni 1934 wurde Zwangsmitgliedschaft und Führerprinzip für die öffentlich-rechtlichen Handwerkerinnungen eingeführt. Unter staatlicher Lenkung fand eine »Berufsbereinigung« statt, die dazu führte, daß bis zum Kriege über 10% der Handwerksbetriebe schließen mußten. Auch gegen die »Überbesetzung des Einzelhandels« wurden Maßnahmen durchgeführt.

In den Zusammenhang dieser Maßnahmen gehört auch die Ausschaltung Gottfried Feders, des Wirtschaftstheoretikers der nationalsozialistischen Frühzeit, dem Hitler wegen seines Kampfes gegen die »Zinsknechtschaft« und wegen seiner Unterscheidung von »schaffendem und raffendem Kapital« Tribut gezollt hatte. Ende Juni 1933 als Staatssekretär in das Reichswirtschaftsministerium berufen, wo er unter Reichswirtschaftsminister Schmitt, dem Nachfolger Hugenbergs, ohne Einfluß blieb, wurde er unter dessen Nachfolger Schacht entlassen. Der

Ständestaat hatte auch in der Schwerindustrie einen Anhänger, Fritz Thyssen, den Aufsichtsratsvorsitzenden der Vereinigten Stahlwerke. Von der katholischen Soziallehre herkommend, hatte er die Hitlerbewegung unterstützt, von der er sich die Verwirklichung des Ständestaates erhoffte. In Düsseldorf hatte er nach der Machtübernahme mit eigenen Mitteln ein »Institut für Ständewesen« errichtet, das zunächst mit Zustimmung der dortigen Parteiorgane und Hitlers den Ständegedanken propagierte. Aber nachdem Hitler die Verfechter ständischer Selbstverwaltung, die eine Zeitlang in der Auseinandersetzung mit dem sozialistischen Flügel der NSDAP dienlich gewesen waren, beiseite geschoben hatte, kehrte Thyssen in Absage an die Kriegspolitik Hitlers dem nationalsozialistischen Deutschland den Rücken und emigrierte 1939 in die Schweiz, dann nach Frankreich. Hier wurde er 1940 verhaftet und bis zum Kriegsende in einem Konzentrationslager festgehalten.

Man hat in der Literatur diesen Vorgang der Gleichschaltung seiner sozialen Konsequenzen wegen als eine soziale Revolution bezeichnet[20]. Die Anwendung dieses Begriffes mag insofern gerechtfertigt sein, als trotz Weiterbestehens der kapitalistischen Wirtschaft sich das ausschlaggebende Gewicht von den tradierten Führungsschichten der deutschen Gesellschaft in Industrie, Großlandwirtschaft, Bürokratie, Armee und Kirche auf die NS-Führung und den von ihr dirigierten Staat verlagerte. Insofern war der Prozeß der gesellschaftlichen Gleichschaltung zugleich ein Prozeß der sozialen Einebnung. Dies war vor allem ein Bewußtseinsvorgang. In dem von den Thesen der »Volksgemeinschaft«, des »Gemeinwohls« und der Überwindung von Standesdünkel und Klassenhaß erfüllten Klima des nationalsozialistischen Deutschland entstand in der Tat ein überkommene Vorurteile hinter sich lassendes Verhältnis der Angehörigen unterschiedlicher sozialer Schichten zueinander[21].

Die Politik der Gleichschaltung griff auch nach den deutschen Volksgruppen im Ausland[22]. Diese arbeiteten in den einzelnen Ländern unter sehr verschiedenartigen geschichtlichen Voraussetzungen. Gab es im Baltikum homogene Gruppen von Deutschen, die auf eine lange gemeinsame Geschichte zurückblickten und sich trotz der durch Agrarreformen erlittenen Verluste eines erheblichen Maßes an Kulturautonomie erfreuten, so setzte sich das Deutschtum in Polen aus sehr unterschiedlichen Elementen in den ehemals russischen, österreichischen und deutschen Landesteilen zusammen. Das Sudetendeutschtum wiederum stand durch seinen Zusammenhang mit dem geschlossenen deutschen Siedlungskörper unter besonderen Bedingungen; es kam dahin, daß es sich weder als Minderheit noch als Volksgruppe, sondern als Teil der politischen deutschen Nation betrachtete. In Rumänien bestand zwischen dem auf kirchlichem Boden fest begründeten Deutschtum der lutherischen Siebenbürger Sachsen sowie der katholischen Banater Schwaben und dem sehr viel lockerer gefügten Deutschtum in der Bukowina und Dobrudscha ein erheblicher Gradunterschied in der volkstumspolitischen Aktivität. Bei allen Besonderheiten im einzelnen waren jedoch den verschiedenen deutschen Volksgruppen in Osteuropa einige Züge gemeinsam, die es verständlich machen, daß die nationalsozialistische Gleichschaltung auch außerhalb des deutschen politischen Machtbereiches gelang. Wenn es in diesen Volksgruppen Parteien gab, so trat vielfach deren Rivalität zurück hinter den gemeinsamen kulturpolitischen Aufgaben gegenüber der jeweiligen Staatsnation. Die Parteien standen in einigen Ländern auf dem Boden einer gemeinsamen deutschen Kulturorganisation. Der Gedanke der Volksgemeinschaft, den die Nationalsozialisten propagandistisch ausschlachteten, war hier gleichsam vorgeformt. Man mißtraute vielfach dem demokratischen Majoritätsprinzip der Gaststaaten, das zwar dem einzelnen bürgerliche Rechte gewährte, aber keine Sicherheit bot für das Fortbestehen der nationalen Minderheit als Volksgruppe. Dazu kam die Enttäuschung über die verhältnismäßig geringe Sicherheit, die durch die Minderheitenschutzverträge und die Völkerbundsgarantie den Volksgruppen in denjenigen Staaten zuteil geworden war, die eine bewußte Nationalisierungspolitik betrieben. Daher schaute man auf das wiedererstarkende Reich in der Hoffnung, daß es die Rolle einer Schutzmacht übernehmen könnte. Finanziell waren die deutschen Volksgruppen ohnehin auf die Unterstützung durch Deutschland angewiesen. Über den Verein für das Deutschtum im Ausland (VDA) flossen ihnen Förderungsmittel für Schulen, Theater, Presse und die politische Arbeit zu. Schließlich konnte die Tatsache, daß in Deutschland der Kampf gegen die Republik unter Berufung auf den Volksgedanken geführt worden war, nicht ohne Rückwirkung auf die Volksdeutschen bleiben; zu spät sollten sie erkennen, daß der Nationalsozialismus hinter einer Fassade von Volkstumsparolen im Grunde eher etatistisch dachte, und sie ahnten nicht, daß gerade im Zeichen des Hakenkreuzes die Losreißung des deutschen

Volkstums in Osteuropa aus seinem Heimatboden beginnen sollte, um unter dem Zeichen von Hammer und Sichel weitergeführt zu werden.

Der VDA, dessen Präsident Geßler gewesen war, wurde 1933 als »Volksbund für das Deutschtum im Ausland« einem »Reichsführer« unterstellt, dem im Kärntner Volkstumskampf bewährten Hans Steinacher, bis auch dieser in einer weiteren Stufe der Gleichschaltung seines Amtes enthoben und schließlich die Arbeit dieser Organisation von der »Volksdeutschen Mittelstelle« der SS übernommen wurde. Die Unterstützungsgelder des Reiches flossen mehr und mehr nur den nationalsozialistischen Organisationen der Auslandsdeutschen zu. Der von Deutschland ausgeübte finanzielle Druck beschleunigte die Gleichschaltung. Die deutschen Volksgruppen verloren ihre Eigenständigkeit und gerieten unter das Kommando reichsdeutscher Parteistellen. Es gab allerdings einige klarblickende Sprecher des Auslandsdeutschtums wie den Deutschbalten Paul Schiemann, bis 1933 Führer der deutschen Fraktion im lettischen Parlament, die erkannten, daß der Selbstbehauptungskampf um Volksgruppenrechte die strenge Loyalität gegenüber dem Gastlande zur Voraussetzung hatte und daher mit dem Nationalsozialismus nicht vereinbar war. Angesichts der Tatsache jedoch, daß die Gleichschaltung der deutschen Volksgruppen außerhalb des politischen Machtbereiches des deutschen Staates trotz solcher Ausnahmen weitgehend gelang, wird man sich hüten müssen, in der Gleichschaltung der innerdeutschen Gesellschaft dem Moment des staatlichen Zwanges ein zu großes Gewicht beizulegen.

[1] H. Buchheim, »Gliederungen« u. »Angeschlossene Verbände« der NSDAP, in: Gutachten des Inst. f. Zeitgesch. 1 (1958).

[2] J. Goebbels, Vom Kaiserhof zur Reichskanzlei (1934), S. 298.

[3] Ursachen u. Folgen 9, Nr. 2264.

[4] Goebbels, S. 301.

[5] Schätzungen hierüber unterschiedlich bei H.-G. Schumann, Nationalsozialismus u. Gewerkschaftsbewegung. Die Vernichtung der dt. Gewerkschaften u. der Aufbau der Dt. Arbeitsfront (1958), S. 66, u. G. Beier, Das Lehrstück vom 1. u. 2. Mai 1933 (1975), S. 32.

[6] Schreiben des ADGB, Bundesvorstand, 5. 4. 1933 an den Reichspräsidenten in: G. Beier, op. cit., S. 54ff., als Dokument insofern aufschlußreich, als es einen Überblick über das Ausmaß der antigewerkschaftlichen Aktionen gibt; ADGB-Ortsausschuß Breslau an den Vizekanzler, 8. 3. 1933 in: Ursachen u. Folgen 9, Nr. 2262.

[7] Gewerkschaftszeitung, 25. 3. 1933.

[8] G. Beier, op. cit.

[9] Text H.-G. Schumann, op. cit., S. 166.

[10] J. Goebbels, op. cit., S. 297.

[11] Text nach G. Beier, Zur Entste-

hung des Führerkreises der vereinigten Gewerkschaften Ende April 1933, in: Archiv f. Sozialgesch. 15 (1975). – An der Abfassung des Textes war der christliche Gewerkschaftler Jakob Kaiser maßgeblich beteiligt, abschwächende Korrekturen durch Wilhelm Leuschner. Beier stellt fest, daß sich im Führerkreis jene Gewerkschaftler trafen, die später maßgeblich an der Unterstützung des 20. Juli 1944 beteiligt waren. Dennoch läßt sich dieses Dokument kaum, wie es gelegentlich in der Literatur geschieht, als eine Bekundung von Widerstandswillen bezeichnen, wenn auch die Absicht, eine Einheitsgewerkschaft zu schaffen, den Plänen der NS-Führung widersprach. – H. MOMMSEN, Die dt. Gewerkschaften zwischen Anpassung u. Widerstand 1930–1944, in: H. O. VETTER (Hg.), Vom Sozialistengesetz zur Mitbestimmung (1975).

[12] Ursachen u. Folgen 9, Nr. 2270.

[13] RGBl. 1933 I, Nr. 52.

[14] Ursachen u. Folgen 9, Nr. 2281.

[15] RGBl. 1934 I, Nr. 7.

[16] Th. ESCHENBURG, Streiflichter zur Gesch. der Wahlen im Dritten Reich, Dokumentation, VfZG 3 (1955).

[17] Lit. zu Darré s. Kap. 3, Anm. 4.

[18] A. RITTHALER, Eine Etappe auf Hitlers Weg zur ungeteilten Macht. Hugenbergs Rücktritt als Reichsminister. Dokumentation, VfZG 8 (1960).

[19] Zum Scheitern der Ständeideologie u. zur Zurückdrängung mittelständischer Interessen: A. SCHWEITZER, Big Business in the Third Reich (London 1964), Kap. 3–5; D. SCHOENBAUM, Die braune Revolution. Eine Sozialgesch. des Dritten Reiches (a. d. Amerik. 1970), Kap. 2 u. 4; M. BROSZAT, Der Staat Hitlers (Tb. [4]1974), S. 207ff.; K. D. BRACHER/W. SAUER/G. SCHULZ, Die nat. soz. Machtergreifung ([2]1962), S. 634ff.; M. SCHNELLER, Zwischen Romantik u. Faschismus (1970). Eine von Th. A. v. Renteln herausgebrachte, von mittelständischen Interessen bestimmte Schrift ›Wirtschaftliches Sofortprogramm der NSDAP‹ ([2]1932) war schon am 8. Sept. 1932 vom Geschäftsführer des Reichsverbandes der dt. Industrie Jacob Herle einer scharfen Kritik unterzogen u. daraufhin auf Veranlassung Hitlers zurückgezogen worden; Text des Schreibens Herles bei D. STEGMANN, Zum Verhalten von Großindustrie u. Nat.soz. 1930–32, in: Arch. f. Soz. Gesch. 13 (1973), Nr. 10. – Ferner K. BLUDAU, Nat.soz. u. Genossenschaften (1968); H. UHLIG, Die Warenhäuser im Dritten Reich (1956).

[20] Dies geschah zuerst durch einen indischen Historiker: S. SURI, Nazism and social Change in Germany (Neu Delhi 1959). Er sprach von der verspäteten bürgerlichen Revolution, die unbeabsichtigt durch die Nat.soz. bewerkstelligt worden sei, indem sie die Alternativen, nämlich den Feudaladel u. die Organisationen der Arbeiterklassen, zerstörten. Infolgedessen sei als Ergebnis der NS-Herrschaft in Dtld. festzustellen, daß sie geholfen habe, »den Übergang Dtlds. von einem halbfeudalen in einen bürgerlichen Staat zu vollenden«. Ähnlich später R. DAHRENDORF, Gesellschaft u. Demokratie in Dtld. (1965) u. bes. D. SCHOENBAUM, Die braune Revolution (s.o.). Anschauliche Schilderung des Lebens im Dritten Reich bei R. GRUNBERGER, Das zwölfjährige Reich. Der Deutschen Alltag unter Hitler (a. d. Engl. 1971); Kap. 1, Anm. 3.

[21] Das Phänomen sozialer Integration, das von den in Anm. 20 genannten Autoren als »braune Revolution« u.ä. beschrieben wird, findet von einem marxistischen Standpunkt her, der von der Fundamentalgegebenheit des Klassenkampfes ausgeht, eine andere Deutung. T. W. MASON, Arbeiterklasse und Volksgemeinschaft. Dok. u. Mat. z. dt. Arbeiterpolitik 1936–1939 (1975) stellt seine Analyse und Auswahldokumentation unter den Gesichtspunkt, daß die Vollbe-

schäftigung der Arbeiterschaft trotz der Zerschlagung ihrer Organisation eine Machtstellung gegeben habe, der gegenüber die Volksgemeinschaftsideologie nicht mehr ausreichte, um die Arbeiter bei der Stange zu halten; daher zweckkalkulierte Rücksichtnahme von seiten des Regimes und im Kriege Verzicht auf die totale Ausschöpfung und Mobilisierung aller Arbeitskräfte (vgl. dazu Bd. 21, Kap. 11). Verf. sieht hierin ein Zeichen der inneren Widersprüchlichkeit des Regimes.

[22] DW 397/104–113. M. Broszat/H. Buchheim, Dt. Grenzgebiete – volksdt. Organisationen, in: Gutachten des Inst. f. Zeitgesch. 1 (1958); H.-A. Jacobsen, Nat.soz. Außenpolitik 1933 bis 1938 (1968), Kap. IV; ders. (Hg.), Hans Steinacher. Bundesleiter des VDA 1933–1937. Erinnerungen u. Dokumente (1970); W. Miege, Das Dritte Reich u. die Dt. Volksgruppe in Rumänien 1933–1938 (1972). Zum Sudetendeutschtum vgl. Kap. 18.

Kapitel 8
Der SS-Staat

Wie das gesamte Leben von der nationalsozialistischen Bewegung durchtränkt wurde und dessen eigentümliche Färbung annahm, so wurden die Bewegung selber und weitgehend auch der Staat durchsetzt von den Einflüssen, die die SS unter Himmler in zunehmendem Maße zu gewinnen verstand. In der Geschichte der SS wiederholt sich zu verschiedenen Malen der Vorgang, daß sich kleinere zuverlässige, mit Sonderaufgaben betraute Kader aus einem größeren Verband herausbilden. Aus der persönlichen Leibwache Hitlers entwickelte sich die Schutzstaffel als allgemeine Polizei der Partei für die Gewährleistung von deren innerer und äußerer Sicherheit. Unter Himmler wuchs sie von 280 Mann im Jahre 1929 auf 50000 im Jahre 1933. Nach der Machtergreifung wiederholte sich nun der frühere Vorgang: Aus Angehörigen der SS wurde unter Sepp Dietrich eine zahlenmäßig zunächst kleine Stabswache für Adolf Hitler gebildet. Diese entwickelte sich zur Leibstandarte, die im Kriege bis zur Divisionsstärke anwuchs. Daneben wurden als zuverlässige SS-Kerntruppen die »Bereitschaften« bzw. »Kasernierten Hundertschaften« geschaffen. Aus diesen »SS-Verfügungstruppen« entstand im Kriege die »Waffen-SS« als eine Wehrmacht neben der Wehrmacht. Sie zählte schließlich 950000 Mann, darunter neben 300000 Volksdeutschen 200000 Ausländer. Neben den Verfügungstruppen entstanden als Sonderformationen für die Bewachung der Konzentrationslager die

»SS-Totenkopfverbände«, die auf 40000 Mann anwuchsen. Auch sie gehörten zur »Waffen-SS«. Die allgemeine SS verlor über dieser Bildung von Sonder- und Kernverbänden an Bedeutung. Aber ihr allgemeines Kennzeichen blieb die persönliche Bindung an den »Führer«.

Als Ergebnis des Röhm-Putsches 1934 gewann die SS Selbständigkeit gegenüber der SA. Von dieser Position aus gelang es Himmler im Juni 1936, die zur Reichsinstitution gemachte Gesamtpolizei in seine Hand zu bringen. Dazu gehörten die uniformierte Ordnungspolizei unter Kurt Daluege und, dem »Reichssicherheitshauptamt« unter Heydrich[1], seit 1943 Kaltenbrunner unterstellt, die Sicherheitspolizei (d.h. Kriminalpolizei und Geheime Staatspolizei, Gestapo) und zur Beobachtung und Nachrichtenbeschaffung der Sicherheitsdienst (SD). Als »Reichsführer SS und Chef der deutschen Polizei im Reichsministerium des Innern« war Himmler dem Minister, als SS-Führer unmittelbar dem Parteiführer Hitler unterstellt. Das verlieh ihm ein vollkommenes Maß von Unabhängigkeit gegenüber dem Reichsinnenminister Frick, dessen Versuche, den Reichsführer und die SS unter seine Kontrolle zu bringen, scheiterten. Schließlich sollte im Jahre 1943 Frick selber von Himmler als Innenminister verdrängt werden. Die Polizei unter Führung der SS wurde zum Schnittpunkt der Bewegung und des Staates. Das offizielle Schema des Verhältnisses von Partei und Staat, wie es etwa Hitler auf den Reichsparteitagen verkündete, lautete, daß die Partei Richtung und Ziel bestimme und der Staat ausführe. In der eigentümlichen Verklammerung von SS und Polizei war dieses Schema jedoch durchbrochen, da dieser Verband zugleich der Bewegung und dem Staat angehörte und doch nach beiden Richtungen hin unabhängig war bei ausschließlicher Bindung an den »Führer«. Bei den SS-Verfügungstruppen und Totenkopfverbänden wurde dies besonders deutlich: Sie wurden nicht wie die anderen Gliederungen der NSDAP vom Reichsschatzmeister zivilrechtlich und vom »Stellvertreter des Führers« Rudolf Heß politisch repräsentiert; ebensowenig aber waren die Polizei-SS der Verfügungsgewalt des Innenministers oder die militärischen Formationen der SS der Wehrmacht unterstellt. Gegen Ende des Krieges sollte sich im Verhältnis zur Wehrmacht als Krönung des SS-Staates eine ähnliche Entwicklung anbahnen wie im Verhältnis zwischen SS und Polizei: die Waffen-SS erschien als Kern des zukünftigen Heeres. Wie die Niederwerfung der SA 1934 für Himmler den Weg gebahnt hatte zur Übernahme der vollen Polizeigewalt, so sollte er nach dem Scheitern des Offiziers-Putsches vom 20. Juli 1944 das Kommando über das Ersatzheer erlangen.

Die SS erhielt im Herrschaftssystem des nationalsozialistischen Reiches ihre besondere Bedeutung dadurch, daß sie als Instrument des Führerwillens außerhalb staatlich-rechtlicher Normen, aber auch außerhalb der Kontrolle der Partei stand. Da sie das charakteristischste Machtinstrument Hitlers war, läßt sich der Führerstaat als SS-Staat bezeichnen. Dieser Begriff darf freilich nicht dahin mißverstanden werden, als hätten es Himmler und die SS vermocht, alle Rivalen auszuschalten und unterhalb des Führerwillens den Staat zu beherrschen. Die staatliche Bürokratie und die Wehrmacht standen in natürlicher Spannung zum SS-Imperium. Besonders aber galt dies für die Parteiorganisation, die der SS immer mit größtem Mißtrauen gegenüberstand, und für deren einflußreichsten Kopf, Martin Bormann, der in der zweiten Kriegshälfte in dem Maße, wie die äußere Macht des Reiches schwand, mehr und mehr alle Kontakte Hitlers zur Umwelt kontrollierte. Der Begriff SS-Staat darf aber auch nicht so mißverstanden werden, als wenn die SS in sich selbst ein homogenes, geschlossenes, auf einheitliche Aufgaben ausgerichtetes Gebilde gewesen wäre. Denn sie begnügte sich keineswegs mit Sicherungsaufgaben nach innen und außen. Neben dem »Reichssicherheitshauptamt« stand das »SS-Rasse- und Siedlungshauptamt«[2]. Wenige Wochen vor Kriegsausbruch wurde Himmler »Reichskommissar für die Festigung des deutschen Volkstums« mit Weisungsbefugnis gegenüber anderen Partei- und Staatsbehörden. Die SS sah sich als ideologische und, wie sie meinte, biologische Elite der NS-Bewegung (verschärfter Ahnennachweis) in der Rolle einer Gralshüterin der Rasse. Die von der SS geleitete Gesellschaft »Ahnenerbe« betrieb Forschung auf vielerlei Gebieten, die als politisch ergiebig erschienen, so besonders nordisch-germanische Ur- und Frühgeschichte[3]. Die SS betrachtete als ihre besondere Domäne alle Fragen, die sich auf Bewahrung und Mehrung der Volkssubstanz bezogen, mit der zielbewußten Absicht, das »nordische« Element zu verstärken. In charakteristischer Überschneidung mit den Kompetenzen anderer Dienststellen wurde die SS maßgebend für Siedlung, für die Kontrolle der auslandsdeutschen Volksgruppen (»Volksdeutsche Mittelstelle«), für deren Rücksiedlung (»Leitstelle für Ein- und Rückwanderung«) und für die »Ausschaltung« volksfremder Bevölkerungsteile[4] bzw.

deren teilweise »Eindeutschung«. Man sprach von »Umvolkungspolitik« und wollte, wo es lohnend schien, den nichtdeutschen Blutsanteil »ausmendeln«[5]. Die Kartei der »Reichskommission für die Festigung des deutschen Volkstums« umfaßte »Millionen von Zetteln mit der Beschreibung von Rassemerkmalen, besonders der ›Umsiedler‹ und sog. Volksdeutschen, jede mit abgestufter Benotung der betreffenden Person je nach ihrer Eignung zur Nachzucht«[6]. Rassisch erwünschte Nachzucht der SS wurde durch den Verein »Lebensborn« gefördert[7]. Wir wissen aus Hitlers Tischgesprächen und aus Dokumenten, daß man in Planungen für die Nachkriegszeit zur Hebung der Geburtenrate nicht davor zurückschreckte, die Rechtsinstitution der Einehe anzutasten[8]. Die Kehrseite der Rassenzüchtung war mit einem nationalsozialistischen Lieblingswort die »Ausmerzung« der Unerwünschten. Die SS hat auch hierin eine besonders ihr zukommende Aufgabe gesehen, und sie hat sie mit bürokratischer Gefühllosigkeit und unbarmherziger Konsequenz in ihrem System der Konzentrationslager durchgeführt (zuständig für diese: »Hauptamt Verwaltung und Wirtschaft«)[9].

Die SS war ein sehr komplexes Gebilde, und ihre Mitglieder stellten keinen einheitlichen Typus dar. Man muß unterscheiden zwischen der allgemeinen SS als einer Art vornehmer SA, der Waffen-SS, die ursprünglich nur aus besonders zuverlässigen Freiwilligen bestand, aber deren Rekruten zuletzt ähnlich wie bei der Wehrmacht eingezogen wurden, und Polizeibeamten, die vom Beruf her den Übertritt zur SS vollzogen. Kriminelle Elemente fanden sich in den Kommandostellen und bei den Bewachungsmannschaften der KZ- und Vernichtungslager. Unter den begabten, oft aus gutbürgerlichem Hause stammenden, nicht selten akademisch gebildeten Mitarbeitern des Reichssicherheitshauptamtes gab es den Typus des Kriminellen aus ideologischer Besessenheit. Von den romantischen Ideologen des »Ordens« wurde der Nationalstaatsgedanke zugunsten einer übernational großgermanischen Reichsideologie aufgegeben. Übrigens schwor der SS-Mann seinen Treueid dem »Führer und Kanzler des Reiches«, nicht »des Deutschen Reiches und Volkes«, wie es im Soldateneid hieß[10].

Himmler ist in den zehn Jahren von 1933 bis 1943 zu der nächst Hitler mächtigsten Person im nationalsozialistischen Staate geworden. Aber er besaß keinen irgendwie bestimmenden Einfluß auf den Willen Hitlers. Vergeblich wird man auch bei ihm nach einem originalen Gedanken suchen. Das Kennzeichnende seines Wesens war vielmehr die hemmungslose Konsequenz, mit der er die Grundideen Hitlers sich zu eigen machte: Raum für die Herrenrasse, Züchtung der Herrenrasse, Vernichtung der Juden. Sein pedantischer Eifer konnte ihn zu so abgeschmackten und lächerlichen Vorschlägen führen, wie sie sich in einem Brief an seinen Mitarbeiter Kaltenbrunner vom 21. Juli 1944 finden: Es empfehle sich, die in den Konzentrationslagern sitzenden »Ernsten Bibelforscher« für die Missionierung in den eroberten Ostgebieten anzusetzen, um die Russen durch Bekehrung zum Glauben der »Zeugen Jehovas« ebenso arbeitsam wie wehrunlustig zu machen, während er für die Mohammedaner der Sowjetunion als analoges Rezept die Bekehrung zum friedlichen Buddhismus vorschlug[11]. Man könnte sagen, daß Himmler die äußerste Steigerung der Hitlerschen Gedanken darstellt, sowohl in seinen rassischen Forderungen der Züchtung und Vernichtung wie in dem hybriden Instrumentalismus der Ideen, der über Religionen und Menschen einfach nach politischer Zweckmäßigkeit verfügen zu können glaubte, und schließlich in der Konsequenz von alledem, nämlich im Kampf gegen das Christentum. Himmler hat aus dem Quedlinburger Dom mit der Grabstätte König Heinrichs I. ein nationalkultisches SS-Heiligtum gemacht. Im Straßburger Dom hat er das Ewige Licht vor dem Altar ausgelöscht. Auch hier sollte eine nationale Kultstätte entstehen. Aber im Kampf gegen die Kirchen mußten Hitler und Himmler und der Nationalsozialismus insgesamt ihre Grenze erfahren.

DW 393/917. – Aus der SS-Lit.: G.d'ALQUEN, Die SS. Geschichte, Aufgabe u. Organisation der Schutzstaffeln der NSDAP, im Auftrage des Reichsführers der SS (1939); Zeitschrift ›Das Schwarze Korps‹ (1935 ff.); H. HEIBER/Hildegard v. KOTZE (Hg.), Facsimile-Querschnitt durch das Schwarze Korps (1968); über Himmler s. Kap. 2, Anm. 4. – Die Erforschung der SS begann mit einem eindrucksvollen Zeugnis eigener Konzentrationslager-Erfahrungen: E. KOGON, Der SS-Staat. Das System der dt. Konzentrationslager (1946, Tb. 1974). Gegen das von Kogon entworfene Bild der Herrschaft einer monolithischen, in sich einheitlichen SS über Deutschland u. das von ihm eroberte Europa wandten sich K. O. PAETEL, Die SS. Ein Beitrag zur Soziologie des Nat.soz., VfZG 2 (1954), und Ermenhild NEUSÜSS-HUNKEL, Die SS (1956). Beide Verf. erläuterten die Unterschiede zwischen den zahlreichen Gliederungen der SS u. betonten, daß die Beurteilung diesen Unterschieden Rechnung tragen müsse. Grundlegend sind die Arbeiten von H. BUCHHEIM, Die SS in der Verfassung des Dritten Reiches, VfZG 3 (1955); ders., SS u. Polizei im NS-Staat (1964); ders., Die SS. Das Herrschaftsinstrument, Befehl und Gehorsam, in: H. BUCHHEIM/H.-A. JACOBSEN/H. KRAUSNICK, Anatomie des SS-Staates (Bd. 1, 1965). Gesamtdarstellung der SS: H.HÖHNE, Der Orden unter dem Totenkopf. Die Geschichte der SS

(1967). Einzelaspekte: S. ARONSON, Reinhard Heydrich u. die Frühgeschichte von Gestapo u. SD (1971); E. GEORG, Die wirtschaftlichen Unternehmungen der SS (1963); G. H. STEIN, Geschichte der Waffen-SS (a.d. Amerik. 1967); G. PLUM, Staatspolizei u. innere Verwaltung 1934–1936. Dokumentation, VfZG 13 (1965); A. SCHICKEL, Wehrmacht u. SS, GWU 21 (1970). – Biographisches: L. DIELS, Lucifer ante portas. Es spricht der erste Chef der Gestapo (1950). Vom stellvertretenden US-Hauptankläger bei den Nürnberger Prozessen R. M. W. KEMPNER, SS im Kreuzverhör (Tb. 1965). Verf. gehörte seit 1925 dem preußischen Innenministerium an, wo er mit Erich Klausener das preuß. Polizeiverwaltungsgesetz schuf. Er trat vor 1933 mit Nachdruck für die Strafverfolgung u. Ausweisung Hitlers ein. Nach 1933 wurde er verhaftet und konnte nach der Entlassung in die USA entkommen.

[1] Zu Heydrich neben ARONSON (s.o.) die treffende Skizze von J. FEST in ders., Das Gesicht des Dritten Reiches (1963).

[2] H. GIES, Zur Entstehung des Rasse- u. Siedlungshauptamtes der SS, in: P. Kluke zum 60. Geburtstag (1968).

[3] M. KATER, Das »Ahnenerbe« der SS 1935–1945. Ein Beitrag zur Kulturpolitik des Dritten Reiches (1974).

[4] Verordnung Hitlers, 7. Dez. 1939, IMT Bd. 26, S. 255ff.; vgl. BUCHHEIM, VfZG 3 (1955), S. 150. – R. L. KOEHL, RKFDV: German resettlement and population policy 1939–1945. A history of the Reich commission for the strengthening of Germandom (Cambridge 1957).

[5] Belege bei BUCHHEIM, VfZG 3 (1955), S. 156.

[6] G. RITTER, Wunschträume Heinrich Himmlers am 21. Juli 1944, GWU 5 (1954), S. 163.

[7] M. u. Clarissa HILLEL, »Lebensborn e.V.« Im Namen einer Rasse (1975).

[8] Denkschrift Bormanns, Führerhauptquartier 29. Januar 1944, engl. Übers. bei O. J. HALE, Hitler and the post-war German birthrate, an unpublished memorandum, Journ. Centr. Europ. Aff. 17 (1957). Vgl. Th. GROPPE, Dokumente u. Geschehen aus den 12 Jahren. Ein Kampf um Recht u. Sitte (1947); Verf. wandte sich als Divisionskommandeur gegen die SS-Anweisung vom 28. Okt. 1939 zur Zeugung unehelicher Kinder. Text S. 14ff. (= Nürnb. Dok. PS-2825, IMT Bd. 31, S. 181f.).

[9] Zu den KZ vgl. vor allem: Studien zur Gesch. der Konzentrationslager (1970, Schriftenreihe der VfZG 21); ferner M. BROSZAT, Nat.soz. Konzentrationslager, in: Anatomie des SS-Staates, Bd. 2, u. E. KOGON, SS-Staat (s.o.); s. auch Lit. in Bd. 21, Kap. 9.

[10] Text u. Gegenüberstellung des SS- u. des Soldateneides bei BUCHHEIM, Die SS, S. 191f., 199. Der Eid der SS der »germanischen Länder« richtet sich an Hitler als »germanischen Führer«, H. D. LOOCK, Zur »Großgermanischen Politik« des Dritten Reiches, VfZG 8 (1960), S. 57, Anm. 102.

[11] Veröff. von G. RITTER (s.o. Anm. 6); zahlr. abschreckende Beispiele für die abstrusen Rassen- u. Züchtungsideen Himmlers bei H. HEIBER (Hg.), Reichsführer! Briefe an und von Himmler (1968).

Kapitel 9
Nationalsozialistische Wirtschaftspolitik

Wenn die Gleichschaltung des deutschen Lebens durch den Führerstaat es tatsächlich zuwege brachte, das Volk in seiner Mehrheit wenn nicht innerlich zu überzeugen, so doch jedenfalls dahin zu bringen, daß es das neue Regime gewähren ließ, daß es ihm eine Chance zubilligte und sich ihm in der Mehrheit konformistisch ein- und unterordnete, so lag das entscheidende Argument in den Erfolgen der nationalsozialistischen Wirtschaftspolitik. Es kam den Nationalsozialisten zugute, daß sie in dem Augenblick zur Macht gelangten, in dem die Wirtschaftskrise bereits im Abklingen war (vgl. Bd. 19, Kap. 24). Wie die Arbeitslosigkeit und das Wirtschaftselend in den Jahren 1931/32 in Deutschland nur ein Teilaspekt einer allgemeinen Welterscheinung waren, so hat auch der wirtschaftliche Aufschwung Deutschlands nach 1933 gewisse Entsprechungen in anderen von der Wirtschaftskrise betroffenen Ländern. Im Jahre 1929 betrug die Weltproduktion von Stahl 129 Millionen Tonnen, 1932 war sie auf 50 Millionen gesunken, aber 1935 hatte sie die alte Höhe mit 122 Millionen Tonnen fast wieder erreicht. Zur Bekämpfung der Wirtschaftskrise wurden in den wichtigsten Industrieländern typische, einander verwandte Maßnahmen ergriffen. England ging schon 1930 vom Goldstandard ab, die meisten anderen Länder folgten. Auf der Reichskonferenz von Ottawa 1932 gewährten die Mitgliedstaaten des Commonwealth sich als Maßnahme protektionistischer Wirtschaftspolitik gegenseitig Vorzugszölle. Die Landwirtschaft wurde in England ebenso wie in Frankreich und Italien mit einem besonderen Zollschutz versehen. In den Vereinigten Staaten führte entgegen der amerikanischen Wirtschaftstradition der 1932 gewählte Präsident Roosevelt eine energische staatliche Wirtschaftstätigkeit ein, die in erster Linie den Zweck hatte, die Arbeitslosigkeit zu beseitigen. Staatliche Arbeitsbeschaffung, Geldschöpfung, hohe Landwirtschaftszölle und protektionistische Außenhandelspolitik gehören auch zu den Kennzeichen der nationalsozialistischen Wirtschaftspolitik.

Schon Brüning hatte geplant, nach der Durststrecke der Deflation dem erwarteten wirtschaftlichen Wiederaufstieg durch staatliche Arbeitsbeschaffung einen zusätzlichen Impuls zu geben. Papen betrieb eine antizyklische Konjunkturpolitik. An das unter Schleicher entwickelte Programm zur staatlichen Arbeitsbeschaffung knüpften die Nationalsozialisten an. Sie erweiterten es und setzten die ganze Energie ihrer Bewegung zum Kampf gegen die Arbeitslosigkeit ein. Sie förderten vor allem solche öffentlichen Arbeiten, die Menschenkraft erforderten, wie Straßenbau, Autobahnbau, Landmeliorationen, Flugplatzanlagen, Kasernenbauten. Bei der Vergabe von Staatsaufträgen galt zunächst der Grundsatz, daß maschinelle Hilfsmittel nur benutzt werden durften, wo sie völlig unerläßlich waren. So verfügte ein Runderlaß der preußischen Regierung, daß beim Straßenbau dem Handsteinschlag der Vorzug zu geben sei vor dem Maschinensteinschlag. In der chemisch-pharmazeutischen Glasindustrie wurde die Aufstellung neuer Maschinen untersagt, wenn hierdurch menschliche Glasbläser überflüssig würden. So wurde für einen Augenblick der Rationalisierungsprozeß der Technik im Interesse der Arbeitsbeschaffung angehalten. Durch Ehestandsdarlehen, die mit ihrem bevölkerungs- auch einen wirtschaftspolitischen Zweck verbanden, sollten Frauen vom Arbeitsmarkt weggezogen werden. Auch die am 26. Juni 1935 eingeführte sechsmonatige Arbeitsdienstpflicht für Jungen und Mädchen[1] wirkte sich neben ihrem ideologischen Erziehungszweck (vgl. S. 118 und S. 164) zunächst als eine Maßnahme gegen die Arbeitslosigkeit aus. Dazu kam der schnelle Ausbau der Wehrmacht mit der einjährigen Dienstpflicht am 16. März 1935, der zweijährigen am 24. August 1936[2]. Die Arbeitslosigkeit sank infolge der allgemeinen wirtschaftlichen Erholung und dieser Maßnahmen bereits in den beiden ersten Jahren der NS-Herrschaft von 6 auf 3 Millionen; nach einem weiteren halben Jahr betrug sie einschließlich des Saargebietes nur noch 1,7 Millionen, um bis zum Vorabend des Krieges praktisch ganz zu verschwinden.

Die staatliche Wirtschaftsförderung in Deutschland unterschied sich von der in vergleichbaren westlichen Industrieländern sowohl durch ihr finanzielles Volumen als auch durch ihre Zwecksetzung. Vom Volkseinkommen wurden für Staatsausgaben im Jahre 1938 in Anspruch genommen: in Deutschland 35%, Frankreich 30%, Großbritannien 23,8%, USA 10,7%. Dabei beanspruchte die Aufrüstung einen in den Jahren vor dem Kriege seit 1934 ständig wachsenden, schließlich alle anderen Staatsausgaben weit überholenden Anteil unter Vernachlässigung ziviler Staatsausgaben wie etwa des Wohnungsbaues.

Für die Finanzierung der Staatsaufträge entwickelte der Reichsbankpräsident Schacht, der nach dem Rücktritt Luthers im März 1933 dieses Amt erneut übernahm, ein besonderes System[3]. Bei der Finanz- und Wirtschaftslage des Reiches fielen in der Anlaufszeit inländische und ausländische Anleihen aus. Die Steuern wurden nicht erhöht mit Ausnahme der Körperschaftssteuer. Deren Anhebung hatte den Zweck, einen Teil der Konjunkturgewinne der Kapitalgesellschaften abzuschöpfen unter Begünstigung der Eigentümerfirmen. Auch die Schaffung von Geld durch Notendruck verbot sich nach den Erfahrungen der Inflation und der aus einer solchen Maßnahme zu erwartenden Vertrauenseinbuße. Schacht beschritt den Weg der Finanzierung durch Handelswechsel. Auf eine sogenannte Metallforschungs-GmbH (Mefo), die mit geringem Kapital ausgestattet wurde, konnten von den Lieferanten des Staates Wechsel gezogen werden. Die Akzepte der Mefo wurden durch das Reich gegenüber der Reichsbank garantiert. Ihre Laufzeit betrug fünf Jahre. Die Reichsbank verpflichtete sich zur Diskontierung. Wie jeder Wechsel, so bedeuteten auch diese durch Reichsbankdiskont gesicherten Mefowechsel eine Mobilisierung von Zahlungsmitteln, die sonst brachgelegen hätten und jetzt der Arbeitsbeschaffung zugute kamen. Auf der anderen Seite legt der Wechsel demjenigen, der ihn garantiert, eine strenge Zahlungsverpflichtung auf. Die Mefowechselschöpfung mußte sich mit Schachts eigenen Worten »im Rahmen dessen halten, was der Markt an kurzfristigen Geldbeständen hergeben konnte ... Nach fünf Jahren mußte die Rückzahlung der Mefowechsel beginnen, und die dafür erforderlichen Beträge gingen dem Budget verloren, mußten also auf anderen Aufgabengebieten ausfallen.«[4] 1938 hatten diese Wechsel mit 12 Milliarden Reichsmark ihren Höchstbestand erreicht. Die Finanzierung der Reichsausgaben erfolgte aber nicht nur auf diesem Wege. Die Steuereinnahmen des Reiches nahmen mit wachsender Konjunktur zu. Dennoch steigerten sich die Fehlbeträge im Haushalt von 2,4 Milliarden im Jahre 1933 auf 10,5 Milliarden im Jahre 1938. Nach den ersten Jahren der wirtschaftlichen Erholung wurden seit 1935 langfristige Reichsanleihen aufgelegt, die bis 1938 eine Summe von 8 Milliarden erreichten. Die gesamte lang- und kurzfristige Reichsverschuldung (Mefowechsel, Schatzanweisungen u. a.) stieg von 12,9 Milliarden im Jahre 1933 auf 31,5 Milliarden 1938. Das war ein gefährlicher Weg, denn er bedeutete, daß das Reich sich finanziell übernahm. Tatsächlich hat sich die Finanzierung der deutschen Wirtschaft nicht in den Grenzen gehalten, die ihr Schacht setzen wollte.

Schacht hat für zwei Jahre von 1934 bis 1936 auch das Amt des Wirtschaftsministers bekleidet, trat aber dann wegen seiner Kritik am Vierjahresplan zurück.

Reichsausgaben (in Mrd. RM)	1928	1932	1933	1934	1935	1936	1937	1938[5]
Rüstung	0,8	0,6	0,7	3,3	5,2	9,0	10,9	15,5
Sonstige	9,5	5,0	5,6	5,9	7,3	7,9	9,5	10,7
davon für Wohnungsbau	1,3	0,15	0,18	0,27	0,22	0,17	0,2	0,25

Die Schuldenwirtschaft des Reiches zugunsten einer überzogenen Aufrüstung führte im Jahre 1936 auch zum Bruch zwischen Hitler und der späteren Zentralfigur des politischen Widerstandes, dem Leipziger Oberbürgermeister Goerdeler. Goerdeler befürwortete eine Deflationspolitik. Unter Brüning war er nach Austritt aus der Deutschnationalen Volkspartei als Reichskommissar für Preisüberwachung tätig gewesen. Hitler berief ihn im November 1934 in das gleiche Amt, das er bis Mitte 1935 innehatte. In Schacht und Goerdeler waren zwei einander entgegengesetzte wirtschaftspolitische Tendenzen verkörpert: Wirtschaftsankurbelung durch deficit-spending oder durch Preis- und Lohnkostensenkung und Haushaltsausgleich. Die nationalsozialistische Wirtschaftspolitik in der Ära Schacht war eine teilweise Kombination von beiden, nämlich Arbeitsbeschaffung durch hohe staatliche Kreditschöpfung bei einem gleichzeitigen Einfrieren von Preisen und Löhnen etwa auf dem Niveau von 1932. Beide, Schacht wie Goerdeler, setzten sich mit Entschiedenheit für die deutsche Wiederaufrüstung als Instrument einer nationalen Revisionspolitik ein. Aber beide sahen, daß der Wiederaufrüstung wirtschaftliche Grenzen gesetzt waren. Goerdeler befürwortete eine verstärkte staatliche Förderung von Stadtrand- und Kleinsiedlung. Als er nun in einer Denkschrift vom September 1936 seiner Skepsis gegenüber einer zu sehr beschleunigten Aufrüstung dadurch Ausdruck verlieh, daß er den hierfür zu verantwortenden jährlichen Betrag mit nicht mehr als 1–2 Milliarden RM angab, trennten sich die Wege zwischen ihm und Hitler[6]. Schacht forderte vergeblich die Wiedereinsetzung Goerdelers als Preiskommissar.

Der Nachfolger Schachts als Reichswirtschaftsminister wurde 1936 Walter Funk, von Haus aus Wirtschaftsjournalist und seit

1932 Vorsitzender der Kommission für Wirtschaftspolitik der NSDAP. Er erklärte, daß das Reich die Mefowechsel nicht einlösen, sondern der Reichsbank statt dessen langfristige Reichsschuldverschreibungen geben werde. Hierzu sagt Schacht: »Das war etwas Ungeheuerliches. Die Wechselunterschrift des Reiches wurde nicht honoriert, und zwar nicht etwa, weil das Reich zahlungsunfähig gewesen wäre, sondern weil das Reich es vorzog, sein Geld für andere Ausgaben, nämlich für die Rüstung, zu verwenden. Das war nicht Unfähigkeit oder Fahrlässigkeit, das war böswilliger Betrug. Dieser Betrug, wenn er Wahrheit werden würde, bedeutete nicht nur eine Täuschung der Reichsbank, sondern auch eine Gefährdung der Währung, die die Reichsbank im Interesse des deutschen Volkes zu schützen hatte. Damit war für das Reichsbankdirektorium das Signal zum äußersten Widerstand gegeben.«[7] Das Reichsbankdirektorium sprach in einer Eingabe an Hitler vom 7. Januar 1939 eine deutliche und mutige Warnung aus gegen die »hemmungslose Ausgabewirtschaft der öffentlichen Hand«, der Einhalt geboten werden müsse im Interesse der Währungsstabilität wie der sozialen Erfordernisse der Bevölkerung[8]. Hitler sah hierin Meuterei und entließ Schacht nun auch aus dem Amt des Reichsbankpräsidenten. Sein Nachfolger als Reichsbankpräsident, wie vorher als Reichswirtschaftsminister, wurde Walter Funk. Die Rotation der Notenpresse begann. Der Zeitpunkt des Bruches zwischen Hitler und Schacht liegt nach dem Anschluß Österreichs und vor der Besetzung der restlichen Tschechoslowakei, dem Beginn der unmittelbaren Kriegspolitik Hitlers. Die Zielsetzungen Schachts waren bürgerlich-nationalstaatlich. Als eine der Hauptfiguren der Harzburger Front hatte er sich im Sommer 1932 Hitler angeboten. Das Verhältnis dieses genialen Finanztechnikers zu Hitler ist typisch für das nationalbürgerliche Mißverstehen des Nationalsozialismus. Hier liegt eine klare Mitverantwortung Schachts. Aber er hat dann, als der unüberbrückbare Gegensatz deutlich wurde, Widerstand geleistet.

Die Reichsbank wurde nach dem Rücktritt Schachts dem Führerprinzip unterworfen und ihr die Verpflichtung auferlegt, dem Reich Kredite in jeder von Hitler gewünschten Höhe zu geben. Man kann das Finanzierungsproblem und seine Konsequenzen auch so ausdrücken: Es war möglich, die Wirtschaft durch kontrollierte Zahlungsmittelbeschaffung (Wechsel oder Noten) in dem Maße anzukurbeln, wie hierdurch unausgeschöpfte Produktionsreserven aktiviert und durch Güterproduktion Gegenwerte für die neuen Zahlungsmittel geschaffen wurden. Die Aufrüstung aber war unproduktiv. Wenn durch sie das Gefüge der Wirtschaft nicht aus dem Gleichgewicht gebracht werden sollte, mußte sie sich in bestimmten Grenzen halten. Hitler hat die Folgen einer wirtschaftlich überzogenen Aufrüstung deutlich gesehen. Am 5. November 1937 erklärte er (Hoßbach-Protokoll): »Auf der einen Seite die große Wehrmacht mit der Notwendigkeit der Sicherstellung ihrer Unterhaltung, auf der anderen Seite die Aussicht auf Senkung des Lebensstandards und Geburteneinschränkung ließen keine andere Wahl als zu handeln ... Entschluß: spätestens 1943/45 die deutsche Raumfrage zu lösen.«[9]

Von der Raumgewinnung im Osten erwartete Hitler die Bildung eines autarken Großwirtschaftsraumes. Im Unterschied zu der hier erhofften bäuerlichen Siedlung großen Umfanges war die Möglichkeit zur Binnensiedlung in Deutschland nur gering. So stand die deutsche innere Agrarpolitik unter dem vorläufigen Ziel einer möglichst hohen Selbstversorgung im Interesse der Rüstungswirtschaft und im Hinblick auf den zukünftigen Krieg. Der Agrarprotektionismus der nationalsozialistischen Wirtschaftspolitik lag in der Linie von Zielsetzungen, wie sie die landwirtschaftlichen Verbände seit der Zeit der Hochindustrialisierung verfolgt hatten. Die neue straffe Organisation der agrarischen Interessen im »Reichsnährstand« unter dem »Reichsbauernführer« Walter Darré diente diesen wirtschaftlichen Zwecken. Sie war dabei zugleich geleitet von der volkspolitischen Vorstellung der Erhaltung und Mehrung einer breiten mittleren Bauernschicht. Die nationalsozialistische Agrarpolitik brachte stabile Preise, Entschuldung des bäuerlichen Besitzes und eine Stabilisierung der mittleren bäuerlichen Besitzverhältnisse durch das Reichserbhofgesetz vom 29. September 1933[10]. Die Erbhöfe in Größe von 7,5 bis 125 ha konnten hinfort weder durch Hypotheken belastet noch im Erbgang geteilt, noch auch veräußert werden, und die Rechte der Miterben beschränkten sich auf Berufsausbildung, Ausstattung und Heimatzuflucht. Die landwirtschaftliche Produktion wurde durch die Zuweisung von Anbaukontingenten gesteuert. Die NS-Agrarpolitik erreichte in erheblichem Umfange ihr Ziel. Trotz Schmälerung der landwirtschaftlichen Nutzfläche um mehr als 700000 ha durch Autobahnen, Westwall, Truppenübungsplätze und Flugplätze und trotz Bevölkerungswachstum stieg der Anteil der deutschen Landwirtschaft an der Versorgung des deutschen Volkes von 75% im Jahre 1932 auf 81% im Jahre 1937. Die stabilisierte Rentabilität der Landwirtschaft führte dazu, daß weniger Land für die Siedlung angeboten wurde als früher. Der wachsende Arbeitskräftebedarf in der Industrie dämpfte zudem die Nachfrage nach bäuerlichem Siedlungsland. Im Ergebnis war daher die Binnensiedlung in der nationalsozialistischen Zeit trotz aller Blut- und Bodenromantik, wie sie Darré propagierte, geringer an Umfang als unter der geschmähten Weimarer Republik: 20748 neue Siedlerstellen mit 325611 ha in den Jahren 1933 bis 1938 gegenüber 38771 Stellen mit 429934 ha in den Jahren 1927 bis 1932[11].

Auch die Handelspolitik war von dem Bestreben geleitet, die Abhängigkeit von der Weltwirtschaft möglichst zu mindern. Dieses Bestreben ergab sich für Deutschland ebenso wie für andere Industrieländer aus der Tatsache der Weltwirtschaftskrise. Die plötzliche Abberufung von kurzfristigen Auslandsanleihen hatte sich für Deutschland besonders verhängnisvoll ausgewirkt. Daher wurde, nachdem die Reparationen bereits 1932 liquidiert worden waren, unter Hitler für private Auslandsschulden die Möglichkeit der Transferierung aufgehoben. Bei einer zentralen Clearing-Stelle in Berlin wurden für die ausländischen Gläubiger Reichsmarkkonten angelegt und der gesamte Devisenverkehr einer strengen Bewirtschaftung unterworfen. Ausländische Zahlungsmittel durften ausschließlich für Rohstoffe und in dem notwendigen Umfange für Lebensmittel verwendet werden. Insgesamt gelang es, die deutsche Handelsbilanz bei gesunkenem Anteil am sich wiederbelebenden Welthandel (1929 9,9%, 1936 6,8%) einigermaßen ausgeglichen zu halten mit einem Ausfuhrüberschuß von 1,5 Milliarden RM in der Bilanz der Jahre 1933 bis 1939. Zweiseitige Handelsverträge wurden vor allem mit den Südoststaaten abgeschlossen auf der Basis von Ware gegen Ware[12]. Der Gesichtspunkt der Wirtschaftlichkeit trat bei Import und Export zurück. Dumping-Methoden wurden angewendet, um Devisen zu erlangen, und bei deren Verausgabung zum Ankauf der notwendigen Rohstoffe traten Preiserwägungen ebenfalls zurück. Der von Schacht 1934 entwickelte »Neue Plan« war auf der Voraussetzung aufgebaut, daß die ausländischen Lieferanten für die anfallenden Reichsmarkkonten eine freie Verwendungsmöglichkeit fänden zum Einkauf von Waren in Deutschland bei einem reichen und vielfältigen Angebot auf dem deutschen Markt und bei Sicherstellung der deutschen Lieferfähigkeit. Diese Voraussetzungen waren nicht mehr gegeben, als durch die Steigerung der Rüstung ein immer größerer Teil der deutschen Produktionskapazität in Anspruch genommen wurde. Eine weitere Voraussetzung für das Funktionieren des Außenhandels auf der Basis des Clearing war die Wertstabilität der Mark. Diese wurde durch die Ingangsetzung der Notenpresse 1939 gefährdet.

Mit besonderem Nachdruck wurde die heimische Gewinnung der industriellen Grundrohstoffe Kohle und Eisen gesteigert. Die Kohlenförderung stieg von 1933: 109,7 Millionen t auf 1938: 186,4 Millionen t (einschließlich Saarland und Österreich). Die Eisenerzgewinnung betrug 1932: 2,6 Millionen t, 1938: 15 Millionen t. Hierbei wurde von Reichs wegen unter Außerachtlassen von Rentabilitätsbedenken die Verhüttung auch minderwertiger Erze in Angriff genommen. Die Reichswerke Hermann Göring, die diesem Zwecke dienten, entwikkelten sich zu einem der größten Industrieunternehmen Deutschlands. Dazu kam die Entwicklung neuer Rohstoffe wie Buna und die Gewinnung von Brennstoffen durch Kohlehydrierung. Der industriellen Entwicklung gab Hitler in einem »Vierjahresplan« eine bestimmte Zielsetzung[13]. Für die Gegenwart sah er in seiner im Sommer 1936 verfaßten Denkschrift nur eine »vorübergehende Entlastung« vor und betonte die Notwendigkeit, »Opfer auf dem Gebiet der Ernährung« zu bringen, aber er versprach »für die Zukunft eine endgültige Lösung ... in einer Erweiterung des Lebensraumes bzw. der Rohstoff- und Ernährungsbasis unseres Volkes«. Dieses Zukunftsziel erlaubte es nicht, Devisen für die Hebung des gegenwärtigen Lebensstandards zu verwenden. Die Denkschrift schloß mit den Worten: »Ich stelle damit folgende Aufgabe: 1. die deutsche Armee muß in vier Jahren einsatzfähig sein; 2. die deutsche Wirtschaft muß in vier Jahren kriegsfähig sein.« Bemerkenswert ist der Unterschied im Tenor dieser geheimen Denkschrift gegenüber der Proklamation des Wirtschaftsprogramms auf dem Parteitag am 9. September 1936. Darin hieß es: »Der Neuaufbau dieser großen deutschen Rohstoffindustrie wird auch die nach Abschluß der Rüstung freiwerdenden Menschenmassen nationalökonomisch nützlich beschäftigen«; es stellte in Aussicht, »die aus unserm Export stammenden Eingänge in erster Linie für die Lebensmittelversorgung bzw. für die Versorgung mit den uns dann noch fehlenden Rohstoffen zu reservieren«. In Wirklichkeit ging es mit den Worten der Denkschrift darum, »den Krieg im Frieden vorzubereiten«. Mit dieser Aufgabe, die

»mit derselben Entschlossenheit eines Krieges anzufassen und durchzuführen« sei, wurde Göring als »Beauftragter für den Vierjahresplan« betraut. Er stand in scharfem Gegensatz zu Schacht, der damals aus der wirtschaftspolitischen Führung des Reiches ausschied. Göring legte seine Auffassung über die Durchführung des Vierjahresplans in einer Rede vom 17. Dezember 1936 dar: »Die Auseinandersetzung, der wir entgegengehen, verlangt ein riesiges Ausmaß von Leistungsfähigkeit. Es ist kein Ende der Aufrüstung abzusehen. Allein entscheidend ist hier der Sieg oder Untergang. Wenn wir siegen, wird die Wirtschaft genug entschädigt werden. Man kann sich hier nicht richten nach buchmäßiger Gewinnrechnung, sondern nur nach den Bedürfnissen der Politik. Es darf nicht kalkuliert werden, was kostet es. Ich verlange, daß Sie alles tun und beweisen, daß Ihnen ein Teil des Volksvermögens anvertraut ist. Ob sich in jedem Fall die Neuanlagen abschreiben lassen, ist völlig gleichgültig. Wir spielen jetzt um den höchsten Einsatz. Was würde sich wohl mehr lohnen, als Aufträge für die Aufrüstung?« Göring schloß seine Rede mit der Erklärung, daß sich jetzt schon die letzten Auseinandersetzungen ankündigten: »Wir stehen bereits in der Mobilmachung, es wird nur noch nicht geschossen.«[14] Es scheint, daß bei dieser Rede die »führenden Männer der gesamten deutschen Industrie und Wirtschaft, insgesamt ungefähr 100 Personen«, anwesend waren[15].

Wie gestaltete sich im Zeichen dieser Rüstungspolitik und ihrer Zielsetzungen das Verhältnis zwischen dem nationalsozialistischen Regime und der deutschen Industrie? Der Vierjahresplan ist ein Wendepunkt. Er wurde in einem Augenblick ins Werk gesetzt, als diese Beziehungen kritisch geworden waren. Der Rücktritt Schachts vom Amt des Reichswirtschaftsministers und die Zurückweisung der Vorschläge des in der Wirtschaft hoch angesehenen Goerdeler durch Hitler und Göring sind Anzeichen hierfür. Im Sommer 1932 hatte ein Devisendefizit von einer halben Milliarde RM bestanden, und Teile der Industrie waren wegen Rohstoffmangels nicht in der Lage gewesen, ihre Kapazität voll auszunutzen. Wie sollte man der Rohstoff- und Devisenprobleme Herr werden? Sollte man, wie es Schacht und Goerdeler wollten, unter Absage an Autarkievorstellungen den Ausweg in einer verstärkten Pflege des Außenhandels, also in einer Wiedereingliederung Deutschlands in die Weltwirtschaft suchen unter Verlangsamung des Tempos der Aufrüstung, und das hieß in der Konsequenz, unter Verzicht auch auf den von Hitler jetzt direkt anvisierten Eroberungskrieg? Oder sollten, wie Hitler, Göring und Blomberg es wollten, unter Verzicht auf Wirtschaftlichkeit bei absolutem Vorrang der Aufrüstung einheimische eisenarme Erzlager, die bisher von der Privatwirtschaft vernachlässigt worden waren, ausgebeutet und die Produktion von Ersatzstoffen mit dem Ziel der Rohstoffautarkie vorangetrieben werden? In der Denkschrift Hitlers zum Vierjahresplan wurden massive Drohungen gegen die Privatwirtschaft erhoben. Gegenüber der zögernden, teils widerstrebenden (Poensgen, Vereinigte Stahlwerke; Reusch, Gutehoffnungshütte), teils zustimmenden (Röchling-Werke; Mannesmann-Konzern) privaten Eisenindustrie kündigte Göring im Juli 1937 die Gründung der reichseigenen »A. G. für Erzbergbau und Eisenhütten Hermann Göring« an, die die Förderung und Verhüttung von Erzen mit Schwerpunkt um Salzgitter vorsah. Im Endergebnis arrangierten sich die Widerstrebenden und beteiligten sich gegen ihre eigenen Interessen an deren Aufbau. Hierzu Petzina, dem wir die eingehendste Analyse des Vierjahresplans verdanken: Hitler und Göring hätten notfalls nicht gezögert, »den schon mit der Gründung der Reichswerke eingeleiteten staatskapitalistischen Wirtschaftskurs weiter zu intensivieren. Derartige Befürchtungen und die Angst der einzelnen Unternehmen, bei weiterer Ablehnung nicht am Aufbau des Reichswerke-Konzerns zu partizipieren, entschieden den internen Konflikt der Eisen- und Stahlindustrie letztlich im Sinne Görings. Die bisher so einflußreiche Schwerindustrie war nicht mehr in der Lage, gemeinsam den staatskapitalistischen Ansprüchen des Vierjahresplans Paroli zu bieten, und fand sich mit den ›Realitäten‹ ab. Trotz dieses Ergebnisses bleibt der Streit bemerkenswert genug, da er deutlich macht, daß sich privatindustrielle Interessen nicht automatisch mit den Interessen des Regimes deckten und im Konfliktfall das Regime sich nicht scheute, seine Ziele auch gegen den Widerstand von Teilen der Schwerindustrie zu verwirklichen.«[16]

Im Unterschied zur Eisenindustrie, die bisher der Hauptträger der Rüstungswirtschaft gewesen war, gewann die Großchemie an Bedeutung. Die IG-Farbenindustrie, in der die Verfahren zur Kohleverflüssigung und zur Herstellung von Buna und anderen kriegswichtigen Ersatzstoffen entwickelt worden waren, besaß ein unmittelbares wirtschaftliches Interesse an dem Ausbau dieser Produktionszweige. Schon im Dezember 1933 war zwischen dem Reich und der IG-Farben der sogenannte

»Benzinvertrag« abgeschlossen worden, der die Erstellung leistungsfähiger Anlagen für die Kohleverflüssigung und den Absatz auf viele Jahre garantierte. Auf der staatlichen Seite besaß hieran Göring das stärkste Interesse wegen des Aufbaues der Luftwaffe. Unter Göring als dem Bevollmächtigten Hitlers wurden in der leitenden Behörde des Vierjahresplans der IG-Farben-Direktor Carl Krauch und neben ihm zahlreiche Angehörige des Konzerns tätig. Carl Krauch lebte in der Vorstellung einer besonders nach Südosteuropa gerichteten deutschen Wirtschafts- und Machtexpansion. In einer Rede vor dem Generalrat des Vierjahresplans am 28. April 1939 berichtete er über die Produktions- und Rohstofflage auf dem Gebiete der Chemie. Die »offene Einkreisungspolitik der Gegner« erzwinge die Mobilisierung aller wirtschaftlichen Kräfte zur Vorbereitung dieses »Verteidigungskrieges der Koalition«. Verteidigungsideologie und imperialistische Zielsetzungen gingen dabei Hand in Hand. So betonte er die Notwendigkeit einer »zunächst friedlichen Ausweitung des Wirtschaftsraumes auf dem Balkan und Spanien«. Besonders zur »Befriedigung der wirtschaftlichen Mineralölzwecke« wies er auf den »erfolgreich eingeschlagenen Weg nach Südosteuropa« hin. Dieser zeige »die einzige und hoffnungsfreudige Möglichkeit, durch Einbeziehung eines wehrmachtmäßig zu sichernden Raumes die Mineralölwirtschaft auf lange Jahre hinaus völlig zu sichern«. Die Nähe der IG-Farben zum nationalsozialistischen Staat zeigte sich auch darin, daß sie sehr im Unterschied zu anderen Unternehmen nationalsozialistischen Parteistellen einen deutlichen Einfluß auf ihre innere Personalpolitik einräumte. Diese im wirtschaftlichen Interesse begründete Verklammerung mit dem nationalsozialistischen Staat ergab sich unbeschadet der Tatsache, daß weder Carl Duisberg, der Begründer der IG-Farben und deren Aufsichtsratsvorsitzender, gestorben 1935, noch dessen Nachfolger Carl Bosch Nationalsozialisten waren, sondern im Gegenteil dem Regime mit ablehnender Distanz gegenüberstanden[17].

Gegenüber den rüstungswichtigen Industrien wurde die Verbrauchsgüterindustrie vernachlässigt. Deren Anteil an den industriellen Gesamtinvestitionen sank von 31% im Jahresdurchschnitt 1928/29 über 25% 1934/35 auf 17% 1937/39[18].

Was bedeutet diese deutliche Bevorzugung der rüstungswichtigen Industrie und hier besonders der Schwerindustrie und der Großchemie politisch? Die Forschung ist sich – wenn man von der sowjetisch-marxistischen Geschichtsschreibung absieht –

darin einig, daß sich ein bestimmender industrieller Einfluß auf die außen- und kriegspolitischen Entscheidungen Hitlers aufgrund der Quellen nicht nachweisen läßt. Das gilt für die Zeit sowohl vor als auch besonders unter dem Vierjahresplan. Allerdings besaß die Industrie in der Zeit vor dem Vierjahresplan eine relativ große Autonomie. Es war ihr gelungen, anfängliche Versuche der Partei, in ihr inneres Organisationsgefüge einzugreifen und sie von außen her gleichzuschalten, abzuwehren. Die Großindustrie war in den ersten Jahren der nationalsozialistischen Herrschaft ein parteifreier Raum. In dieser Hinsicht glich sie der Wehrmacht. Wehrmacht und Industrie waren gleicherweise an der Aufrüstung interessiert. Dies verband beide mit Hitler, der für sich und seine Partei den ausschließlichen politischen Führungsanspruch geltend machte. Die Gewichte in diesem Verhältnis zwischen dem politischen Totalanspruch des nationalsozialistischen Regimes und der relativen Autonomie der Großindustrie werden in der Forschung unterschiedlich eingeschätzt. Dem entsprechen die verwendeten Begriffe: »Primat der Politik« (Mason), »zweiseitiges Machtsystem« (A. Schweitzer) oder »Sozialkontrakt« (D. Schoenbaum, beide in Anlehnung an E. Fraenkel), »Symmachie« (A. Kuhn). Der am Vierjahresplan sich entzündende Streit zwischen Hitler/Göring und Teilen der Industrie um Autarkie oder Weltwirtschaft, forcierte oder begrenzte Rüstung, führte dann zum verstärkten Einfluß der Partei im Bereich der Wirtschaft und zur Unterwerfung der Industrie unter den Willen Hitlers. Einige Jahre später sollte der politischen Entmachtung der Industrie die Unterwerfung der Wehrmacht in der Blomberg/Fritsch-Krise folgen. Ebenso unbestreitbar jedoch wie die Tatsache der im Kerne nicht durch wirtschaftliche Rücksichten bestimmten Entscheidungen Hitlers ist es, daß zu den Voraussetzungen für die Durchführung seiner auf den Krieg angelegten Politik auch die breite Unterstützung gehörte, die er nach der Machtübernahme in der Führungsschicht der Industrie wie in der Masse der arbeitenden Bevölkerung fand und die bei unterschiedlichen Graden der Identifizierung mit den nationalsozialistischen Zielsetzungen oder der Distanzierung von ihnen weithin gewährt wurde.

Die kapitalistische Grundlage blieb in der nationalsozialistischen Wirtschaft erhalten. Dabei nahm die Industrie in der besonderen Art ihrer Verklammerung mit staatlichen Interessen eine Form an, die völlig verschieden war von dem Bild der Wirtschaftsordnung, wie es sich in verschwommenen Umrissen in der nationalsozialistischen Ständeideologie findet. Das Wirtschaftssystem des Dritten Reiches kann aber auch nicht als Staatskapitalismus bezeichnet werden. Allerdings wuchs der Anteil der öffentlichen Hand an der Gesamtwirtschaft (Anteil der öffentlichen Hand an den Gesamtinvestitionen 49% im Jahre 1933, 57% im Jahre 1938). Der Dispositionsspielraum des privaten Kapitals wurde manchen Beschränkungen unterworfen. Emissionssperren sowie Devisen- und Investitionskontrollen hatten den Zweck, die verfügbaren privaten Mittel auf die Rüstungsfinanzierung zu lenken. Die Dividenden der Aktiengesellschaften wurden auf 6% als Höchstsatz beschränkt und die Körperschaftssteuer erhöht. Ein neues Gesellschaftsrecht stärkte die Befugnisse des Vorstandes gegenüber Aufsichtsrat und Aktionärsversammlung. Viele Tausende von kleinen Kapitalgesellschaften wurden in Eigentümer- bzw. Teilhaberfirmen umgewandelt[19]. Aber die für den Privatkapitalismus charakteristische Institution der Aktiengesellschaft als solche, von der nationalsozialistischen Diffamierung des »anonymen Kapitals« her im Grunde nicht tragbar (Parteiprogramm Art. 11: Abschaffung des arbeitslosen Einkommens; Art. 12: Brechung der Zinsknechtschaft; Art. 13: Verstaatlichung der vergesellschafteten Betriebe), erwies sich als eine Unternehmensform, die für den durch die Rüstung verstärkten Kumulationsprozeß der Wirtschaft unentbehrlich war. Wie die Kapitalgesellschaften, so vermochten sich entgegen der nationalsozialistischen Ideologie die Kartelle als typische Organisationsformen der kapitalistischen Wirtschaft nicht nur zu behaupten, sondern sie gewannen an Ausdehnung und Macht. Freiwillige Kartelle wurden in Zwangskartelle umgewandelt. Wirtschaftsbereiche, die bisher weitgehend außerhalb des Kartellwesens gestanden hatten (Fertigwaren- und Kleinindustrie), wurden in dieses einbezogen. Die Kartelle wurden einer gewissen Staatsaufsicht unterworfen (Festsetzung von Minimalpreisen, Normierung von Kalkulationsmethoden), die sich im Ergebnis in einer Begünstigung der größeren Unternehmen und in Fusionierungen auswirkten, wobei zahlreiche kleinere Betriebe geschlossen wurden. Die Praxis der staatlichen Kartellaufsicht in der nationalsozialistischen Zeit unterschied sich erheblich von der Funktion der staatlichen Kartellgerichte in der Weimarer Republik, die gerade dem Schutze von Außenseitern und Konsumenten gedient hatte. Im Gesamtgefüge der Wirtschaft konnte die privatkapitalistische Großindustrie ihre Position gegenüber der Kleinindustrie verstärken und sich gegenüber der nationalsozialistischen Ideologie und der Übermacht des Staates, dem sie für seine Rüstung unentbehrlich wurde, behaupten. Doch die Gewichte verschoben sich im Verlaufe der Jahre. Zutreffend formuliert M. Broszat, daß sich zuletzt »nur noch schwer unterscheiden ließ, wo die interessenpolitische Selbstverwaltung aufhörte und die staatliche Auftragsverwaltung anfing«. Für die Symbiose von Wirtschaft und Staat wurde ein Typus von Wirtschaftsführer charakteristisch, »der halb Funktionär, halb privater Unternehmer war. Und auch diejenigen Unternehmen und Industriezweige, die im Dritten Reich besonders prosperierten, hatten dies mit der Unterwerfung unter zunehmend stärker werdende Bedingungen der Unfreiheit zu erkaufen.«[20]

Bei allem Anwachsen des Staatseinflusses gegenüber der Wirtschaft besonders im Zeichen des Vierjahresplans kann man dennoch nicht von einer staatlichen Planwirtschaft sprechen. Die mit diesem Begriff verbundene Systematik in Zielsetzung und Lenkung der Gesamtwirtschaft in allen ihren Bereichen ist im Nationalsozialismus vor dem Kriege nicht vorhanden gewesen und kaum in der Periode des erst spät verkündeten »totalen Krieges«. Charakteristisch war vielmehr ein Kompetenzwirrwarr vieler mit Wirtschaftsfragen befaßter ziviler, militärischer und parteiamtlicher Behörden, wozu noch Sonderbevollmächtigte inner- und außerhalb des Vierjahresplanes traten – ein ähnliches Bild wie in den anderen Bereichen des Führerstaates.

Zur Kennzeichnung des wirtschaftlichen Systems der ersten Jahre des Nationalsozialismus ist von A. Schweitzer der von Hilferding geprägter Begriff des »organisierten Kapitalismus« übernommen worden[21]. Der Begriff als solcher ist in seiner verbalen Aussage blaß. Er besagt nichts über Ziel und Art der Organisation. Schweitzer versteht darunter eine Wirtschaftsform, die durch Wegfall oder Veränderung charakteristischer Institutionen des Privatkapitalismus ohne dessen Abschaffung gekennzeichnet ist. Diese Metamorphose, nämlich: Außerkraftsetzung des Grundsatzes der gleichen wirtschaftlichen Rechte für alle Firmen; Abschaffung der wirtschaftlichen Freiheit durch die Priorität der Rüstung; Beseitigung des freien Wettbewerbs; Veränderung des Assoziationsrechts, hatte folgendes Ergebnis: »Der Monopolkapitalismus der vorhergehenden Weimarer Zeit formte sich in einen durchorganisierten Kapitalismus um. Diese Wandlung ermöglichte es dem Großkapital, die Wirtschaftspolitik der nationalsozialistischen Regierung zu bestimmen und als Partner der Generäle die wirtschaftliche Aufrüstung wirksam zu unterstützen. Die Macht des Großkapitals jedoch konnte sich nicht auf andere Lebensbereiche ausdehnen. Die monopolistische Herrschaft war durch die Partei auf die Privatwirtschaft und die staatliche Wirtschaftspolitik eingeschränkt. Die vorwiegend politischen und ideologischen Gebiete wurden durch die Partei allein beherrscht. Das Resultat war eine neuartige Machtverteilung zwischen Großkapital und diktatorischer Partei. Das Nebeneinander von durchorganisiertem Kapitalismus und Parteidiktatur führte zu einem System von zwei sich gegenseitig unterstützenden, aber auch begrenzenden Machtträgern in der Gesellschaft.«[22] Mit dieser Definition steht der Begriff des »organisierten Kapitalismus« im Gegensatz zum Begriff des »staatsmonopolistischen Kapitalismus«, mit dem die sowjetisch-marxistische Ideologie seit Lenin das Ineinandergreifen von staatlicher und wirtschaftlicher Macht und die behauptete, aber nicht bewiesene Beherrschung des Staates durch die Monopolindustrie bezeichnet. Nach Ansicht der neueren westlichen Forschung verlief die Entwicklung im nationalsozialistischen Deutschland jedoch in umgekehrter Richtung: Bis zum Vierjahresplan von 1936 bestand in der beschriebenen Weise das im Begriff des »organisierten Kapitalismus« gemeinte Verhältnis eines mehr oder weniger gleichgewichtigen Nebeneinander von wirtschaftlicher und politischer Macht. Danach gelang es den Nationalsozialisten, »die wirtschaftliche und später die militärische Führung an sich zu reißen und die früheren Teilhaber zu zweitrangigen Machtträgern zu erniedrigen«[23]. Nach Hitlers eigenen Worten in der Denkschrift zum Vierjahresplan sah das so aus: »Das Wirtschaftsministerium hat nur die nationalwirtschaftlichen Aufgaben zu stellen, und die Privatwirtschaft hat sie zu erfüllen. Wenn aber die Privatwirtschaft glaubt, dazu nicht fähig zu sein, dann wird der nationalsozialistische Staat aus sich heraus diese Aufgabe zu lösen wissen.« In Wirklichkeit ist weder das Wirtschaftsministerium jemals zur zentralen Planungs- und Weisungsstelle noch die Industrie zum bloßen Befehlsempfänger geworden. Zutreffend aber ist die Formulierung Hitlers, insofern tatsächlich nach seinem Willen die Wirtschaft vorgegebenen politischen Zielsetzungen gänzlich dienstbar gemacht wurde, wobei die Frage nach den Eigentumsverhältnissen und der Rechtsform der Wirtschaft, ob Privatkapitalismus oder Staatskapitalismus, nicht nach Grundsätzen, sondern nach politischer Zweckmäßigkeit entschieden wurde.

Wie entwickelten sich in dieser Wirtschaft die Einkommensverteilung und der Lebensstandard der Bevölkerung? Bei den privaten Haushalten zeigt die Verteilung des Einkommens aus Löhnen und Gehältern gegenüber dem aus Vermögen und Unternehmen folgendes Bild: Während der stabilen Jahre der Weimarer Republik war der Anteil des Arbeitnehmereinkommens in der Zeit von 1925 bis 1929 von 66,2% auf 68,5% gestiegen und der Anteil des Vermögens- und Unternehmeneinkommens von 33,8% auf 31,5% gesunken; in der Zeit des Dritten Reiches fiel umgekehrt der Anteil des Arbeitnehmereinkommens in den Jahren 1933 bis 1939 von 68,0% auf 63,5%, aber der Anteil des Vermögens- und Unternehmeneinkommens stieg von 32,0% auf 36,5%[24]. Diese zur Einkommensverteilung der Weimarer Republik gegenläufige Entwicklung wird noch deutlicher, wenn man berücksichtigt, daß infolge der Dividendenbegrenzung das unverteilte Einkommen der Kapitalgesellschaften erheblich wuchs. Die Einkommenspolitik im nationalsozialistischen Deutschland war also ausgesprochen besitz- und unternehmerfreundlich. Gleichzeitig wurden die Stundenlöhne der Arbeitnehmer bei steigenden Lebenshaltungskosten auf dem Niveau der Depression von 1932 festgehalten. Diese Begünstigung der Unternehmer und Benachteiligung der Arbeitnehmer erfolgte, um im Interesse der Rüstung die Steigerung der Nachfrage nach Konsumgütern zu dämpfen. Denn – und dies ist die andere Seite der Entwicklung – die Nachfrage nach Konsumgütern war gewachsen als Folge der erheblichen Zunahme des Gesamtvolumens des Arbeitnehmereinkommens. Dieses stieg von 13,6 Milliarden RM 1933 auf 29,4 Milliarden RM 1939. Die Ursache dafür waren die Herstellung eines Zustandes der Vollbeschäftigung und bei knapp werdenden Arbeitskräften schließlich der Überbeschäftigung. Bei festgehaltenen Stundenlöhnen wuchs der Wochenverdienst der Arbeiter durch Erhöhung der geleisteten Arbeitszeit und infolge wachsender Nachfrage nach Fachkräften durch mancherlei Zulagen zum Stundenlohn. René Erbe gelangt in seiner Untersuchung über Löhne und Arbeitszeit zu folgendem Ergebnis: »In den Jahren 1937 und 1938, d.h. nach Erreichung der Vollbeschäftigung, wurden wieder Überstunden-Vergütungen und andere Zulagen ausgerichtet, so daß die effektiven realen Stundenverdienste wieder anstiegen und das Niveau von 1928 überschritten. Aufschlußreich ist schließlich auch eine Betrachtung der realen effektiven Wochenverdienste, da diese die Veränderungen der Arbeitszeit berücksichtigen und somit das vom Arbeiter verdiente Realeinkommen widerspiegeln. Die effektiven realen Wochenverdienste lagen im Jahre 1929 noch leicht über dem Stand von 1928, sanken jedoch von da an stark und erreichten mit einem Index von 86,5 im Jahre 1932 ihren Tiefpunkt. In jenem Jahr erreichte auch die durchschnittliche tägliche Arbeitszeit mit 6,9 Stunden ihren tiefsten Stand. Nach der nationalsozialistischen Machtergreifung stiegen die realen Wochenverdienste, blieben jedoch bis einschließlich 1936 unter dem Stand von 1928. Die Steigerung der Wochenverdienste war bis 1936 allein eine Folge der Erhöhung der Arbeitszeit, während nach 1936 auch die Erhöhung der realen Stundenverdienste in derselben Richtung wirksam war.«[25] Bei der Einschätzung des Lebensstandards der Arbeiter im Dritten Reich sind ferner bestimmte, durch die Arbeitsfront bewirkte Sozialleistungen nicht zu übersehen, wie die hygienische und ästhetische Verbesserung der Arbeitsplätze durch die Aktion »Schönheit der Arbeit« und das Angebot an Unterhaltung und organisierten Urlaubsreisen durch die Organisation »Kraft durch Freude«. Nach dem Elend der Arbeitslosigkeit in der Zeit der Depression ging es ohne Zweifel der Masse des arbeitenden deutschen Volkes jetzt besser – wenn auch die mythische Stilisierung der »Gestalt des deutschen Arbeiters«, die Propagierung der »Ehre der Arbeit« und die Einebnung sozialer Vorurteile, alles das also, was man die »braune Revolution« genannt hat, nicht darüber hinwegtäuschen konnte, daß die Arbeiterschaft die gewerkschaftliche Vertretung ihrer Interessen und ihre in der Revolution und in der Weimarer Republik errungenen politischen Rechte verloren hatte. Vor allem vermochte das arbeitende deutsche Volk nicht zu verhindern, in einen Produktionsprozeß eingespannt zu werden, der auf die Herbeiführung eines von seiner Mehrheit nicht gewünschten Eroberungskrieges hin angelegt war.

Allg. Überblicke bieten K. Häuser in: G. Stolper/K. Häuser/K. Borchardt, Dt. Wirtschaft seit 1870 ([2]1966); W. Fischer, Dt. Wirtschaftspolitik 1918–1945 ([3]1968); D. Petzina, Grundriß d. dt. Wirtschaftsgesch. 1918 bis 1945, in: Dt. Gesch. seit d. Ersten Weltkrieg 2, hg. vom Inst. f. Zeitgesch. (1973); W. Treue/G. Frede, Wirtschaft u. Politik 1933–45 ([4]1962); W. Treue, Die Einstellung einiger Großindustrieller zu Hitlers Außenpolitik, GWU 17 (1966). – R. Stukken, Dt. Geld- u. Kreditpolitik 1914–1963 ([3]1964).

Zu einzelnen Sachbereichen im Überschneidungsfeld von Industrie u. Politik:

D. PETZINA, Autarkiepolitik im Dritten Reich. Der nat.soz. Vierjahresplan (1968); ders., Hitler u. die dt. Industrie. Ein kommentierter Lit.- u. Forschungsbericht, GWU 17 (1966); ders., Hauptprobleme der dt. Wirtschaft 1932–1933, VfZG 15 (1967); W. BIRKENFELD, Der synthetische Treibstoff 1933–1945. Ein Beitrag zur nat.soz. Wirtschafts- u. Rüstungspolitik (1964); M. RIEDEL, Eisen u. Kohle für das Dritte Reich. Paul Pleigers Stellung in der NS-Wirtschaft (1973); W. SÖRGEL, Metallindustrie u. Nat.soz. Eine Untersuchung über Struktur u. Funktion industrieller Organisationen in Dtld. 1929 bis 1939 (1965); J.-J. JÄGER, Die wirtschaftl. Abhängigkeit des Dritten Reiches vom Ausland, dargestellt am Beispiel der Stahlindustrie (1969); Ingeborg ESENWEIN-ROTHE, Die Wirtschaftsverbände von 1933 bis 1945 (1965); G. THOMAS, Gesch. der dt. Wehr- u. Rüstungswirtschaft 1918–1943/45, hg. von W. BIRKENFELD (1966), eine im Auftrag des OKW geschriebene Studie des ehemaligen Chefs des Wehrwirtschafts- u. Rüstungsamtes im OKW nach dessen Entfernung aus diesem Amt. Vf. gehörte als einer der maßgeblichen Organisatoren der Wiederaufrüstung zugleich zum militärischen Widerstand. Die hieraus sich ergebenden schwierigen Interpretationsfragen werden in der Einleitung des Hg. abgewogen erörtert, s. dort u.a. zum Begriff des »Ressortwiderstands«. – Empirische Analyse u. theoretische Durchdringung verbinden folgende Werke: R. ERBE, Die nat.soz. Wirtschaftspolitik 1933–1939 im Lichte der modernen Theorie (Zürich 1958). In einem Vergleich mit der Theorie von Keynes kommt Vf. zu dem Ergebnis, daß die Sekundärwirkungen des öffentlichen deficit-spending auf die Wirtschaft nur gering gewesen seien, da Konsumausweitung u. private nicht rüstungswichtige Investitionen durch wirtschaftspolitische Maßnahmen der Regierung bewußt gedämpft wurden. Zwischen den Ideen von Keynes' General Theory und der Schachtschen Politik lasse sich keine sinnvolle Beziehung herstellen. Die Aufrüstung sei alles andere als ein von Keynes' Theorie her zu rechtfertigender Weg der Krisenüberwindung gewesen. Einen theoretischen Ansatz bei Max Weber sucht A. SCHWEITZER, Big Business in the Third Reich (London 1964); darin enthalten die vorweg veröffentlichte Abhandlung: ders., Organisierter Kapitalismus u. Parteidiktatur 1933–1936, in: Schmollers Jb. 79 I (1959). Von der Frage nach wirtschaftlich-sozialen Interessen als dem Bedingungsrahmen für Entstehung und Politik des Dritten Reiches ausgehend, aber der Vielschichtigkeit wirtschaftlicher, sozialer, ideologischer und politischer Voraussetzungen Rechnung tragend, gelangt er in eingehender Untersuchung von Lage, Beweggründen und Handlungen zur These einer »bilateral power« für die ersten Jahre des Dritten Reiches (Wirtschaft/Wehrmacht-Partei), während sich in der zweiten Phase ab 1936 die nicht primär wirtschaftlich begründete Ideologie und Macht Hitlers auch gegenüber Industrieführern und Generälen voll durchgesetzt habe. Die von T. MASON, Der Primat der Politik – Politik u. Wirtschaft im Nationalsozialismus, in: Das Argument 8 (1966), gemäß dieser Titelformulierung vertretene These hat unter Beteiligung von E. CZICHON u. D. EICHHOLTZ/K. GOSSWEILER u. T. MASON eine aufschlußreiche Diskussion ausgelöst, ibid. 10 (1968). Von der DDR-Forschung wird der Argumentationsgang Masons entgegen dessen methodischem Selbstverständnis als unmarxistisch deklariert. – Die Geschichtswissenschaft in der DDR stellt die Wirtschaftspolitik des nat.soz. Deutschland unter den Leitbegriff des »staatsmonopolistischen Kapitalismus«, so D. EICHHOLTZ, Geschichte d. dt. Kriegswirtschaft 1939–45, Bd. 1: 1939–41 (1969); ders., Probleme einer Wirtschaftsgeschichte des Faschismus in Dtld., in: Jahrbuch für Wirtschaftsgeschichte (1963); D. EICHHOLTZ/W. SCHUMANN (Hg.), Anatomie des Krieges. Neue Dokumente über die Rolle des dt. Monopolkapitals bei der Vorbereitung u. Durchführung des Zweiten Weltkrieges (1969); G. HASS/W. SCHUMANN,

Anatomie der Aggression. Neue Dokumente zu den Kriegszielen des faschistischen dt. Imperialismus im Zweiten Weltkrieg (1972). In Unterscheidung des »monopolistischen« vom »staatsmonopolistischen« Kapitalismus wird letzterer im Anschluß an Lenin definiert als »das Verwachsen von Monopolen und Staat zu einem einzigen Mechanismus imperialistischer Herrschaftsausübung«. Dabei wird von Eichholtz bei der Anwendung dieses Begriffs auf die Verklammerung von industriellen mit staatlichen Interessen und Institutionen der Tatsache Rechnung getragen, daß es durchaus unterschiedliche Richtungen gab, verkörpert etwa einerseits in den Personen Schacht/Thomas/Poensgen und andererseits Göring/Krauch/Röchling. Eichholtz sieht diese Unterschiede jedoch lediglich durch rivalisierende wirtschaftliche Interessen und divergierende taktische Beurteilung der zu setzenden Rüstungsprioritäten motiviert. Er umgeht die Frage, ob die in der von Thomas, Schacht u.a. geforderten »Tiefenrüstung« im Gegensatz zur auf Blitzkrieg angelegten »Breitenrüstung« enthaltene Warnung vor einem langen Abnutzungskrieg nicht als ressortspezifische Warnung vor einer Aggressionspolitik überhaupt verstanden werden muß und ob nicht eine nationale Revisionspolitik, die ihre Vertreter in verblendeter Kurzsichtigkeit zunächst im Bündnis mit Hitler betreiben zu können meinten, in ihrer Zielsetzung grundsätzlich anders zu sehen ist als das, was Hitler wollte. Dieser selber spielte, wenn man Eichholtz u.a. folgen will, lediglich die Rolle eines Befehlsempfängers von »Aufträgen des Finanzkapitals an seinen Nazi-Faschismus« (D. Eichholtz, Probleme, S. 105). Es scheint auf eine Unsicherheit im sowjet-marxistischen Geschichtsverständnis hinzuweisen, wenn im Gegensatz zu dieser Formulierung Eichholtz bei anderer Gelegenheit erklärt, daß es »als ganz und gar unzulässig« erscheine, »die präzisen Abstraktionen Dimitroffs [d.h. die Faschismusthese der Komintern vom Jahre 1933] auf eine Agenturtheorie oder gar ›Agenten‹-Theorie zu verkürzen«, D. Eichholtz/K. Gossweiler in Auseinandersetzung mit T. Mason, in: Das Argument 10 (1968), S. 213. Eine unkritische Anwendung der These vom »staatsmonopolistischen Kapitalismus« auf das Verhältnis von Staat und Wirtschaft treibt den Teufel durch Beelzebub aus. Sie verfällt anstelle einer falschen Dämonisierung der Person Hitlers in eine ebenso falsche pseudo-ontologische Hypostasierung anonymer industrieller Interessen als der eigentlichen geschichtsbestimmenden Mächte. – Hervorzuheben als marxistische Gesamtanalyse: Ch. Bettelheim, Die dt. Wirtschaft unter dem Nat.soz. (a.d. Französ. 1971). – Guter Überblick über die verschiedenen Aspekte der nat.soz. Wirtschaftspolitik, insbes. unter dem Gesichtspunkt der Kriegsvorbereitung, sowie über den gegenwärtigen Forschungsstand bei F. Forstmeier/H.-E. Volkmann (Hg.), Wirtschaft u. Rüstung am Vorabend des Zweiten Weltkrieges (1975). – S. auch Lit. zu Kap. 3, Anm. 8 u. 14, u. Kap. 4.

[1] RGBl. 1935 I, Nr. 64; H. Köhler, Arbeitsdienst in Dtld. Pläne u. Verwirklichungsformen bis zur Einführung der Arbeitsdienstpflicht im Jahre 1935 (1967); W. Benz, Vom freiwilligen Arbeitsdienst zur Arbeitsdienstpflicht, VfZG 16 (1968).

[2] RGBl. 1935 I, Nr. 28 u. RGBl. 1936, Nr. 80.

[3] R. Stucken, Dt. Geld- u. Kreditpolitik 1914–1963 (^{3}1964); H. Stübel, Die Finanzierung der Aufrüstung im Dritten Reich, Europa-Archiv 6 (1951).

[4] H. Schacht, Abrechnung mit Hitler (1948), S. 8f.

[5] Zahlen nach R. Erbe, Nat.soz. Wirtschaftspolitik, S. 35 u. S. 100.

[6] G. Ritter, Carl Goerdeler u. die dt. Widerstandsbewegung (1954), 4. Kap.

[7] H. Schacht, Abrechnung, S. 20.

[8] Text in: Ursachen u. Folgen 10, Nr. 2479.

[9] F. HOSSBACH, Zwischen Wehrmacht u. Hitler (1949), S. 212f.

[10] RGBl. 1933 I, Nr. 108.

[11] Zahlen nach »Wirtschaft u. Statistik« bei A. SCHWEITZER, Big Business in the Third Reich, S. 205.

[12] W. TREUE, Das Dritte Reich u. die Westmächte auf dem Balkan. Zur Struktur der Außenhandelspolitik Dtlds., Großbritanniens u. Frankreichs 1933 bis 1939, VfZG 1 (1953); Dörte DOERING, Dt. Außenwirtschaftspolitik 1933–35. Die Gleichschaltung der Außenwirtschaft in der Frühphase des nat.soz. Regimes (Diss. rer. oec. F. U. Berlin 1969); ferner die Beiträge von Volkmann, Fischer u. Teichowa in FORSTMEIER/VOLKMANN, op.cit.

[13] W. TREUE, Hitlers Denkschrift zum Vierjahresplan 1936, VfZG 3 (1955).

[14] Nürnberger Dok. NI-051.

[15] Eidesstattl. Erklärung von Paul Körner, Nürnberger Dok. NI-5955.

[16] D. PETZINA, Autarkiepolitik, S. 105; zu den inneren Auseinandersetzungen der Eisenindustrie, insb. zu Poensgen s. M. RIEDEL, Eisen u. Kohle für das Dritte Reich, S. 181ff.; einige Denkschriften Hermann Röchlings, die seinen Antisemitismus, seine Vorstellung von der Unvermeidlichkeit des Krieges u. sein Interesse an einem Autarkieprogramm belegen, bei D. EICHHOLTZ/W. SCHUMANN (Hg.), Anatomie des Krieges, Nr. 47 u. 52.

[17] Die Rede Krauchs vom 28. 4. 1939: Nürnb. Dokument EC–282. – Die besondere Nähe der IG-Farben zum nat.soz. Staat wird wie von Petzina und Schweitzer u.a. auch betont von W. TREUE, Die Einstellung einiger dt. Großindustrieller zu Hitlers Außenpolitik, GWU 17 (1966); hierzu zwei gegensätzliche Beiträge von Curt DUISBERG, dem Sohn des Konzernbegründers, u. D. PETZINA, Zur Geschichte des dt. Unternehmertums u. der IG-Farben-Industrie, in: Tradition (1968).

[18] Nähere Angaben bei D. PETZINA, Autarkiepolitik, S. 186f.

[19] Nach A. SCHWEITZER, Organisierter Kapitalismus, S. 47, wurden nach Angaben der offiziellen Statistik hiervon bis Dezember 1940 1860 Aktiengesellschaften u. 18883 Gesellschaften mit beschränkter Haftung betroffen.

[20] M. BROSZAT, Der Staat Hitlers, S. 228 u. 229f. Ein in diesem Sinne idealtypischer Technokrat mit Einfallsreichtum u. Sachverstand (Winterbekleidung für das Ostheer 1942), privater Unternehmer u. Wirtschaftsorganisator in staatl. Funktion (zuletzt Chef des Rohstoffamtes im Rüstungsministerium unter Speer), dessen Memoiren tiefen Einblick in die Struktur der nat.soz. Wirtschaftsführung geben, war H. KEHRL, Krisenmanager im Dritten Reich. 6 Jahre Frieden – 6 Jahre Krieg. Erinnerungen (1973), mit einem diesen Typus vortrefflich analysierenden Nachwort von E. Viefhaus.

[21] Zum Begriff: H.A. WINKLER (Hg.), Organisierter Kapitalismus (1974).

[22] A. SCHWEITZER, Organisierter Kapitalismus, S. 73.

[23] Ebd., S. 79.

[24] Siehe Bd. 22, Anhang Tabelle 18.

[25] R. ERBE, Die nat.soz. Wirtschaftspolitik, S. 90.

Kapitel 10
Nationalsozialistische Rassenpolitik

Sehr viel stärker noch als in der Wirtschaftspolitik liegt das Spezifische des »Dritten Reiches« in der Rassenpolitik. »Auslese« und »Ausmerze« wurden zu Leitbegriffen der nationalsozialistischen Ideologie. Maßnahmen der »Ausmerze« richteten sich gegen Juden wie gegen »lebensunwertes Leben« überhaupt. Dieser lange vor dem Nationalsozialismus in der deutschen Psychiatrie geprägte und umstrittene Begriff[1] konnte in der Vorstellungswelt des »Dritten Reiches« schließlich alles Leben umfassen, das als Inbegriff des Verworfenen und als dunkles Gegenbild zum idealisierten arischen Menschen erschien: das Erbkranke, Schwache, Asoziale, Unnütze, Verachtete, Rassefremde. Hitler erklärte schon im Jahre 1929 auf dem Nürnberger Parteitag: »Würde Deutschland jährlich eine Million Kinder bekommen und 700000–800000 der schwächsten beseitigen, dann würde am Ende das Ergebnis vielleicht sogar eine Kräftesteigerung sein.«[2] Solche Visionen der Vernichtung des Lebens zum Zwecke seiner biologischen Höherzüchtung wurden im Kriege verwirklicht. Der Weg dorthin begann alsbald nach der Machtübernahme mit Maßnahmen der Eugenik, die an vornationalsozialistische Absichten anknüpften, aber diese in charakteristischer Weise verschärften. Schon am 14. Juli 1933 wurde ein »Gesetz zur Verhütung erbkranken Nachwuchses« erlassen, das die Unfruchtbarmachung Erbkranker bezweckte[3]. Ihm lag der Text eines im Preußischen Landesgesundheitsamt im Jahre 1932 entworfenen Gesetzes zugrunde, das allerdings noch keine Zwangssterilisation vorsah. Die Möglichkeit zur Sterilisierung gab es auch in anderen Ländern, wie z. B. in der Schweiz oder den USA, von wenigen Sonderfällen (Geisteskrankheit) abgesehen jedoch auf der Grundlage der Freiwilligkeit[4]. Im Gesetz vom 14. Juli 1933 ist die Unfruchtbarmachung als eine Kannvorschrift formuliert. Jedoch wurde jedem behandelnden Arzt Anzeigevorschrift auferlegt, wenn er einem Fall begegnete, für den das Gesetz eine Unfruchtbarmachung vorsah, und auch jeder Amtsarzt hatte den Antrag auf eine solche zu stellen, wenn es ihm bei einem Kranken seines Bezirks als geboten erschien. Die Fälle, für die das Gesetz Sterilisierung vorsah, waren bestimmte für unheilbar gehaltene Erbkrankheiten wie manisch-depressives Irresein, Fallsucht u. a. Die Entscheidung über die unter Umständen nicht von dem Betroffenen selbst gestellten Anträge wurde einem »Erbgesundheitsgericht«, d.h. dem Staat gegeben, der jetzt – mit den Worten des offiziellen Kommentars – auf dem Gebiet des Lebens, der Ehe und der Familie endgültige Autorität beanspruchte. Das Gesetz wurde rigoros angewendet. Die Zahl der meist gegen den Willen der Betroffenen durchgeführten Unfruchtbarmachungen lag zwischen 200000 und 350000. Das Gesetz wurde abgesehen von Vorbehalten der katholischen Kirche, die in der Encyclica Casti Connubii vom 31. Dezember 1930[5] begründet waren, im allgemeinen hingenommen[6]. Zu seiner Begründung ließen sich so vernünftig scheinende Argumente wie der Hinweis auf die Notwendigkeit der Erbgesundheit ins Feld führen. Aber wenn dieses Gesetz, das der Staatsgewalt den Eingriff in die leibliche Existenz des schuldlosen Staatsbürgers gestattete, nicht im Sinne höchster Achtung vor dem Leben gehandhabt wurde, konnte durch einen solchen Schritt Tür und Tor geöffnet werden für verbrecherische Willküreingriffe. Dann lag in der Konsequenz der Verhütung erbkranken Nachwuchses die Tötung Erbkranker und in der Konsequenz der Tötung Erbkranker die Beseitigung als lästig empfundener pflegebedürftiger Menschen überhaupt. Die Vorbereitungen hierzu wurden noch im Frieden getroffen. So forderte der bayerische Staatskommissar für das Gesundheitswesen 1934 über die Sterilisierung hinaus die Ausmerzung von Psychopathen, Schwachsinnigen und Minderwertigen. Er wies damals schon auf die in Konzentrationslagern geübten Praktiken als vorbildlich hin[7].

Die Schwelle von der Verhütung der Zeugung »lebensunwerten Lebens« zu seiner Vernichtung wurde mit der sogenannten »Kinderaktion« einige Monate vor Beginn des Krieges überschritten. Mit Hilfe der Tarnorganisation »Reichsausschuß zur wissenschaftlichen Erfassung von erb- und anlagebedingten schweren Leiden« wurden ärztliche Geburtshelfer und Hebammen veranlaßt, idiotische und mißgebildete Neugeborene auf vorgeschriebenen Fragebogen zu melden. Die ausgefüllten Formulare gingen dann an bestimmte ärztliche Gutachter, die aufgrund dieser schriftlichen Unterlagen ohne persönlichen Augenschein ein Votum abgaben über den Befund der so »erfaßten« Kinder[8]. Ein Obergutachter, d.h. die Kanzlei des Führers, befand weiter, ob Überweisung in eine der in verschiedenen Krankenanstalten eingerichteten »Kinderfachabteilungen« zur »Behandlung« aufgrund der einschlägigen Erlasse, d.h. aus der nationalsozialistischen Tarnsprache in die Wirklichkeit übersetzt: zur Tötung, erfolgte. Den Eltern und der örtlichen Gesundheitsbehörde gegenüber hieß es, daß in diesen Abteilungen »auf Grund der durch den Reichsausschuß geschaffenen Einrichtungen die beste Pflege und im Rahmen des Möglichen neuzeitliche Therapie« durchgeführt werde. Es war kennzeichnend für dieses Verfahren, daß es ohne gesetzliche Grundlage lediglich auf Führerweisung hin erfolgte und daß man es soweit wie möglich zu verschleiern suchte. Diese Aktion war gleichsam die Überleitung vom »Gesetz zur Verhütung erbkranken Nachwuchses« zu der im Kriege vorgenommenen Massentötung im Rahmen des sogenannten »Euthanasieprogramms« (s. Bd. 21, Kap. 9). Die »Kinderaktion« wurde fortgeführt, auch als das Euthanasieprogramm eingestellt werden mußte. Die Zahl der Opfer wird auf 5000 geschätzt.

Im Kampf gegen die Juden ist der negative Aspekt der Rassenpolitik von vornherein sichtbar. Ideologisch ist der nationale Antisemitismus nicht originell. Die von Hitler, Goebbels und Streicher vertretenen Argumente finden sich alle schon im früheren deutschen Antisemitismus, der es im Reichstag von 1893 schon einmal auf 16 Abgeordnete gebracht hatte. Das Neue des nationalsozialistischen Rassenantisemitismus liegt in seiner Konsequenz und seiner Methode. Es gehörte zu den von Hitler vertretenen propagandistischen Grundsätzen, daß das Volk immer nur den Kampf gegen einen Gegner und eine Sache verstehe. So wurde für die nationalsozialistische Propaganda der Jude zur Verkörperung des Bösen schlechthin und ohne Ausnahme. Die widerwärtigsten Formulierungen fand Goebbels, wenn er in seinen ›Fragen und Antworten für den Nationalsozialisten‹ 1932 den Juden mit Ungeziefer verglich, das unschädlich gemacht werden müsse. Ein pornographisches Element fügte Streicher hinzu, wenn er die Spalten seines ›Stürmer‹ mit Berichten von Verführungen, Schändungen, Ritualmorden anfüllte. Durch Berufung auf angebliche Erkenntnisse der Erblehre, Prähistorie und Geschichte trat dieser Antisemitismus mit dem Anspruch einer wissenschaftlichen Wahrheit auf.

Im Augenblick der Machtübernahme gab es in Deutschland rd. 500000 Juden; dazu kamen später 185000 österreichische Juden. Bis zum Kriegsausbruch hatte sich diese Zahl durch Auswanderung und Vertreibung auf 275000 reduziert. Schon 1933 kam es zu vereinzelten Boykottmaßnahmen, aber erst die sogenannten Nürnberger Gesetze[9] vom September 1935 begannen mit einer systematischen Verwirklichung der Forderungen aus Hitlers ›Mein Kampf‹. Den Juden wurde die bürgerliche Gleichberechtigung genommen. Das Nürnberger Reichsbürgergesetz unterschied zwischen Reichsbürgern und Staatsangehörigen. Es besagte, daß ein Jude nicht Reichsbürger sein konnte. Kein Jude in dem durch das Gesetz definierten erweiterten Sinn durfte dem Staat als Beamter dienen, nachdem die meisten von ihnen bereits 1933 in den Ruhestand versetzt worden waren. Durch das gleichzeitige »Gesetz zum Schutz des deutschen Blutes und der deutschen Ehre« wurden rassische Mischehen sowie »der außereheliche Verkehr zwischen Juden und Staatsangehörigen deutschen oder artverwandten Blutes« verboten. Verboten wurde den Juden ferner, nichtjüdische weibliche Angestellte unter 45 Jahren zu beschäftigen und die deutschen Flaggen und Farben zu zeigen. Durch insgesamt 13 Ergänzungsverordnungen wurden im Laufe der Jahre von diesem Gesetz ausgehend den deutschen Juden alle Lebensmöglichkeiten genommen. In der Frage, was nun eigentlich mit den Juden geschehen solle, zeigt die nationalsozialistische Politik gewisse Schwankungen. Während Göring die Auswanderung und Deportation von Juden unter dem Gesichtspunkt der Devisengewinnung oder -einbuße ansah, verfolgte Heydrich als Chef des Sicherheitsdienstes und der Geheimen Staatspolizei die Methode, die jüdische Bevölkerung möglichst schnell und vollständig aus dem Reich hinauszudrängen. Juden polnischer Staatsangehörigkeit wurden in Massen deportiert. Der siebzehnjährige Sohn eines dieser Zwangsdeportierten, Herschel Grynspan, faßte den Plan, als Rache den deutschen Gesandten in Paris zu erschießen; aber er traf statt dessen einen der Sekretäre der Botschaft, Herrn v. Rath, der selbst als Gegner der Antisemiten bei der Gestapo verdächtig war[10]. Das wurde zum Anlaß für die planmäßige Organisation von Gewalttaten gegen die jüdischen Bürger und ihr Eigentum in der Nacht vom 9. zum 10. November 1938[11]. Synagogen gingen in Flammen auf, Friedhöfe wurden geschändet, Sachwerte zerschlagen und auch eine nicht genau feststellbare Anzahl von Menschen ermordet (nach Angabe Heydrichs 36). Das Reich forderte von den Juden die Zahlung von einer Milliarde Mark, ferner die Wiederherstellung aller durch den Mob angerichteten Sachschäden. Aus dem Wirtschaftsleben wurden sie, nachdem sie schon vorher aus allen freien Berufen hinausgedrängt worden waren, nunmehr vollends vertrieben. Sie durften weder Ladeninhaber, Börsenmakler, selbständige Kaufleute oder Leiter eines Industrieunternehmens sein. Sie durften weder auf Märkten oder Messen, weder als Anleihenehmer noch als Käufer auftreten. Sie gingen des Kündigungsschutzes verlustig und wurden aus den Genossenschaften ausgeschlossen. Der Besuch von Bädern, Theatern, Konzerten, Kinos und die Benutzung öffentlicher Verkehrsmittel wurde ihnen verboten. Die höheren Schulen wurden für Juden gesperrt. Für jüdische Kinder wurde im November 1938 die Schulpflicht aufgehoben. Schließlich wurde den Juden das Tragen eines gelben Sterns als öffentliche Diffamierung auferlegt.

Schacht, der damals noch Reichsbankpräsident war, entwikkelte in London in Diskussion mit Vertretern des Weltjudentums einen Plan für eine geregelte Auswanderung: das Reich würde die auf 1,5 Milliarden RM geschätzten jüdischen Guthaben beschlagnahmen als Garantie für eine ausländische Anleihe, mit deren Hilfe die Emigration finanziert werden sollte. Hitler ernannte Anfang 1939 Schacht zum Sonderbeauftragten für jüdische Auswanderung. Aber Schacht konnte diesen Plan nur kurze Zeit hindurch ernsthaft verfolgen; denn wenige Wochen später verlor er wegen seines Protestes gegen die Finanzpolitik sein Amt als Reichsbankpräsident und fiel in Ungnade. In Wien war inzwischen 1938 eine »Zentralstelle für jüdische Auswanderung« unter Adolf Eichmann eingerichtet worden. Im Februar 1939 wurde eine »Reichszentrale für jüdische Auswanderung« in Berlin geschaffen, die Heydrich unterstellt war und an deren Spitze im Oktober 1939 Eichmann trat[12]. Als die Entwicklung auf den Krieg zutrieb, erhob sich die Frage, was mit den Juden geschehen würde, die bei Kriegsausbruch noch im Lande wären. Das ›Schwarze Korps‹, die Zeitung der SS, hatte schon am 24. November 1938 für diesen Fall die Losung der Vernichtung ausgesprochen[13], und am 30. Januar 1939 erklärte Hitler selbst in einer Reichstagsrede, daß er für einen kommenden Krieg die »Vernichtung der jüdischen Rasse in Europa« voraussage. Wie am Vorabend des Krieges und damit zugleich der »Endlösung« der jüdischen Frage die Rechtsstellung der Juden in Deutschland aussah, sei mit den Worten eines führenden nationalsozialistischen Staatsrechtlers geschildert[14]:

»Die Juden genießen im Reich nicht die Stellung einer fremdvölkischen Minderheit, sondern ihnen ist eine Sonderstellung zugewiesen, die sich aus dem Ziel einer völligen Ausscheidung des Judentums erklärt ... So können Juden und jüdische Mischlinge nicht Beamte werden. Sie werden nicht als Rechtsanwalt,

Patentanwalt, Verwaltungsrechtsrat, Notar oder Schriftleiter zugelassen. Sie erhalten nicht die Bestallung als Arzt oder Tierarzt; sie werden nicht zur Kassenpraxis zugelassen; sie erhalten die Erlaubnis zur Ausübung der Krankenpflege und zur Tätigkeit des Heilpraktikers nicht. Jüdische Mischlinge unterliegen zwar der Wehr- und Arbeitsdienstpflicht; sie können aber nicht Vorgesetzte werden. Weitergehende wirtschaftliche Einschränkungen finden sich im Bauernrecht. Bauer kann nur sein, wer die deutsche oder stammesgleiche Abstammung bis zum 1. Januar 1800 nachweisen kann ... Zahlreiche weitere Einschränkungen treffen nur die Juden, aber nicht die jüdischen Mischlinge. So sind die noch im Amt befindlichen jüdischen Beamten mit dem 31. Dezember 1935 in den Ruhestand getreten. Die Zulassung der noch vorhandenen jüdischen Rechtsanwälte und Patentanwälte ist zum 30. November 1938 zurückgenommen worden. Juden werden nicht als Rechtsberater zugelassen, ebenso nicht zur Hilfeleistung in Steuersachen und in Devisensachen, ferner nicht zur Tätigkeit des genossenschaftlichen Wirtschaftsprüfers. Juden sind von der Bestallung als Arzt ausgeschlossen; frühere Bestallungen sind mit dem 30. September 1938 erloschen. Die Ausübung der Heilkunde einschließlich der Zahnheilkunde und der Tierheilkunde ist ihnen verboten; die Bestallungen jüdischer Zahnärzte, Tierärzte und Apotheker sind mit dem 31. Januar 1939 erloschen. Juden können nicht als Apotheker bestallt werden; sie können keine Apotheken pachten und müssen Apotheken, deren Besitzer sie sind, verpachten.

Juden ist ferner verboten die Ausübung des Bewachungsgewerbes, die gewerbsmäßige Auskunfterteilung, der Handel mit Grundstücken, die Immobilien- und Darlehnsvermittlung, die Haus- und Grundstücksverwaltung, die Heiratsvermittlung, das Fremdenführergewerbe; der Wandergewerbeschein und die Legitimationskarte zum Aussuchen von Warenbestellungen oder zum Aufkaufen von Waren sind ihnen zu versagen. Der Betrieb von Einzelhandelsverkaufsstellen, Versandgeschäften und Bestellkontoren, sowie der Betrieb eines Handwerks ist Juden seit dem 1. Januar 1939 untersagt. Gleiches gilt für das Angebot von Waren auf Märkten und Messen. Auch können Juden nicht mehr Betriebsführer im Sinne des Arbeitsordnungsgesetzes sein. Schließlich können sie einer Genossenschaft nicht mehr angehören.

Jeder Jude hat sein gesamtes in- und ausländisches Vermögen bei den zuständigen Verwaltungsstellen anzumelden. Jüdische

Gewerbebetriebe, d.h. Unternehmungen, deren Inhaber oder deren Gesellschafter Juden sind oder in deren Vorstand oder Aufsichtsrat Juden als Mitglieder sind oder an deren Kapital oder Stimmrecht Juden entscheidend beteiligt sind, werden in ein Verzeichnis eingetragen; die öffentliche Kennzeichnung dieser Betriebe ist vorbehalten. Einem Juden kann aufgegeben werden, seinen Gewerbebetrieb zu veräußern oder abzuwickeln; zur einstweiligen Fortführung des Betriebes kann in diesem Fall ein Treuhänder bestellt werden. Ferner kann einem Juden aufgegeben werden, sein land- und forstwirtschaftliches Vermögen oder sein sonstiges Grundeigentum zu veräußern. Grundstücke, grundstücksgleiche Rechte und Rechte an Grundstücken können von einem Juden durch Rechtsgeschäft nicht erworben werden. Die Verfügung über Grundstücke und grundstücksgleiche Rechte bedarf der behördlichen Genehmigung. Wertpapiere sind bei einer Devisenbank in Depot zu legen. Juwelen, Schmuck und Kunstgegenstände dürfen durch Juden nicht erworben, nicht verpfändet und nicht freihändig veräußert werden. Gegenstände aus Gold, Platin oder Silber sowie Edelsteine und Perlen sind an die öffentlichen Ankaufsstellen abzuliefern. Das Halten von Kraftfahrzeugen ist Juden untersagt; die Fahrerlaubnis ist ihnen entzogen. Mietverträge mit Juden können unter Einhaltung der gesetzlichen Kündigungsfrist gelöst werden.

Im Steuerrecht werden Kinderermäßigungen für Juden nicht gewährt. Reisepässe von Juden müssen besonders gekennzeichnet sein; Juden unterliegen außerdem dem Kennkartenzwang. Juden dürfen nur bestimmte Vornamen beigelegt werden, die in einer vom Reichsminister herausgegebenen Liste zusammengestellt sind. Soweit es im Rechts- und Geschäftsverkehr üblich ist, den Namen anzugeben, müssen Juden wenigstens einen Vornamen angeben. Im Falle der Hilfsbedürftigkeit von Juden hat die freie jüdische Wohlfahrtspflege einzugreifen. Vom aktiven Wehr- und Arbeitsdienst sowie vom Dienst in der Hitlerjugend sind Juden ausgeschlossen ... Das Hissen der Reichs- und Nationalflagge und das Zeigen der Reichsfarben ist Juden verboten.«

DW 397/217–224; 138–242; vgl. Lit. in Bd. 21, Kap. 9. – K. Dörner, Nat.soz. u. Lebensvernichtung, VfZG 15 (1967); L. Gruchmann, Euthanasie u. Justiz im Dritten Reich, VfZG 20 (1972); Hedwig Conrad-Martius, Utopien der Menschenzüchtung. Der Sozialdarwinismus u. seine Folgen (1955), ferner Zmarzlik (Kap. 1, Anm. 11). – Der Erforschung des nat.soz. Kampfes gegen das Judentum widmen sich neben dem Inst. f. Zeitgesch. in München mehrere ausländische Stellen; Überblick u. Beschreibung in W. BENZ, Quellen zur Zeitgesch. (Dt. Gesch. seit dem Ersten Weltkrieg 3, 1973), S. 57ff. – G. KISCH/K. ROEPKE, Schriften zur Gesch. der Juden. Eine Bibliographie der in Dtld. u. der Schweiz 1922–1955 erschienenen Diss. (1959); J. ROBINSON/P. FRIEDMAN, Guide to Jewish History under Nazi Impact (New York 1960). – Fortlaufende bibliograph. Angaben im Jahrbuch des Leo Baeck Inst. (London 1956ff.). – Zur Gesch. des Judentums in Dtld.: Wanda KAMPMANN, Deutsche u. Juden. Studien zur Gesch. des dt. Judentums (1963), sehr informative Darstellung der Gesch. der Juden in Dtld. vom Mittelalter bis zum 1. Weltkrieg; R. WELTSCH (Hg.), Dt. Judentum. Aufstieg u. Krise. Gestalten, Ideen, Werke (1963); E. HAMBURGER, Juden im öffentl. Leben Dtlds. Regierungsmitglieder, Beamte u. Parlamentarier in der monarch. Zeit 1848 bis 1918 (1968); J. TOURY, Die polit. Orientierungen der Juden in Dtld. Von Jena bis Weimar (1966). – Zum Antisemitismus: K. THIEME (Hg.), Judenfeindschaft. Darstellung u. Analysen (Tb. 1963), knappe Darlegung der verschiedenen Wurzeln der Judenfeindschaft seit dem Altertum; Eva G. REICHMANN, Die Flucht in den Haß. Die Ursachen der dt. Judenkatastrophe (1956); Eleonore STERLING, Judenhaß. Die Anfänge des polit. Antisemitismus in Dtld. 1815–1850 (^{2}1969); P. G. J. PULZER, Die Entstehung des polit. Antisemitismus in Dtld. u. Österreich 1867–1914 (a. d. Amerik. 1966); M. BROSZAT, Die antisemit. Bewegung im Wilhelmin. Dtld. (Diss. Köln 1952); H. G. GERLACH, Agitation u. parlamentar. Wirklichkeit der dt. Antisemiten-Parteien 1873–95 (Diss. Kiel 1956); W.E. MOSSE (Hg.), Entscheidungsjahr 1932. Zur Judenfrage in der Endphase der Weimarer Republik (1965); A. PAUCKER, Der jüdische Abwehrkampf gegen Antisemitismus u. Nat.soz. in den letzten Jahren der Weimarer Republik (^{2}1969); vgl. auch die Lit. in Bd. 19, Allgem. Bibl. z. Weim. Rep., unter Judentum. – Zur NS-Judenpolitik verschiedene Beiträge in Gutachten des Inst. f. Zeitgesch. (2 Bde. 1958 u. 1966); U.D. ADAM, Judenpolitik im Dritten Reich (1972); K. DROBISCH/R. GOGUEL/W. MÜLLER, Juden unterm Hakenkreuz, Verfolgung u. Ausrottung der dt. Juden 1933–1945 (Berlin-Ost 1973); H. GENSCHEL, Die Verdrängung der Juden aus der Wirtschaft im Dritten Reich (1966); A.G. v. OLENHUSEN, Die »nichtarischen« Studenten an den dt. Hochschulen. Zur nat.soz. Rassenpolitik 1933 bis 1945, VfZG 14 (1966); H. GÖPPINGER, Die Verfolgung der Juristen jüdischer Abstammung durch den Nat.soz. (1963). – Wichtige Dokumentation: L. POLIAKOV/J. WULF (Hg.), Das Dritte Reich u. die Juden (1955); B. BLAU, Das Ausnahmerecht für die Juden in Dtld. 1933–45 (3. Aufl. 1965). – Zum Schicksal der Juden im Hitlerreich aufschlußreich u. eindrucksvoll die Erinnerungen des Romanisten V. KLEMPERER, »LTI«. Die unbewältigte Sprache. Aus dem Notizbuch eines Philologen (1949, Tb. 1969); ferner die in den letzten Jahren erschienenen Veröffentlichungen über einzelne Gebiete u. Städte, u.a. H.-J. FLIEDNER (Hg.), Die Judenverfolgung in Mannheim 1933–1945. Darstellung u. Dokumente (2 Bde., 1971); P. SAUER, Die Schicksale der jüd. Bürger Baden-Württembergs während der nat.soz. Verfolgungszeit 1933–1945 (1969); J. FRAENKEL (Hg.), The Jews of Austria. Essays on their Life, History and Destruction (London 1967).

[1] K. BINDING/A. HOCHE, Die Freigabe der Vernichtung lebensunwerten Lebens (^{2}1922); dagegen E. MELTZER, Das Problem der Abkürzung ›lebensunwerten‹ Lebens (1925); zur Auseinandersetzung mit Binding/Hoche: W. v. BAYER, Die Bestätigung der NS-Ideologie in der Medizin unter bes. Berücksichtigung der Euthanasie, in: Universitätstage 1966 der FU Berlin. Nat.soz. u. die dt. Universität (1966), u. K. D. ERD-

MANN, »Lebensunwertes Leben«, GWU 26 (1975).

[2] Völk. Beob., Bayernausg. 7. Aug. 1929, zit. K. DÖRNER, Nat.soz. u. Lebensvernichtung, S. 131.

[3] RGBl. 1933 I, Nr. 86; Kommentar: A. GÜTT/E. RÜDIN/F. RUTTKE, Gesetz zur Verhütung erbkranken Nachwuchses (1934).

[4] H. NACHTSHEIM, Für u. wider die Sterilisierung aus eugenischer Indikation (1952), gibt Überblick über die Sterilisierungsgesetzgebung u. ihre Anwendung außerhalb Dtlds.; ders., Das Gesetz zur Verhütung erbkranken Nachwuchses aus dem Jahre 1933 in heutiger Sicht, in: Ärztl. Mitteilungen 47/59 (1962), S. 1640ff.; Diskussion hierzu ibid., S. 2515ff.

[5] Lat. u. dt. autorisierte Ausg. Freiburg 1931.

[6] Mit welchem Grade von Zustimmung oder Vorbehalten dies geschah, ist eine Frage, die noch genauer Untersuchung bedarf. Sehr unterschiedlich beurteilt wird die Einstellung der dt. Psychiatrie bei K. DÖRNER, Nat.-soz. u. Lebensvernichtung, der eine Prädisponiertheit u., mit Ausnahmen, eine Bereitwilligkeit zur Unterstützung der eugenischen Maßnahmen des Regimes bis hin zur Lebensvernichtung feststellen zu können meint, u. W. SCHULTE, »Euthanasie« u. Sterilisation im Dritten Reich, in: A. FLITNER (Hg.), Dt. Geistesleben u. Nat.-soz. (1965), der zu der Feststellung gelangt, daß der eine oder andere die Sterilisationsgesetze bejaht habe, die meisten jedoch sie »als ungeheure Belastung u. Infragestellung ihrer Arbeit empfunden hätten«.

[7] Vgl. K. DÖRNER, Nat.soz. u. Lebensvernichtung, S. 138.

[8] Zu den Gutachtern gehörte der angesehene Kinderarzt Prof. W. CATEL. Seine Schrift: Grenzsituationen des Lebens. Beitrag zum Problem der begrenzten Euthanasie (1962), zeigt die Schwierigkeit der Beurteilung der hier behandelten Probleme u. der in sie verstrickten Personen; ders., Leidminderung richtig verstanden (1966); ders., Leben im Widerstreit. Bekenntnisse eines Arztes (1974). – Zu den Einzelheiten des Verfahrens der Kinderaktion s. bes. die in Bd. 21, Kap. 9, Anm. 23 genannten Schriften von G. SCHMIDT u. H. EHRHARDT.

[9] RGBl. 1935 I, Nr. 100; J. WULF, Die Nürnberger Gesetze (1960); grundlegend für das Folgende jetzt U.D. ADAM, Judenpolitik im Dritten Reich.

[10] H. HEIBER, Der Fall Grünspan, VfZG 5 (1957).

[11] H. GRAML, Der 9. Nov. 1938, in: Parlament B 45 (1953); H. MOMMSEN, Der nat.soz. Polizeistaat u. die Judenverfolgung von 1938, VfZG 10 (1962); H. GENSCHEL, Die Verdrängung der Juden aus der Wirtschaft im Dritten Reich (1966).

[12] W. FEILCHENFELD/D. MICHAELIS/L. PINNER, Haavara-Transfer nach Palästina u. Einwanderung dt. Juden 1933–1939 (1972).

[13] Ohne hier im einzelnen auf den Antisemitismus vor dem Ersten Weltkrieg eingehen zu können, sei darauf hingewiesen, daß sich die Forderung nach der Vernichtung des Judentums mehr oder weniger verklausuliert wiederholt findet, bes. kraß z.B. in den von der Deutsch-Sozialen Reformpartei angenommenen Leitsätzen vom 10. Sept. 1899 (WIPPERMANN, Bd. 2, S. 71). Darin heißt es, im zwanzigsten Jahrhundert werde »die Judenfrage eine Weltfrage sein und als solche von den anderen Völkern gemeinsam und endgültig durch völlige Absonderung und – wenn es die Notwehr gebietet – schließliche Vernichtung des Judenvolkes gelöst werden«.

[14] E.R. HUBER, Verfassungsrecht des Großdt. Reiches (1939), S. 181ff.

Kapitel 11
Nationalsozialistische Schulpolitik

Wie in jedem totalitären Staat, so wurde auch im nationalsozialistischen Deutschland die »Erziehung« als ein wesentliches Instrument für die Verwirklichung der von der Partei gesetzten politischen Zwecke angesehen. »Das Wesentliche der Revolution« war nach Hitler »nicht die Machtübernahme, sondern die Erziehung des Menschen.«[1] Das Regime war seinem Selbstverständnis nach ein »Erziehungsstaat«, in dem eine Reihe unterschiedlicher »Erziehungsmächte«, unter ihnen die Schule als eine neben anderen, tätig waren und in dem die »Erziehungshoheit« teils bei den staatlichen Kulturbehörden, teils bei der Partei lag. Im staatlichen Bereich wurde den Ländern die Schulhoheit genommen. Das preußische Kultusministerium übernahm am 1. Mai 1934 unter Bernhard Rust die Aufgabe einer zentralen Schulbehörde des Reiches als »Reichs- und Preußisches Ministerium für Wissenschaft, Erziehung und Volksbildung«. Die Zuständigkeit für Kunst blieb charakteristischerweise dem Reichspropagandaministerium vorbehalten, und für die traditionell vom Kultusministerium verwalteten kirchlichen Angelegenheiten wurde 1935 ein eigenes Reichskirchenministerium unter Kerrl geschaffen. In den auf diese Weise zentralisierten, aber sachlich begrenzten Aufgabenbereich des Erziehungsministers regierten mehrere Parteidienststellen hinein, insbesondere der für die gesamte politische Schulung verantwortliche Reichsorganisationsleiter Robert Ley, der Führer der Hitlerjugend Baldur v. Schirach und der Leiter der Prüfungsstelle für das amtliche Schrifttum der NSDAP Philipp Bouhler, der u.a. die Schulbücher und Lehrmittel zensierte. Verhältnismäßig gering war daneben der Einfluß des »Beauftragten des Führers für die Überwachung der gesamten geistigen und weltanschaulichen Schulung und Erziehung der NSDAP« Alfred Rosenberg. Schließlich ist noch die z.T. starke Einflußnahme der SS auf die Schulpolitik des Erziehungsministeriums zu nennen. Das Neben-, In- und Gegeneinander der verschiedenen für Erziehungsfragen zuständigen Dienststellen ist ein charakteristisches Beispiel für den Kompetenzwirrwarr im Hitlerreich.

Was wurde nun im Zeichen des Nationalsozialismus aus den drei großen Fragen, die die Schulpolitik in der Zeit der Weimarer Republik beherrscht hatten, nämlich Strukturreform, pädagogische Reform und Verhältnis von Kirche und Schule? In der Struktur der Bildungseinrichtungen hat der Nationalsozialismus das traditionelle dreigliedrige, auf der von der Weimarer Republik geschaffenen vierjährigen Grundschule aufbauende Schulsystem mit einigen Veränderungen beibehalten. Dem rassenbiologischen Grunddogma entsprach der Gedanke vorgegebener Begabungstypen mit frühzeitiger Auslese für weiterführende Schulen. Deren bisherige Vielfalt wurde auf drei Formen beschränkt: Oberschule für Jungen, Oberschule für Mädchen je mit naturwissenschaftlichem und sprachlichem Zweig und in begrenztem Umfang humanistisches Gymnasium. Der Koedukationsgedanke der modernen Pädagogik, der sich allerdings in der Weimarer Zeit nicht hatte durchsetzen können, wurde von den Nationalsozialisten gänzlich verworfen. Aus bevölkerungs-, wehr- und wirtschaftspolitischen Gründen verordnete Rust 1936 im Zeichen des Vierjahresplans den Wegfall des dreizehnten Schuljahres. In der Berufsbildung hielt man am dualen System fest. Hier beanspruchte für die betriebliche Ausbildung die Arbeitsfront die entscheidende politische Steuerungsfunktion. Dem von Robert Ley propagierten Ziel, daß jeder deutsche Arbeiter ein Facharbeiter sein solle, diente die in die Kompetenz des Erziehungsministeriums verlagerte intensive Förderung von Fach-, Techniker- und Ingenieurschulen. Der besondere Wert, den man einer praxisorientierten beruflichen gegenüber einer theoretisch-akademischen Bildung beilegte, fand seinen Ausdruck in den alljährlich mit großem Propagandaaufwand durchgeführten Reichsberufswettkämpfen. Man sorgte dafür, daß den Siegern dieser Wettkämpfe ebenso wie den qualifizierten Abgängern der höheren Fachschulen der Übergang zur Technischen Hochschule offenstand.

Wie stand es überhaupt mit der sozialen Forderung des Parteiprogramms nach »Ausbildung geistig besonders veranlagter Kinder armer Eltern ohne Rücksicht auf deren Stand oder Beruf auf Staatskosten«? Daß mit dieser Forderung nicht eine breit angelegte Förderung der Volksschüler gemeint war, ergibt sich aus der von den Nationalsozialisten durchgeführten Senkung des Niveaus der Volksschullehrerausbildung. Die preußischen pädagogischen Akademien verloren ihren Charakter als wissenschaftliche Hochschulen. Reichseinheitlich wurden Hochschulen für Lehrerbildung geschaffen, denen später im Kriege Lehrerbildungsanstalten unter Verzicht auf das Abitur als Eingangsvoraussetzung folgten. Die soziale Zusammensetzung der Schülerschaft auf den weiterführenden allgemeinbildenden

Schulen blieb im wesentlichen die gleiche wie in der Weimarer Zeit. Stärker als auf den höheren Schulen war der Anteil von Arbeiterkindern auf den politischen Ausleseschulen[2], die in Konkurrenz von Staat und Partei geschaffen wurden. Eine Gründung des Erziehungsministeriums waren die »Nationalpolitischen Erziehungsanstalten«[3]. Die Auslesekriterien für die Zulassung standen in der von Hitler selbst als Erziehungsziel dieser Schulen genannten Prioritätenfolge: »körperlich hart, charakterlich fest und geistig elastisch«[4]. Sie dienten der Heranbildung einer politisch bewußten Führungselite für die Berufe, die eine höhere Schulbildung voraussetzten. So blieb der Lehrplan auch an der Vermittlung von Kenntnissen entsprechend den Erfordernissen der Oberschule orientiert und schloß mit dem Abitur. Im Unterschied hierzu wurde in den von Partei und HJ gegründeten »Adolf-Hitler-Schulen«[5] das antiintellektuelle, politisch-elitäre Erziehungsziel stärker ausgeprägt. Hier trat an die Stelle eines Schulzeugnisses, das über Fächerqualifikation Auskunft gegeben hätte, eine Beurteilung für die Parteiakten. Dennoch wurde auf Befehl Hitlers das Abschlußdiplom mit dem Abitur gleichgesetzt und berechtigte zum Hochschulbesuch. Eine Stufe darüber standen im politischen Erziehungsgang der Ausgelesenen und Privilegierten drei sogenannte »Ordensburgen«[6], deren Absolventen nach einem dreijährigen Lehrgang sich ausrechnen mochten, besondere Chancen des Fortkommens im Herrschaftsapparat zu besitzen. Von einer klaren hierarchischen Folge dieser verschiedenen Stufen politischer Erziehung konnte jedoch keine Rede sein. Die »Ordensburgen« besaßen keinerlei objektive Eingangsqualifikationen und kein objektivierbares Lehrgangsziel. Sie waren neben dem im Vordergrund stehenden physischen Training abgestellt auf Gehorsamsdrill gegenüber dem Führerbefehl und auf geistige Unterordnung unter die NS-Doktrin. Der romantisierende Name der »Ordensburgen«, dem ihre architektonische Gestaltung entsprach, und das von Robert Ley forcierte elitäre Bewußtsein der »Junker«, einem »Orden« anzugehören, kontrastierten mit der Inhaltsleere der Ausbildung. Die Arroganz solcher Ansprüche stieß auf Abwehrreaktionen unter dem normalen Funktionärsvolk der Partei. Die tatsächlichen Aufstiegschancen, die die Ordensburgen vermitteln sollten, blieben unbestimmt. Die Absolventen wurden während des Krieges mit Vorliebe in den annektierten Ostgebieten verwendet. In der nur kurzen Dauer der NS-Herrschaft konnte das System der gestuften politischen Eliteausbildung nicht voll zur Auswirkung gelangen. Deutlich ist jedoch der Nivellierungseffekt in der sozialpsychologischen Wirkung: das nationalsozialistische Deutschland praktizierte die Überzeugung, daß die ständische oder berufliche Zugehörigkeit zu einer der traditionellen Führungsschichten der deutschen Gesellschaft kein politisches Führungsprivileg bedeutete.

Neben den Schulen und Ordensburgen waren Hitlerjugend und Arbeitsdienst wesentliche Elemente des nationalsozialistischen Erziehungssystems. Beide erhielten den Charakter von monopolistischen Organisationen, die jeder Junge und jedes Mädchen zu durchlaufen hatte. Dem Gleichschaltungsprozeß der ersten Jahre nach 1933 fielen alle nicht-nationalsozialistischen Jugendorganisationen, unter ihnen die der bündischen Jugend und der kirchlichen Jugend wie zuvor der Arbeiterjugend und der politischen Jugendgruppen, zum Opfer.

Durch Gesetz vom 1. Dezember 1936 wurde die Parteijugend zur Staatsjugend; v. Schirach erhielt den Titel »Jugendführer des Deutschen Reiches«. Die Hitlerjugend[7] (mit ihren Untergliederungen Jungvolk, Jungmädelbund und Bund deutscher Mädel) umfaßte zu Beginn der nationalsozialistischen Herrschaft ca. 100000 Mitglieder und bei Kriegsbeginn als Pflichtorganisation der Jugendlichen zwischen 10 und 18 Jahren ca. 8 Millionen. Steht diese Mammutorganisation im Zusammenhang mit der letzten Phase der Jugendbewegung, die mit dem Wandervogel begann und mit der bündischen Jugend endete?[8] Die Frage ist nicht mit einem einfachen Ja oder Nein zu beantworten. In der bündischen Jugend galt wie in der Hitlerjugend der Grundsatz, daß Jugend von Jugend geführt werden solle. Aber anstelle der in der Jugendbewegung üblichen freien Wahl des Gruppenführers oder spontaner Gruppenbildung durch einen solchen trat in der Hitlerjugend ein von oben her eingesetzter Funktionärsapparat mit besoldeten Stellungen bei den oberen Chargen. In der bündischen Jugend war wie in der Hitlerjugend der Parteienstaat durchweg mit Skepsis betrachtet oder abgelehnt worden. Abseits der modernen Gesellschaft hatte die Jugendbewegung versucht, eine eigene Jugendwelt aufzubauen. Sie hat dabei vor allem in der Jugendmusik und im Laienspiel alte Kulturschätze zu neuem Leben gebracht. Form- und Stilelemente der Jugendbewegung fanden Eingang auch in die Hitlerjugend, besonders beim Jungvolk, in dem nicht wenige bündische Führer tätig wurden. Die Gedankenwelt der Konservativen Revolution, der Mythos von Führer und Volk und »Drittem Reich« hatte ein Echo in der Romantik der zumeist unpolitischen bündischen Jugend gefunden, so daß viele »Bündische« von der Begeisterung des 30. Januar 1933 miterfaßt wurden und sich der Hitlerbewegung anschlossen. Manche Führer der bündischen Jugend huldigten auch allzu beflissen dem neuen Regime in dem Bestreben, die Eigenständigkeit der im März 1933 zum Großdeutschen Bund zusammengeschlossenen bündischen Jugend zu bewahren. Dem ideologischen und organisatorischen Totalitätsanspruch der Hitlerjugend sich freiwillig zu beugen, waren die Jugendbünde, auch wo sie sich zur »nationalen Revolution« bekannten, im allgemeinen jedoch nicht bereit. Mit Gewalt besetzte die Hitlerjugend am 5. April 1933 die Geschäftsstelle des Reichsausschusses der Deutschen Jugendverbände in Berlin und verdrängte den Vorstand. Dessen Geschäftsführer Hermann Maass, der aus der sozialistischen Jugendbewegung kam und wie mancher andere aus den bündischen, politischen und kirchlichen Jugendorganisationen den Weg in den Widerstand[9] fand, wurde nach dem 20. Juli 1944 hingerichtet. Im Grunde stand die Hohen-Meißner-Formel von der Selbstbestimmung des Menschen in vollem Gegensatz zu dem Ungeist, der sich in dem byzantinischen Führerkult der Hitlergedichte Baldur v. Schirachs ebenso kundtat wie in der Hochstilisierung des Verzichts auf eigenes Denken und der Blindheit des Gehorsams zu politischen Tugenden.

Auch die durch Reichsgesetz am 26. Juni 1936 eingeführte halbjährige Arbeitsdienstpflicht[10], zunächst für Jungen, später auch für Mädchen, hatte bestimmte Wurzeln in der vornationalsozialistischen Zeit. Gruppen der bündischen Jugend (Deutsche Freischar) hatten auf ihren Balkanfahrten den obligatorischen Arbeitsdienst in Bulgarien kennengelernt. Durch Mitarbeit dort sammelten sie Erfahrungen, die sie in eigenen freiwilligen Lagern verwendeten und in die während der Krisenjahre entstehende Arbeitsdienstbewegung einbrachten. Deren Träger waren Kirche, bündische Jugend und Verbände der politischen Rechten. Sie war angesichts der Not von Hunderttausenden arbeitsloser Jugendlicher entstanden, die man aus ihrer Hoffnungslosigkeit herausreißen und in ein sinnvolles Gruppenleben und nützliche Arbeit eingliedern wollte. Der Gedanke der Volksgemeinschaft spielte als sekundäres Motiv mit hinein. Im nationalsozialistischen staatlichen Reichsarbeitsdienst hingegen trat neben dem in den ersten Jahren noch wirksamen Beweggrund, Arbeitslose von der Straße zu bringen, die politische Erziehungsfunktion in den Vordergrund. Der Arbeitsdienst sollte durch seine Betonung von Wert und Ehre körperlicher Arbeit Standesvorurteile abbauen helfen. Im Jargon der Zeit waren »Arbeiter der Stirn und der Faust« gleichwertig. Ohne Zweifel ist der Arbeitsdienst eines der wesentlichsten Instrumente in jenem gesellschaftlichen Egalisierungsprozeß gewesen, den man in der neueren Forschung als die »braune Revolution« bezeichnet hat[11]. Diesem »deutschen Sozialismus« entsprach es, daß auch in der Wehrmacht, der »Schule der Nation«, nach Wiedereinführung der allgemeinen Dienstpflicht keine ständischen Privilegien in der Art der im kaiserlichen Heer bestehenden verkürzten Dienstzeit für die Einjährigen mehr gewährt wurden.

Die Absicht, Erziehungsvorrechte bestimmter gesellschaftlicher Schichten abzubauen, hat im Schulwesen zur schrittweisen Zurückdrängung und schließlich fast gänzlichen Aufhebung aller Privatschulen geführt. In vielen Fällen wurden hierbei private Heimschulen, die in der Weimarer Zeit das eigentliche Versuchsfeld pädagogischer Neuerungen gewesen waren und die aus der Entwicklung fortschrittlicher Erziehungsmethoden nicht wegzudenken sind, in staatliche Heimschulen umgewandelt und damit der gleichförmigen Norm politischer Indoktrination unterworfen.

Denn inhaltlich stand aller Unterricht in der Schule ebenso wie das Leben in den außerschulischen »Erziehungsmächten« unter dem Primat der politischen Überzeugungsschulung. In den Adolf-Hitler-Schulen, auf den Ordensburgen, in der Hitlerjugend und in den übrigen Formationen der Partei geschah dies in einer direkteren und gröberen Weise, als es im Schulunterricht möglich war, der auch jetzt durch den üblichen vorgegebenen Fächerkanon im wesentlichen bestimmt blieb. Das galt insbesondere für die höhere Schule. Wie tiefgreifend die Umwertung der Werte aber auch hier trotz weiterwirkender Traditionselemente war, zeigen die vom Erziehungsministerium 1938 herausgegebenen reichseinheitlichen Lehrplananweisungen[12]. In einer grundsätzlichen Einleitung grenzte sich die nationalsozialistische höhere Schule gegen die der Weimarer Zeit ab. Es ging hierbei um die Richertsche Reform, durch die 1925 die »Deutsche Oberschule« geschaffen worden war (vgl. Bd. 19, Kap. 20). Zwar sei es damals, so hieß es jetzt, auch um Nationalerziehung gegangen, aber um eine falsch verstandene, rückwärtsgewandte, politisch unentschiedene, am Bildungsidealismus des 19. Jahrhunderts orientierte. Die Weimarer Reformer hätten geglaubt, »durch eine Reform des Bildungswesens das einzuholen, was wir an politischer Macht verloren hatten«. Mit einer solchen Kritik am »pädagogischen Optimismus« der Weimarer Zeit trafen die Verfasser dieser nationalsozialistischen Richtlinien zugleich die idealistische Grundüberzeugung der preußischen Bildungsreform der Humboldt-Zeit, die von dem Gedanken geleitet gewesen war, der Staat müsse durch geistige Kräfte ersetzen, was er an materiellen verloren hatte. Und im Gegensatz zu den preußischen Reformern, die den Ertrag einer autonomen Bildung für die politische Erneuerung in der durch die Zucht wissenschaftlicher Arbeit gewonnenen Charakterformung sahen, wurde jetzt in den nationalsozialistischen Richtlinien einem politischen Dezisionismus das Wort geredet: Durch die vorgegebene politische Tat werde der Erziehung Ziel und Richtung gegeben. Im Rahmen eines so geforderten Vorranges der Politik vor der Pädagogik mit dem Ziel, den tätigen, nicht den beschaulichen Menschen zu bilden, wurde nun allerdings eine Reihe von Gedanken ausgesprochen, die von traditionellen pädagogischen Überzeugungen geprägt waren: so das Leistungsprinzip, so der Gedanke, zur nationalen Selbsterkenntnis dadurch zu gelangen, daß man »über die Grenzen seines Volkes hinauszuschauen« und »Achtung vor dem Lebensrecht anderer Völker« lerne, so vor allem die Forderung, daß die höhere Schule zur Selbständigkeit des Denkens erziehen solle, zu »wissenschaftlicher Gediegenheit, Sachlichkeit und Wahrhaftigkeit«. Wenn es in den Richtlinien ferner heißt, daß »Logik und das unerbittliche Gesetz der Sachlichkeit ... nicht die schlechtesten Erzieher des Charakters« seien, so liest sich dies wie eine Absage an ideologische Indoktrination. Ob es sich nun bei solchen Formeln um die gedankenlose Übernahme gewohnter Begriffe handelte oder ob sie bewußt von Mitarbeitern des Ministeriums, die noch nicht ganz der neuen Lehre verfallen waren, in den Text hineingebracht worden sind, die Stoffpläne im einzelnen zeigen, in welcher Weise der Unterricht nach der Absicht des Ministeriums zu einer nationalsozialistischen Weltanschauungsschulung umfunktioniert werden sollte. Das gilt neben den weltanschaulichen Zentralfächern Biologie, Deutsch und Erdkunde insbesondere auch für die Lehrpläne in Geschichte[13]. Sie waren, von der Antike abgesehen, fast gänzlich auf den Unterricht in deutscher Geschichte beschränkt. Negativ wurde die Geschichte in das Beurteilungsraster von Antisemitismus, Antiliberalismus, Antikapitalismus und Antimarxismus hineingepreßt. Ohne den geringsten Ansatz eines kritischen Kulturvergleichs wurde die »nordische Rasse« zur zentralen Bewertungsnorm erhoben. Als die eigentliche geistige Gegenmacht gegen deren und des deutschen Volkes Tugenden erschien das Christentum. Wo es in diesen Lehrplänen beim Gang durch die Geschichte auftaucht, wird es negativ bewertet. Die folgenden Schlagworte kennzeichnen das Beurteilungsschema: »Bruch in der germanisch-deutschen Kulturentwicklung«, »mittelmeerische Überfremdung«, die »völkischen Werte« von Luthers religiöser Tat, die »Machtansprüche der Kirche«, die »überstaatlichen Bindungen des Zentrums« usw.

Es ist charakteristisch, daß sich die Richtlinien des Reichserziehungsministeriums über den Religionsunterricht nicht äußerten. Dies führte zu der Frage nach dem Verhältnis zwischen dem nationalsozialistischen Erziehungswesen und der Kirche, die als Erziehungsmacht ausgeschaltet werden sollte. Wie entwickelte sich die Stellung von Religionsunterricht und Konfessionsschule? Hitler hatte in seiner Regierungserklärung vom 23. März 1933 zugesichert, daß die nationale Regierung »in Schule und Erziehung den christlichen Konfessionen den ihnen zukommenden Einfluß einräumen und sicherstellen« werde. Für die katholische Kirche hatte zudem das Konkordat vom 20. Juli 1933[14], Art. 19–22 die schulischen Rechte noch einmal ausdrücklich bestätigt. Hier wurde der Religionsunterricht als ordentliches Lehrfach und sogar ein kirchliches Aufsichtsrecht zugestanden. Für den evangelischen Religionsunterricht erhob die Partei in der Zeit des Kirchenkampfes die Forderung, ihn im Sinne der Deutschen Christen umzugestalten. Dies bedeutete mit den Worten eines charakteristischen württembergischen Ministerialerlasses, daß »Stoffe, die dem Sittenempfinden der germanischen Rasse widersprechen, im Unterricht nicht zu behandeln sind. Gewisse Teile des Alten Testaments können daher für den Unterricht nicht in Frage kommen, andere werden stark in den Hintergrund treten müssen.« Es solle vermieden werden, »daß durch Einflüsse, die der nationalsozialistischen Weltanschauung entgegenstehen, irgendein Zwiespalt in die Seele der jungen Menschen hineingetragen wird«[15]. Andere Nationalsozialisten gingen weiter. Sie waren der Meinung, man müsse den Religionsunterricht überhaupt abschaffen und durch einen nationalsozialistischen Weltanschauungsunterricht ersetzen[16]. Als die Spannungen zwischen den Kirchen und dem Staat zunahmen, wurden Schritt um Schritt dem an sich rechtlich gesicherten Religionsunterricht zunehmende Schwierigkeiten bereitet. Die folgenden, im einzelnen genannten Schritte sind ein Musterbeispiel dafür, wie durch ein totalitäres Regime eine Rechtsposition untergraben werden kann unter Aufrechterhaltung der Rechtsfassade: a) Geistliche wurden von der Erteilung des Religionsunterrichts ausgeschaltet; b) durch die Nichterstellung von reichseinheitlichen Lehrplänen wurde der Weg frei für Einzeleingriffe in den Religionsunterricht; c) die Abmeldung vom Religionsunterricht wurde Eltern und Schülern nahegelegt und durch Kampagnen der Hitlerjugend gefördert; d) Schulandacht und Schulgottesdienst wurden verboten; e) der Religionsunterricht wurde in Eckstunden verlegt, um die Abmeldung zu fördern; f) an den Hochschulen für Lehrerbildung wurden die religionspädagogischen Lehrstühle nicht besetzt, an den Lehrerbildungsanstalten waren sie überhaupt nicht mehr vorgesehen; g) an den Nationalpolitischen Erziehungsanstalten und an den Adolf-Hitler-Schulen wurde der Religionsunterricht abgeschafft; h) durch Erlaß des Reichserziehungsministeriums vom 20. März 1940 wurde der Religionsunterricht auf die Dauer der Vollzeitschulpflicht beschränkt und damit für die oberen Klassen der höheren Schule aufgehoben; i) der Nationalsozialistische Lehrerbund, in dem sich der Antiklerikalismus großer Teile der früheren Volksschullehrerschaft mit der Christentumsfeindlichkeit des Nationalsozialismus verband, setzte sich zeitweise bei seinen Mitgliedern für die Niederlegung des Religionsunterrichts ein. In Abwehr dieses staatlichen Angriffs auf den Religionsunterricht bauten die Kirchen ihren eigenen katechetischen Unterricht stärker aus.

Zu den Rechten der Kirche gehörte auch die in den Zeiten der Weimarer Republik im allgemeinen aufrechterhaltene konfessionelle Gliederung der Volksschule (vgl. Bd. 19, Kap. 20). Ab 1935 setzte eine intensive Propaganda der Partei und des Nationalsozialistischen Lehrerbundes zugunsten der Gemeinschaftsschule ein. Man verwandte hierbei das taktische Mittel von Elternbefragungen, wobei der von der Partei ausgeübte Druck vielfach den Elternwillen stärker zu bestimmen vermochte als der Einfluß, den die Kirche ausübte. 1938 hatte sich die Gemeinschaftsschule allgemein durchgesetzt. In ihr sah sich der noch verbleibende Religionsunterricht den oben aufgezählten

Schikanen ausgesetzt. Auch die konfessionelle Gliederung der Lehrerausbildung wurde aufgehoben.

Der Kampf gegen die konfessionelle Schule ist ein deutliches Beispiel für die Zwielichtigkeit, in der schulpolitische Maßnahmen des NS-Regimes erscheinen mochten. Gegen die konfessionelle Schule konnten gute sachliche Argumente vorgebracht werden. Die Schaffung der nationalsozialistischen Gemeinschaftsschule galt jedoch nicht einer Verständigung zwischen den Konfessionen, sie diente der Entchristlichung des deutschen Volkes.

Der wahre Charakter der von einem humanen oder christlichen Leitbild gelösten nationalsozialistischen Erziehungspolitik zeigt sich in seiner ganzen Unmenschlichkeit, wenn man sich fragt, welches Schicksal dem Nachwuchs der »Minderrassen« zugedacht war. Die Kinder der unterworfenen Völker im Osten sollten durch die Zerschlagung aller weiterführenden Schulen auf ein Helotendasein vorbereitet werden (vgl. Bd. 21, Kap. 8). Die jüdischen Kinder, 1938 von den »deutschen« Schulen verwiesen (vgl. Kap. 10), konnten zunächst besondere jüdische Schulen besuchen. Diese wurden im Kriege geschlossen. Im Zusammenhang der Endlösung wurden die noch in Deutschland verbliebenen jüdischen Lehrer und Schüler deportiert. Am Ende dieses Weges standen die Vernichtungslager.

G. Giese u. Th. Wilhelm s. Bd. 19, Lit. zu Kap. 20; R. Eilers, Die nat.soz. Schulpolitik. Eine Studie zur Funktion der Erziehung im totalitären Staat (1963). H.-J. Gamm, Führung u. Verführung. Pädagogik des Nationalsozialismus (1964); hierzu Bespr. S. B. Robinsohn, On Nat.-Soc. Education, in: Comparative Education 2 (1966). K. C. Lingelbach, Erziehung u. Erziehungstheorien im nat.soz. Dtld. (1970). H. Steinhaus, Nationalsozialismus u. Pädagogik als Thema neuerer pädag. Standardliteratur, in: Neue Sammlung 10 (1970). – Nat.soz. Pädagogen: E. Krieck, Nationalpolit. Erziehung (^{24}1941). A. Bäumler, Politik u. Erziehung. Reden u. Aufsätze (^{4}1943).

[1] Rede vor SA-Führern 3. 7. 1933, zit. bei S. Esh, »Nationalpolit. Erziehung«. – Ein Eckpfeiler des Nationalsozialismus, in: Internat. Jb. f. Gesch. Unterricht 8 (1961/62), S. 129.

[2] H. Scholtz, Nat.soz. Ausleseschulen, Internatsschulen als Herrschaftsmittel des Führerstaates (1973).

[3] H. Ueberhorst, Elite für die Diktatur. Die nationalpolit. Erziehungsanstalten 1933–1945. Ein Dokumentarbericht (1969).

[4] H. Picker (Hg.), Hitlers Tischgespräche im Führerhauptquartier 1941–42 (1963), S. 275.

[5] D. Orlow, Die Adolf-Hitler-Schulen, VfZG 13 (1965).

[6] H. Scholtz, Die »NS-Ordensburgen«, VfZG 15 (1967).

[7] A. Klönne, Hitlerjugend. Die Jugend u. ihre Organisation im Dritten Reich (^{3}1960); W. Klose, Generation im Gleichschritt. Ein Dokumentarbericht (1964); H. C. Branden-

BURG, Die Geschichte der HJ. Wege u. Irrwege einer Generation (1968).

[8] M. JOVY, Dt. Jugend u. Nat.soz. Versuch einer Klärung ihrer Zusammenhänge u. Gegensätze (Diss. Köln 1952); Ulrike SCHMIDT, Über das Verhältnis von Jugendbewegung u. Hitlerjugend, GWU 16 (1965); vor allem die aus eigener Erfahrung geprägte kritische Betrachtung von K. O. PAETEL, Jugend in der Entscheidung 1913–1933–1945 (^{2}1963). Zur Jugendbewegung grundlegend W. KINDT (Hg.), Dokumentation der Jugendbewegung (3 Bde. 1963–1974), umfaßt die Zeit von 1896 bis 1933; weitere Lit. s. Bd. 19, Allgem. Bibl. z. Weim. Rep.

[9] Über Jugendwiderstand neben JOVY, op.cit., A. KLÖNNE, Gegen den Strom. Bericht über den Jugendwiderstand im Dritten Reich (1958). – Über den aus der Jugendbewegung kommenden, ebenfalls nach dem 20. Juli 1944 hingerichteten Pädagogen Adolf Reichwein: J. L. HENDERSON, A. R., eine polit.-päd. Biographie (1958); W. HUBER, A. R. u. das Erziehungsdenken im dt. Widerstand, in: Hamburger Mittel- u. Ostdt. Forschungen 7 (1970); Ursula SCHULZ (Hg.), Adolf Reichwein: ein Lebensbild aus Briefen u. Dokumenten (1974).

[10] Vgl. Kap. 9, Anm. 1.

[11] D. SCHOENBAUM, Die braune Revolution. Eine Sozialgesch. des Dritten Reiches (a. d. Amerik. 1968); s. Kap. 7, Anm. 20.

[12] Erziehung u. Unterricht in der Höheren Schule. Amtl. Ausg. des Reichs- u. Preuß. Min. f. Wiss., Erzieh. u. Volksbildung (1938).

[13] H. G. ZMARZLIK, Polit. Biologie im Dritten Reich, in: Der mathem. u. nat.wiss. Unterricht 19 (1966); D. KLAGGES, Geschichtsunterricht als nat.pol. Erziehung (^{4}1938); F. SELMEIER, Das nat.soz. Geschichtsbild u. der Geschichtsunterricht 1933–1945 (Diss. München 1970).

[14] S. Kap. 13, Anm. 8.

[15] So der württ. Kultusminister Mergenthaler in einem Erlaß vom April 1937, zit. bei Klara HUNSCHE, Der Kampf um die christl. Schule u. Erziehung 1933–45, in: Kirchl. Jb. f. d. Ev. Kirche in Dtld. 76 (1950), S. 488.

[16] So etwa M. Bormann an A. Rosenberg 22. 2. 1940, oder R. Heß an H. Göring 18. 4. 1940, in: L. POLIAKOV/J. WULF (Hg.), Das dritte Reich u. seine Denker (1959), S. 201 ff. u. 206 f.

Kapitel 12
Die Universität im nationalsozialistischen Deutschland

Für die nationalsozialistische Weltanschauung war ein Dogmatismus kennzeichnend, der seinem Wesen nach zum Prinzip der Selbstverantwortlichkeit freier Forschung in unüberbrückbarem Gegensatz stand. In einem geistigen Klima, das von Schlagworten beherrscht wurde wie: »Der Führer hat immer recht« oder: »Gut ist, was dem Volke nützt«, konnte weder die Sachforschung noch die freie wissenschaftliche Bemühung um Maßstäbe des Denkens gedeihen. Hitlers Kampfschrift wie alle seine Äußerungen bis zum Ende zeugen von einer tiefen Abneigung gegen die Wissenschaft und die Intellektuellen. Die Wissenschaftspolitik des Nationalsozialismus war von dem Bestreben geleitet, die naturwissenschaftliche Forschung den Wirtschafts- und Rüstungsplänen nutzbar zu machen und aus den Geisteswissenschaften Argumente zur Rechtfertigung des eigenen Wesens und der eigenen Ziele zu gewinnen. Den bezeichnendsten Ausdruck hierfür hat der bayerische Kultusminister Hans Schemm geprägt, wenn er vor den Münchener Professoren erklärte: »Von jetzt ab kommt es für Sie nicht darauf an, festzustellen, ob etwas wahr ist, sondern ob es im Sinne der nationalsozialistischen Revolution ist.«[1]

Wie war das Verhältnis der Wissenschaft zu einer Bewegung, die so verächtlich von ihr dachte, und zu einem Staat, der dennoch für die Inganghaltung seiner Wirtschaft und für die Ausbildung seiner Fachleute auf sie angewiesen war? Die Antwort auf diese Frage ist zwiespältig. Es kann weder von einer »Selbstbehauptung der deutschen Universität« noch von einer vollständigen Umwandlung in eine »Braune Universität« die Rede sein. Zunächst ist festzustellen, daß es keinen Berufsstand gab, dem die neuen Machthaber mit solchem Mißtrauen gegenüberstanden und den sie glaubten, so weitreichend säubern zu müssen, wie den der Hochschullehrer. In der revolutionären Anfangsphase des Regimes wurden im Reichsdurchschnitt 14,34% des akademischen Lehrkörpers und 11% der Ordinarien entfernt[2]. Im Reichskultusministerium schätzte man, daß in den ersten fünf Jahren seit der Machtübernahme 45% aller beamteten wissenschaftlichen Stellen neu besetzt wurden[3]. Zur Begründung dieses radikalen Aderlasses läßt sich eine Kette von Äußerungen anführen, die zeigen, daß vom Nationalsozialismus her gesehen die Universität völlig versagt hatte. So klagte etwa Rust am 7. Mai 1933 in der Aula der Berliner Universität die Professoren an, sie hätten sich ohne Kontakt zur Wirklichkeit in ihre Forschung eingekapselt: »Die Jugend marschierte, aber ... Sie waren nicht dabei ... Es verlieren nicht nur Könige ihre Kronen, es verlieren ganze Generationen das Recht der Erstgeburt, wenn sie vor den Problemen der Nation nicht bestehen.«[4]

Unter denen, die aus rassischen oder politischen Gründen Recht und Heimat verloren, waren Forscher von Weltrang wie die Physiker Einstein und Franck, der Theologe Tillich, der Jurist Heller und viele andere hervorragende Wissenschaftler. Diese sogenannte Säuberung der Universität geschah unter tumultuarischen Umständen. Studentischer Mob störte Vorlesungen mißliebiger Professoren, zerrte sie mit Gewalt vom Katheder, fand jedes Mittel der Ehrabschneidung, Verleumdung, Denunzierung und Brutalität recht, um die verhaßte bürgerliche Wissenschaft zu erledigen. Wes Geistes Kinder diese Studenten waren, bezeugt folgendes wirre Dokument. Am 13. April 1933 wurden in allen deutschen Universitäten zwölf Leitsätze der Studentenschaft »Wider den undeutschen Geist« angeschlagen. Darin hieß es u. a.: »Der Jude kann nur jüdisch denken, schreibt er deutsch, dann lügt er ... Jüdische Werke erscheinen in hebräischer Sprache. Erscheinen sie deutsch, sind sie als Übersetzung zu kennzeichnen ... Deutsche Schrift steht nur Deutschen zur Verfügung. Der undeutsche Geist wird aus öffentlichen Büchereien ausgemerzt ... Wir fordern die Auslese von Studenten und Professoren nach der Sicherheit des Denkens im deutschen Geiste.«[5] Kurt Riezler, der damals aus seinem Amt als Kurator und Professor der Universität Frankfurt entfernt wurde, schrieb zu diesem Vorgang: »Wenn die Studentenschaft von sich aus bestimmen kann, wer zum Examen zugelassen wird, wenn die Studenten angehalten werden, die Vorlesungen der Dozenten nach politisch deutbaren Auslassungen zu überwachen oder gar sich anmaßen, über deutschen und undeutschen Geist von Büchern oder Lehrern auf Grund ihrer tagesgebundenen Vorstellungen zu befinden, wenn durch Drohung mit Störung der Vorlesungen ein Druck auf die Dozenten, durch Drohung mit Nichtzulassung zum Examen ein Druck auf die Studenten ausgeübt werden darf, wenn derartig blamable Elaborate wie die Grundsätze der Studentenschaft gegen den undeutschen Geist auch nur vorübergehend offiziell aushängen können – so ist die Freiheit der Lehre praktisch zerstört und jede offizielle Aufrechterhaltung bleibt ein leeres Wort.«[6] Im Mai 1933 erreichten die Aktionen ihren Höhepunkt mit öffentlichen Bücherverbrennungen in den deutschen Universitätsstädten. Professoren hielten dabei flammende Reden. Das Ereignis wurde mit schlechten Versen des Literaturwissenschaftlers, Nietzsche-Forschers und langjährigen Freundes Thomas Manns, Ernst Bertram, gefeiert[7].

Wie reagierte die deutsche Universität als Korporation auf solche Herausforderungen? Sie schwieg! Wohl gab es einzelne tapfere Stimmen wie die des Kieler Soziologen Ferdinand Tönnies, der sich im Februar 1933 in Berlin in öffentlicher Rede für die Freiheit der bedrohten Wissenschaft einsetzte und auf deren unlösbaren Zusammenhang mit einer freien Gesellschaftsordnung hinwies[8]. Aber nirgendwo stellte sich die Universität vor ihre bedrängten, verfemten, verfolgten Kollegen. Einem zeitgenössischen Beobachter des Verhaltens der Universität gegenüber ihren verfolgten Mitgliedern haben sich die Worte der Brüder Grimm über ihre Kollegen nach der Entlassung der Göttinger Sieben 1837 aufgedrängt: Ihre »Charaktere fingen an sich zu entblättern gleich den Bäumen des Herbstes bei einem Nachtfrost«[9]. Dabei war in der Hochschullehrerschaft die Zahl der überzeugten Parteianhänger sehr gering. Einen Namen machten sich als engagierte Nationalsozialisten u. a. der Pädagoge Ernst Krieck und die politisch absonderlichen Physiker und Nobelpreisträger Philipp Lenard und Johannes Stark, die in Polemik gegen Einstein für eine »deutsche Physik« plädierten. Die Universitäten Deutschlands waren im frühen 19. Jahrhundert einmal Rückhalt der dem Geiste der Wissenschaft entsprechenden liberalen Verfassungsbewegung gewesen, jenes großen politischen Aufschwungs, der die Nation durchdrang. Der Nationalsozialismus jedoch, im Kerne wissenschaftsfeindlich, nahm seinen Aufstieg nicht von den Universitäten aus. Nicht sie gaben ihm Ideen und Impetus. Größer als die Zahl der genuinen Nationalsozialisten war in den Reihen der Professoren der Anteil derer, die in einer schwer durchschaubaren Mischung von Opportunismus, Machtbewunderung und subjektiver Ehrlichkeit versuchten, ihre jeweilige Wissenschaft in den Nationalsozialismus einzubringen und ihn in der Soziologie, in der Philosophie, in der Geschichte und der Literaturwissenschaft von konservativen oder bürgerlich-nationalen Vorstellungen her zu deuten.

In solchem Bemühen, den Anschluß herzustellen, huldigten einige namhafte Wissenschaftler in besonders übersteigerten Formulierungen dem Zeitgeist und kündigten die Freiheit auf. Ein Beispiel ist das schon erwähnte »Verfassungsrecht des Großdeutschen Reiches« von Ernst Rudolf Huber. Zu den von Huber hervorgehobenen Kennzeichen des völkischen Führerstaates gehört die Aufhebung des Reservats individueller Freiheitsrechte gegenüber dem Staat. Wir lesen in dieser Staatslehre: »Insbesondere die Freiheitsrechte des Individuums ... sind mit dem Prinzip des völkischen Reiches nicht vereinbar. Es gibt keine persönliche, vorstaatliche und außerstaatliche Freiheit des einzelnen, die vom Staat zu respektieren wäre.« Unter dieses Anathema fällt auch die Freiheit der Wissenschaft. In der Weimarer Verfassung hatte es geheißen: »Die Kunst, die Wissenschaft und ihre Lehre sind frei. Der Staat gewährt ihnen Schutz und nimmt an ihrer Pflege teil.« Diesen Artikel 142 finden wir jetzt ausdrücklich verworfen. Huber bescheinigt der deutschen Universität, daß die Überlieferung des Humboldtschen Humanismus, die sich in diesem Artikel ausdrücke, die Wissenschaft gehindert habe, »gleichen Schritt mit der inneren Entwicklung des Volkes zu halten und an der Spitze der völkischen Wiedergeburt zu stehen«, d.h. ganz und gar dem Nationalsozialismus zu verfallen[10]. Neben Huber ist Carl Schmitt zu nennen, dessen verfassungsgeschichtliche und theoretische Brillanz nach den Morden des 30. Juni zu einer Rechtfertigung der durch kein Gesetz mehr gebundenen Führergewalt degenerierte. Am meisten Aufsehen aber erregte der Fall des Philosophen Heidegger. In seiner Freiburger Rektoratsrede am 27. Mai 1933 schlug er vor, den Geist der Universität aus der Verbindung von Arbeits-, Wehr- und Wissensdienst zu erneuern. Er verkündete gleich Huber: »Die vielbesungene ›akademische Freiheit‹ wird aus der deutschen Universität verstoßen.« Ein halbes Jahr später, immer noch nicht belehrt, mahnte er die Studenten, »der Führer selbst und allein« sei »die heutige und künftige deutsche Wirklichkeit und ihr Gesetz.«[11]

Viele Professoren bekundeten im Stile der Zeit durch Beteiligung an Unterschriftensammlungen ihren Konformismus, 300 in einem Wahlaufruf zur Märzwahl 1933, mehr als 700 in einem »Bekenntnis der Professoren an den deutschen Universitäten und Hochschulen zu Adolf Hitler und dem nationalsozialistischen Staat« vom November 1933. Wenn man von den Fällen des sacrificium intellectus der oben geschilderten Art absieht und wenn man menschliche Schwäche und politische Urteilsblindheit als Korrelat zu fachlich-spezialisierter Tüchtigkeit und auch einen pragmatisch-äußerlichen Konformismus aus Selbsterhaltungstrieb in Rechnung stellt, so bleibt doch die Frage, wie es zu erklären ist, daß die Wissenschaft als ganze vor der Aufgabe versagt hat, Recht und Unrecht beim Namen zu nennen.

Die Forschung ist sich darin einig, daß ein wesentlicher Grund hierfür in der unter der Professorenschaft weitverbreiteten geschichtlich und sozial begründeten national-konservativen Einstellung zu sehen ist. Viele, vielleicht die meisten tendierten zur politischen Rechten, wenn es auch keineswegs übersehen werden darf, daß sich eine nicht geringe Zahl an die bürgerlichen Parteien der Mitte, einige wenige an die Sozialdemokraten hielten. Die national-konservativen Professoren befanden sich dem Nationalsozialismus gegenüber in der gleichen Illusion wie die Koalitionspartner Hitlers. Als ein typisches Beispiel sei hierfür der Name des hochangesehenen Pädagogen Eduard Spranger genannt. Er selber hat in einer kritischen Rückschau über sein damaliges Verhalten berichtet[12]. Als der Leipziger Philosoph und Pädagoge Theodor Litt auf dem Hochschulverbandstag (Standesorganisation der Hochschullehrer) im Oktober 1932 in Danzig vorschlug, eine Erklärung gegen die Juden- und Demokratenhetze des Nationalsozialistischen Deutschen Studentenbundes zu beschließen, widersprach Spranger, dem die Weimarer Republik nur als »Schattenstaat« gegolten hatte, mit Erfolg, weil er »die Bewegung der nationalen Studenten noch im Kern für echt, nur in der Form für undiszipliniert« hielt. Der gemeinsame Nenner des »Nationalen« verstellte diesen Professoren die Einsicht in den fundamentalen Unterschied zwischen ihrem eigenen bürgerlich-konservativen Nationalismus und dem revolutionären Nationalismus der Hitler-Bewegung. Dies ist eine genaue Analogie zu der Einschätzung Hitlers durch Papen und Hugenberg, durch Teile der Großindustrie, durch die Generalität. Man glaubte auch an den Universitäten, der Bewegung eine Chance geben zu müssen in der Meinung, sie auffangen und zähmen zu können. Ein weiteres Motiv kommt in zeitgenössischen Äußerungen stark zum Ausdruck, der Generationenkonflikt[13]. Der Nationalsozialismus war mehr als irgendeine andere politische Strömung auch eine Bewegung der Jugend, die auf den Hochschulen den Gegensatz zu der Generation ihrer Lehrer artikulierte. Auf dem genannten Danziger Hochschultag 1932 zeichnete einer der Berichterstatter zu Studentenfragen folgendes Bild der Lage an den Universitäten: »Wer heute als Akademiker einen Blick auf die Karte Deutschlands wirft, dem erscheinen die Hochschulen, über die einzelnen Landschaften verstreut, wie Vulkane, die jeden Augenblick zu einem plötzlichen Ausbruch kommen können. Es gibt keine, wo nicht wenigstens von Zeit zu Zeit ein dumpfes Grollen unter der Oberfläche dem Rektor das Gefühl bereitet, als säße er auf einem Pulverfaß. Bei mindestens drei Vierteln ist es auch schon zu wirklichen Eruptionen gekommen, bei der Hälfte sogar zu größeren Ausbrüchen, die dann die ganze Tagespresse unter den Stichworten des ›Skandals‹ oder ›Krawalls‹ durchwanderten. Auch die Gruppe ist nicht mehr ganz klein, wo schließlich von außen her gewaltsam in die Hochschulvorgänge eingegriffen werden mußte, wo die Polizei mit dem Gummiknüppel erschien und dahinter sogar in einigen Fällen der Strafrichter mit Gefängnis oder noch Schlimmerem.«[14] Verschiedene Redner forderten in Sorge um das verlorene Vertrauen, daß man sich um engere Fühlung mit den Studenten bemühen müsse. Denn »es ginge den Studenten regelmäßig um ideelle Güter, um eine oft freilich sehr unsichere und schwankende, auf Mißverständnissen beruhende Weltanschauung«[15]. Es ist deutlich, daß der Glaube an die ideelle Gesinnung der Jugend die volle Einsicht in die Brutalität der Bewegung trübte.

Die tiefste Ursache aber für die zwiespältige Haltung der Wissenschaft in der Stunde, die von ihr eine politische Bewährung erfordert hätte, lag in ihrer eigenen inneren Situation als Wissenschaft. Unmittelbar nach dem Ersten Weltkrieg hatte Max Weber eine präzise Analyse gegeben[16]. Im Prozeß der unvermeidlichen Spezialisierung und beim Verlust des verbindlichen Charakters religiöser und philosophischer Überzeugungen waren auch die Sozial- und Geisteswissenschaften in eine zunehmende Isolierung voneinander geraten. Der Bezug von der Sacherhellung zu den kulturellen, politischen und ethischen Werten, der Schritt von der Seinsfrage zur Sinnfrage, von dem, was ist, zu dem, was gilt und sein soll, wurde in Soziologie, Philosophie und selbst in der Theologie weithin als Akt der Entscheidung begriffen. Im Bereich dieses Dezisionismus herrschte die Willkür der Wertentscheidungen, und nicht der Forscher, sondern der Prophet oder der Demagoge hatte hier das Wort. Konnte vielleicht, nachdem die theologische wie die philosophisch-idealistische Grundlage der früheren Einheit der Wissenschaften verlorengegangen und nicht wiederherzustellen war, eben in der politischen Entscheidung für eine mit dem Anspruch auf totale Lebensgestaltung auftretende politische Bewegung die Einheit der Wissenschaften auf neuer Ebene wiedergewonnen werden? So hat der Gedanke der »politischen Universität« in den Jahren der nationalsozialistischen Revolution manche Geister beschäftigt[17]. Dabei wurde vielfach die Grundtatsache aus den Augen verloren, daß vor allen bewußten und gewollten politischen Wertentscheidungen, die als ein anderes hinzukommen können, die Wissenschaft selbst als fragendes und forschendes Verhalten zur Wirklichkeit auf bestimmten vorausgegebenen, politisch werthaltigen Entscheidungen beruht, mit denen sie steht und fällt: auf dem Respekt vor der freien Forschung, auf der Bereitschaft, jede Erkenntnis der nachprüfenden Kritik zu unterwerfen, und damit auf der Anerkenntnis der Freiheit von Lehre und Forschung und der Unabhängigkeit des sich selbst verantwortenden, auf die Wahrheit verpflichteten Geistes. Es liegt in der Sinnkonsequenz der Wissenschaft, daß sie politisch auf den freien Rechtsstaat als ihre eigene gesellschaftliche Voraussetzung hin angelegt ist, selbst wenn die Träger der Wissenschaft ihre Augen vor diesem im Wesen der Sache liegenden Zusammenhang verschließen. Dies erklärt, warum die Nationalsozialisten von all der Zustimmung, die sie bei den Hochschullehrern fanden, so wenig beeindruckt waren und bis zuletzt die Universität als Stätte der Wissenschaft mit tiefem Mißtrauen betrachteten. Es gab in der Tat auch in nationalsozialistischer Verkleidung und unter den Bedingungen des totalitären Staates an den Universitäten des »Dritten Reiches« noch ernsthafte Wissenschaft. Verhältnismäßig einfach war es für die Naturwissenschaften, den Modus vivendi zu finden und ihre Forschung weiterzutreiben. Abgesehen von wenigen Übereifrigen, die eine »deutsche Physik« oder eine »artgemäße Mathematik« verkündeten, vermochte es die Naturwissenschaft in ihren der unmittelbaren politischen Wertung entzogenen Sachbereichen den Geist strenger wissenschaftlicher Forschung weiterzupflegen. Sehr viel schwieriger war dies für die Sozial- und Geisteswissenschaften, die mit ihren Themen unmittelbar das politische Interesse berührten. In begrenztem Maße bestand auch hier die Möglichkeit, in politisch ferner liegende Räume, Zeiten oder Sachbereiche auszuweichen und von dort aus in einzelnen Fällen eine indirekte Kritik am Regime auszusprechen oder auch direkt bestimmte Thesen anzugreifen, deren wissenschaftliche Unhaltbarkeit zutage lag. Als Beispiele dafür, daß auch im Bereiche der Geisteswissenschaften an einigen Stellen ernsthafte Forschung weiterging, sei auf zwei epochale Werke verwiesen, für die die Forschungsgrundlage damals in der Stille und abseits der Tagesaktualität erarbeitet wurde: Ernst Robert Curtius, ›Europäische Literatur und lateinisches Mittelalter‹ (Berlin 1948) und Otto Becker, ›Bismarcks Ringen um Deutschlands Gestaltung‹ (nach seinem Tode 1958 herausgegeben von A. Scharff).

Weil den Nationalsozialisten die Selbstgleichschaltung der Wissenschaft nicht genügen konnte, die als totale nie vollzogen wurde und auch nicht vollziehbar war, versuchten sie, durch eigene Maßnahmen eine von Grund her nationalsozialistische Wissenschaft zu entwickeln. So schufen sie Lehrstühle für Rassenkunde, politische Pädagogik, Wehrwissenschaft, bemühten sich, Biologie, Psychologie und Geschichte in Dienst zu nehmen, und gründeten einige besondere Institute wie das »Reichsinstitut für Geschichte des neuen Deutschland« und das »Institut zur Erforschung der Judenfrage« oder das »Ahnenerbe« der SS[18]. Alle diese Untersuchungen blieben wissenschaftlich unzulänglich. Rosenberg hatte den ehrgeizigen Plan, eine eigene nationalsozialistische Hochschule zu gründen und den Universitäten entgegenzustellen. Diese Absicht hätte dem dualistischen Prinzip des nationalsozialistischen Staates entsprochen, gelangte aber nicht zur Ausführung. Eine Maßnahme äußerer Gleichschaltung war die Übertragung des Führerprinzips auf die Universität, die ihre bisherige korporative Selbstverwaltung verlor[19]. Der Minister ernannte den Rektor und die Dekane. Dem Senat und den Fakultäten blieb nur noch das Recht der Beratung[20]. Ein neues organisatorisches Element war die Dozentenschaft, zu der alle Hochschullehrer zusammengefaßt wurden. Deren Leitung lag jeweils beim örtlichen NS-Dozentenbundführer. Der Dozentenführer gewann in Rivalität zu Rektor und Dekan stellenweise ein erhebliches Mitspracherecht, besonders bei Berufungen. Schulungskurse und Dozentenlager sollten für die weltanschauliche Gleichschaltung des Lehrkörpers sorgen. Durch eine Reichshabilitationsordnung wurde die wissenschaftliche Qualifikation mit dem neugeschaffenen Titel eines Dr. habil. zu einer bloßen Vorstufe für die entscheidend von politischen Gesinnungskriterien abhängige Erteilung der Lehrbefugnis. Dozenten und Assistenten erhielten in ihrer Besoldung und hinsichtlich ihrer Rechtsstellung einen gegenüber den Ordinarienprivilegien verbesserten Status innerhalb der Universität. Die Studentenschaft wurde jetzt öffentlich-rechtlich anerkannt. Sie hatte während der Weimarer Zeit ihren nach dem Ersten Weltkrieg zunächst gewonnenen öffentlich-rechtlichen Status in Preußen unter dem Kultusminister Becker und nach und nach in den anderen Ländern wieder verloren, weil sie nicht darauf verzichten wollte, volksdeutsche, z. B. österreichische Studentenschaften aufzunehmen, die ihrerseits jüdische Studenten aus ihren Reihen ausschlossen. In ihrer Verfassung vom 7. Februar 1934 wurde der völkisch-großdeutsche Antisemitismus der Studentenschaft sanktioniert. Zu ihr gehörten fortan lediglich »Studenten deutscher Abstammung und Muttersprache«[21]. Damit hatte der Nationalsozialistische Deutsche Studentenbund sein Ziel erreicht, nachdem er bereits auf dem allgemeinen deutschen Studententag in Graz 1931 durch die Mehrzahl der vertretenen Studentenausschüsse der deutschen Universitäten die Führung der »Deutschen Studentenschaft« erlangt hatte. Die Studentenschaft der einzelnen Universitäten wie auf Reichsebene wurde von dem entsprechenden Führer des Nationalsozialistischen Studentenbundes geleitet. Die Verklammerung der amtlichen und der Parteiorganisation war hier also ähnlich wie bei Dozentenschaft und Dozentenbund.

Bei dem Aufstieg der Nationalsozialisten in der Studentenschaft, der sich eher vollzog als der Aufstieg der Partei im Reich, hatten die den Parteienstaat der Weimarer Republik ablehnenden und oft antisemitisch eingestellten Korporationen eine ähnliche durch Illusionen bestimmte Rolle gespielt wie die konservativen Koalitionspartner Hitlers bei dessen Machtübernahme. Schließlich lösten sich die großen Bünde wie die Deutsche Burschenschaft und der Kösener SC auf. Ihre Häuser wurden zu nationalsozialistisch kontrollierten studentischen Kameradschaftsheimen. Unter dem Totalitätsanspruch der nationalsozialistisch geführten Studentenschaft erstickte das ehedem so vielgestaltige und farbige Verbindungsleben.

In der aus eigenem Willen und durch staatliche Maßnahmen gleichgeschalteten Universität gab es trotz allem freiheitliche Regungen. Die für das Dritte Reich bezeichnende Rivalität zwischen staatlichen und parteiamtlichen Stellen auch in der Wissenschaftspolitik ermöglichte es geschickten Rektoren und Dekanen, allzu direkte Bevormundungen abzuwehren und einen gewissen Spielraum für echte wissenschaftliche Betätigung offenzuhalten. In privaten Zirkeln, oft um einzelne Lehrer gruppiert, fanden sich kritische Geister zusammen. Der Widerstand hatte Anhänger auch im Bereich der Wissenschaft[22].

Th. Litt, The national-socialist use of moral tendencies in Germany, in: The Third Reich, hg. v. UNESCO (1955); A. Flitner (Hg.), Dt. Geistesleben u. Nat.soz. Eine Vortragsreihe der Univ. Tübingen (1965); Universitätstage 1966 der Freien Univ. Berlin: Nat.soz. u. die dt. Universität (1966); Die dt. Universität im Dritten Reich. Eine Vortragsreihe der Univ. München (1966); K. D. Erdmann, Wissenschaft im Dritten Reich, Veröff. der Schl.-Holst. Universitätsgesellschaft, NF 45 (1967), auch abgedr. in: FAZ, 16. Juni 1965, Titel: Professoren unter Hitler, dargestellt am Beispiel der Universität Kiel. – H. P. Bleuel/ E. Klinnert, Dt. Studenten auf dem Weg ins Dritte Reich. Ideologien, Programme, Aktionen. 1918–1935 (1967); A. Faust, Der Nat.soz. Dt. Studentenbund. Studenten u. Nat.soz. in der Weimarer Republik (2 Bde., 1973); M. FRANZE, Die Erlanger Studentenschaft von 1918–1945 (1972); W. KALISCHER (Hg.), Die Universität u. ihre Studentenschaft. Universitas magistrorum et scholarium (Stifterverband f. d. dt. Wiss. Jb. 1966/67), bringt im Rahmen einer Auswahldokumentation zur Gesamtgesch. der Studentenschaft zahlreiche, nicht mehr zugängliche u. verstreute Materialien zur NS-Zeit. – Zu einzelnen Fachrichtungen der Universitäten: K. F. WERNER, Das NS-Geschichtsbild u. die dt. Geschichtswissenschaft (1967); W. EMMERICH, Germanische Volkstumsideologie. Genese u. Kritik der Volksforschung im Dritten Reich (1968); E. LÄMMERT/W. KILLY/K. O. CONRADY/P. v. POLENZ, Germanistik, eine dt. Wissenschaft (Tb. 1967); H. MAU, Bericht über die Soziologie in Dtld. 1933–45, in: Kölner Zeitschr. f. Soziologie 11 (1959).

[1] E. NIEKISCH, Das Reich der niederen Dämonen (1953), S. 197.

[2] Zahlen nach einer in England aufgestellten Berechnung bei K. D. BRACHER/W. SAUER/G. SCHULZ, Die nat.soz. Machtergreifung (1960), S. 321.

[3] H. HUBER, Der Aufbau des dt. Hochschulwesens (als Ms. gedr. 1939), zit. bei H. MAIER, Nat.soz. Hochschulpolitik, in: Die dt. Universität im Dritten Reich, S. 88, erklärte: »Ich glaube nicht, daß es einen anderen Bereich staatlicher Verwaltung gibt, nicht zu reden von anderen nicht-staatlichen Einrichtungen, in dem ein Personenwechsel in einem solchen Umfang stattgefunden hätte.«

[4] Völk. Beob., Berliner Ausg., 6. Mai 1933; Auszug der Rede in: W. KALISCHER (Hg.), Die Universität u. ihre Studentenschaft, Nr. 144.

[5] Ebd., Nr. 141.

[6] Zit. in K.D. ERDMANN (Hg.), Kurt Riezler. Tagebücher, Aufsätze, Dokumente (1972), S. 149.

[7] H.-W. STRÄTZ, Die studentische »Aktion wider den undeutschen Geist« im Frühjahr 1933, VfZG 16 (1968). Text des Bertramschen Weihespruchs bei Hildegard BRENNER, Die Kunstpolitik des Nat.soz. (Tb. 1963), Anhang; ibid. Text der Rede des Lit.-historikers H. Naumann zur Bücherverbrennung in Bonn. – D. AIGNER, Die Indizierung ›schädlichen u. unerwünschten Schrifttums‹ im Dritten Reich, in: Börsenbl. f. d. Dt. Buchhandel 26 (1970).

[8] Hierzu K. D. ERDMANN, Wissenschaft im Dritten Reich.

[9] So in den Erinnerungen des aufrechten Frankfurter Graecisten K. REINHARDT, Akademisches aus zwei Epochen, in: ders., Vermächtnis der Antike (1960).

[10] Hierzu K. D. ERDMANN, Wissenschaft im Dritten Reich.

[11] M. HEIDEGGER, Die Selbstbehauptung der dt. Universität (1934), Selbstenthüllung eines Philosophen in seiner Zeit; G. SCHNEEBERGER (Hg.), Nachlese zu Heidegger. Dokumente zu seinem Leben u. Denken (Bern 1962); A. SCHWAN, Politische Philosophie im Denken Heideggers (1965).

[12] E. SPRANGER, Mein Konflikt mit der nat.soz. Regierung 1933, in: Universitas 10 (1955).

[13] So z.B. auch E. SPRANGER, Über Sinn und Grenzen der Hochschulreform. Rede auf dem 7. dt. Hochschultag, Danzig 5. Okt. 1932, in: Mitteilungen des Verb. d. dt. Hochschulen 12 (1932); Auszug hieraus in: W. KALISCHER (Hg.), Die Universität u. ihre Studentenschaft, Nr. 137.

[14] Auszug aus Rede Prof. Hedemann in: W. KALISCHER (Hg.), Die Universität u. ihre Studentenschaft, Nr. 135.

[15] Hedemann, ibid.

[16] Von den wissenschaftstheoretischen Schriften bes. ›Wissenschaft als Beruf‹ (1919) in: M. WEBER, Gesammelte Aufsätze zur Wissenschaftslehre (1922).

[17] A. REIN, Die Idee der polit. Uni-

versität (1933); auch die Rektoratsrede von M. HEIDEGGER, Die Selbstbehauptung der dt. Universität (1934).

[18] H. HEIBER, Walter Frank u. sein Reichsinstitut für Geschichte des neuen Dtld. (1966); R. BOLLMUS, Das Amt Rosenberg u. seine Gegner (1970); M. H. KATER, Das »Ahnenerbe« der SS 1935–1945 (1973).

[19] H. SEIER, Der Rektor als Führer, VfZG 12 (1964).

[20] Daß auch dieses übergangen wurde, zeigt die Aberkennung der Ehrendoktorwürde Thomas Manns durch den Dekan der Phil. Fakultät der Univ. Bonn, die ohne Konsultation der Fakultät erfolgte. Th. Mann hatte 1919 die Ehrendoktorwürde verliehen bekommen als Verfasser der ›Betrachtungen eines Unpolitischen‹. Sie wurde ihm genommen wegen seines späteren Eintretens für Republik und Demokratie in der Weimarer Zeit. Hierzu die biographisch und zeitgeschichtlich tiefgründige Studie von P. E. HÜBINGER, Thomas Mann, die Universität Bonn u. die Zeitgesch. Drei Kapitel dt. Vergangenheit aus dem Leben des Dichters 1905 bis 1955 (1974). Hübinger sieht die Mitverantwortung der Fakultät nicht in diesem Vorgang unmittelbar, sondern in der protestlosen Hinnahme der Abschaffung der korporativen Selbstverwaltung. Die Antwort von Th. MANN an den Dekan in: Ges. Werke 12 (1960).

[21] Text der Verfassung in: Reichsministerialblatt 76 (1934), Auszug in: Die Universität u. ihre Studentenschaft, Nr. 149.

[22] Zu nennen ist u. a. der lutherische, liberal-nationale Historiker Gerhard RITTER, der in Beziehung zum Goerdeler-Kreis trat, s. dessen Aufsatz: Der dt. Professor im Dritten Reich, in: Die Gegenwart 1 (1946); ferner C. v. DIETZE, Die Universität Freiburg im Dritten Reich, in: Mitteilungen der List-Gesellschaft, H. 3 (1960/61). Zu den Opfern, die der Widerstand gegen Hitler forderte, gehörten auch Studenten u. Hochschullehrer: die Geschwister Scholl u. der Münchener Philosoph Prof. Kurt Huber; Prof. Adolf Reichwein, Sozialist, vor seiner Entfernung aus dem Amt Direktor der Päd. Hochschule in Halle (s. Kap. 11, Anm. 9); Jens Jessen, Konservativer und seinem Selbstverständnis nach ursprünglich Nationalsozialist, 1933 zum Direktor des Inst. f. Weltwirtschaft in Kiel berufen, später in Berlin u. mit Stauffenberg unmittelbar beteiligt an der Planung des Attentats gegen Hitler.

Kapitel 13
Die Kirche im nationalsozialistischen Deutschland

Das Verhältnis der christlichen Kirchen zum Nationalsozialismus war dem der Wissenschaft im Ansatz nicht unähnlich. Auch hier handelte es sich um Lebensbereiche, die einem eigenen Gesetz folgten und sich nicht gleichschalten ließen. Aber auch hier standen am Anfang die Notwendigkeit und das Bemühen, einen Modus vivendi zu finden, und stärker noch als insgesamt gesehen bei der Wissenschaft die Illusion, daß sich ein solcher finden lasse, ja daß im Grunde der Nationalsozialismus eine der Kirche gemäßere politische Ordnung darstelle als die ruhmlos zugrunde gegangene Weimarer Republik.

Wenn der Nationalsozialismus dem Marxismus, dem Materialismus und dem Zerfall der Sitten den Kampf ansagte und sich für Heimat, Volkstum und deutsche Art einzusetzen vorgab, so entsprach dies den Empfindungen der Kirche und des Kirchenvolkes. Autorität und Obrigkeit, Volksgemeinschaft und Überwindung des Klassenkampfes waren christliche Leitvorstellungen für die rechte Ordnung der weltlichen Dinge. Und selbst in seiner Kampfansage gegen das Judentum konnte der Nationalsozialismus mit entsprechenden archaischen Elementen im christlichen Bewußtsein rechnen. Man erinnerte an Luthers Schrift ›Wider die Jüden‹ mit seiner Aufforderung, die Synagogen in Brand zu stecken, und an Ernst Moritz Arndts, des frommen lutherischen Liederdichters, Verherrlichung des »reinen Blutes« und Verächtlichmachung des Judenvolkes. Im Missale Romanum, dem Text der katholischen Meßliturgie, war im Karfreitagsgebet für das Volk der Christusmörder immer noch von den »perfidis Judaeis« die Rede[1].

In solchen Überlieferungen lag eine Versuchung für die Christen, Kreuz und Hakenkreuz zu verbinden. Das Jahr der »nationalen Erhebung« schien auch ein Jahr der Kirche zu sein. Uniformierte Abteilungen in evangelischen Gottesdiensten, Kirchen- und Parteifahnen vor der katholischen Hedwigskirche in Berlin bei der Feier zum Konkordatsabschluß, Feldgottesdienste von Stahlhelm und SA, christlich-konservatives Vokabular in nationalsozialistischen Reden sowie Huldigungsadressen von kirchlichen Verbänden, Geistlichen und Laien an den Führer konnten ein solches Bild des Einklangs vortäuschen. Doch von der ersten Stunde an fehlte es auf seiten der Kirchen auch nicht an Bemühungen, die Geister zu unterscheiden und bei aller Zustimmung zum neuen Staat der Kirche vorzubehalten, was der Kirche ist. Dies geschah im Katholizismus und im Protestantismus von sehr unterschiedlichen politischen und kirchlichen Voraussetzungen her. Für beide führte der Weg von einer anfänglich großen Kooperationsbereitschaft zu der Erfahrung, daß unter den Gegebenheiten eines totalitären Staates bereits der Wille zur kirchlichen Selbstbehauptung als solcher politischer Widerstand ist.

Hitler war ein religiöser Nihilist, der sich in einen hybriden Schicksals- und Erwählungsglauben hineinsteigerte. Versuche einer Wiederbelebung völkisch-germanischer Religiosität, wie sie von der Ludendorff-Bewegung und von der »Deutschen Glaubensbewegung« unternommen wurden, hielt er für absurd und untunlich. Die dogmatische Kompromißlosigkeit und die hierarchische Organisation der römisch-katholischen Kirche bewunderte er, während er für das protestantische Prinzip der individuellen Wahrheitsverantwortung und der daraus folgenden kirchlichen Zersplitterung nur Verachtung empfand. Das Bekenntnis des Parteiprogramms zum »positiven Christentum« ist nicht im dogmatischen, sondern im praktischen Sinn zu verstehen: Hitler nahm durch diese Bezeichnung für den völkisch-rassischen Wertekodex das moralische Prestige in Anspruch, das die christliche Ethik immer noch bei den Massen des deutschen Volkes traditionsgemäß besaß, und zugleich hoffte er, die Kirchen als organisierte Religionsgemeinschaften mit erheblichem Einfluß auf ihre Anhänger für seine Zwecke zu gewinnen. Der Staatsakt von Potsdam mit seinem kirchlichen Zeremoniell und die Regierungserklärung Hitlers vom 23. März 1933 mit dem Versprechen, die christlichen Kirchen zu schützen, waren auf diese Wirkung berechnet. Dieses Werben um die Kirchen hinderte ihn jedoch nicht daran, gleichzeitig der radikalen Christentumsfeindlichkeit Alfred Rosenbergs für die Schulungsarbeit der NSDAP freien Spielraum zu gewähren. Rosenberg durfte sich als Chefideologe der Partei betrachten, obwohl diese niemals auf seinen ›Mythus‹ offiziell festgelegt wurde und obwohl seine Rivalen, unter ihnen Goebbels, ihn von dem Zentrum der Macht fernhielten. So gab es im Umkreis Hitlers Männer, die wie der brandenburgische Gauleiter Kube und der spätere Reichskirchenminister Kerrl an die Möglichkeit glaubten, Nationalsozialismus und Christentum zur Deckung bringen zu können, und andere, die wie Rosenberg die Mission des Nationalsozialismus in der Zerstörung des Christentums sahen. Für Hitler zählte weder das eine noch das andere. Für ihn war das Verhältnis zur Kirche eine pragmatisch zu entscheidende Machtfrage. Wieweit würde sie sich für seine Rassen- und seine Eroberungspolitik in Dienst nehmen lassen?

Die katholische Kirche in Deutschland[2] hatte in den vorhergehenden Jahren in verschiedenen bischöflichen Einzelerklärungen, wenn auch nicht insgesamt durch die Fuldaer Bischofskonferenz, scharf gegen den Nationalsozialismus Stellung genommen. In der katholischen Publizistik wurde in den Jahren 1930 bis 1933 eine intensive Aufklärungsarbeit betrieben, um den Gegensatz zwischen »Weltanschauung« und Glauben klarzustellen. Der Bischof von Mainz ging so weit zu erklären, daß ein Katholik, der sich zu den nationalsozialistischen »Grundsätzen« bekenne, nicht zu den Sakramenten zugelassen werden könne. Die Kritik der Kurie am Nationalsozialismus setzte beim Begriff des »positiven«, d.h. nicht notwendigerweise kirchlich-dogmatisch gebundenen Christentums an. Dabei findet man in einer Erklärung, mit der sich das Blatt der Kurie, der ›Osservatore Romano‹, hinter den Bischof von Mainz stellte, folgende charakteristische Unterscheidung: die kirchliche Autorität habe sich gegen die Anhänger Hitlers erhoben »nicht wegen der politischen Ziele und Interessen, die sie anstreben oder vertreten, sondern wegen jener in ihrem Programm enthaltenen Grundsätze, die mit der katholischen Lehre unvereinbar sind«[3]. Nachdem Hitler aber einmal Kanzler geworden war, bemühte sich die Kirche um eine Abgrenzung von Imperium und Sacerdotium auf neuer Grundlage. Die Möglichkeit hierzu boten die Regierungserklärung Hitlers vom 23. März mit ihren beruhigenden Zusicherungen an die Kirche und die Tatsache, daß Zentrum und Bayerische Volkspartei dem Ermächtigungsgesetz zugestimmt hatten. Am 28. März versuchte der deutsche Episkopat seinerseits in einer »Kundgebung der Fuldaer Bischofskonferenz über Kirche und Nationalsozialismus«[4] den Frieden wieder herzustellen. In dieser Erklärung hieß es: »Ohne die in unseren früheren Maßnahmen liegende Verurteilung bestimmter religiös-sittlicher Irrtümer aufzuheben, glaubt daher der Episkopat das Vertrauen hegen zu können, daß die vorbezeichneten allgemeinen Verbote und Warnungen nicht mehr als notwendig betrachtet zu werden brauchen.« Die Gläubigen wurden aufgefordert »zur Treue gegenüber der rechtmäßigen Obrigkeit und zur gewissenhaften Erfüllung der staatsbürgerlichen Pflichten unter grundsätzlicher Ablehnung allen rechtswidrigen oder umstürzlerischen Verhaltens«. Daran schloß sich die eindringliche Mahnung, für die Freiheit und Rechte der Kirche, wie Konfessionsschule, Jugendorganisationen und kirchliches Vereinswesen, einzutreten. Das Mißtrauen gegen staatliche Grenzüberschreitungen blieb, nicht nur in solchen abwägenden Verlautbarungen der Amtskirche, sondern auch dort, wo eine katholische Reichsromantik im mittelalterlich verklärten Dritten Reich ein Sacrum imperium, ein Heiliges Reich, zu sehen bereit war[5]. Ein Beispiel hierfür ist eine Ansprache von Ildefons Herwegen, Abt des rheinischen Benediktinerklosters Maria Laach, zur Schlageter-Gedächtnisfeier im Kölner Gürzenich am 26. Mai 1933. Das deutsche Volk, so heißt es hier, sei, als Schlageter sein Leben gab, »ohne den ihm gemäßen

Staat« gewesen. Aber nun seien »Volk und Staat wieder eins geworden durch die Tat des Führers Adolf Hitler«. Deutschland habe sich selbst wiedergefunden. Der Abt des Klosters, das doch unter seiner Leitung zu einer Stätte der spirituellen und liturgischen Erneuerung der Kirche geworden war, konnte sich in der verbalen Angleichung an den Geist der Zeit zu folgender Erklärung versteigen: »Auf den Glauben des Führers an das Volk antwortet die Gefolgschaft des Volkes. Die treue Gefolgschaft aller gegenüber dem einen schafft ein neues Gemeinschaftserlebnis, das unser Volk zurückfinden läßt zu den letzten Wurzeln seiner Gemeinsamkeit: zu Blut, Boden und Schicksal.« Aber auf diese erschreckende Huldigung an den Führer in dessen eigener Begriffssprache folgt die Warnung: »Würde der Staat es ablehnen, seine Autorität von Gott sich schenken zu lassen und sich dem göttlichen Gesetz zu beugen, würde die Staatsräson selbst die letzte Richtschnur seines Handelns und die letzte Quelle seines Rechtes sein, so müßte seine Selbstvergötterung schließlich zur Knechtung des Volkes führen und es zum rechtlosen Spielball der Staatsorgane machen«.[6] Dies war gewiß ein Grenzfall, aber ein typischer.

Der Kirche lag daran, sich nach der vollzogenen Anerkennung der Hitlerregierung durch eine frühzeitige bindende Rechtsvereinbarung ihren Wirkungsraum zu sichern. Von Hitler und Papen ging die Initiative zum Abschluß eines Konkordats aus. Man hatte das Beispiel des im Jahre 1929 zwischen dem faschistischen Italien und der Kurie abgeschlossenen Konkordats vor Augen. Hitler erhoffte sich einen internationalen Prestigegewinn, den Verzicht der Kirche auf eine Oppositionsrolle und das Ende des politischen Katholizismus in Deutschland unter kirchlicher Absegnung. Für Papen, der gelegentlich vom »Heiligen Reich« sprach und das »Dritte Reich auf den Grundlagen des Christentums« aufbauen wollte, lag eine rechtliche Sicherstellung der Kirche gegenüber dem Staat in der Linie seines konservativen Zähmungskonzeptes[7]. Schon im April begannen die Verhandlungen über das Reichskonkordat, dessen Verwirklichung sich in der Weimarer Zeit, über die Länderkonkordate mit Bayern, Preußen und Baden hinaus oft angestrebt, wegen mangelnder Reichstagsmehrheit als nicht möglich erwiesen hatte. Am 20. Juli 1933 wurde es unterzeichnet[8]. An seinem Zustandekommen hatte der ehemalige Zentrumsführer Prälat Kaas, jetzt am Vatikan tätig, entscheidenden Anteil. Das Konkordat gewährte der Kirche gegen den Verzicht auf politische

Betätigung des Klerus das Recht, »ihre Angelegenheiten selbständig zu ordnen und zu verwalten und im Rahmen ihrer Zuständigkeit für ihre Mitglieder bindende Gesetze und Anordnungen zu erlassen«. Außerdem erhielt die Kirche Zusicherungen in der Schulfrage und für das kirchliche Vereinswesen[9]. Freilich hat sich der Staat von vornherein an diese Konkordatsbestimmungen wenig gehalten. Schulen, Vereine und Jugendbünde der Kirche wurden Schritt um Schritt zurückgedrängt und der Religionsunterricht behindert. Ein Konflikt war unvermeidlich, als sich herausstellte, daß die Thesen Rosenbergs unvermindert in der Schulung propagiert wurden. Der ›Mythus‹ wurde am 5. Dezember 1933 durch das preußische Kultusministerium zur Anschaffung für Lehrer- und Schülerbüchereien empfohlen. Rom setzte ihn am 9. Februar 1934 auf den Index. Als es der Bischof von Münster, Graf von Galen[10], seinen Diözesanen untersagte, Versammlungen Rosenbergs zu besuchen, als eine von kirchlicher Seite herausgegebene Schrift die Scharlatanerien des ›Mythus‹ entlarvte[11] und als auch die Fuldaer Bischofskonferenz warnende Hirtenbriefe erließ[12], kam es zum Konflikt. Die nationalsozialistische Polizei deckte Devisenvergehen katholischer Ordensgeistlicher auf. Es handelte sich hier um Rückzahlungen von kirchlichen Anleihen, an die sich die katholischen Geistlichen in der Befolgung eingegangener Verpflichtungen gebunden fühlten. Zur gleichen Zeit wurden Fälle von homosexuellen Vergehen in Klöstern aufgedeckt[13]. Beides lieferte Monate hindurch Material zur Verächtlichmachung von Mönchen und Priestern. Dennoch vermied die Kirche den Bruch. So erließ die Fuldaer Bischofskonferenz[14] im Sommer 1936 einen Hirtenbrief, der im Hinblick auf den Bürgerkrieg in Spanien, wo Hitler militärisch zugunsten Francos, d.h. zugleich zugunsten der spanischen Kirche intervenierte, vor dem Bolschewismus warnte[15]. Der Gegensatz zwischen Nationalsozialismus und Kirche erwies sich jedoch als unüberbrückbar. Papst Pius XI. zog mit seiner Enzyklika ›Mit brennender Sorge‹ im Jahre 1937 einen klaren Trennungsstrich[16].

Sie beruhte auf einem Entwurf, den aufgrund einer Besprechung deutscher Bischöfe in Rom Kardinal Faulhaber[17] erstellt hatte, und wendete sich an den Gesamtepiskopat der Weltkirche. Über die Feststellung der ständigen Verletzung von Konkordatsvereinbarungen hinausgehend, auf die die Kirche schon in wiederholten Eingaben hingewiesen hatte, bezeichnete der Papst in diesem Rundschreiben in unzweideutiger Sprache diejenigen fundamentalen Gegensätze in Welt- und Lebensdeutung, aus denen sich der akute Streit zwischen Weltanschauung und Glaube, Staat und Kirche ergab. Der Nationalsozialismus wurde expressis verbis der Falschmünzerei bezichtigt wegen der sinnverwirrenden Übertragung christlicher Begriffe wie »Offenbarung« auf die »Einflüsterungen von Blut und Rasse«, »Glaube« auf das Vertrauen in die geschichtliche Zukunft, »Unsterblichkeit« auf das Leben des Volkes. Trotz dieser jetzt völlig illusionslosen Einschätzung des Nationalsozialismus wurde das Konkordat seitens der Kirche nicht aufgekündigt. Die Periode der Koexistenz zwischen dem totalen Staat und der Kirche war beendet. Aber die Kirche konnte kein Interesse daran haben, auf ein Vertragsinstrument zu verzichten, das ihren Beschwerden und Anklagen eine Rechtsgrundlage gab. Von seiten des Staates aber wurde das am 21. März 1937 von den Kanzeln verlesene päpstliche Rundschreiben auch wegen seines starken Echos im Ausland als eine offene politische Kampfansage gewertet und seine weitere Verbreitung untersagt. Verhaftungen von Priestern und Ordensleuten und Prozesse, die wegen der Olympischen Spiele in Berlin 1936 zeitweilig unterbrochen worden waren, gingen von nun an verschärft weiter[18].

Der Protestantismus[19] ging in die Auseinandersetzung mit dem Nationalsozialismus nicht mit der gleichen organisatorischen und dogmatischen Geschlossenheit hinein wie der Katholizismus. Dies machte ihn einerseits anfälliger gegenüber der nationalsozialistischen Einheitsparole, führte aber andererseits in der ständigen kirchlichen Auseinandersetzung verschiedener Richtungen zu einer Rückbesinnung auf das Bekenntnis, die so radikal war, daß die Artikulierung des christlichen Selbstbehauptungswillens nicht bei der Geltendmachung kirchlicher Sonderrechte stehenblieb, sondern bestimmte in der nationalsozialistischen Weltanschauung begründete politische Praktiken des Staates direkt angriff. Der Kirchenkampf im Protestantismus war weitgehend eine innerkirchliche Auseinandersetzung verschiedener Richtungen, in die Staat und Partei eingriffen. Der seit 1922 bestehende Deutsche Evangelische Kirchenbund war ein lockerer Zusammenschluß von 28 Landeskirchen, die entweder auf lutherischem oder reformiertem Bekenntnis beruhten oder eine Union von beiden Bekenntnissen darstellten, wie u. a. in der Kirche der Altpreußischen Union, der größten deutschen Landeskirche. Die durch den Gesamtprotestantismus hindurchgehende Gruppierung von liberalem und orthodoxem

Christentum war überholt worden durch eine stärkere Rückbesinnung auf die reformatorischen Grundlagen in einer »Luther-Renaissance« und in der dialektischen Theologie. Von dieser Rückbesinnung auf die Reformatoren wurde die Grundüberzeugung des liberalen Kulturprotestantismus in Frage gestellt, daß zwischen Christentum und Kultur eine bruch- und spannungslose Synthese hergestellt werden könne. Von der gleichen Überzeugung eines kulturellen, politisch-christlichen Synkretismus lebte aber die »Glaubensbewegung Deutsche Christen«[20]. Sie betrachtete sich als der innerkirchliche Teil der nationalsozialistischen Bewegung, deren Weltanschauung sie vorbehaltlos bejahte. Sie erstrebte ein »artgemäßes« Christentum, das sich von seinen jüdischen Wurzeln lösen sollte. Im Jahre 1932 gewannen die »Deutschen Christen« bei den preußischen Synodalwahlen ein Drittel der Sitze. Das entsprach etwa dem Anteil der nationalsozialistischen Stimmen bei den politischen Wahlen des gleichen Jahres. Im Unterschied zu diesem Einbruch des Nationalsozialismus in das Kirchenvolk waren die Träger der Amtskirche politisch weitgehend nationalkonservativ eingestellt. Das gleiche galt für den Kern des protestantischen Kirchenvolkes. Im Unterschied zu großen Teilen des deutschen Katholizismus hatte der deutsche Protestantismus, namentlich soweit er lutherisch bestimmt war, im allgemeinen kein positives Verhältnis zur Republik gefunden. Er knüpfte daher mit innerer Bereitwilligkeit an die autoritär konservativen Elemente an, die er im Nationalsozialismus zu finden glaubte. In Verlautbarungen aller evangelischen Landeskirchen wurde der politische Umschwung vom 30. Januar 1933 mit lebhafter Zustimmung begrüßt[21]. Allerdings findet sich in diesen Zustimmungserklärungen, ähnlich wie in gleichzeitigen katholischen Äußerungen, durchweg ein deutlicher kirchlicher Vorbehalt ausgesprochen. Um hier als Beispiel die Worte eines der prominentesten Vertreter des nationalen Protestantismus, des Berliner Generalsuperintendenten Dibelius, zu nehmen: »Es werden unter uns nur wenige sein«, so schrieb er nach den Reichstagswahlen des 5. März 1933 an seine Pfarrer, »die sich dieser Wendung nicht von ganzem Herzen freuen«. Aber andererseits müsse man wissen, »daß das Evangelium nicht den eigenmächtigen Menschen, sondern den gerechtfertigten Sünder kennt, ..., daß nicht das Volkstum, sondern das Gottesreich Gegenstand evangelischer Verkündigung ist, ..., daß das Evangelium im Gegensatz zu jeder menschlichen Ideologie steht, sie mag nationalsozialistisch oder sozialistisch, liberal oder konservativ sein«[22]. Der deutsch-christliche Gauleiter von Brandenburg Kube wertete dieses Schreiben bezeichnenderweise als »unerhörten Angriff« gegen die Bewegung. Aber sowohl diejenigen, die mit Dibelius im Christentum einen Gegensatz zur nationalsozialistischen Ideologie sahen, als auch die »Deutschen Christen«, die eine »Gleichschaltung von Staat und Kirche« wollten, waren überzeugt, daß die Stunde den Zusammenschluß des Protestantismus zu einer deutschen Reichskirche fordere.

Dies entsprach auch dem Wunsche Hitlers, der den Königsberger Wehrkreispfarrer Müller zu seinem Bevollmächtigten für Kirchenfragen ernannte. Es gibt außer dem mit Vorsicht aufzunehmenden Zeugnis Rauschnings keinen Beweis dafür, daß Hitler damals schon die Zerstörung der Kirche im Auge hatte, an die er nach dem Fehlschlag der nationalsozialistischen Kirchenpolitik später dachte. Er wollte zunächst nicht die Zerstörung, sondern die Gleichschaltung und als einen Schritt hierzu die kirchliche Einigung des Protestantismus. Die Kirchen selber ergriffen die Initiative. Alsbald nach der Machtergreifung begannen zwischen den Kirchen Besprechungen über die Schaffung der evangelischen Reichskirche. Als sich im Mai 1933 die in Loccum versammelten Kirchenführer, noch bevor die neue Kirchenverfassung fertiggestellt war, auf die Wahl von Pastor Bodelschwingh, dem Leiter der Betheler Anstalten, zum Reichsbischof einigten, da schien es für einen Augenblick, als ob die weniger aus einem kirchlichen als einem politischen Impuls entstandene Reichskirchenbildung durch die Wahl eines so genuin kirchlichen Geistlichen dem Protestantismus ein neues Gewicht im Leben des deutschen Volkes verleihen könnte. Jedoch kurze Zeit danach schon legte Bodelschwingh sein Amt nieder. Der Grund war der direkte Zugriff des unter Göring gleichgeschalteten preußischen Staates auf die Kirchen Preußens. Staatskommissare betrieben die Gleichschaltung, schoben »Deutsche Christen« in die leitenden kirchlichen Ämter und lösten die gewählten Kirchenvertretungen auf.

Am 23. Juli 1933 fanden im Rahmen der inzwischen durch Beauftragte der Landeskirchen fertiggestellten, von der Reichsregierung gebilligten und im Reichsgesetzblatt vom 14. Juli 1933 veröffentlichten Reichskirchenverfassung Synodalwahlen statt. Im ersten Artikel dieser Verfassung wurde die biblische und reformatorische Grundlage der Reichskirche als unantastbar bezeichnet. Auf diese Reichskirchenverfassung als geltendes

Staatsrecht haben sich die Verfechter der kirchlichen Rechte im Protestantismus während der nachfolgenden Kämpfe immer wieder in ähnlicher Weise berufen wie der katholische Episkopat und die Kurie auf das Konkordat. Hitler hatte am Vortage der Synodalwahl in einer Rede das Gewicht der Bewegung in die Waagschale der »Deutschen Christen« geworfen. Diese mobilisierten mit Hilfe der SA und der Partei-Ortsgruppen die nationalsozialistischen Kirchenmitglieder und gewannen fast allenthalben die Mehrheit in den Synoden. Wie in Preußen, so gerieten auch in Sachsen, Thüringen, Mecklenburg, Hessen und Schleswig-Holstein die Landeskirchen unter die Leitung der »Deutschen Christen«. In den lutherischen Landeskirchen von Bayern, Württemberg und Hannover blieben jedoch die legitim bestellten bisherigen Bischöfe im Amt. Auf der Reichssynode wurde nunmehr der der Kirche von Hitler aufgezwungene Müller zum Reichsbischof gewählt. Aufgrund dieser Erfahrung hat sich der radikale Protestantismus in den folgenden Kampfjahren wie gegen das Führerprinzip in der Kirche, so auch gegen ihre Parlamentarisierung gewendet. Müller hat es niemals vermocht, seinem Amt irgendein Gewicht zu geben und sich zwischen den widerstreitenden Gruppen in der Kirche durchzusetzen.

Die »Deutschen Christen« steigerten nach ihrem kirchlichen Wahlsieg ihre Vorstellungen zum Exzeß. Auf einer Kundgebung im Berliner Sportpalast am 13. November 1933 forderte der Hauptredner, ohne daß einer der anwesenden deutschchristlichen Bischöfe und Theologen seine Stimme dagegen erhoben hätte, die Entfernung aller Juden aus der Kirche, den »grundsätzlichen Verzicht auf die ganze Sündenbock- und Minderwertigkeitstheologie des Rabbiners Paulus« und die Verwerfung des Alten Testaments als eines »Buches von Viehjuden und Zuhältern«. Damit war aber der Bogen überspannt. Die Bewegung spaltete sich. Viele ihrer Anhänger wandten sich ab. Der Staat selber jedoch wurde in der Richtung aktiv, die von den »Deutschen Christen« gewünscht wurde. Er versuchte, der Pfarrerschaft der Kirche den Arierparagraphen des Beamtengesetzes aufzuzwingen. Dies war einer der Anlässe zur Bildung eines »Pfarrernotbundes«, zu der der Dahlemer Pfarrer Martin Niemöller aufrief. Diesem Bunde schlossen sich bis Ende 1933 etwa 6000, das ist etwa ein Drittel der evangelischen Pfarrerschaft in Deutschland, an. Unter der Leitung dieser Pfarrer bildeten sich in der Altpreußischen Union und auch in einigen anderen Landeskirchen Bekenntnisgemeinschaften, die den neugewählten unkirchlichen Instanzen und den der Kirche auf-oktroyierten Leitungen das Recht zur Führung der Kirche bestritten[23].

Niemöller wurde am 11. November 1933 seines Amtes enthoben. Sein Protest gegen die staatlichen Eingriffe in die Kirche hinderten den ehemaligen U-Boot-Kommandanten nicht, Maßnahmen der Hitlerregierung zuzustimmen, die er im nationalen Interesse für richtig hielt. So billigte er etwa ausdrücklich in einem Telegramm an Hitler im November 1933 den Austritt Deutschlands aus dem Völkerbund[24]. Nach Kriegsausbruch fragte er aus der Haft bei Hitler an, ob es für ihn eine Verwendung in der Marine gäbe. Neben Martin Niemöller als dem kirchenpolitisch aktivsten Führer in der Bekennenden Kirche ist deren wichtigster theologischer Gewährsmann Karl Barth zu nennen, damals Ordinarius in Bonn. Auch seine Haltung zum nationalsozialistischen Staat ist bemerkenswert. Ihm war als einem schweizerischen Reformierten und Demokraten der Nationalsozialismus verhaßt. Dennoch war er nach anfänglichen Bedenken bereit, den Beamteneid auf die Person Hitlers zu leisten, nachdem die Bekennende Kirche ein klares Wort über Gewicht und Grenze der Eidesbindung gesagt hatte. In einer weitverbreiteten Schrift ›Theologische Existenz heute‹ (1933) geißelte er die kirchliche Beflissenheit, die sich in ihren Einheitsbestrebungen viel zu sehr vom politischen Zeitgeist habe bestimmen lassen. Er wies statt dessen von seinem Bonner Lehrstuhl aus auf die benachbarte Benediktinerabtei Maria Laach hin, wo das Stundengebet der Mönche unbeirrt von den Wirren der Zeit seinen von eigenem Gesetz vorgeschriebenen Gang gehe[25].

Von einem primär politischen Widerstand war in der Bekennenden Kirche nicht die Rede und erst recht nicht in den sogenannten intakten lutherischen Landeskirchen von Hannover, Württemberg und Bayern[26]. In ihnen haben sich die Bischöfe Marahrens, Wurm und Meiser, gestützt auf eine breite Zustimmung in den Gemeinden, gegen alle Versuche der Deutschen Christen und ihrer Helfer, sie aus dem Amte zu drängen, zu behaupten vermocht. Sie haben in ihren Verlautbarungen an Pfarrer und Gemeinden immer wieder ihre politische Loyalität unterstrichen. Dennoch wurden die Bischöfe Meiser und Wurm von Bayern und Württemberg, als sie am 13. März 1934 in einer Audienz bei Hitler ihre definitive Opposition gegen den

Reichsbischof Müller ankündigten, als »Feinde des Vaterlandes« und »Verräter des Volkes« angeschrien.

Der endgültige Trennungsstrich zwischen dem auf seine reformatorische Grundlage sich zurückbesinnenden Protestantismus und dem staatlichen Reichskirchenregiment wurde auf der ersten Bekenntnissynode der Deutschen Evangelischen Kirche in Barmen vom 29. bis 31. Mai 1934 gezogen. In einer vom »Bruderrat« der Bekennenden Kirche und von den Bischöfen der intakten lutherischen Kirchen unterschriebenen theologischen Erklärung hieß es: »Wir verwerfen die falsche Lehre, als solle und könne der Staat über seinen besonderen Auftrag hinaus die einzige und totale Ordnung menschlichen Lebens werden und also auch die Bestimmung der Kirche erfüllen«[27]. Auf einer zweiten Bekenntnissynode vom 19. und 20. Oktober 1934 wurde die »schriftwidrige Einführung des weltlichen Führerprinzips in die Kirche und die darauf begründete Forderung eines bedingungslosen Gehorsams« verworfen, im Widerstand gegen die unrechtmäßige Kirchenleitung des Reichsbischofs und der Staatsorgane das »kirchliche Notrecht« proklamiert[28] und aufgrund dieses Notrechts als oberstes Organ der »Bekennenden Kirche« ein »Bruderrat« berufen. Dieser Bruderrat und die Bischöfe der Landeskirchen von Hannover, Württemberg und Bayern beschlossen im November 1934, ein »Vorläufiges Kirchenregiment der Deutschen Evangelischen Kirche« einzusetzen (bis Februar 1936 im Amt).

Durch diese Vorgänge in der Kirche wurden die Vorstellungen Hitlers von einem total gleichgeschalteten Volk auf das empfindlichste gestört. Er ließ den Reichsbischof Müller praktisch fallen, ohne ihn abzusetzen, und ernannte den preußischen Justizminister Hanns Kerrl am 16. Juli 1935 zum Reichskirchenminister. Dieser hoffte durch Kirchenausschüsse, in der alle Gruppen vertreten sein sollten, unter staatlicher Lenkung die kirchliche Opposition abfangen zu können. Über die Frage, wieweit man in solchen Ausschüssen mitarbeiten solle oder nicht, kam es innerhalb der Bekennenden Kirche zu erheblichen Meinungsverschiedenheiten. Einerseits bildete sich ein zur Zusammenarbeit mit den Kirchenausschüssen bereiter »Rat der Evangelisch-Lutherischen Kirche Deutschlands« (»Lutherrat«), andererseits konstituierte sich im März 1936 eine bekenntnischristliche, radikalere zweite »Vorläufige Leitung der Deutschen Evangelischen Kirche«. Zu ihr gehörten insbesondere die Bruderräte der zerstörten Landeskirchen, wie Preußens u. a. Im

Endergebnis waren die Versuche des Reichskirchenministers ein Fehlschlag[29]. Der protestierende Teil der Kirche ließ sich nicht mundtot machen.

Ein herausragendes Dokument der kirchlichen Opposition ist eine im Mai 1936 von der Vorläufigen Kirchenleitung an den Führer und Reichskanzler gerichtete Denkschrift[30]. Sie nennt die Gefahr der Entchristlichung des deutschen Volkes beim Namen, durchleuchtet kritisch den Begriff des sogenannten »Positiven Christentums« und macht den Staat für die Zerstörung der kirchlichen Ordnung haftbar. Ausdrücklich wird in dieser Eingabe verworfen: der Antisemitismus, der zum Judenhaß verpflichtet; der nationalsozialistische Grundsatz, daß gut sei, was dem Volke nützt, der Mißbrauch und die Häufung des Eides und die Beeinträchtigung der Wahlfreiheit bei der letzten Reichstagswahl. In voller Deutlichkeit wird die Tatsache angeprangert, »daß es in Deutschland, das sich selbst als Rechtsstaat bezeichnet, immer noch Konzentrationslager gibt und daß die Maßnahmen der Geheimen Staatspolizei jeder richterlichen Nachprüfung entzogen sind«. Schließlich wird der Sorge Ausdruck verliehen, daß dem Führer und Reichskanzler »vielfach Verehrung in einer Form dargebracht wird, die allein Gott zukommt«. Diese geheime Eingabe an den Führer wurde durch Indiskretion bekannt und im Ausland veröffentlicht. Nunmehr bekannte sich die Vorläufige Kirchenleitung in einer Kanzelabkündigung vom 30. August 1936 öffentlich zu ihrer Kritik am Regime[31]. Die Denkschrift löste eine Welle von Verfolgungsmaßnahmen gegen die Kirche aus. In der nationalsozialistischen Presse und Schulung wurde der Kampf gegen das Christentum immer offener geführt, während die Kirche mit Entschiedenheit den ›Mythus‹ Rosenbergs bekämpfte[32]. Alle kirchlichen Veranstaltungen außerhalb des Kirchenraums wurden verboten. Unter dem Druck der Partei auf ihre Anhänger wuchs die Zahl der Kirchenaustritte[33]. Kruzifixe wurden aus den Schulklassen entfernt, die Bekenntnisschulen bedrängt und vermindert. Zahlreiche evangelische Pfarrer wurden vor Gericht gestellt oder in Konzentrationslagern inhaftiert.

Das Resultat der nationalsozialistischen Kirchenpolitik im Bereich des Protestantismus war das Gegenteil der Erwartungen des Jahres 1933. Statt einer einheitlichen Kirche bot sich ein fast chaotisches Bild einander gegenläufiger Tendenzen. Die Gleichschaltung des Gesamtprotestantismus war mißlungen. Statt dessen hatte sich unter dem äußeren Druck im Protestantismus ein bekenntnisbewußter Kern gebildet. Hier wie in der römisch-katholischen Kirche wurde die unabdingbare Eigenständigkeit und allem Staatlichen vorgegebene Autonomie des kirchlichen Auftrags gegen die totalitären Ansprüche des Nationalsozialismus behauptet. Als Deutschland in den Krieg eintrat, war die Kirchenfrage ungelöst. Um den daraus entstehenden inneren Belastungen zu entgehen, ordnete Hitler 1939 gegenüber den Kirchen eine Politik des Burgfriedens an. Offene Konflikte sollten vermieden werden. Um so deutlicher wird aus Bemerkungen Hitlers in seinen ›Tischgesprächen‹ und Äußerungen anderer führender Nationalsozialisten in der Kriegszeit die Absicht erkennbar, nach dem Kriege Deutschland radikal zu entchristlichen.

Unter den Gegebenheiten des totalen Staates war die Selbstbehauptung der Kirche an sich bereits eine Haltung des Widerstandes. Aber das Selbstverständnis der Kirche ging über die Abschirmung des Eigenbereiches von Kultus, Seelsorge und Diakonie hinaus. So beanspruchte die katholische Kirche, mit einem Begriff des kanonischen Rechts, eine unmittelbare Verantwortung auch in den »res mixtae« wie Ehe und Schule, und sie beanspruchte kraft ihres Lehramtes das Recht und die Pflicht, über die Auslegung des Naturrechts und seine Anwendung auf Staat und Gesellschaft zu wachen. Für die Bekennende Kirche hieß es in der theologischen Erklärung der Barmer Synode: »Wir verwerfen die falsche Lehre, als gäbe es Bereiche unseres Lebens, in denen wir nicht Jesus Christus, sondern anderen Herren zu eigen wären.«[34] Soweit die Amtskirche und ihre Sprecher im Jahre 1933 die Bildung einer autoritären Regierung mit »freudiger Zustimmung« begrüßten, kann man diesen politischen Irrtum der Kirchen als Teil jener allgemeinen konservativen Fehleinschätzung der Hitlerbewegung durch die Führungsschichten des deutschen Volkes ansehen. Wie aber stand es dort mit der Handhabung des Wächteramtes der Kirche, wo der nationalsozialistische Staat das offenkundige Verbrechen organisierte? Die Kirche hat die falsche Ideologie verurteilt, aus denen sich die Massentötungsaktionen ergeben sollten. Sie hat nicht geschwiegen zum sogenannten Euthanasie-Programm. Sie hat sich durch mancherlei organisatorische Hilfe in den Dienst der Verfolgten gestellt[35]. So haben katholische und evangelische Organe unter Ausnutzung ihrer auswärtigen Verbindungen jüdischen Auswanderern materielle und organisatorische Hilfe geleistet. Der Vatikan und der päpstliche Nuntius in Berlin haben vieles getan, um Bedrängten in der Zeit der schwersten Verfolgung zu helfen. Aber die Kirchen in Deutschland und der Vatikan haben ihre Stimmen nicht zu öffentlicher Anklage erhoben, als im November 1938 in Deutschland die Synagogen in Brand gesteckt und die Juden entrechtet und enteignet wurden[36]. Es gab jedoch einzelne Priester und Geistliche, die nicht versagten. Der katholische Propst Lichtenberg von St. Hedwig in Berlin betete im Gottesdienst für die verfolgten Juden und rief seiner Gemeinde zu: »Draußen brennt der Tempel – das ist auch ein Gotteshaus!«[37] Er wurde später zu mehrjähriger Gefängnisstrafe verurteilt, danach in ein Konzentrationslager überführt und starb auf dem Transport. Der evangelische Pastor Heinrich Grüber[38], der in Berlin eine Hilfsstelle für nichtarische Christen eingerichtet hatte, wurde 1940 verhaftet. Sein Mitarbeiter Werner Sylten kam im Konzentrationslager Dachau um.

Gegen den Judenmord im Kriege haben die Kirchenführer hier und da ihre Stimme erhoben. Der Papst sprach in seiner in Deutschland durch die bischöflichen Ordinariate verbreiteten Weihnachtsbotschaft 1942 von »den Hunderttausenden, die persönlich schuldlos bisweilen nur um ihrer Nationalität oder Abstammung willen dem Tode geweiht oder einer fortschreitenden Verelendung preisgegeben sind«[39]. Ein gemeinsamer Hirtenbrief der deutschen Bischöfe vom 19. August 1943 prangerte das Unrecht an, das in der angeblich um des Gemeinwohles willen geschehenen Tötung unschuldiger Menschen »fremder Rassen und Abstammung« liege[40]. Ähnlich äußerte sich der Kölner Erzbischof Joseph Frings in mehreren Verlautbarungen. Der württembergische evangelische Landesbischof Wurm, der wiederholt als Sprecher der Kirche gegenüber dem Staat hervortrat, erklärte am 16. Juli 1943 in einem Schreiben an die Reichsregierung, daß die »Vernichtungsmaßnahmen« gegen die Juden »im schärfsten Widerspruch zu dem Gebot Gottes« stünden und »das Fundament allen abendländischen Denkens und Lebens« verletzten. Im Hinblick auf das, was in den besetzten Gebieten geschah, appellierte er an die Reichsregierung, »daß den der Macht des Reiches unterworfenen Nationen und Konfessionen die volle Freiheit der Religionsausübung und eine den Grundsätzen des Rechts und der Gerechtigkeit entsprechende Behandlung ohne Ansehen der Nation oder der Konfession gewährleistet werde«[41].

Es hat also kirchliche Proteste gegeben, aber anders als in der

Euthanasiefrage wurden sie von den Machthabern in den Wind geschlagen. Waren die Proteste nicht laut und nachdrücklich genug (Conway)? Wurden sie deswegen nicht mit genügender Beharrlichkeit und Stärke vorgetragen, weil sich kaum ein Echo im Kirchenvolk erwarten ließ, das zwar empfindlich reagierte, als es durch die »Euthanasie« in seinen Angehörigen unmittelbar getroffen wurde, aber die Deportationen der Juden apathisch geschehen ließ (Lewy)? War der Papst so zurückhaltend in seinen Äußerungen, weil er die Neutralität zwischen den Kriegführenden nicht verletzen wollte? Kam es ihm deswegen nicht in den Sinn, seinen Worten etwa durch Androhung von Interdikt und Exkommunikation Nachdruck zu verleihen, weil die antimarxistisch gesonnene Kirche in dem Krieg der beiden totalitären Systeme zwar nicht den Triumph des Nationalsozialismus, aber noch weniger das Vordringen des Bolschewismus in Europa wünschte (Zahn)? Oder muß man, da die Angehörigen des Volkes gleichzeitig Staatsvolk und Kirchenvolk sind, sich gerechterweise damit begnügen, das Maß des Widerstandes der Kirchen danach einzuschätzen, in welchem Maße sie ihre Eigenständigkeit wahrten und Glaubensgut und Sittenlehre unverkürzt verkündigten (Repgen)? Das Urteil über diese Fragen hängt nicht zuletzt davon ab, an welchen Maßstäben die Kirche selber gemessen werden will.

Unter den Freikirchen und Sekten[42], die allgemein in ihrer Tätigkeit, sofern diese nicht rein religiösen Charakter hatte, ähnlichen Beschränkungen unterworfen wurden wie die Kirchen, heben sich die Ernsten Bibelforscher, die »Zeugen Jehovas«, wegen ihrer klaren Frontstellung gegen den nationalsozialistischen Staat heraus. Sie verweigerten den Hitlergruß als Mißbrauch einer Heilsanrufung, leisteten keinen Eid und lehnten den Wehrdienst ab. Die meisten Anhänger dieser kleinen Religionsgemeinschaft haben im Gefängnis oder Konzentrationslager gesessen. Viele kamen um oder wurden hingerichtet. Es war eine kleine Minderheit, die frei von den politisch-gesellschaftlichen Verflechtungen und Rücksichtnahmen der großen Volkskirchen konsequent ihrer Überzeugung lebte.

DW 397/127–131, 171–216. – Bibliographien: K. Scholder, Zur gegenwärtigen Situation der Erforschung des Kirchenkampfes, in: Verkündigung u. Forschung 13 (1968); K. Meier, Der Kirchenkampf im Dritten Reich u. seine Erforschung, in: Theol. Rdsch. 33 (1968); V. Conzemius, Eglises chrétiennes et totalitarisme nat. soc. Un bilan historiographique (Bibliothèque de la Revue d'histoire ecclésiastique) (Löwen 1969); U. v. Hehl, Kirche, Katholizismus u. das nat.soz. Dtld.

im Spiegel der Forschung 1945 bis 1973 (Phil. Staatsexamensarbeit, Bonn 1973, Ms.).

Forschungseinrichtungen: Komm. f. Zeitgesch. bei der Kath. Akad. in Bayern, seit 1962, Veröffentlichungsreihen: A. Quellen, B. Forschungen, hg. von K. REPGEN u. a. (1965 ff.); Komm. f. d. Gesch. d. Kirchenkampfes in der nat.soz. Zeit, gegr. durch den Rat der EKiD 1955, Vorsitz bis 1964 K. D. Schmidt, seither E. Wolf, veröffentlicht: Arbeiten zur Gesch. des Kirchenkampfes, hg. von K. D. SCHMIDT †, H. BRUNOTTE u. E. WOLF (1958 ff.).

Fast die gesamte bisherige Forschung befaßt sich getrennt mit den Bereichen von Katholizismus u. Protestantismus. Die verschiedenen Kirchen kommen jedoch von der staatlichen Kirchenpolitik aus gesehen in den Blick bei: F. ZIPFEL, Kirchenkampf in Dtld. 1933–1945. Religionsverfolgung u. Selbstbehauptung der Kirchen in der nat.soz. Zeit (1965), berücksichtigt auch Freikirchen u. Sekten, wichtiger Anhang von Dok. aus Verwaltung, Polizei u. Partei, von denen bes. die Lageberichte belegen, in welchem Maße die Haltung der Kirchen vom nat.soz. Staat her gesehen als Widerstand gewertet wurde. Aufschlußreich unter dem gleichen Gesichtspunkt auch B. VOLLMER (Hg.), Volksopposition im Polizeistaat. Gestapo- u. Regierungsberichte 1934–36 (1957), u. H. BOBERACH (Hg.), Berichte des SD u. der Gestapo über Kirchen u. Kirchenvolk in Dtld. 1934–1944 (1971); ders. (Hg.), Meldungen aus dem Reich. Auswahl aus den geheimen Lageberichten des Sicherheitsdienstes der SS 1939–1944 (1965); Leonore SIEGELE-WENSCHKEWITZ, Nat.soz. u. Kirchen. Religionspolitik von Partei u. Staat bis 1935 (1974); in betont krit. Einstellung zur Kirche J. S. CONWAY, Die nat.soz. Kirchenpolitik 1933–1945. Ihre Ziele, Widersprüche u. Fehlschläge (a.d. Engl. 1969).

[1] 1948 wurde in einer Reform der auf die Juden bezogenen liturgischen Texte angeordnet, das lateinische »perfidus« in den neuen Sprachen mit »ungläubig« statt mit »treulos« zu übersetzen. Papst Johannes XXIII. verfügte 1959 den Wegfall dieser Worte; vgl. das Kap. über kirchl. Antisemitismus in: K. THIEME (Hg.), Judenfeindschaft (1963).

[2] Für die histor. Selbsteinschätzung der kath. Kirche in ihrem Verhältnis zum Nat.soz. wurde nach dem Kriege zunächst typisch J. NEUHÄUSLER, Kreuz u. Hakenkreuz. Der Kampf des Nat.soz. gegen die kath. Kirche u. der kirchl. Widerstand (1946). Hier wurden Zeugnisse des Widerstandes zusammengestellt, die die Kirche als die konsequente Gegnerin des Dritten Reiches erscheinen ließen. Hiergegen vollzog sich eine krit. Wende durch den Aufsatz eines engagierten kath. Staatsrechtlers: E.-W. BÖCKENFÖRDE, Der dt. Katholizismus im Jahre 1933. Eine krit. Betrachtung, in: Hochland 53 (1960/61); Neudruck in: G. JASPER (Hg.), Von Weimar zu Hitler (1968); Böckenförde stellt positive kath. Äußerungen zum Machtwechsel 1933 zusammen. Hierdurch ausgelöst eine Kontroverse: gegen Böckenförde: H. BUCHHEIM, Der dt. Katholizismus im Jahre 1933. Eine Auseinandersetzung mit E.-W. Böckenförde, in: Hochland 53 (1960/61). Gegenreplik unter Aufrechterhaltung seiner Thesen von E.-W. BÖCKENFÖRDE, Der dt. Katholizismus 1933. Stellungnahme zu einer Diskussion, in: Hochland 54 (1961/62); ders., Kirche u. Politik. Zu einigen Neuerscheinungen über das Verhältnis der kath. Kirche zum »Dritten Reich«, in: Der Staat 5 (1966). Über die erste Phase der Kontroverse informiert J. BECKER, Das Ende der Zentrumspartei u. die Problematik des polit. Katholizismus in Dtld., WaG 23 (1963), Neudruck in G. JASPER (Hg.), Von Weimar zu Hit-

ler. Den grundsätzlichen Widerstand des Katholizismus gegen den Nat.soz. betont E. DEUERLEIN, Der dt. Katholizismus 1933 (Tb. 1963). Dagegen wird die These eines nur kulturpolit. Widerstandes der kath. Bischöfe gegen den Nat.soz. gestützt von H. MÜLLER (Hg.), Kath. Kirche u. Nat.soz., Dokumente 1930–1935, eingel. von K. SONTHEIMER (1963, Tb. 1965). G. LEWY, Die kath. Kirche u. das Dritte Reich (a.d. Amerik. 1965), sieht einen wesentlichen Grund für die Unterstützung der nat.soz. Politik durch die Amtskirche u. für deren unzureichenden Protest gegen die Judenvernichtung in einem latenten Antisemitismus des kath. Kirchenvolkes, für den er wiederum die Kirche als solche verantwortlich macht. G. C. ZAHN, Die dt. Katholiken u. Hitlers Kriege (a.d. Amerik. 1965), fragt, warum die traditionelle scholastische Unterscheidung von gerechtem u. ungerechtem Krieg auf den Krieg Hitlers nicht angewendet worden sei; im Gegensatz zur offiziellen Haltung der Kirche als Zeugnis für den Gewissensprotest eines einzelnen gegen den Krieg: ders., Er folgte seinem Gewissen. Das einsame Zeugnis des Franz Jägerstätter (a.d. Amerik. Graz 1967). – Krit. abwägend, aber um Verständnis für die Haltung der Kirche werbend: W. BUSSMANN, Der dt. Katholizismus im Jahre 1933, in: Festschr. Heimpel 1 (1971) u. K. REPGEN, Hitlers Machtergreifung u. der dt. Katholizismus. Versuch einer Bilanz (1967). – Aus den Veröffentlichungen der Kommission bei der Kath. Akad. in Bayern: Protokolle der Zentrumsfraktion s.o. Kap. 5, Anm. 15; Konkordatsakten s.u. Anm. 8; B. STASIEWSKI (Hg.), Akten dt. Bischöfe über die Lage der Kirche 1933–1945, Bd. 1: 1933–1934 (1968), Bd. 2: 1934–1936 (1975); D. ALBRECHT, Der Notenwechsel zwischen dem Heiligen Stuhl u. der dt. Reichsregierung (2 Bde. 1965/69), umfaßt den Zeitraum von der Ratifizierung des Konkordats bis Kriegsende; B. SCHNEIDER (Hg.), Die Briefe Pius' XII. an die dt. Bischöfe 1939–1944 (1966); L. VOLK (Hg.), Akten Kardinal Michael v. Faulhabers, 1917–1945, bisher erschienen Bd. 1: 1917–1934 (1975).

[3] Zit. bei E. DEUERLEIN, Der dt. Katholizismus 1933 (1963), S. 52.

[4] Text u. Entwurf bei B. STASIEWSKI, op. cit., Nr. 14a, u. H. MÜLLER, op.cit., Nr. 30; P. MIKAT, Zur Kundgebung der Fuldaer Bischofskonferenz über die nat.soz. Bewegung vom 28. März 1933, in: Gundlach-Festschr. (1962).

[5] K. BREUNING, Die Vision des Reiches. Dt. Katholizismus zwischen Demokratie u. Diktatur 1929–1934 (1969).

[6] Text in Hand des Verf.

[7] L. VOLK, Das Reichskonkordat (s.u. Anm. 8), S. 61.

[8] A. KUPPER (Hg.), Staatl. Akten über die Reichskonkordatsverhandlungen 1933 (1969); L. VOLK (Hg.), Kirchl. Akten über die Reichskonkordatsverhandlungen 1933 (1969); ders., Das Reichskonkordat vom 20. Juli 1933. Von den Ansätzen in der Weim. Rep. bis zur Ratifizierung am 10. Sept. 1933 (1972); K. O. Frhr. v. ARETIN, Prälat Kaas, Franz v. Papen u. das Reichskonkordat von 1933, VfZG 14 (1966). Die Frage der fortwirkenden Rechtsgültigkeit des Konkordats wurde im Prozeß vor dem Bundesverfassungsgericht 1955–1957 bejaht: F. GIESE/F. A. Frhr. v.d. HEYDTE, Der Konkordatsprozeß (4 Bde. 1957/59).

[9] Ein direkter kausaler Zusammenhang zwischen Konkordatsverhandlungen u. Selbstauflösung des Zentrums am 5. Juli 1933 ist quellenmäßig nicht nachweisbar. Er wird behauptet u.a. von K. D. BRACHER, Gutachten in: Der Konkordatsprozeß 3, der von einem »Dolchstoß in den Rücken der Zentrumspartei« spricht, u. wird bestritten von K. REPGEN, Hitlers Machtergreifung u. der dt. Katholizismus (1967), u. ders., Das Ende der

Zentrumspartei u. die Entstehung des Reichskonkordats, in: Militärseelsorge (1970), beides auch in: ders., Histor. Klopfsignale für die Gegenwart (1974). Die Tatsache, daß der betr. Art. 32 erst am 2. Juli, wenige Tage vor der Paraphierung, von Staatssekretär Pacelli zugestanden wurde, schließt nicht aus, daß dieser von vornherein wissen mußte, welches der Preis sein würde, den die Kurie für die Konzessionen zu zahlen haben würde, die das Reich in der Frage Elternrecht u. Bekenntnisschule machte (Art. 23). Von diesen Zugeständnissen, die für den Vatikan nicht umsonst zu haben waren, stellt Repgen zu Recht fest, daß für sie früher in der Weim. Rep. nie eine Mehrheit im Reichstag vorhanden gewesen wäre: »Papen bot also zu Verhandlungsbeginn an, was Pacelli [als Nuntius in Berlin] früher als Endresultat komplizierter Verhandlungen vergeblich gefordert hatte«. Kann man glauben, daß Pacelli den Preis nicht gekannt hätte? Natürlich wurde das Ende des Zentrums nicht durch das Konkordat herbeigeführt, wohl aber wurde es dadurch abgesegnet.

10 H. PORTMANN, Kardinal von Galen. Ein Gottesmann seiner Zeit ([8]1959); ders., Dokumente um den Bischof von Münster, Clemens August Graf v. Galen (1948).

11 Studien zum Mythus des 20. Jahrhunderts, hg. vom Erzbischöfl. Generalvikariat Köln, (1934f.).

12 Hirtenbriefe vom 7. Juni 1934 u. 20. Aug. 1935, in: W. CORSTEN (Hg.), Kölner Aktenstücke zur Lage der kath. Kirche in Dtld. 1933–1945 (1949), Nr. 34 u. 80.

13 H. G. HOCKERTS, Die Sittlichkeitsprozesse gegen kath. Ordensangehörige u. Priester 1936/37 (1971).

14 L. VOLK, Die Fuldaer Bischofskonferenz von Hitlers Machtergreifung bis zur Enzyklika »Mit brennender Sorge«, in: Stimmen der Zeit 183 (1969); ders., Die Fuldaer Bischofskonferenz von der Enzyklika »Mit brennender Sorge« bis zum Ende der NS-Herrschaft, ebd. 178 (1966).

15 Hirtenbrief vom 19. Aug. 1936, CORSTEN, Nr. 112.

16 S. HIRT (Hg.), Mit brennender Sorge. Das päpstl. Rundschreiben gegen den Nat.soz. u. seine Folgen in Dtld. (1946); L. VOLK, Die Enzyklika »Mit brennender Sorge«, in: Stimmen der Zeit 183 (1969); Dok. zu den Vorgängen um die Enzyklika auch in: Ursachen u. Folgen 11, Nr. 2524a–d.

17 Gegenüberstellung von Entwurf und Endfassung bei D. ALBRECHT, Notenwechsel Bd. 1, S. 404ff.

18 Benedicta M. KEMPNER, Priester vor Hitlers Tribunalen (1966).

19 Zu den hist. Voraussetzungen s. Lit. Bd. 19, Kap. 7, Anm. 18; ferner J. R. C. WRIGHT, ›Above Parties‹. The political Attitudes of the German Protestant Church Leadership 1918–1933 (Oxford 1974). – Grundinformation in: J. BECKMANN (Hg.), Kirchl. Jb. für die Ev. Landeskirchen Dtlds. 1933–44, 60–71 (1947); O. FRIEDRICH, Die kirchenrechtl. Entwicklung des dt. ev. Kirchentums seit 1933, ebd. 72–75 (1949); R. STEINER, Der Weg der reformierten Kirchen u. Gemeinden von 1933–50, ebd. 77 (1950); W. NIEMÖLLER, Die ev. Kirche im Dritten Reich. Handbuch des Kirchenkampfes (1956); H. HERMELINK (Hg.), Kirche im Kampf. Dok. des Widerstands u. des Aufbaus in der ev. Kirche Dtlds. von 1933 bis 1945 (1950); G. KRETSCHMAR (Hg.), Dok. zur Kirchenpolit. des Dritten Reiches, bisher erschienen Bd. 1 u. 2 (1971 u. 1975) für die Jahre 1933–1935. – In der ev. Lit. zum Kirchenkampf wurde wie in der kath. nach dem Kriege zunächst die Tatsache des Widerstands betont, ohne Antwort auf die Frage, ob u. inwiefern die Kirche durch die polit. Einstellung ihrer Träger u. durch das Maß ihrer Loyalitätsbereitschaft gegenüber dem Regime für dieses mitverantwortlich geworden sei. Im Stuttgarter Schuldbekenntnis der ev. Kirche vom Jahre 1945 (vgl. Bd. 22,

Kap. 17) war aber ein innerkirchl. Ansatzpunkt gegeben, um einer unhistor. Heroisierung des Kirchenkampfes entgegenzuwirken. Eine Revision des Geschichtsbildes forderte F. BAUMGÄRTEL, Wider die Kirchenkampflegenden (^{2}1959). Von den »Arbeiten zur Gesch. des Kirchenkampfes« (s. o.) sind zu nennen: H. KATER, Die Dt. Ev. Kirche in den Jahren 1933 u. 1934 (1970); K. D. SCHMIDT (Hg.), Dok. des Kirchenkampfes. Die Zeit des Reichskirchenausschusses 1935 bis 1937 (2 Bde. 1964/65); G. HARDER/W. NIEMÖLLER (Hg.), Die Stunde der Versuchung. Gemeinden im Kirchenkampf 1933–1945. Selbstzeugnisse (1963); H. BRUNOTTE/E. WOLF (Hg.), Zur Gesch. des Kirchenkampfes. Ges. Aufsätze (2 Bde. 1965 u. 1971).

[20] H. BUCHHEIM, Glaubenskrise im Dritten Reich (1953); K. MEIER, Die Dt. Christen. Das Bild einer Bewegung im Kirchenkampf des Dritten Reiches (1964); W. TILGNER, Volksnomostheologie u. Schöpfungsglaube. Ein Beitrag zur Gesch. des Kirchenkampfes (1966).

[21] G. van NORDEN, Kirche in der Krise 1933. Die Stellung der Ev. Kirche zum nat.soz. Staat im Jahre 1933 (1963); K. SCHOLDER, Die ev. Kirche u. das Jahr 1933, GWU 16 (1965).

[22] Vertrauliches Hirtenschreiben 8. März 1933, in: H. HERMELINK (Hg.), Kirche im Kampf, Nr. 2.

[23] W. NIEMÖLLER, Der Pfarrernotbund. Geschichte einer kämpfenden Bruderschaft (1974); Chr. LUTHER, Das kirchl. Notrecht. Seine Theorie u. seine Anwendung im Kirchenkampf 1933–1937 (1969).

[24] M. NIEMÖLLER, Vom U-Boot zur Kanzel (1934); W. NIEMÖLLER (Hg.), Martin Niemöller: Briefe aus der Gefangenschaft Moabit (1975); H. BUCHHEIM, Ein NS-Funktionär zum Niemöller-Prozeß, Dokumentation, VfZG 4 (1956); J. SCHMIDT, Martin Niemöller im Kirchenkampf (1971).

[25] 1935 verließ er Dtld. Über seine fernere Einwirkung auf die Kirche: E. Busch, Karl Barths Lebenslauf (1975); H. Brolingheuer, Der Fall Karl Barth (1977); P. Schneider, Zur Staatsauffassung von Karl Barth, in: Zeitschrift Gesamte Staatswirtschaft 110 (1954).

[26] E. KLÜGEL, Die luth. Landeskirche Hannovers u. ihr Bischof 1933–1945 (1964); Th. WURM, Erinnerungen aus meinem Leben (1953); G. SCHÄFER, Landesbischof D. Wurm u. der nat.soz. Staat 1940–1945. Eine Dokumentation (1968).

[27] H. HERMELINK (Hg.), Kirche im Kampf, Nr. 52b.

[28] Ebd., Nr. 94a u. b.

[29] K. D. SCHMIDT (Hg.), Dok. des Kirchenkampfes (s. o. Anm. 19).

[30] Text H. HERMELINK (Hg.), Kirche im Kampf, Nr. 175.

[31] Ebd., Nr. 176.

[32] Zu nennen vor allem W. KÜNNETH, Antwort auf den Mythus. Die Entscheidung zwischen dem nordischen Mythus u. dem biblischen Christus (1935); ders., Ev. Wahrheit. Ein Wort zu A. Rosenbergs Schrift »Protestantische Rompilger« (1937); ders., Der große Abfall. Eine gesch.-theol. Unters. der Begegnung zw. Nationalsozialismus u. Christentum (^{2}1948).

[33] Statist. Angaben über die Ergebnisse der Entkonfessionalisierungspolitik bei F. ZIPFEL, Kirchenkampf in Dtld. (1965), S. 104ff. Ein Beispiel: 1943 bekannten sich von den Reichstagsabgeordneten nur noch 27,3% zu einer der christlichen Kirchen gegenüber 97,8% 1933.

[34] G. NIEMÖLLER (Hg.), Die erste Bekenntnissynode der Dt. Ev. Kirche zu Barmen, Bd. 1 (1959), S. 111.

[35] »Die Kirche im Dienst der Verfolgten« ist ein informationsreicher Abschnitt überschrieben in: F. ZIPFEL, Kirchenkampf in Dtld. (1965).

[36] Zu Kirche u. Judentum: G. LEWY, Die kath. Kirche u. das Dritte Reich (a. d. Amerik. 1965); K. MEIER, Kirche u. Judentum. Die Haltung der

ev. Kirche zur Judenpolitik des Dritten Reiches (1968).

[37] A. ERB, Bernhard Lichtenberg. Dompropst von St. Hedwig zu Berlin (1946).

[38] H. GRÜBER, Erinnerungen aus sieben Jahrzehnten (1968).

[39] Zit. bei G. LEWY, Die kath. Kirche u. das Dritte Reich, S. 327. Das Drama von R. HOCHHUTH, Der Stellvertreter (1963) löste eine leidenschaftliche Diskussion um das Verhalten des Papstes aus: F. J. RADDATZ (Hg.), Summa iniuria oder Durfte der Papst schweigen? (1963); S. FRIEDLÄNDER, Pius XII. u. das Dritte Reich. Eine Dokumentation (a.d. Amerik. 1965); ältere vatik. Darstellg.: M. MACCARONE, Il Nazionalsocialismo e la Santa Sede (Rom, 1947); grundlegende Dokumentation: P. BLET u.a. (Hg.), Actes et Documents du Saint Siège relatifs à la Seconde Guerre Mondiale, Bde. 6, 8 u. 9 (Città del Vaticano 1972–1975).

[40] W. CORSTEN (Hg.), Kölner Aktenstücke zur Lage der kath. Kirche in Dtld. 1933–1945 (1949), Nr. 218.

[41] H. HERMELINK (Hg.), Kirche im Kampf, Nr. 253.

[42] F. ZIPFEL, Kirchenkampf in Dtld., S. 174ff.; sorgfältige Zusammenstellung von Material, bes. über die Ernsten Bibelforscher u. ihre Verfolgung.

Kapitel 14
Kunst, Literatur und Presse im nationalsozialistischen Deutschland

Es kennzeichnet die Einschätzung von Kunst, Literatur und Publizistik durch den Hitlerstaat, daß sie der Zuständigkeit des Propagandaministers unterstellt wurden. Goebbels erklärte, die nationalsozialistische Idee stelle die gesamte Kultur in eine Verbindung mit bewußter politisch-weltanschaulicher Propaganda[1]. Das Instrument zur Steuerung dieser Bereiche war die durch Gesetz am 22. September 1933 geschaffene Reichskulturkammer mit jeweils besonderen Kammern für Bildende Künste, Schrifttum, Musik, Theater, Film, Rundfunk und Presse. Diesen Kammern gehörten neben den »Kulturschaffenden« alle Berufe und Wirtschaftszweige an, die »bei der Erzeugung, der Wiedergabe, der geistigen oder technischen Verarbeitung, der Verbreitung, der Erhaltung, dem Absatz oder der Vermittlung des Absatzes von Kulturgut« mitwirkten[2]. Die hier vorgetäuschte und von Goebbels proklamierte ständische Ordnung des Kulturlebens hatte jedoch nichts mit korporativer Selbstverwaltung zu tun. Das Führerprinzip galt auch hier. Goebbels übernahm zu seinem Parteiamt als Reichspropagandaleiter und zu seinem Staatsamt als Propagandaminister das des Präsidenten der Reichskulturkammer. Den Kammern konnte nur angehören, wer »arischer Abstammung« war und wer sich in seiner politischen Einstellung zumindest konformistisch verhielt. Allerdings gab es Ausnahmen. Wilhelm Furtwängler, der Dirigent der Berliner Philharmoniker, hat sich in manchen Fällen mit Erfolg für jüdische Musiker eingesetzt[2a]. Auch der polnische Sänger Jan Kiepura oder die Tänzerin Palucca, beide halbjüdisch, durften weiter auftreten. Nichtzugehörigkeit oder Ausschluß aus der Reichskulturkammer kam einem Berufsverbot gleich. Wer ihr nicht angehörte, konnte nicht auftreten, nicht veröffentlichen, keine Bezugsscheine erhalten zum Kauf von Öl und Farbe.

So mächtig die Stellung von Goebbels als Kulturdiktator war, auch hier gab es die charakteristische Gegeninstanz. Am 24. Januar 1934 ernannte Hitler Alfred Rosenberg zum Leiter des neugeschaffenen »Amtes für die Überwachung der gesamten weltanschaulichen Schulung und Erziehung der NSDAP«. Im Jahre 1929 hatte Rosenberg einen »Kampfbund für Deutsche Kultur« ins Leben gerufen. Ihm gehörten Vertreter des national-völkischen Kulturlebens an wie die Schriftsteller Kolbenheyer und Johst, die Verleger Bruckmann und Diesterweg, der Germanist Heusler und der Kunsthistoriker Wölfflin. Er bekämpfte, ohne die nationalsozialistischen Zielsetzungen seiner Gründer zunächst offen in den Vordergrund zu stellen, im Namen von Heimat und deutschem Volkstum die gesamte künstlerische Moderne in Architektur (Bauhaus, Gropius), Malerei (Expressionismus, abstrakte Malerei), Musik (Zwölftonmusik, Jazz), Literatur (»Asphaltliteraten«) als »Kulturbolschewismus«. Seine ideologischen Gewährsleute waren u. a. der Rassenforscher Hans F. K. Günther und der Volkskundler Schultze-Naumburg. Die von ihnen betriebene Diffamierung der literarischen und künstlerischen Moderne als »Kulturbolschewismus« enthielt eine grobe Irreführung. Denn das bolschewistische Rußland war zwar in den ersten Jahren der Revolution modernen Kunstrichtungen offen gewesen, hatte dann aber, als die Revolution vorbei war, den Kunststil eines sogenannten sozialistischen Realismus kanonisiert, der mit seinen folkloristischen und heroisierenden Elementen dem Geschmack der Massen ebenso entgegenkam wie das, was im Dritten Reich als spezifisch deutsche Kunst produziert wurde[3]. Die Kriterien für das, was als deutsche Kunst zu gelten hatte, wurden dem nationalsozialistischen Kampfstil entsprechend von der Negation her entwickelt. Der »Kampfbund« agierte schon vor der Machtübernahme als »kulturelle SA«, gestützt auf braune Schlägertrupps, mit Terroraktionen gegen unliebsame Filme (›Im Westen nichts Neues‹, nach dem gleichnamigen, den Krieg realistisch schildernden Buch von E. M. Remarque) und Theaterinszenierungen (E. Piscator, M. Reinhardt).

Nach der Machtübernahme setzten in der turbulenten Phase der nationalsozialistischen Revolution »von unten« her in großem Stil organisierte Aktionen gegen »undeutsche« Literatur und Kunst ein mit Bücherverbrennungen[4], »Säuberungen« von Volksbüchereien, Bibliotheken, Museen, Schwarzen Listen, Ausstellungen »entarteter« Kunst, Entlassungen. Zu den Verfemten gehörten neben Heinrich Heine, Karl Marx mit der gesamten marxistischen Literatur und den Klassikern des Expressionismus (Schule des »Blauen Reiter« und der »Brücke«) unter den Lebenden u.a. die Schriftsteller Heinrich und Thomas Mann, Alfred Döblin, Erich Kästner, Sigmund Freud, Georg Kaiser, Carl v. Ossietzky, Alfons Paquet, Kurt Tucholsky, Jakob Wassermann, Franz Werfel und Maler so unterschiedlicher Stilrichtungen wie die Expressionisten Max Beckmann und Christian Rohlfs, die Abstrakten Paul Klee und Wassily Kandinsky, der Impressionist Max Liebermann, die sozialkritischen Realisten Otto Dix und Käthe Kollwitz.

Die Gründung der Reichskulturkammer und des Amtes für die Überwachung der weltanschaulichen Schulung diente nicht zuletzt dem Zweck, die kulturrevolutionären Aktionen, die Entlassungen von Intendanten, Museumsdirektoren, Akademielehrern und die von vielen Partei-, Polizei-, Gerichts- und Verwaltungsstellen ins Werk gesetzten wilden Verbote bürokratisch zu kanalisieren, um möglichst zu einer Art Reichsindex der verbotenen Bücher und Bilder zu gelangen.

Der Prozeß der kulturellen Gleichschaltung war aber von innerparteilichen Machtkämpfen begleitet. Der kunstideologische Anspruch Rosenbergs und des Kampfbundes war nicht unbestritten. So bildete sich im Berliner Nationalsozialistischen Deutschen Studentenbund eine Opposition gegen die Diffamierung der modernen Malerei. Tonangebend in einer Aktion zugunsten des Expressionismus war der im NSDStB führend tätige Fritz Hippler, der sich bei der Verbrennung »undeutschen« Schrifttums auf dem Berliner Opernplatz hervorgetan hatte. Eine Kundgebung im Auditorium Maximum der Berliner Universität wandte sich am 29. Juni 1933 gegen die »Kulturreaktion« des Rosenbergschen Kampfbundes. Man bekannte sich zu

Nolde, Barlach, Heckel, Schmidt-Rottluff als den Vertretern einer »neuen deutschen Kunst«. Die liberalbürgerliche Presse bekundete ihre Sympathie. In Berlin wurde eine Ausstellung expressionistischer Maler gezeigt. Ermutigt wurden diese Bestrebungen durch die Tatsache, daß das faschistische Italien die moderne Kunst förderte. Im Jahre 1934 gab es in Berlin eine Ausstellung italienischer futuristischer Malerei. Zu ihren Protektoren gehörte Goebbels. Im Gegensatz zu Rosenberg stand er der modernen Kunst nicht von vornherein ideologisch fixiert und ablehnend gegenüber. Verstanden es doch auch die nationalsozialistischen Apologeten des Expressionismus, gerade diese Stilart als spezifisch deutsch darzustellen: sie stehe in einem Zusammenhang mit der abstrakten germanischen Ornamentalkunst und den früh- und hochmittelalterlichen Ausdrucksformen; die realistische Malerei vom Spätmittelalter bis zum 19. Jahrhundert sei demgegenüber als eine Abirrung vom Wege der deutschen Kunst zu betrachten, der jetzt mit dem Expressionismus zurückgewonnen worden sei. Als Verkörperung dieser Kunsterneuerung aus deutschem Geist galten ihnen die Schleswig-Holsteiner Barlach und besonders Nolde. Aber Rosenberg verstand es, die nationalsozialistischen Anhänger der modernen Kunst zu isolieren und politisch zu verdächtigen. Sie konnten sich nicht durchsetzen gegenüber dem in dem »Kampfbund für Deutsche Kultur«, später in den sogenannten »NS-Kulturgemeinden« angesiedelten Massengeschmack. Die Streitfrage wurde durch Hitler entschieden. In wiederholten Nürnberger Parteitagsreden äußerte er sich zu dem Thema Kunst, für das er sich aufgrund seiner gescheiterten jugendlichen Berufspläne für besonders zuständig hielt. Er spielte den »unverdorbenen und gesunden Instinkt« der nationalsozialistischen Bewegung gegen die modernen »Kunstverderber« aus, verspottete aber gleichzeitig eine nationalvölkische bürgerliche Romantik, die den revolutionären Charakter der Zeit nicht begriffen habe: »So offerieren sie heute Bahnhöfe in originaldeutschem Renaissancestil, Straßenbenennungen und Maschinenschrift in echt gotischen Lettern, Liedertexte frei nach Walther von der Vogelweide, Modeschöpfungen nach Gretchen und Faust, Bilder nach Art des Trompeters von Säckingen.«[5] Goebbels schwenkte in die vorgezeichnete Linie ein. 1935 wurde die oppositionelle Zeitschrift ›Kunst der Nation‹, 1936 jegliche Kunst-, Theater- und Literaturkritik überhaupt verboten. An deren Stelle sollten von »anständiger Gesinnung« getragene, durch »Sprachregelungen« von Goebbels gelenkte »Kunstberichte« treten[6]. 1937 begann die systematische »Säuberung« der Museen, ein von Reichs wegen organisierter Bildersturm. Zuletzt verfiel auch privater Besitz unliebsamer Kunst entschädigungsloser Enteignung. Ein Teil der beschlagnahmten Kunstwerke wurde zur Devisenbeschaffung ins Ausland verkauft, andere in Kellern verstaut oder verbrannt. Als »entartet« galten Werke jüdischer Künstler (Liebermann), pazifistische und sozialrevolutionäre Themen (Käthe Kollwitz), Gestalten, die dem nordischen Ideal widersprachen (Barlach) und die Stilarten des Expressionismus (Nolde) und der abstrakten Kunst (Kandinsky)[7].

Hitler berief sich für die Kunstpolitik des Dritten Reiches auf »einen allgemein gültigen Maßstab für das richtige, weil dem Lebensgesetz unseres Volkes entsprechende Wesen unserer Kunst«[8]. Die Menge stimmte ihm zu. Sie strömte zu der zuerst in München 1937, danach in Berlin gezeigten Ausstellung »entarteter Kunst«, dem massenwirksamsten Vergnügungsrummel, den die Manager des Dritten Reiches inszenierten, und überließ sich hier einem vorprogrammierten Abscheu, wie sie ebenso bereit war, schön zu finden, was im neuerrichteten »Haus der Deutschen Kunst« in München an naturalistischer Landschaftsmalerei, Heimatmotiven, plakativ-politischer Thematik in heroischer Geste und an fadem akademischem Klassizismus bis hin zum evident Kitschigen gezeigt wurde. Diese Veranstaltungen waren ein Triumph des »gesunden Volksempfindens« und zeitigten einen für die Sache des Nationalsozialismus äußerst massenwirksamen Werbeeffekt. Die Sterilität dieser Kunst war jedoch das Gegenteil der proklamierten Erneuerung. Das gilt auch für die Architektur des Dritten Reiches (Braunes Haus und Haus der Deutschen Kunst in München, Reichskanzlei, NS-Schulungsburgen), die zuletzt in der Megalomanie der Entwürfe zu »Totenburgen« am Atlantik und in den russischen Ebenen wie in den von Hitler und Speer entwickelten Plänen für die gigantischen Siegesbauten im zukünftigen Berlin und Nürnberg jedes menschliche Maß vermissen ließen und gerade damit die beabsichtigte Monumentalität verfehlten[9].

Das Schicksal der verfemten Künstler war die äußere oder innere Emigration. Zu denen, die Deutschland verließen, gehörten neben vielen anderen die Maler Kandinsky, Klee, Feininger, Beckmann, Kokoschka und die Architekten Gropius und Mies van der Rohe. In Deutschland blieben von den führenden bildenden Künstlern u.a. die Maler Rohlfs, Nolde, Schmidt-Rottluff, Heckel, Hofer, Baumeister und Gilles. Soweit ihre Bilder als »entartete Kunst« zur Schau gestellt wurden, konnte dies in besonderen Fällen bei Kunsthändlern und Sammlern durchaus empfehlend wirken. »Seit meine Bilder in München und Berlin auf der ›Schund und Schmutz‹ gehangen haben, sind meine Verkäufe ums Doppelte gestiegen«, schrieb Werner Gilles[10]. Bei Schmidt-Rottluff und Nolde ging die Ächtung bis zum Ausschluß aus der Reichskammer der Bildenden Künste und damit zum Berufsverbot. Nolde ist unter den Malern ein analoger Fall zu jenen Männern der Kirche, die anfangs von dem neuen Regime eine nationale Erneuerung erwarteten, um sehr bald infolge der Unbeirrbarkeit im Vollzug ihres eigenen Auftrags den unvereinbaren Gegensatz zu erkennen. Die trotz Verbots nach 1941 entstandenen »Ungemalten Bilder« Noldes sind ein bleibendes Zeugnis für die Kraft der Selbstbehauptung eines großen künstlerischen Willens auch in jener Zeit. Keinen Illusionen hatte sich der Bildhauer Ernst Barlach hingegeben, obwohl er zunächst keiner eindeutigen und allgemeinen Ablehnung begegnete. Aber dann wurden seine Bildwerke des demütigen und wartenden, des hoffenden und geschundenen, des kreatürlichen und unheroischen »Untermenschen« wegen, den er schilderte, aus Kirchen und Museen entfernt und zum Teil zerstört. Briefe Barlachs aus jener Zeit sind ein erschütterndes Dokument der Leiden, die dem Unbeugsamen der gegen ihn entfesselte Individualterror der HJ bereitete. Unter Entbehrungen und ohne den Rückhalt bei den offiziellen Kunstinstitutionen, aber gestärkt durch den Zuspruch der Nonkonformisten der älteren Generation, reifte im Untergrund das Werk einiger junger Maler heran – unter ihnen Georg Meistermann und Emil Schumacher –, die nach dem Zusammenbruch des Hitlerreiches für die deutsche Malerei den Anschluß an die nichtgegenständliche Kunst der westlichen Welt darstellten.

Der Aderlaß, den das Dritte Reich für das geistige Deutschland bedeutete, war für die Literatur noch spürbarer als für die Malerei. Diese vermochte es eher, im Untergrund zu überdauern, als jene, die auf Mitteilung, auf Vermittlung durch Druck angewiesen ist. Andererseits war für die Schreibenden, die Deutschland verließen, in den meisten Fällen der Verlust des eigenen Sprachraumes eine schwere, ihre Aussagemöglichkeit einengende, nicht nur wirtschaftliche Belastung. Wenn dennoch der Reichstagsbrand das Signal für einen großen Exodus wurde und noch im Verlauf des Jahres 1933 die meisten, mit deren

Namen sich der Begriff der deutschen Exilliteratur verbindet, emigrierten, so ist unter den Motiven hierfür bei vielen die bewußte Absage an das Hitlerregime das bestimmende gewesen. Zu den literarischen Emigranten gehörten, um nur einige sich heraushebende Namen zu nennen, Heinrich und Thomas Mann, Arnold und Stefan Zweig, Bert Brecht, Alfred Döblin, Georg Kaiser, Carl Zuckmayer, Anna Seghers, Hermann Broch, Robert Musil. Die Literatur im Exil ist ein wesentlicher Teil der deutschen politischen Geistesgeschichte. Hier kommt den Ansprachen und Aufsätzen besonders Thomas Manns prototypische Bedeutung zu. Sein Weg hatte ihn vom ästhetischen Bildungsbürgertum der ›Betrachtungen eines Unpolitischen‹ nach den Erschütterungen des Zusammenbruchs 1918 zum entschiedenen Vernunftsrepublikaner werden lassen, der sich dem Weimarer Staat zuwandte und sich zu dessen unpathetischem Lebensgesetz bekannte (s. Bd. 19, Kap. 19). Die Erschütterungen der Hitlerzeit gaben ihm schließlich den Mut zur lapidar einfachen Aussage über Politik und Moral, in bitterer Anklage und doch nicht ohne Zuversicht. »Ich habe es oft gesagt«, so schrieb er im Jahre des abermaligen Kriegsausbruchs, »ehe es besser werden könne in Deutschland, müsse es dahin kommen, daß die Menschen dort bei dem Wort ›Freiheit‹ in Tränen ausbrechen.« Die Weigerung des deutschen Geistes, »die Politik als ein Zubehör der humanen Aufgabe anzuerkennen, ist ausgegangen in den politischen Schrecken selbst ...; die Frucht seines ästhetizistischen Kulturbürgertums ist ein Barbarismus der Gesinnung, Mittel und Ziele, wie die Welt ihn noch nie sah ... Er konnte sich anti-demokratisch gebärden, weil er nicht wußte, daß Demokratie identisch ist mit jenen Gründen und Stützen, daß sie nichts ist als die politische Ausprägung abendländischer Christlichkeit, und Politik selbst nichts anderes als die Moralität des Geistes, ohne die er verdirbt. Wir wollen feststellen: während im äußeren Völkerleben eine Epoche des zivilisatorischen Rückschlags, der Vertragsunwürdigkeit, Gesetzlosigkeit und des Dahinfallens von Treu und Glauben angebrochen zu sein scheint, ist der Geist in ein moralisches Zeitalter eingetreten, will sagen: in ein Zeitalter der Vereinfachung und der hochmutlosen Unterscheidung von Gut und Böse.«[11] Thomas Mann ist im Exil in die Reihe der großen Moralisten der europäischen Literatur eingerückt. Neben ihm ist Bertolt Brecht zu nennen, neben dem liberal-konservativen Bürger der Marxist und Revolutionär. Sie repräsentierten in der Polarität ihrer Überzeugungen die beiden Antworten, die sich dem deutschen Denken im Exil auf die Frage nach den Richtmaßen für die Zukunft ergaben.

Zu denen, die Deutschland verließen, gehörte auch Stefan George. Er entzog sich den Feiern und Ehrungen, mit denen die Nationalsozialisten ihn 1933 aus Anlaß seines 65. Geburtstages für sich beanspruchten. Das Dritte Reich war nicht das von ihm verkündete »Neue Reich«. Nichts konnte dem Vereinsamten in seiner Tessiner Zuflucht ferner sein als »die laute Horde« in der Heimat. George schwieg. Er schwieg auch zu dem Unmenschlichen, das sich in Deutschland ankündigte und schon zutrug. So blieb seine Gestalt in ihrer gewollten Entrücktheit zwielichtig. Zu den jungen Freunden, die dem am 4. Dezember 1933 Gestorbenen die Totenwache hielten, gehörte Claus Graf Schenk von Stauffenberg, der Führer des Aufstandes vom 20. Juli 1944. Auf dem Grab lag ein Kranz des Deutschen Reiches.

Zu denen, die George für den Führerstaat zu reklamieren suchten, gehörte Gottfried Benn. In seiner im Auftrage des Präsidenten der Reichsschrifttumskammer Hanns Johst verfaßten Rede für die dann abgesagte Trauerfeier hieß es: »Die Schöpfung ist das Verlangen nach Form, der Mensch ist der Schrei nach Ausdruck, der Staat ist der erste Schritt dahin, die Kunst der zweite ... Sagen sie für Form immer Zucht oder Ordnung oder Disziplin oder Norm oder Anordnungsnotwendigkeit, alle diese Worte, die uns so geläufig wurden, weil in ihrem Namen die neue geschichtliche Bewegung sich zu prägen versucht hat, das ist Georgesches Gebiet.«

Benn, 1932 als führender expressionistischer Lyriker in die Preußische Akademie der Künste berufen, setzte sich mit Leidenschaft für den Futurismus und Expressionismus als die dem Faschismus und Nationalsozialismus entsprechenden Stilformen ein. In einem Briefwechsel mit Klaus Mann gab er eine »Antwort an die literarischen Emigranten« zur Rechtfertigung dafür, daß er nicht mit Heinrich Mann und Käthe Kollwitz aus der Preußischen Akademie ausgeschieden war und daß er in Deutschland blieb. Biedermännisch klang das Argument, »... ich erkläre mich ganz persönlich für den neuen Staat, weil es mein Volk ist, das sich hier seinen Weg bahnt. Wer wäre ich, mich auszuschließen ...« Aber der Grund lag tiefer. Ein verblendeter ästhetischer Irrationalismus, der das Leben auf Form und Ausdruck reduzierte, ließ ihn im rauschhaften Miterleben des nationalen Enthusiasmus von 1933 den plebejischen Charakter des Vorgangs verkennen, den er als »das Hervortreten eines neuen biologischen Typs« bezeichnete. Klaus Mann behielt recht mit seiner Feststellung, »daß eine zu starke Sympathie mit dem Irrationalen zur politischen Reaktion führt, wenn man nicht höllisch genau achtgibt. Erst die große Gebärde gegen die ›Zivilisation‹ – eine Gebärde, die, wie ich weiß, den geistigen Menschen nur zu stark anzieht –; plötzlich ist man beim Kultus der Gewalt, und dann schon beim Adolf Hitler.« Benn entging trotz seiner 1933 abgelegten Bekenntnisse zum »totalen Staat« als dem »höchstgezüchteten Exekutivbegriff, den die abendländische Geschichte kennt«, trotz seiner Verherrlichung des Führers als des »höchsten geistigen Prinzips«, trotz seiner Absage an die Geistesfreiheit als »Zersetzungsfreiheit«, trotz seiner Visionen von Rassezüchtung – »Gehirne muß man züchten, große Gehirne, die Deutschland verteidigen, Gehirne mit Eckzähnen, Gebiß aus Donnerkeil« –, trotz aller Demonstration der rechten Gesinnung also, nicht dem Schicksal, als Entarteter verfemt zu werden. Als ehemaliger Sanitätsoffizier trat er 1935 wieder in die Armee ein; er hielt dies für »eine aristokratische Form der Emigration«, wie er an Ina Seidel schrieb. 1938 wurde er aus der Reichsschrifttumskammer ausgeschlossen und erhielt Schreibverbot. Sein Schicksal als expressionistischer Künstler, dem auch seine politische Einstellung nicht half, war hierin dem Noldes nicht unähnlich[12].

Es gab auch die umgekehrte Konstellation. So entschloß sich Ricarda Huch, deren neuromantische Lyrik und Prosa wie ihr historisches Werk künstlerisch auf der Gegenseite zu Benn stand, zum Austritt aus der Preußischen Akademie der Künste, trotz der Bemühungen des Präsidenten Max v. Schillings, sie wegen der »deutschen Gesinnung und nationalen Einstellung«, die sich in ihrem künstlerischen Schaffen darstelle, zu halten. In dem tapferen Schreiben, mit dem sie ihren Austritt ankündigte, hieß es: »Daß ein Deutscher deutsch empfindet, möchte ich fast für selbstverständlich halten; aber was deutsch ist und wie Deutschtum sich betätigen soll, darüber gibt es verschiedene Meinungen. Was die jetzige Regierung als nationale Gesinnung vorschreibt, ist nicht mein Deutschtum. Die Zentralisierung, der Zwang, die brutalen Methoden, die Diffamierung Andersdenkender, das prahlerische Selbstlob halte ich für undeutsch und unheilvoll ... Abgesehen davon, daß ›eine loyale Mitarbeit an den satzungsgemäß der Akademie zufallenden nationalen kulturellen Aufgaben im Sinne der veränderten geschichtlichen

Lage‹ eine Übereinstimmung mit dem Programm der Regierung erfordert, die bei mir nicht vorhanden ist, würde ich keine Zeitung oder Zeitschrift finden, die eine oppositionelle Meinung druckte.«[13] Ricarda Huch hat nach dem Kriege Zeugnisse des Widerstandes gesammelt[14]. Zu den »treuen Begleitern« für manche, die im verfinsterten Deutschland nach geistiger Hilfe suchten, gehörte auch Ernst Wiechert. Seine naturhafte Empfindungswelt, sein Lob des einfachen Lebens und die Schlichtheit seiner Sprache rückten ihn in die Nähe der »volkhaften« Dichtung. Aber er wollte ein Haus bauen für »die Erniedrigten und Beleidigten. Die Tiere gehören dazu, die Kinder, die Armen, die Mißhandelten, die Entrechteten. Die im Besitz sind, lächeln darüber, und die an der Macht sind, zucken die Achseln.«[15] Er wurde wegen einer Rede, die er vor Studenten in der Münchener Universität hielt, und wegen seines öffentlichen Eintretens für Martin Niemöller im Jahre 1938 für einige Monate im Konzentrationslager Buchenwald inhaftiert[16].

Andere der daheim gebliebenen Schriftsteller gaben sich anfangs und für kurze Zeit wie so viele ihrer Zeitgenossen der konservativen Illusion über die »nationale Erhebung« hin, so der formenstrenge und vielgelesene Rudolf G. Binding. Vieldeutig ist der Begriff der »inneren Emigration«. Er kann Flucht in unverbindliche Innerlichkeit oder Rückbesinnung auf zeitlos verbindliche Werte, Resignation oder Beharrlichkeit in der Fortführung des eigenen Werkes bedeuten. Die Variationsformen des Nonkonformismus und des Konformismus fließen ineinander über. Sie reichen von der weltfrommen, aus Goethe und Stifter lebenden Menschlichkeit Hans Carossas, der es widerwillig ertrug, daß man ihn 1941 zum Präsidenten einer »Europäischen Schriftstellervereinigung« machte und das Reich sich so mit seinem Namen schmückte, zu Hans Friedrich Blunck, dem im Dritten Reich vielgeehrten Präsidenten der Reichsschrifttumskammer 1933 bis 1935, der aber nach dem Kriege meinte, sich als »Antifaschisten auf dem Sessel der Reichsschrifttumskammer« bezeichnen zu sollen[17]. Sein Nachfolger Hanns Johst war zudem Präsident der in »Deutsche Akademie der Dichtung« umbenannten und personell neubesetzten Abteilung für Dichtung der »Preußischen Akademie der Künste«. Hier war das »volkhafte« Schrifttum sehr unterschiedlicher Qualität versammelt. Wenn man sich die wichtigsten Namen vergegenwärtigt – Agnes Miegel, Ina Seidel, Werner Beumelburg, Hermann Claudius, Guido Kolbenheyer, Heinrich Lersch, Wilhelm Schäfer, Hermann Stehr –, so ist, abgesehen vielleicht von Will Vesper, niemand darunter, den man als einen genuinen Nationalsozialisten bezeichnen möchte. Aber sie alle haben sich, mit sehr unterschiedlichen Graden und Zeiten der Zustimmung, in Dienst nehmen lassen, weil sie sich in ihrer schriftstellerischen Aussage bestätigt fühlten, deren geistesgeschichtlicher Hintergrund Romantik, Heimatdichtung, Arbeiterdichtung, weltanschaulicher Irrationalismus und zum Teil auch der Expressionismus waren[18]. Zu ihrem politischen Hintergrund gehört ohne Zweifel auch die Gedankenwelt der »Konservativen Revolution«. Es ist jedoch für das Verhältnis der Konservativen Revolution zum Nationalsozialismus kennzeichnend, daß deren zwei bedeutendste Schriftsteller, die die Hitlerherrschaft erlebten, ein deutliches Nein sprachen. So Oswald Spengler in seinem 1933 erschienenen letzten Buch ›Jahre der Entscheidung‹ mit seinem beißenden Spott über den Provinzialismus der nationalsozialistischen Ideologie; so Ernst Jünger, der die Aufforderung, in die Akademie der Dichtung einzutreten, ablehnte und 1939 sein satirisch verschlüsseltes Spiegelbild des Dritten Reiches ›Auf den Marmorklippen‹ veröffentlichte. Über dem ganzen Treiben stand immer noch der Name Gerhart Hauptmanns. Er verhielt sich loyal gegenüber dem neuen Regime, nahm die ihm dargebrachten Ehrungen entgegen, aber führte sein Werk nach seinem eigenen Gesetz weiter.

Das deutsche Musikleben wurde verarmt durch die Emigration von Arnold Schönberg, Kurt Weill, Paul Hindemith, Otto Klemperer, Anton v. Webern u. a. Wie in anderen Bereichen der Kunst konnten die Nationalsozialisten aber auch in der Musik einige bekannte Namen mit ihrer Sache verbinden. Wilhelm Furtwängler blieb, fand bis 1945 einen Modus vivendi mit dem Dritten Reich und rettete die große Orchestermusik durch die Zeit hindurch. Richard Strauss akzeptierte das Amt des Präsidenten der Reichsmusikkammer (bis 1935, dann zog er sich unter Hinweis auf sein Alter zurück). Carl Orff und Werner Egk, die nach neuen Ausdrucksformen suchten, wurden die erfolgreichsten Komponisten im Dritten Reich. Die Volksmusik wurde gepflegt, aber die Aufführung von Werken jüdischer Komponisten der klassisch-romantischen Zeit wie Felix Mendelssohn-Bartholdy, ganz zu schweigen von Gustav Mahler, war unmöglich. Es sei daran erinnert, daß der Abbruch des Mendelssohn-Denkmals in Leipzig den Oberbürgermeister Goerdeler veranlaßte, sein Amt niederzulegen.

Die Filmproduktion, die sich schon vor der Machtergreifung in der von Hugenberg beherrschten UFA in hohem Maße nationalen Stoffen zugewandt hatte (z. B. Fridericus Rex), wurde nach der Machtergreifung ganz der staatlichen Kontrolle unterworfen. Die entscheidende Lenkung lag in der Hand von Goebbels. Der überwiegende Teil der Spielfilme, die im Dritten Reich produziert wurden, waren Unterhaltungsfilme ohne direkten nationalsozialistischen Bezug. Etwa 14% jedoch dienten ausgesprochen der politischen Propaganda, darunter der berüchtigte Film ›Jud Süß‹ von Veit Harlan[19].

Die Presse galt nicht mehr als Instrument einer frei sich bildenden und bewegenden öffentlichen Meinung, sondern als Organ der politischen Führung, für dessen Kontrolle neben Goebbels Max Amann, Leiter des Eher-Verlags, des Zentralverlags der Partei, als Reichsleiter für die Presse und Otto Dietrich als Reichspressechef verantwortlich waren[20]. Die Lenkung und Überwachung der Presse war seit dem Sommer 1933 gesichert. Die Qualifikation zum »Schriftleiter« wurde durch Gesetz an politische und rassische Voraussetzungen geknüpft[21]. 1935 wurde eine obligatorische »Reichspresseschule« errichtet. Die Richtlinien für die Berichterstattung wurden in den »Sprachregelungen« und »Tagesparolen« auf den täglichen »Pressekonferenzen der Reichsregierung« ausgegeben. Die Zahl der immer gleichförmiger berichtenden Zeitungen ging erheblich zurück. Zugleich fand eine Konzentration im Verlagswesen statt. Max Amann konnte einen monopolartigen NS-Pressetrust aufbauen. Nur ganz wenige Zeitungen vermochten eine gewisse Selbständigkeit zu wahren und zwischen den Zeilen Kritik auszudrükken, so bis Ende 1936 das ›Berliner Tageblatt‹ unter der Leitung Paul Scheffers[22] und bis 1943 die ›Frankfurter Zeitung‹, die wegen ihrer Weltgeltung ein begrenztes Maß an Unabhängigkeit behielt[23], ferner die von Theodor Heuss, Gertrud Bäumer und Walter Goetz herausgegebene ›Hilfe‹ und die ›Deutsche Rundschau‹ von Rudolf Pechel[24].

Eine Sonderstellung in der Presse des NS-Staates kam der 1940 von Goebbels gegründeten Wochenzeitung ›Das Reich‹ zu, die die auch von der nationalsozialistischen Führung als nachteilig empfundene Uniformität der Presse durchbrechen und durch einen liberalen, weltoffenen Anstrich das verlorengegangene Interesse an der deutschen Presse wiedererwekken sollte. Hier wurden neben den Leitartikeln von Goebbels Beiträge von namhaften Korrespondenten in aller Welt und fachlich qualifizierten freien Mitarbeitern veröffentlicht[25]

Ein besonders wirkungsvolles »Instrument der Massenpropaganda, das man in seiner Wirksamkeit heute noch gar nicht abschätzen« könne, sah Goebbels im Rundfunk. Dessen Möglichkeiten wurden perfektionistisch ausgeschöpft. Als erstes sicherte Goebbels sich die Herrschaft über den schon in der Weimarer Republik verstaatlichten Rundfunk[26]. Eine neue Form der Massenbeeinflussung waren die immer häufiger in Schulen, Betrieben, SA und Partei durchgeführten Gemeinschaftsempfänge. Noch 1933 begann die serienmäßige Herstellung eines billigen »Volksempfängers«, und die Zahl der Hörer stieg sprunghaft an. Die Nationalsozialisten stellten den Rundfunk, nach den Worten von Goebbels, »mitten in das Geschehen des Tages hinein; sie gaben ihm bewußt eine Tendenz und überantworteten ihn dem leidenschaftlichen und bedingungslosen Dienst am neuen Regime«[27].

Überblickt man das gesamte Instrumentarium, dessen sich das Propagandaministerium und die mit ihm rivalisierenden Instanzen zur Indoktrinierung und Willenlosmachung des Volkes bedienten, so sind wahrscheinlich am wirkungsvollsten die Massenmedien Film, Presse und besonders der Funk gewesen und für die emotionale Einstimmung die Ausstellungen »entarteter« und »deutscher« Kunst. Das reiche künstlerische und literarische Leben, das in Deutschland vor 1933 herrschte, wurde weitgehend zerstört oder ins Exil getrieben durch ein Regime, das die Beziehung von Kunst und Staat als eine Mittel-Zweck-Relation im Dienste der Propaganda sah.

J. Wulf (Hg.), Die Bildenden Künste im Dritten Reich (1963); ders. (Hg.), Lit. u. Dichtung im Dritten Reich (1963); ders. (Hg.), Theater u. Film im Dritten Reich (1964); ders. (Hg.), Presse u. Funk im Dritten Reich (1963); ders. (Hg.), Musik im Dritten Reich (1963); Hildegard Brenner, Die Kunstpolitik des Nat.soz. (1963); dies. (Hg.), Ende einer bürgerlichen Kunst-Institution. Die polit. Formierung der Preuß. Akademie der Künste. Eine Dokumentation (1972); nützlicher Überblick auch in: Kunst im Dritten Reich. Dokumente der Unterwerfung (1975), Katalog der gleichnamigen Ausstellung. – D. Strothmann, Nat.soz. Lit.politik. Ein Beitrag zur Publizistik im Dritten Reich (1963); D. Aigner, Die Indizierung »schädlichen u. unerwünschten Schrifttums« im Dritten Reich (1971); F. Andrae (Hg.), Volksbücherei u. Nat.soz. (1970). – Ferner E. K. Bramsted, Goebbels u. die nat.soz. Propaganda 1925 bis 1945 (a.d. Engl. 1971), sowie R. Grunberger, Das zwölfjährige Reich (s. Kap. 7, Anm. 20).

[1] Rede vor den Theaterleitern 8. 5. 1933, vgl. W. Hagemann, Publizistik im Dritten Reich. Ein Beitrag zur Methodik der Massenführung (1948).

[2] Erste Verordnung zur Durchführung des Reichskulturkammergesetzes, 1. 11. 1933, RGBl. 1933 I, Nr. 123.

[2a] Ursachen u. Folgen 9, Nr. 2199, Briefwechsel Furtwänglers mit Goebbels.

[3] Die Feststellung dieses evidenten Sachverhalts ist der Kunstgeschichte geläufig. So zitiert etwa P. VOGT in seiner ›Gesch. der dt. Malerei im 20. Jh.‹ (1972) zustimmend folgende Stelle aus W. HAFTMANN, Malerei im 20. Jh. (1957): »Totalitäre Kunst ist das gleichförmige Stilphänomen jeder Diktatur. Wie diese zur Begründung der Macht die Mobilmachung der Masse vornimmt und den einzelnen freien Geist vernichtet, so anerkennt jene die mittlere Linie des Massengeistes als verbindliches Maß und eliminiert das Besondere. Der Inhalt und seine propagandistische Bedeutung ist das Erstrangige. Er wird illustriert durch einen auf die Sehgewohnheiten der Masse abgestimmten Klischee-Realismus, der sich wie jeder sterile Akademismus – und ebenso unberechtigt – auf das ›Klassische‹ oder die ›große Vergangenheit‹ beruft. Liberalität wird bekämpft. Unmittelbare Nützlichkeit wird gefordert. Im tiefsten Kern zielt das Ganze auf die Vernichtung des Glaubens an den persönlichen Wert und an die Funktion des isolierten Geistes. Gegen ihn wird daher der Vorwurf der Unmoral, des Asozialen und der Zersetzung erhoben.« Hiergegen polemisiert von der Position eines ideologischen Marxismus her unter Anführung des gleichen Zitats B. HINZ, Die Malerei im dt. Faschismus. Kunst u. Konterrevolution (1974). Diese Position läßt ihn den Totalitarismusbegriff und damit auch gegen jeden Augenschein die Vergleichbarkeit des nationalsozialistischen und sowjetischen Realismus verwerfen. Die Evidenz einer solchen Vergleichbarkeit läßt sich auch nicht durch die unzweifelhaft richtige Feststellung aufheben, daß der Sozialismus »am schwersten unter der faschistischen Aggression zu leiden gehabt und sie unter den größten Opfern überwunden« habe (S. 14 f.). Vgl. hierzu die Besprechung von J. FEST in FAZ 16. 11. 1974. Lesenswert sind die Ausführungen von HINZ über die Vorläufer der nat.soz. Kunst, die selber der Originalität entbehrt; illustrativ der Dok.- u. Bilderanhang.

[4] S. Kap. 12.

[5] Rede auf dem Nürnberger Parteitag 5. 9. 1934, in: Der Kongreß zu Nürnberg vom 5. bis 10. Sept. 1934. Offizieller Bericht über den Verlauf des Reichsparteitages mit sämtlichen Reden (1934).

[6] Erlaß von Goebbels 27. 11. 1936, in: Ursachen u. Folgen 11, Nr. 2495 a; Elke FRÖLICH, Die Kulturpolit. Pressekonferenz des Reichspropagandaministeriums, VfZG 22 (1974).

[7] F. ROH, »Entartete« Kunst. Kunstbarbarei im Dritten Reich (1962).

[8] Rede zur Einweihung des »Hauses der Dt. Kunst«, 19. 7. 1937, DOMARUS 1, S. 705 ff.

[9] S. hierzu bes. die Abbildungen in A. SPEER, Erinnerungen (1969), u. bei Anna TEUT, Architektur im Dritten Reich 1933–1945 (1967).

[10] Zit. P. VOGT, Gesch. der dt. Malerei im 20. Jhdt. (1972), S. 364.

[11] »Kultur u. Politik«, 1939, in: Th. MANN, Ges. Werke 12, S. 857 bis 860; P. de MENDELSSOHN, Der Zauberer. Das Leben des dt. Schriftstellers Thomas Mann, 2 Bde., bisher erschienen Bd. 1: 1875–1918 (1975).

[12] Da Benn nach 1945 zu einer erneuten u. noch breiteren Wirkung gelangte als vor 1933, hat sein Werk und seine Person auch in bezug auf das Zeitgeschehen bes. Beachtung gefunden. Krit. Analysen in: W. MUSCHG, Die Zerstörung der dt. Lit. (Bern 1956); P. de MENDELSSOHN, Der Geist in der Despotie. Versuche über die moralischen Möglichkeiten des Intellektuellen in der totalitären Gesellschaft (1953). – G. BENN, Essays. Re-

den. Vorträge. Werke 1 (1959); die autobiograph. Rechtfertigung »Doppelleben« in: Werke 4 (1961), dort auch der zit. Brief Klaus Manns vom 9. 5. 1933; A. CHRISTIANSEN, Benn. Eine Einführung in das Werk (1976).

[13] Briefwechsel Ricarda Huch mit Max v. Schillings, in: Hildegard BRENNER (Hg.), Ende einer bürgerlichen Kunst-Institution, Nr. 36–40.

[14] Als Material verwendet in G. WEISENBORN (Hg.), Der lautlose Aufstand. Bericht über die Widerstandsbewegung des dt. Volkes 1933–1945 (1953, Tb. 1962).

[15] Aus einer autobiographischen Notiz in: E. WIECHERT, Der Todeskandidat (1935).

[16] E. WIECHERT, Der Totenwald (1946). Als ungerecht muß es bezeichnet werden, wenn E. LOEWY, Literatur unterm Hakenkreuz (1966), in seiner sonst um ausgewogenes Urteil bemühten Darstellung erklärt (S. 29), Wiechert habe den »Lesern die Flucht ins Erbauliche, in die Innerlichkeit, in einen sterilen Traditionalismus« empfohlen und hierdurch dazu beigetragen, »daß sich diese mit dem Bösen abfanden« – es sei denn, man hält es für »sterilen Traditionalismus«, daß er seinen jungen Lesern unsterbliche Zeilen von Matthias Claudius, Hölderlin, Mörike ans Herz legte: E. WIECHERT, Von den treuen Begleitern (o. J.); F. SCHONAUER, Dt. Literatur im Dritten Reich (1961), erklärt gar: »Man kann die Wirkungen Wiecherts nicht verhängnisvoll genug ansehen, denn gerade durch seine Lehren verliert der Schriftsteller in der Meinung des bürgerlichen Menschen eine seiner wichtigsten Funktionen, die Funktion einer moralischen Instanz der Öffentlichkeit.« (S. 133). Leider erfährt man nichts über etwaige Untersuchungen, die der Autor angestellt hätte, um diese angeblich so verhängnisvolle Auswirkung Wiecherts zu belegen. Fairerweise gibt er zu, daß Wiechert Mut gezeigt habe in öffentlicher Kritik an dem, was im Dritten Reich geschah, und daß er dafür ins KZ kam. Hätte es nicht nahegelegen zu fragen, ob nicht zwischen der geschmähten »Innerlichkeit« Wiecherts und seinem Mut zum freien Wort eine Beziehung bestand und sich genau jene Moralität der Dichtung erwies, die er fordert?

[17] E. LOEWY, op.cit., S. 339.

[18] Z.B. bei H. Johst; Thomas Mann hörte aus der nat.soz. Kampflyrik einen »expressionistischen Seelenschrei« heraus, s. E. LOEWY, op.cit., S. 25.

[19] Eingehende Analyse der Filmproduktion der NS-Zeit bei G. ALBRECHT, NS-Filmpolitik. Eine soziologische Untersuchung über die Spielfilme des Dritten Reiches (1969); E. LEISER, Deutschland erwache! Propaganda im Film des Dritten Reiches (Tb. 1968); Dorothea HOLLSTEIN, Antisemitische Filmpropaganda. Die Darstellung der Juden im nat.soz. Spielfilm (1971).

[20] Über die Presse im Dritten Reich liegen eine Reihe von Untersuchungen vor. Die wichtigsten: O. J. HALE, Presse in der Zwangsjacke 1933–1945 (a.d. Amerik. 1965); K.-D. ABEL, Presselenkung im NS-Staat (1968); W. HAGEMANN, Publizistik im Dritten Reich (1948); F. SÄNGER, Politik d. Täuschungen. Mißbrauch d. Presse im Dritten Reich. Weisungen, Informationen, Notizen 1933–1939 (1975).

[21] Schriftleitergesetz vom 4. 10. 1933, RGBl. 1933 I, Nr. 111.

[22] Margret BOVERI, Wir lügen alle. Eine Hauptstadtzeitung unter Hitler (1965).

[23] R. WERBER, Die »Frankfurter Zeitung« u. ihr Verhältnis zum Nat.-soz., untersucht an Hand von Beispielen aus den Jahren 1932 bis 1943 (Diss. Bonn 1964).

[24] R. PECHEL, Zwischen den Zeilen. Der Kampf einer Zeitschrift für Freiheit u. Recht. 1932–1942. Aufsätze (1948).

[25] Faksimile-Querschnitt: Das Reich, hg. von H. D. MÜLLER (1964);

Erika MARTENS, Zum Beispiel »Das Reich«. Zur Phänomenologie der Presse im totalitären Regime (1972).

[26] J. GOEBBELS, Vom Kaiserhof zur Reichskanzlei (1934), S. 258f.

[27] Rede vom 17. 8. 1935, zit. bei BRACHER/SAUER/SCHULZ, S. 296; zur Geschichte des Rundfunks H. POHLE, Der Rundfunk als Instrument der Politik. Zur Geschichte des dt. Rundfunks von 1923–1938 (1955).

Kapitel 15
Die Anfänge der nationalsozialistischen Außenpolitik

Der erste Abschnitt der nationalsozialistischen Außenpolitik reicht von einer Erklärung Hitlers vor den Befehlshabern des Heeres und der Marine am 3. Februar 1933 bis zu der Erklärung Hitlers vor den Oberbefehlshabern der Wehrmachtsteile und dem Außenminister am 5. November 1937 (sog. Hoßbach-Protokoll). Die Bedeutung jener durch die Aufzeichnung des Generalleutnants Liebmann bekanntgewordenen Ausführungen Hitlers kurz nach der Machtübernahme liegt darin, daß hier vor dem höheren Offizierskorps der Reichswehr und der Reichsmarine das in ›Mein Kampf‹ entwickelte Expansionsprogramm wiederholt wird. Die einzige Lebensmöglichkeit für Deutschland sieht Hitler in der Siedlung. Die Möglichkeiten hierzu in Deutschland seien begrenzt, folglich bestehe die erste Aufgabe im Aufbau der Wehrmacht. Wozu soll diese gebraucht werden? Die Antwort lautet: »Vielleicht Erkämpfung neuer Exportmöglichkeiten, vielleicht – und wohl besser – Eroberung neuen Lebensraums im Osten und dessen rücksichtslose Germanisierung«[1]. Hitler ist also nicht erst durch die Erfolge seiner Außenpolitik zu seinem Expansions- und Kriegsprogramm verführt worden. Es läßt sich vielmehr mit aller Eindeutigkeit erkennen, daß eine klare, folgerichtige Linie von seinem 1924 entwickelten Eroberungsprogramm bis zum Zweiten Weltkrieg und damit zur Katastrophe Deutschlands hinführt. Freilich scheint man 1933 ebensowenig wie 1924 die Äußerungen Hitlers in Deutschland als die Bekundung eines entschlossenen Willens ernst genommen zu haben. Wie sich innenpolitisch die nationalsozialistische Machtergreifung und der Aufbau des Führerstaates unter der Maske der Legalität vollzog, so war auch die nationalsozialistische Außenpolitik begleitet von ständigen Beteuerungen des deutschen Friedenswillens[2], und es sah zunächst so aus, als beabsichtige Hitler, die friedliche Revisionspolitik der

Weimarer Zeit fortzusetzen. Die Tradition dieser Politik schien nicht zuletzt verbürgt zu sein durch den Beamtenapparat des Auswärtigen Amtes, der in seinem Bestand unangetastet blieb, und durch den Außenminister v. Neurath, der noch von Papen her im Amte war.

Allerdings gab es daneben Parteiinstanzen, die in außenpolitische Fragen hineinwirkten, wie das Außenpolitische Amt der NSDAP unter Rosenberg, die Auslandsorganisation der NSDAP und das halb private Amt Ribbentrop[3]. Ribbentrop war ein Außenseiter. Er gehörte weder zur alten Garde der Partei, noch besaß er diplomatische Schulung. Aber er hatte es verstanden, sich das Vertrauen Hitlers zu erwerben, und wurde dessen gefügiges Werkzeug, zunächst als Sonderbotschafter in mancherlei Missionen verwendet, dann als Botschafter in London von Ende 1936 bis Februar 1938 und von da an bis zum Ende als Außenminister.

Hitler betrachtete die Außenpolitik als seine ureigenste Domäne. Dem Auswärtigen Amt stand er mit ähnlich tiefem Mißtrauen gegenüber wie dem Offizierskorps. In zunehmendem Maße machte er sich im Laufe der Jahre unabhängig von dem, was ihm von seiten des Auswärtigen Amtes und der diplomatischen Vertreter Deutschlands im Ausland an politischer Erfahrung und auch an Warnungen entgegengehalten wurde. Ohne Hitlers letzte Ziele zu durchschauen, ließen sich die Mitglieder des Auswärtigen Amtes im allgemeinen jedoch von Hitler in die Pflicht nehmen und trugen durch ihr Ansehen und ihr Können wesentlich zur Konsolidierung seiner Herrschaft bei[4]. Allerdings arbeitete im Auswärtigen Amt eine kleine Gruppe unter Duldung und Förderung durch Staatssekretär v. Weizsäcker im Rahmen der gegebenen Möglichkeiten der offiziellen nationalsozialistischen Politik entgegen[5]. Schließlich gab es namentlich in den letzten Monaten vor dem Kriege eine Art eigener Außenpolitik Görings, insgesamt ein in Einzelheiten manchmal verworrenes und widerspruchsvolles Kräftespiel, in dem jedoch der Wille Hitlers den Ausschlag gab.

Hitler war ein Gegner der Politik der kollektiven Sicherheit und des Völkerbundes. Er erstrebte zweiseitige Abmachungen mit dem Ziel, Bündnispartner zu gewinnen. Aber zunächst führte er im Rahmen des Völkerbundes[6] und der im Februar 1932 eingesetzten, 1933 erneut tagenden Abrüstungskonferenz die Politik seiner Vorgänger fort. Deutschland hatte schon am 11. Dezember 1932 die grundsätzliche Zusicherung des Prinzips der Rüstungsgleichberechtigung erhalten. Nach Hitlers Machtergreifung verschlechterte sich die deutsche Verhandlungsposition. Nur Mussolini stand dem Machtwechsel in Deutschland nicht ablehnend gegenüber. Er rechnete damit, daß die Rückwirkung der deutschen Ereignisse auf Europa den Spielraum seiner eigenen Außenpolitik erweitern werde. Daher machte er sich zunächst wiederholt zum Anwalt deutscher Interessen, ohne sich jedoch eindeutig auf die Seite Deutschlands zu stellen. Frankreich reagierte sofort mit äußerstem Mißtrauen, stellte das Prinzip der Sicherung gegen Deutschland mit Nachdruck in den Vordergrund seiner Politik und lehnte die weitere Revision des Versailler Vertrages ab. England verhielt sich abwartend, bis sich von Ende März 1933 an als Folge der Nachricht über den innerdeutschen Terror und insbesondere den Judenboykott Parlament und öffentliche Meinung heftig gegen Deutschland wandten. Die englische Politik ging seitdem darauf aus, eine Mächtegruppierung gegen Hitler unter Einschluß Italiens zustande zu bringen – »to peace away the minor dictator« (Vansittart) – und Frankreichs Position gegenüber Deutschland zu stärken[7]. Um die Empörung des Auslands zu beschwichtigen und auch um das deutsche Volk hinter seine Außenpolitik zu bringen, erklärte Hitler vor dem Reichstag am 17. Mai 1933 unter Betonung seines Friedenswillens, daß die Reichsregierung unter der Voraussetzung der Gleichberechtigung mit jeder Rüstungsbeschränkung und mit einer Übergangsperiode von fünf Jahren für die Herstellung des Rüstungsausgleichs einverstanden sei. Der Reichstag stellte sich einschließlich der damals noch anwesenden Sozialdemokraten hinter diese Erklärung. Versuche, auf der Abrüstungskonferenz in Genf zu einem Abkommen zu gelangen, scheiterten am Widerstand Frankreichs, das von Zugeständnissen nichts wissen wollte und in seiner Ablehnung der sofortigen Rüstungsgleichberechtigung für Deutschland die Unterstützung Englands fand. Als England und Frankreich im Oktober 1933 einen entsprechend abgefaßten Entwurf vorlegten, benutzte Hitler dieses als willkommenen Vorwand, unter Betonung des guten Willens Deutschlands am 14. Oktober 1933 aus der Abrüstungskonferenz und aus dem Völkerbund auszuscheiden, um nunmehr freie Bahn zu gewinnen für die vom Augenblick der Machtübernahme an mit aller Energie betriebene Aufrüstung[8]. Hitler erklärte später, es sei ihm nur »unter der fortgesetzten Betonung des deutschen Friedenswillens und der Friedensabsichten« möglich gewesen, dem deutschen Volk »die Rüstung zu geben, die immer wieder für den nächsten Schritt als Voraussetzung nötig war«[9]. Über die von Deutschland in den Abrüstungsverhandlungen zu befolgende Politik waren sich Hitler, das Auswärtige Amt mit wenigen Ausnahmen und die Wehrmachtsspitze einig. Alle waren von der Notwendigkeit der deutschen Wiederaufrüstung und der Entschlossenheit Frankreichs, diese zu verhindern, überzeugt. Der Austritt aus der Abrüstungskonferenz und dem Völkerbund wurde Hitler von Blomberg und Neurath nahegelegt, während Nadolny, der deutsche Delegierte zur Abrüstungskonferenz, aus Sorge vor einer Zuspitzung der Lage riet, den Verhandlungsweg weiterzuverfolgen. Die Wehrmacht wollte jede Möglichkeit zur Aufrüstung nutzen, damit ein möglichst hoher Stand erreicht sein würde, falls es doch noch zu internationalen Abkommen über Rüstungsbeschränkungen kommen sollte.

In die Linie der Verständigungstaktik gehörte auch die Bereitschaft Deutschlands zum Eintritt in einen seit 1931/32 von Mussolini betriebenen Viermächtepakt zwischen England, Frankreich, Deutschland und Italien, dem unter Ausschluß der kleineren Staaten die gemeinsame Behandlung der großen politischen Probleme zugedacht sein sollte. Frankreich jedoch, das zu keinen Zugeständnissen an Deutschland bereit war, machte geltend, daß die im Völkerbundpakt Art. 19 vorgesehene Revisionsmöglichkeit des Versailler Vertrags jeweils die Zustimmung auch der betroffenen kleineren Staaten voraussetze. Es wurde zur Geltendmachung dieses Rechtsvorbehaltes auch von seinen osteuropäischen Verbündeten gedrängt und fand die weitgehende Unterstützung Englands. Der Viererpakt, am 7. Juni 1933 in Rom paraphiert und am 15. Juli unterzeichnet, wurde wegen des Austritts Deutschlands aus dem Völkerbund nicht ratifiziert und trat niemals in Kraft[10]. Die Erfolge, die die Revisionspolitik in der Weimarer Zeit errungen hatte, schienen sich nicht fortsetzen zu wollen. Deutschland geriet im Westen zusehends in eine außenpolitische Isolierung.

Im Osten entsprach es der in ›Mein Kampf‹ entwickelten Konzeption, wenn Hitler die an Rapallo orientierte bisherige deutsche Rußlandpolitik preisgab, obwohl er die unter Brüning vollzogene, aber danach dem Reichstag nicht vorgelegte Verlängerung des Berliner Vertrags aus dem Jahre 1926 zunächst aufgrund des Ermächtigungsgesetzes am 5. Mai 1933 ratifizierte. Zu den Grundkonstellationen der Weimarer Revisionspolitik hatte es gehört, daß Polen unter russisch-deutschem Doppeldruck gehalten wurde. Seit Beginn der Staatskrise unter Brüning rechneten die deutschen Militärs mit der Möglichkeit eines polnischen Angriffs[11]. Wenn nun Hitler am 26. Januar 1934 mit Polen einen Nichtangriffs- und Freundschaftspakt schloß, dann kündigte sich hier eine neue Linie der Ostpolitik an[12]. In der Bereitschaft zur Aussöhnung mit dem unmittelbaren östlichen Nachbarn, gegen den in erster Linie die territorialen Revisionsforderungen der Weimarer Politik gerichtet gewesen waren, schien Hitler hinter die nationalpolitischen Ziele dieser Revisionspolitik zurückzufallen. In der gleichen Zeit wurde die französische Osteuropapolitik aktiv. Die »Kleine Entente« der osteuropäischen Bundesgenossen Frankreichs schuf sich das Organ eines ständigen Rates. Neben ihr und mit ihr verklammert entstand im Februar 1934 auf Betreiben Frankreichs eine Balkanentente mit Griechenland, Jugoslawien, Rumänien und der Türkei[13]. Estland, Lettland und Litauen schlossen im September 1934 eine Baltische Entente[14]. Österreich schließlich, dessen Gewinnung zu den Grundzielen Hitlers gehörte, suchte bei England, Frankreich und Italien Rückhalt für seine staatliche Selbständigkeit. Nach einem mißglückten Putsch der österreichischen Nationalsozialisten im Juli 1934, dessen Opfer der Bundeskanzler Dollfuß wurde[15], ließ Mussolini gegen einen möglichen deutschen Zugriff Truppen am Brenner aufmarschieren. Mussolini war schon in den mit Österreich und Ungarn vereinbarten Römischen Protokollen vom 17. März 1934 den nächsten und unmittelbarsten Interessen Deutschlands im Südostraum entgegengetreten[16]. Auch das Werben Hitlers, der kurz vor dem österreichischen Putsch im Juni 1934 nach Venedig geeilt war und sich um Mussolinis Freundschaft bemühte, hatte wohl zu einer zeitweiligen Besserung des Verhältnisses, aber nicht zu einer Änderung der Grundlinie der italienischen Außenpolitik geführt. Die Isolierung Deutschlands vertiefte sich, als die Sowjetunion, die sich zur Sicherung gegen Deutschland nach dem Abschluß des deutsch-polnischen Vertrages dem Westen zuwandte, am 18. September 1934 dem Völkerbund beitrat. Den Schlußstein in dieser abermaligen »Einkreisung« Deutschlands als dem Ergebnis der beiden ersten Jahre von Hitlers Außenpolitik bildeten die Beistandspakte, die die Sowjetunion am 2. Mai 1935 mit Frankreich und am 16. Mai 1935 mit der Tschechoslowakei abschloß[17]. Hierbei war in das Abkommen mit der Tschechoslowakei allerdings der später so entscheidend wichtige Vorbehalt aufgenommen worden, daß der casus foederis im Falle eines deutschen Angriffs nur gelten sollte, wenn auch Frankreich seiner Beistandspflicht nachkommen würde. Dieser Neuorientierung der sowjetischen Außenpolitik entsprach eine Revision der bisherigen gegen Sozialdemokraten und Bürgerliche gerichteten Konfrontationstaktik der Kommunistischen Internationale. Auf deren 7. Kongreß 1935 wurde die »Volksfront-Taktik« beschlossen, die in den westlichen Staaten die innenpolitische Zusammenarbeit mit den demokratisch-sozialistischen und liberalen Parteien suchte[17a].

Einen außenpolitischen Prestigegewinn für das nationalsozialistische Deutschland stellte die Rückgewinnung des Saargebietes dar. Am 13. Januar 1935 fand hier die im Versailler Vertrag vorgesehene Abstimmung statt. 91 Prozent der Saarbevölkerung bekannten sich zu Deutschland[18]. In der nationalen Hochstimmung, die die Rückgewinnung des Saargebietes auslöste, proklamierte Hitler offen die Aufrüstung. Am 16. März wurde die allgemeine Wehrpflicht verkündet. Es gewann zunächst den Anschein, als werde hierdurch Deutschland um so tiefer in die selbstgewählte Isolierung hineingeführt. England, Frankreich und Italien verpflichteten sich im Stresa-Abkommen vom 14. April 1935[19], allen weiteren einseitigen Schritten Deutschlands gemeinsam entgegenzutreten. Auch der Völkerbund protestierte gegen die Aufkündigung der Entwaffnungsbestimmungen des Versailler Vertrages durch Deutschland. Aber hinter diesen Protesten und Entschlüssen verbarg sich in Wirklichkeit nur die Unentschlossenheit, Hitler ernsthaft Halt zu gebieten. Ein Vierteljahr nach der Verkündigung der Wehrpflicht schloß die britische Regierung mit Deutschland am 18. Juni 1935 ein Abkommen über die gegenseitigen Flottenstärken[20]. Das Verhältnis wurde auf 100 zu 35 festgelegt, in diesem Rahmen jedoch Gleichheit der U-Boot-Tonnage zugestanden. Damit war die deutsche Wiederbewaffnung trotz der kaum verklungenen Proteste von Stresa sanktioniert – ein erster großer außenpolitischer Erfolg Hitlers. Die britischen Staatsmänner hofften, durch dieses Abkommen, das von der Regierung MacDonald vorbereitet und unter seinem konservativen Nachfolger Baldwin durch Sir Samuel Hoare mit Ribbentrop als deutschem Sonderbeauftragten abgeschlossen wurde, zu verhindern, daß die deutsche Aufrüstung zu einem ähnlichen Wettrüsten zur See führen werde wie vor dem Ersten Weltkrieg.

In England setzte 1935 eine Reaktion gegen die intransigente

Deutschlandpolitik Frankreichs ein, die Hitler nur willkommene Vorwände zur Befreiung von allen internationalen Bindungen und zu eigenmächtigen Alleingängen geliefert habe. Bei der britischen Führung entstand die Überzeugung, daß es notwendig sei, Deutschland politisch entgegenzukommen. Das Flottenabkommen ist der erste Schritt der »appeasement«-Politik, die davon ausging, daß es vielleicht möglich sein werde, Hitler durch Zugeständnisse in Schranken zu halten und wieder in ein multilaterales System zur Sicherung des Friedens in Europa einbeziehen zu können[21]. Die Wirkung auf Hitler war jedoch entgegengesetzt. Er glaubte, durch den Verzicht auf Flottenrivalität und Kolonialpolitik gegenüber England den ersten Schritt zu einem zweiseitigen, von allen kollektiven Sicherheitspakten gelösten Bündnis mit England erreicht zu haben, um das er sich gemäß seiner in ›Mein Kampf‹ niedergelegten Konzeption seit 1933 als der Grundlage der erstrebten Ostexpansion bemühte[22]. Außerdem deutete er das englische Entgegenkommen als Schwäche und gewann die Überzeugung, daß sich durch seine Politik der vollendeten Tatsachen dem Zögern und der Unentschlossenheit der Mächte noch weitere Erfolge würden abgewinnen lassen. Er war sich bewußt, daß dies ein risikoreiches Spiel war. In jenem Vortrag vor den Wehrmachtsführern vom 3. Februar 1933 hieß es: »Gefährlichste Zeit ist die des Aufbaus der Wehrmacht. Da wird sich zeigen, ob Frankreich Staatsmänner hat; wenn ja, wird es uns nicht Zeit lassen, sondern über uns herfallen.« In ›Mein Kampf‹ findet sich eine für das Denken Hitlers charakteristische Äußerung über das Risiko des politisch-militärischen Handelns: Das Zögern des Generals v. Lossow im Jahre 1923, den Marsch auf Berlin zu wagen, weil es nicht sicher war, daß wenigstens 51 Prozent der Chancen für den Erfolg sprachen, schien ihm schwächlich. Hitler hat wie ein Spieler auch auf die geringen Chancen gesetzt, und er hat damit eine Zeitlang Glück gehabt. Gegen die Warnung seiner militärischen und politischen Ratgeber ließ er am 7. März 1936 einige Bataillone in das entmilitarisierte Rheinland einrücken[23]. Die militärische Führung begann nunmehr, entlang der deutschen Westgrenze Verteidigungsanlagen zu errichten. Deren seit 1938 forcierter Ausbau als »Westwall« diente als Rückendeckung für die deutschen Expansionsbestrebungen im Osten. Der Einmarsch deutscher Truppen ins Rheinland war ein Bruch des Locarno-Vertrages, der Frankreich und die Garantiemächte hätte auf den Plan rufen müssen. Hitler rechtfertigte den Schritt durch den Hinweis auf die kurz vorher erfolgte Ratifizierung des französisch-sowjetischen Bündnisvertrages, den er, obwohl es sich hierbei eindeutig um eine reine Defensivallianz im Rahmen der Völkerbundsbestimmungen handelte, fälschlicherweise seinerseits für einen Bruch der Locarno-Verpflichtungen erklärte. Wiederum begnügten sich die Westmächte mit bloßen Protesten. Im Sommer 1936 wurden in Berlin die Olympischen Spiele gefeiert. In dem großartig aufgezogenen internationalen Fest schienen für einen Augenblick die europäischen Spannungen vergessen zu sein[24]. Da verkündete Hitler am 24. August als Antwort auf die Wiedereinführung der zweijährigen Dienstzeit in Frankreich die Verlängerung des Dienstes von einem auf zwei Jahre auch für die Wehrmacht, und im September des gleichen Jahres legte er das Programm für den Vierjahresplan fest mit dem ausgesprochenen Ziel, den Krieg wirtschaftlich vorzubereiten[25].

Jetzt gelang es Hitler auch, politische Entwicklungen außerhalb Deutschlands zu benutzen, um aus der politischen Isolierung auszubrechen. Im Jahre 1932 hatte Japan die Mandschurei als Kaiserreich proklamiert und bereitete sich von dieser Basis her zum Angriff gegen China vor. Es war schon einige Monate früher als Deutschland aus dem Völkerbund ausgetreten. Am 25. November 1936 schlossen die beiden Mächte den Antikominternpakt[26]. Er sah vor, gemeinsame Maßnahmen gegen die Propagandatätigkeit der kommunistischen Internationale zu vereinbaren. In einem Geheimabkommen wurde festgelegt, daß keiner der beiden Partner ohne gegenseitige Zustimmung einen Vertrag mit der Sowjetunion schließen werde, der im Widerspruch zum Geist dieses Abkommens stünde. Tatsächlich war Japan durch seine Ostasienpolitik in eine akute Konfliktsituation mit der Sowjetunion geraten. Ribbentrop, der damals in der Eigenschaft als Sonderbotschafter den vom Auswärtigen Amt abgelehnten Antikominternpakt unterzeichnete, hat ihm auch noch eine andere Deutung gegeben: der Antikominternpakt war kein Bündnis, aber er war ein erster Schritt dazu, und Ribbentrop sah in der Verbindung mit der japanischen Seemacht ein Gegengewicht gegen England, dessen Neutralität Deutschland für den Fall eines in Osteuropa ausbrechenden Krieges nicht sicher sein konnte[27].

Eine neue Wendung erhielt die Entwicklung der europäischen Verhältnisse dadurch, daß es Hitler gelang, Italien von der Stresa-Front auf seine Seite zu ziehen. Den Anfang dieser

Umgruppierung bildete der Abessinienkonflikt, der die diplomatische Konstellation in Europa gründlich veränderte. Mussolini erstrebte seit den 20er Jahren die Eroberung Abessiniens und zeigte seit Anfang 1935 seine Entschlossenheit, anzugreifen. Deutschland belieferte insgeheim Abessinien mit Waffen, da es am Ausbruch des Krieges zur Verbesserung seiner eigenen außenpolitischen Situation interessiert war: Wenn Italien sich in Afrika engagierte, waren deutsche Fortschritte in der Frage des Anschlusses Österreichs möglich; weiter ergab sich die Chance, daß die Stresa-Front zerbrechen würde. Öffentlich trat Hitler nach Ausbruch des Krieges Ende 1935 an die Seite Italiens, gegen das der Völkerbund wirtschaftliche Sanktionen verhängte, während ihm Deutschland Kohle lieferte. Jedoch waren die deutschen Lieferungen an Italien nicht die einzige Durchbrechung der Völkerbundssanktionen, die nur halbherzig beschlossen und durchgeführt wurden. Auch Frankreich umging sie; es wollte Italien nicht in die Arme Hitlers treiben. England verzichtete aus dem gleichen Grund auf die Sperrung des Suez-Kanals und ein Ölembargo, das Italien empfindlich getroffen hätte. Die wenn auch noch zögernde Zusammenarbeit Hitlers und Mussolinis zu Beginn des Abessinienkonflikts und die gleichzeitige Entfremdung zwischen Italien und dem Völkerbund schufen die Voraussetzung für engere Beziehungen zwischen den Diktatoren[28].

Der nächste Schritt erfolgte im Spanischen Bürgerkrieg. Die am 18. Juli 1936 gegen die Volksfrontregierung von Republikanern, Sozialisten und Kommunisten rebellierenden Militärs unter der Führung Francos fanden Hilfe bei Italien und Deutschland, während die Republikaner von den Westmächten nur zögernd unterstützt wurden, aber den Zuzug vieler Freiwilliger aus dem Lager der internationalen kommunistischen Bewegung erhielten. Die neue deutsche Wehrmacht erlebte hier ihren ersten praktischen Einsatz. Marine-, Luftwaffen- und Heereseinheiten kämpften auf der Seite Francos und der italienischen Interventionstruppen[29]. Am 1. November 1936 sprach Mussolini von der »Achse Berlin–Rom«. Im September 1937 wurde bei einem Staatsbesuch Mussolinis in Berlin die deutsch-italienische Freundschaft gefeiert. Am 6. November 1937 trat Italien dem Antikominternpakt bei. Diesem Pakt schlossen sich ferner am 24. Februar 1939 Mandschukuo und Ungarn, am 27. März 1939 Spanien an.

Die Ausgangspositionen für eine aktive deutsche Ostpolitik

waren gewonnen. Am 5. November 1937 entwickelte Hitler vor dem Reichskriegsminister, den Oberbefehlshabern der drei Wehrmachtsteile, v. Fritsch, Raeder und Göring, und dem Außenminister v. Neurath in Gegenwart seines Wehrmachtsadjutanten Oberst Hoßbach sein Programm[30]. Er ging wieder von dem Gedanken aus, daß »die deutsche Zukunft ... ausschließlich durch die Lösung der Raumnot bedingt« sei. Das eigentliche Ziel der deutschen Außenpolitik sah er daher nicht in der Entwicklung des Außenhandels oder im Erwerb von Kolonien, sondern in der Gewinnung von Siedlungsraum und Rohstoffgebieten »in unmittelbarem Anschluß an das Reich in Europa«. Da »jede Raumerweiterung nur durch Brechen von Widerstand und unter Risiko vor sich gehen könne«, erklärte er seinen »Entschluß zur Anwendung von Gewalt unter Risiko«. Nach dieser Grundentscheidung blieb die Frage des Wann und Wo. Als spätesten Termin für den deutschen Angriff im Osten nannte er die Jahre 1943/45, weil nur bis dahin Deutschland einen genügenden Rüstungsvorsprung besäße. Er rechnete auch damit, daß vielleicht Frankreich durch innenpolitische Spannungen gelähmt und England und Frankreich durch Verwicklung in einen Mittelmeerkrieg mit Italien gebunden sein könnten. Mit dieser letzten Möglichkeit beschäftigte er sich eingehend. Deutschland, so erklärte er, sei nicht an einem hundertprozentigen Siege Francos, vielmehr »an einer Fortdauer des Krieges und der Erhaltung der Spannungen im Mittelmeer interessiert«. Deshalb sollte die deutsche Interventionshilfe zugunsten Francos vermindert werden. Die Fortdauer des Spanischen Bürgerkrieges werde es den Italienern ermöglichen, weiterhin auf den Balearen zu bleiben. Dies aber sei weder für Frankreich noch für England tragbar und könne zum Kriege führen. Wenn derart auf irgendeine Weise damit zu rechnen sei, daß Frankreich und England Deutschland kein Hindernis in den Weg legen könnten, müsse »blitzartig schnell« gehandelt werden. Als erstes Ziel hierfür forderte er »zur Verbesserung unserer militärpolitischen Lage« die Niederwerfung Österreichs und der Tschechoslowakei. Die Idee Großdeutschlands in dem Sinn einer Vollendung des Nationalstaats, überhaupt das Schicksal der Deutschen in Österreich und den Sudetenländern spielte in den im Hoßbach-Protokoll niedergelegten Erwägungen Hitlers keine Rolle. Er rechnete in Divisionen. »Auf eine Million Einwohner eine neue Division«, das gebe die Möglichkeit, zwölf neue Divisionen aufzustellen. Der Bevölkerung wurde ferner zugedacht, »daß eine zwangsweise Emigration aus der Tschechei von zwei, aus Österreich von einer Million Menschen zur Durchführung gelange«. Blomberg und Fritsch hatten Bedenken. Sie wiesen auf das Risiko hin, das in einem solchen Krieg beschlossen liege. Sie rechneten für den Fall eines deutschen Angriffs auf die Tschechoslowakei mit dem Eingreifen der Westmächte. Während der Westwall noch lange nicht beendet sei, hätten die tschechischen Befestigungen den Wert einer Maginot-Linie. Deutschland dürfe unter keinen Umständen die Feindschaft Frankreichs oder Englands auf sich ziehen.

So blieb das entscheidende außenpolitische Problem die Frage, wie sich die Westmächte, d.h. aber vor allem England, verhalten würden. Und innenpolitisch stellte sich für Hitler nun die Aufgabe, die Bedenken und den Widerspruch der Armeeführung zum Schweigen zu bringen.

Was hat Hitler nun eigentlich gewollt? Rückblickend auf diesen ersten Abschnitt seiner Außenpolitik erheben sich zwei Fragen. Die erste ergibt sich aus dem Befund, daß seine Äußerungen über die Ziele seiner Politik so fundamental gegensätzlich sind. Seinen wiederholten und leidenschaftlich vorgetragenen Beteuerungen der Friedensliebe, die nichts wolle als Ausgleich, Revision des bestehenden Unrechts und Gleichberechtigung für Deutschland, stehen jene anderen Äußerungen gegenüber, die sich von ›Mein Kampf‹ über die Ansprache an die Befehlshaber kurz nach der Machtergreifung und die Denkschrift zum Vierjahresplan 1936 zum Hoßbach-Protokoll hinziehen und geradewegs auf den 1939 entfesselten Krieg hinzielen. Das deutsche Volk hat seinen Reden geglaubt, aber auch die westlichen Mächte haben es bei allen Zweifeln für möglich gehalten, ihn beim Wort zu nehmen. Hitler ging es jedoch nicht um nationale Gleichberechtigung, sondern um Eroberung und Raumgewinn! Wie sind aber dann seine leidenschaftlichen Friedensreden zu verstehen? Sind sie nüchtern kalkulierte Veranstaltungen eines »Übermachiavellismus«? Oder waren sie subjektiv ehrlich in dem Zeitpunkt, in dem sie gesprochen wurden? Man wird in Hitler das erste Opfer seiner eigenen Demagogie sehen müssen, den Schauspieler, der mit seiner Rolle identisch ist in dem Augenblick, wo er sie spielt. Aber er blieb zugleich der Regisseur der politischen Bühnenschau. Wer war der wirkliche Hitler? Das psychologische Problem der Identität der Person sei hier ausgeklammert. In sich selbst geschlossen, mit sich selbst identisch ist, was er über die Schwankungen und Schaustellungen hinaus tatsächlich geplant, entschieden und getan hat, von seinem Kampfbuch bis zum Krieg gegen Rußland.

Die Zwiegesichtigkeit der Hitlerschen Außenpolitik könnte aber auch dazu führen, aus dem Nebeneinander eine zeitliche Abfolge zu entwickeln. So ließe sich etwa zwischen einer ersten friedlichen, auf berechtigte Revisionsforderungen abzielenden Phase der Außenpolitik und einer zweiten kriegerischen und ungerechten unterscheiden, und man hätte sich dann zu fragen, zu welchem Zeitpunkt der Umschlag erfolgt sei. War etwa die Rheinlandbesetzung der entscheidende Augenblick, wo das »Schicksal die Pferde wechselte«? Oder bezeichneten der Anschluß Österreichs und die Gewinnung des Sudetenlandes die Wendemarke, bis zu der hin die Hitlersche Außenpolitik einer nationalen »restitutio in integrum« diente, um dann die neue Richtung der Lebensraum- und Eroberungspolitik zu nehmen? Solche Einteilungen sind berechtigt als äußere Markierungen. Unser Einblick in die Planungen Hitlers läßt es jedoch nicht zu, irgendwo einen Bruch in seinen Motiven und Zielen festzulegen. Freilich hat der unerwartete Erfolg, den er mit der Methode des fait accompli der Rheinlandbesetzung und der Wiederherstellung der Wehrhoheit erzielte, ihn darin bestärkt, mit der Lethargie der Westmächte zu rechnen und mit größerem Einsatz und mit höherem Risiko zu spielen.

DW 397/386–444. – H.-A. JACOBSEN, Nat.soz. Außenpolitik 1933–1938 (1968), detaillierte Darstellung von Struktur, Zielen u. Ideologie der nat.soz. Außenpolitik, weniger der außenpolitischen Vorgänge selbst. Darstellung der diplomat. Verhandlungen bei G.L. WEINBERG, The Foreign Policy of Hitler's Germany. Diplomatic Revolution in Europe 1933–36 (London 1970); für die Jahre 1933–34 auch G. WOLLSTEIN, Vom Weimarer Revisionismus zu Hitler. Das Dt. Reich u. die Großmächte in der Anfangsphase der nat.soz. Herrschaft in Dtld. (1973). Zusammenfassende Übersicht: K. HILDEBRAND, Dt. Außenpolitik 1933–1945. Kalkül oder Dogma? ([2]1973). – Diplomat. Dokumente in den dt., engl., franz. u. ital. Aktenreihen (s. Allgem. Bibl. z. Dritt. Reich, unter Dokumente).

[1] Th. VOGELSANG (Hg.), Neue Dokumente zur Geschichte der Reichswehr 1930–33, VfZG 2 (1954), S. 435.

[2] Vgl. die Sammlung der ersten Reden HITLERS nach der Machtergreifung unter dem Titel: Das junge Dtld. will Arbeit u. Frieden (1933).

[3] Lit. zu Rosenberg u. Ribbentrop s. Kap. 2. Zum Gegensatz der Auffassungen des dogmatischen Antibolschewisten Rosenberg gegenüber Ribbentrop, der den Hitler-Stalin-Pakt aushandelte, vgl. SERAPHIMS Einleitung zum Tagebuch Rosenbergs. – Ausführliche Darstellung der verschiedenen, mit der Außenpolitik befaßten Instanzen bei JACOBSEN, Kap. 2.

[4] Zur Rolle des Ausw. Amtes u. seinem Anteil an der nat.soz. Außenpolitik der ersten Jahre vgl. WOLLSTEIN (s.o.), der die These vertritt, daß das

Ausw. Amt – wie auch die Spitzen der Wehrmacht – Hitlers Außenpolitik unterstützten, weil sie ihren eigenen Zielen einer möglichst weitgreifenden Revision des Versailler Vertrags entsprach. Dagegen stärker differenzierend u. mehr auf die Problematik, vor der das Ausw. Amt nach Hitlers Machtergreifung stand, eingehend P. KRÜGER/E. HAHN, Der Loyalitätskonflikt des Staatssekretärs Bernhard Wilhelm v. Bülow im Frühjahr 1933, VfZG 20 (1972); ferner auch die Schriften WEIZSÄCKERS (s. u. Anm. 5).

[5] E. v. WEIZSÄCKER, Erinnerungen (1950); E. KORDT, Nicht aus den Akten. Die Wilhelmstraße in Frieden u. Krieg. Erlebnisse, Begegnungen u. Eindrücke 1928–1945 (1950); ferner L. E. HILL (Hg.), Die Weizsäcker-Papiere 1933–1950 (o. J. [1974]); über die Wilhelmstraße Schriften von CRAIG u. SEABURY, S. 334. Hitler nannte das AA »eine Verschwörergesellschaft«, Rosenbergs Tagebuch, 15. 4. 1934, S. 18.

[6] F. P. WALTERS, A History of the League of Nations, Bd. 2 (London 1960), Kap. 44. Kritisch zur Rolle des VB mit dem Vorwurf zu großer Nachgiebigkeit gegenüber Dtld., It. u. Japan: J. BARROS, Betrayal from within. Joseph Avenol, Secretary-General of the League of Nations, 1933–1940 (London 1969).

[7] Zu Mussolini vgl. J. PETERSEN, Hitler – Mussolini. Die Entstehung der Achse Berlin-Rom 1933–1936 (1973); zu Frankreich G. CASTELLAN, Le réarmement clandestin du Reich (1930–35) vu par le 2° Bureau de État-Major Français (Paris 1954); J. M. d'HOOP, Frankreichs Reaktion auf Hitlers Außenpolitik 1933–1939, GWU 15 (1964); A. KIMMEL, Der Aufstieg des Nat.soz. im Spiegel der franz. Presse 1930–1933 (Diss. Bonn 1969). Zu England M. LÜTHI, Das brit. Parlament u. Hitlers Bruch mit dem Versailler System. Ein Beitrag zur parlamentarischen Diskussion über die dt. Wiederaufrüstung in den Jahren 1933–35 (Diss. Zürich 1972); R. KIESER, Englands Appeasementpolitik u. der Aufstieg des Dritten Reiches im Spiegel der brit. Presse 1933–1939 (Winterthur 1964); O. HAUSER, England u. das Dritte Reich, 1. Bd.: 1933 bis 1936 (1972); vgl. auch u. Anm. 21 u. 22.

[8] Christine FRASER, Der Austritt Dtlds. aus dem Völkerbund (Diss. Bonn 1969); G. MEINCK, Hitler u. die dt. Aufrüstung 1933–1937 (1959); W. BERNHARDT, Die dt. Aufrüstung 1934–1939. Milit. u. polit. Konzeptionen u. ihre Einschätzung durch die Alliierten (1969).

[9] W. TREUE (Hg.), Rede Hitlers vor der dt. Presse (10. 11. 1938), VfZG 6 (1958).

[10] K. H. JARAUSCH, The Four Power Pact 1933 (Madison 1965).

[11] An der These, daß Pilsudski 1933 versucht habe, Frankreich für eine gemeinsame milit. Aktion gegen Dtld. zu gewinnen, hält fest H. ROOS, Die »Präventivkriegspläne« Pilsudskis von 1933, VfZG 3 (1955) gegen B. ČELOVSKÝ, Pilsudskis Präventivkrieg gegen das nat.soz. Dtld., Welt als Gesch. 14 (1954) u. Z. J. GASIOROWSKI, Did Pilsudski attempt to initiate a preventive war in 1933?, Journ. Mod. Hist. 27 (1955); zusammenfassend WEINBERG, op. cit., S. 59ff., u. M. WOJCIECHOWSKI, Die poln.-dt. Beziehungen 1933–1938 (a. d. Poln. Leiden 1971), der – wie Korbel (s. Anm. 12) – die These vertritt, daß Pilsudski schon vor 1933 die Annäherung an Dtld. erstrebte u. seine bisher erfolglosen Bemühungen nach der Machtergreifung Hitlers sofort wieder aufnehmen wollte. Er habe, ohne einen Präventivkrieg ernsthaft führen zu wollen, mit einem solchen lediglich gedroht in der Absicht, Dtld. einzuschüchtern, den von ihm abgelehnten Viererpakt zu verhindern und nach der zu erwartenden Ablehnung eines Präventivkriegs durch Frankreich den Polen selbst die Notwendigkeit einer Verständigung mit Dtld. vor Augen zu führen.

[12] Ursachen u. Folgen 10, Nr. 2350; Z. J. GASIOROWSKI, The German-Polish Non-aggression Pact of 1934, in: Journ. of Centr. Europ. Aff. 15 (1955); H. ROOS, Polen u. Europa. Studien zur poln. Außenpolitik 1931–1939 ([2]1965); J. KORBEL, Poland Between East and West. Soviet and German Diplomacy toward Poland, 1919–1933 (Princeton 1963); WOJCIECHOWSKI, S. 70ff.; W. JEDRZEJEWICZ (Hg.), Diplomat in Berlin, 1933–1939. Papers and Memoirs of JÓZEF LIPSKI, Ambassador of Poland (New York 1968).

[13] Balkanpakt 2. 2. 1934 bei BRUNS, Bd. 1, Nr. 144; dort auch Statut der Balkanentente, 2. 11. 1934; G. REICHERT, Das Scheitern der Kleinen Entente. Internat. Beziehungen im Donauraum 1933–1938 (1971); R. KISZLING, Die milit. Vereinbarungen der Kleinen Entente 1929–1937 (1959).

[14] League of Nations Treaty Series, Bd. 154, S. 93ff.

[15] Lit. zu Österreich s. Kap. 17.

[16] Ursachen u. Folgen 10, Nr. 2400b; zum Verhältnis Hitler – Mussolini vgl. Elizabeth WISKEMANN, The Rome Berlin Axis (London 1949, überarb. Neuaufl. 1966), u. bes. J. PETERSEN, op. cit.

[17] BRUNS, Bd. 1, Dok. 167 u. 168. Zum dt.-sowj. Verhältnis nach 1933 vgl. K. NICLAUSS, Die Sowjetunion u. Hitlers Machtergreifung. Eine Studie über die dt.-russ. Beziehungen der Jahre 1929–1935 (1966); T. WEINGARTNER, Stalin u. der Aufstieg Hitlers. Die Dtld.politik der Sowjetunion u. der Kommunist. Internationale 1929–1934 (1970); W. E. SCOTT, Alliance against Hitler. The Origins of the Franco-Soviet Pact (Duke 1962).

[17a] J. WEGMÜLLER, Das Experiment d. Volksfront. Untersuchungen zur Taktik der Komm. Internationale d. J. 1934–1938 (1972).

[18] Maria ZENNER, Parteien u. Politik im Saargebiet unter dem Völkerbundsregime 1920–1935 (1966); F. JACOBY, Die nat.soz. Herrschaftsübernahme an der Saar: die innenpolit. Probleme der Rückgliederung des Saargebietes bis 1935 (1971).

[19] Ursachen u. Folgen 10, Nr. 2436.

[20] J. DÜLFFER, Weimar, Hitler u. die Marine. Reichspolitik u. Flottenbau 1920–1939 (1973); M. SALEWSKI, Die dt. Seekriegsleitung, Bd. 1 (1970); N. WIGGERSHAUS, Der dt.-engl. Flottenvertrag vom 18. Juni 1935 (Diss. Bonn 1972).

[21] Die engl. Appeasementpolitik, die lange als eine Politik des schwächlichen Nachgebens gewertet worden ist, erscheint in der neueren Forschung als Ausdruck der realen polit. Situation Englands, das sich einer milit. Auseinandersetzung mit Dtld. allein nicht gewachsen fühlte, auch den von Japan u. Italien drohenden Kriegsgefahren Rechnung zu tragen hatte u. seine Politik auf die der Dominien abstimmen mußte, die eine Verwicklung in die europäischen Angelegenheiten ablehnten. O. HAUSER (s.o. Anm. 7) zählt aufgrund der zugänglich gewordenen engl. Akten zu den Motiven der Appeasementpolitik neben Friedensliebe, Einfluß der Dominien und Kommunistenfurcht die Absicht, Hitler, »wenn er auf die engl. Angebote nicht einging, vor aller Welt moralisch ins Unrecht zu setzen«. – M. GILBERT/R. GOTT, The Appeasers (London 1963); M. GILBERT, The Roots of Appeasement (London 1966); B. J. WENDT, Economic Appeasement, Handel u. Finanz in der brit. Dtld.politik 1933–1939 (1971); F. R. GANNON, The British Press and Germany 1936–1939 (Oxford 1970). Zum Einfluß der Dominien vgl. D. C. WATT, Der Einfluß der Dominions auf die brit. Außenpolitik vor München 1938, VfZG 8 (1960). Auch Vansittart, Sprecher der deutschfeindlichen Richtung im Foreign Office, der seit 1933 vor den von Hitler drohenden Gefahren warnte, unterstützte 1935/36 die Appeasementpolitik. I. COLVIN, Vansittart in Office (Lon-

don 1965). Das gilt auch trotz aller Differenzen in der Beurteilung Dtlds. für die konservative Opposition gegen die engl. Regierung. Dazu N. THOMPSON, The Anti-Appeasers. Conservative Opposition to Appeasement in the 30s (London 1971).

[22] Zu Hitlers Englandpolitik: J. HENKE, England in Hitlers polit. Kalkül 1935–1939 (1973); D. AIGNER, Das Ringen um England. Das dt.-brit. Verhältnis. Die öff. Meinung 1933–1939 (1969); A. KUHN, Hitlers außenpolit. Programm. Entstehung u. Entwicklung 1919–1939 (1970). Zur Kolonialpolitik des Hitlerreiches K. HILDEBRAND, Vom Reich zum Weltreich. Hitler, NSDAP u. die koloniale Frage 1919–1945 (1969); zur Flottenpolitik Hitlers DÜLFFER u. SALEWSKI (s.o. Anm. 20). Zu der in der Forschung kontroversen Beurteilung der Rolle Englands in den außenpolit. Planungen Hitlers s. Kap. 1.

[23] M. BRAUBACH, Der Einmarsch dt. Truppen in die entmilitarisierte Zone am Rhein im März 1936. Ein Beitrag zur Vorgesch. des Zweiten Weltkrieges (1956); E. ROBERTSON, Zur Wiederbesetzung des Rheinlandes 1936, VfZG 10 (1962).

[24] A. KRÜGER, Die Olympischen Spiele 1936 u. die Weltmeinung (1972).

[25] Kap. 9, Anm. 13.

[26] RGBl. II 1937, Nr. 4; G. L. WEINBERG (Hg.), Das geheime Abkommen zum Antikominternpakt, VfZG 2 (1954); E. L. PRESSEISEN, Germany and Japan. A study in totalitarian diplomacy 1933–1941 (The Hague 1958); Th. SOMMER, Dtld. u. Japan zwischen den Mächten 1935–1940. Vom Antikominternpakt zum Dreimächtepakt (1962); B. MARTIN, Zur Vorgesch. des dt.-japan. Kriegsbündnisses, GWU 21 (1970); allg. Lit. zu Japan s. u. Allgem. Bibl. z. Dritt. Reich.

[27] Vgl. Ribbentrops Schlußbericht nach seiner Londoner Botschafterzeit, ADAP, Serie D, Bd. 1, Nr. 93, S. 136, Ziff. 5.

[28] J. PETERSEN, op. cit., u. M. FUNKE, Sanktionen u. Kanonen. Hitler, Mussolini u. der internat. Abessinienkonflikt (1970). Zum dt.-ital. Verhältnis nach 1936: F. W. DEAKIN, Die brutale Freundschaft. Hitler, Mussolini u. der Untergang des ital. Faschismus (1964); G. W. BAER, La guerra italo-etiopica e la crisi dell'equilibrio europeo (Bari 1970).

[29] M. MERKES, Die dt. Politik im span. Bürgerkrieg 1936–1939 (2. überarbeitete Aufl. 1969); H.-H. ABENDROTH, Hitler in der span. Arena. Die dt.-span. Beziehungen 1936–1939 (1973). – K. A. MAIER, Guernica 26. 4. 1937 (1975); A. VIÑAS, La Alemania nazi y el 18 de julio [1936] (Madrid 1974). – Zu den internat. Brigaden V. BROME, The International Brigades. Spain 1936–1939 (London 1965); A. KANTOROWICZ, Spanisches Kriegstagebuch (1966). – Weitere Lit. zum span. Bürgerkrieg s. Allgem. Bibl. z. Dritt. Reich, unter Spanien.

[30] Text F. HOSSBACH, Zwischen Wehrmacht u. Hitler (1949), S. 207ff. Zur Textfrage W. BUSSMANN, Zur Entstehung u. Überlieferung der »Hoßbach-Niederschrift«, VfZG 16 (1968). – H. GAKKENHOLZ, Reichskanzlei 5. Nov. 1937, in: Festschr. Hartung (1958).

Kapitel 16
Die Fritsch-Krise

Die Stellung des Heeres zum nationalsozialistischen Staat war zwiespältig. Auf der einen Seite gab die entschlossene Aufrüstungspolitik Hitlers den militärischen Fachleuten die Möglichkeit, sich nun frei auszuwirken. Aufrüstung, geistige Wehrhaftmachung, Stärkung der Staatsautorität und des nationalen Gedankens waren Ziele, in denen das Heer und der Nationalsozialismus übereinstimmten. Auf der anderen Seite bestand aber ein tiefer Gegensatz zwischen der Zucht der militärischen Haltung und der revolutionären Hemmungslosigkeit der Bewegung. Solange Hindenburg lebte, konnten die Offiziere in ihm einen Rückhalt ihrer traditionellen Denkweise sehen. Freilich zeigte schon der 30. Juni 1934, daß diese Rückverbindung keine Garantie dafür war, daß sich das Offizierskorps in einer moralischen Krisensituation seinem traditionellen Ehrenkodex entsprechend verhielt. Als Papen den Freiherrn v. Fritsch fragte, wie es möglich sei, daß sich das Offizierskorps die Ermordung der Generale Schleicher und Bredow gefallen lasse, antwortete Fritsch, er könne nur handeln, wenn er einen Befehl erhalte[1]. Durch die persönliche Vereidigung der Wehrmacht auf Hitler nach dem Tode Hindenburgs und durch den Erfolg, den er gegen die Warnung der Militärs mit der Rheinlandbesetzung gehabt hatte, waren die Stellung und das Prestige Hitlers in der Armee gewachsen. Blomberg und Fritsch akzeptierten den Nationalsozialismus als die Grundlage des öffentlichen Lebens in Deutschland. Die Angleichung des Heeres an das Regime wurde besonders von dem beflissenen Generalfeldmarschall v. Blomberg vorangetrieben (1933 Reichswehrminister, 1935 Reichskriegsminister und »Oberbefehlshaber der Wehrmacht«; unter ihm die Oberbefehlshaber der drei Wehrmachtteile: Generaloberst Frh. v. Fritsch, Heer; Generaladmiral Raeder, Kriegsmarine; Generaloberst Göring, Luftwaffe). Er wollte auf diese Weise der Wehrmacht einen herausragenden Platz im Reich Hitlers sichern. Fritsch hingegen wurde durch die Ereignisse des 30. Juni 1934, den Kirchenkampf, fortgesetzte Reibereien mit der SS sowie kritische Berichte von Offizieren wie Halder zur Distanzierung, wenn nicht von Hitler, so doch von der nationalsozialistischen Bewegung veranlaßt. Ihm ging es darum, die Unabhängigkeit und Integrität des Heeres zu wahren, in das als Folge der allgemeinen Wehrpflicht in verstärktem

Maße von unten her Nationalsozialisten eindrangen. Spannungen zwischen der Spitze des Heeres und Hitler ergaben sich aus der Außenpolitik. Die Generale waren überzeugt, daß es unmöglich sein werde, einen lokalen militärischen Konflikt begrenzt zu halten, daß aber ein allgemeiner Krieg gegen die Großmächte über die Kräfte Deutschlands ginge. Deshalb warnten sie vor außenpolitischen Schritten, die mit dem Risiko eines Krieges verbunden waren. Wenn in der Sitzung vom 5. November 1937 Blomberg und Fritsch ihre Bedenken äußerten, dann taten sie es nicht durch die Erklärung eines grundsätzlichen Protestes gegen die Ziele Hitlers, sondern als militärische Fachleute, die auf die Schwierigkeiten der Durchführung hinwiesen. Was die Ziele anlangte, so dachten die führenden Militärs bei der Wiederaufrüstung an nationale Revisionspolitik und nicht an ausgreifende Eroberung. Zu den allgemein »divergierenden Tendenzen der bewaffneten Macht und der herrschenden Partei«[2] kamen also militärische Bedenken der führenden Offiziere gegen die Pläne Hitlers und eine unausgesprochene Verschiedenheit der außenpolitischen Vorstellungen hinzu. Kurze Zeit nach der Äußerung ihrer Bedenken wurden Blomberg und Fritsch aus ihren Ämtern entfernt. Dies geschah auf eine Weise, die nun nicht allein die Fragen des Rüstungsziels und des militärischen Führungsproblems berührte, sondern für die moralische Existenz des Offizierskorps eine noch größere Herausforderung bedeutete, als es die Ermordung Schleichers und Bredows gewesen war.

Es begann mit dem Heiratsskandal um Blomberg. Am 12. Januar 1938 nahmen Hitler und Göring als Trauzeugen an der Hochzeit teil. Blombergs Frau stammte aus sehr einfachen Verhältnissen, die, am traditionellen Gesellschaftskodex des Offizierskorps gemessen, als nicht standesgemäß galten. Kurz nach der Heirat kam aus den Akten der Polizei Material über das Vorleben der Frau Blombergs zutage, das diesen am 27. Januar veranlaßte, seinen Abschied zu nehmen. Bei der Ausschlachtung des »Falles Blomberg« spielte Göring eine zentrale Rolle in der Absicht, dessen Nachfolge anzutreten. Um Fritsch als Konkurrenten um das Amt des Oberbefehlshabers der Wehrmacht auszuschalten, unterbreitete er Hitler gleichzeitig eine Akte über den Generaloberst, die diesen mit dem Vorwurf der Homosexualität belastete. Hitler hatte schon in den ersten Beratungen über die Nachfolge Blombergs beschlossen, selbst das Oberkommando der Wehrmacht zu übernehmen. Er griff die

Anklage gegen Fritsch bereitwillig auf, um den ihm unbequemen General zu entfernen. Es kam zu der unglaublichen Szene, daß in Gegenwart des Staatsoberhauptes der Oberbefehlshaber des Heeres einem mehrfach bestraften Zuchthäusler als Belastungszeugen gegenübergestellt wurde und daß Hitler diesem Zuchthäusler gegen die ehrenwörtliche Unschuldsbeteuerung des hohen Offiziers Glauben schenkte. Hitler hatte zunächst den Plan, ein Sondergericht der Gestapo mit dem Fall zu beauftragen. Als sich herausstellte, daß dieser Verstoß gegen alle militärischen Gepflogenheiten große Empörung beim Heer auslöste, wurde ein Ehrengericht unter dem Vorsitz Görings gebildet. Aber daneben betrieb die Gestapo, das Instrument Himmlers, der die Hand im Spiel behalten wollte, eine eigene Untersuchung. Ohne das Ergebnis des ehrengerichtlichen Verfahrens abzuwarten, wurde Fritsch am 4. Februar entlassen, der Intrigant Göring zum Generalfeldmarschall ernannt. Die gerichtliche Untersuchung führte zu dem der SS und Göring bereits vorher bekannten Ergebnis, daß die Aussagen des Belastungszeugen erlogen waren und daß in den Akten eine Verwechslung vorlag zwischen einem Rittmeister a. D. v. Frisch und dem Generaloberst v. Fritsch. Der Forderung des Grafen v. d. Goltz, des Verteidigers des Freiherrn v. Fritsch, Himmler und Heydrich zu vernehmen, wurde nicht stattgegeben. Statt dessen schrieb Hitler an Fritsch einen weinerlich verlogenen Brief. Er beglückwünschte ihn zur Feststellung seiner Unschuld, ohne mit einem Wort die selbstverständliche Konsequenz anzudeuten, die sich hieraus hätte ergeben müssen, nämlich die Rehabilitierung. In seiner Antwort verlangte Fritsch die Wiederherstellung seiner Ehre gegenüber der Armee und dem Volk und eine Untersuchung des Verhaltens derjenigen, »denen von Amts wegen die Behandlung meines Falles sowie die rechtzeitige und vollständige Unterrichtung Ihrer Person und des Generalfeldmarschalls Göring oblag«[3]. Aber nichts geschah, um die verwischten Spuren aufzudecken. Erst am 13. Juni 1938 hat Hitler zur Beruhigung der Armee in einer Rede vor den Generalen eine Ehrenerklärung für Fritsch abgegeben. Mit tränenerstickter Stimme erklärte er, einem schändlichen Betrug zum Opfer gefallen zu sein. Leider aber »ließen selbstverständliche Gründe der Staatsraison nicht zu, diese erschütternden Zusammenhänge vor aller Welt aufzudecken«[4]. Er appellierte an die Generale, die Fahne nicht im Stich zu lassen, und gab das Versprechen, dem Generalobersten volle Genugtuung zu verschaffen. Was tat er darauf? Er ernannte Fritsch zum Chef eines Artillerieregiments – nach dem, was vorgefallen war, eine Zumutung eher als eine Rehabilitierung. Fritsch hat sie als solche empfunden[5], hat sie aber dennoch angenommen. Was tat das Offizierskorps? Es sammelte eine Spende für ein »Haus Treue«, das dem Generaloberst zur Verfügung gestellt werden sollte. Es wurde auch das Verlangen laut, Hitler möge Fritsch zum Generalfeldmarschall ernennen und eine öffentliche Ehrenrettung im Reichstag vollziehen. Der neue Oberbefehlshaber des Heeres, Generaloberst v. Brauchitsch, stellte seinem Vorgänger auf einem Truppenübungsplatz ein Gutshaus zur Verfügung und beließ ihm Ordonnanzoffiziere und Pferde. Alles dies war kümmerlich und beschämend. Warum, so wird man sich fragen müssen, zeigte die deutsche Generalität nicht so viel Korpsgeist, daß sie unter Androhung ihres Rücktritts die einzig mögliche Rehabilitierung des von ihnen allen hochverehrten Freiherrn v. Fritsch, nämlich die Wiedereinsetzung in sein Amt, von Hitler erzwang? Wodurch war das Offizierskorps gelähmt? Man wird hier hinweisen müssen auf den Präzedenzfall des Versagens bei der Ermordung Schleichers und Bredows, auf die persönliche Bindung an Hitler im Wehrmachtseid vom August 1934, auf dessen neuen großen außenpolitischen Erfolg, den er inzwischen mit Hilfe der Wehrmacht errungen hatte, den Anschluß Österreichs. Man wird auch bedenken müssen, daß die nationalsozialistischen Überzeugungen in die Wehrmacht selber, vor allem in das jüngere Offizierskorps eingedrungen waren, daß Fritsch und Brauchitsch die Generalität über die Entwicklung des Falles nur mangelhaft unterrichtet hielten. Schließlich wird man das Ungewöhnliche der Situation bedenken müssen, daß sich hier das Staatsoberhaupt zum Komplizen einer infamen Ehrabschneidung gemacht hatte. Es bleibt dennoch unbegreiflich, daß sich Brauchitsch bereit fand, die Nachfolge zu übernehmen ohne Vorbehalt für eine Rehabilitierung Fritschs. Aber auch das Verhalten Fritschs selber, der nichts tat, um mit Nachdruck das Führerkorps der Reichswehr zu informieren, der nicht wollte, daß man seinetwegen eine Aktion unternehme, der im Gegenteil den Offizieren den Rat gab, zu bleiben, und der selbst die Scheinrehabilitierung annahm, wurde nicht der Situation gerecht, in der seine persönliche Sache in eins fiel mit der Sache, für die er stand und in der es darum kein vornehmes Zurückstellen der Person hinter die Sache geben durfte. Er hat später bedauert, nicht gehandelt zu haben, und im Polenfeldzug den

Tod gesucht. Es bleibt das Fazit, wie es Hermann Foertsch aus seiner detaillierten Analyse der Fritsch-Krise zieht: »Zielbewußt und mit den übelsten Mitteln wurde hier einer Gemeinschaft das moralische Rückgrat gebrochen, und niemand stand auf, um den Schmerz dieser tödlichen Verletzung in die Welt zu schreien. Solch Urteil ist hart. Es klar auszusprechen kann nur all denen zum Nutzen gereichen, die einst den schwersten Schaden erlitten.«[6]

Die Folge der Fritsch-Krise war der Zugriff Hitlers auf die Führung der Wehrmacht und ihre verstärkte innere Gleichschaltung. Ermöglicht wurde sie ihm durch die Blindheit oder Beflissenheit einer Reihe höherer Offiziere und durch den Eindruck seiner außenpolitischen Erfolge auf die Wehrmacht insgesamt. Dennoch blieb das Mißtrauen Hitlers gegen das Offizierskorps zu Recht wach. Denn es begann sich anläßlich des Prozesses gegen Fritsch von einzelnen ausgehend eine Opposition zu bilden, die schließlich zum Widerstand wurde[7].

Für den Führungsmechanismus der Wehrmacht war die Folge, daß es nun eine Führung im Sinne eines Austauschs verantwortlicher Meinungen als Vorbereitung der Entschlußbildung nicht mehr gab, denn die Stelle des Oberbefehlshabers der Wehrmacht wurde nicht neu besetzt. Hitler übernahm unmittelbar die Befehlsgewalt. Als sein Befehlsinstrument wurde das Oberkommando der Wehrmacht gebildet unter Keitel, der aber nicht über die Funktion eines abhängigen Behördenchefs hinausgelangte. Das dem Oberkommando zugeordnete Wehrmachtsführungsamt unter Jodl hat niemals die Bedeutung eines Wehrmachtsgeneralstabs erlangt. Der Mangel an Koordinierung der drei Wehrmachtsteile wirkte sich später im Kriege spürbar aus. Das Oberkommando der Wehrmacht wurde praktisch zu einer konkurrierenden Instanz für das Oberkommando des Heeres und den Generalstab. Marine und Luftwaffe lehnten es ab, sich von Keitel oder Jodl Anweisungen geben zu lassen. So wurden auch in den inneren Führungsmechanismus der Wehrmacht die den Führerstaat charakterisierenden Kompetenzkonflikte hineingetragen – ganz zu schweigen davon, daß im Kriege die SS schließlich mit 38 Divisionen als ein Konkurrenzheer mit allen Waffengattungen dastand, daß die als Infanterie eingesetzten Fallschirmjägerdivisionen bis zuletzt Göring unterstellt blieben und daß auch die 22 sogenannten Luftwaffenfelddivisionen, die man im Laufe des Krieges aus der personell überbesetzten Luftwaffe herauskämmte, höchstens taktisch den örtlichen Truppenführern des Heeres unterstellt wurden. Nimmt man hinzu, daß während des Krieges im Osten die Befehlsgewalt der Armeeoberkommandos praktisch auf eine 10 Kilometer tiefe Zone hinter der Front beschränkt wurde und in den Bereichen hinter der Front SS, Sicherheitsdienst und die Organisation Todt als von den Heeresbefehlsstellen unabhängige Instanzen auftraten, so wird die mit der Fritsch-Krise einsetzende Verwirrung der Kompetenzen im Sinne des Führerprinzips noch deutlicher sichtbar.

Gleichzeitig mit der Umorganisation der Wehrmachtsführung trat auch ein Wechsel in der Leitung des Auswärtigen Amtes ein. Ribbentrop wurde am 5. Februar 1938 als Nachfolger Neuraths zum Außenminister ernannt. Bei der Rückkehr von seinem Botschafterposten in England, den er bis dahin bekleidet hatte, brachte er eine Beurteilung der englischen Politik mit, die eines der bestimmenden konstanten Elemente in der Außenpolitik Hitlers bis zum Kriegsausbruch wurde.

DW 397/123 u. 591. – Zur Wehrmacht nach 1933: K.-J. MÜLLER, Das Heer u. Hitler. Armee u. nat.soz. Regime 1933–1940 (1969); M. MESSERSCHMIDT, Die Wehrmacht im NS-Staat. Zeit der Indoktrination (1969), untersucht den Prozeß der Nazifizierung der Armee. Zur inneren Organisation: R. ABSOLON, Die Wehrmacht im Dritten Reich. Aufbau, Gliederung, Recht, Verwaltung (geplant 6 Bde., davon bisher Bde. 1–3, 1969 bis 1973); B. MÜLLER-HILLEBRAND, Das Heer 1933–1945. Entwicklung u. organisatorischer Aufbau (3 Bde., 1954–1969). Zur Wiederaufrüstung G. MEINCK, Hitler u. die dt. Aufrüstung 1933–1937 (1959); W. BERNHARDT, Die dt. Aufrüstung 1934 bis 1939. Militär. u. polit. Konzeption (1969). – Nach der ersten Darstellung der Fritsch-Krise von J. A. Gf. KIELMANSEGG, Der Fritsch-Prozeß 1938 (1949), umfassende Untersuchung von H. FOERTSCH, Schuld u. Verhängnis. Die Fritsch-Krise im Frühjahr 1938 als Wendepunkt der Gesch. der nat.soz. Zeit (1951), u. neuerdings H. C. DEUTSCH, Das Komplott oder Die Entmachtung der Generale (a. d. Amerik. 1974). Zusammenhang zwischen der Entfernung von Fritsch u. Blomberg mit deren am 5. November 1937 vorgetragenen Bedenken gegen Hitlers Kriegspläne bestreitet GAKKENHOLZ, s. o. Kap. 15, Anm. 30; kritisch hierzu MEINCK, op. cit.: die Bedenken der Generale seien in Wirklichkeit schärfer vorgetragen worden, als es in der überlieferten Form des verstümmelten Protokolls zum Ausdruck gelange; ferner P. Gf. v. KIELMANSEGG, Die militärpolit. Tragweite der Hoßbach-Besprechung, VfZG 8 (1960); ein direkter Zusammenhang wird bei MÜLLER u. DEUTSCH nicht aufgezeigt.

[1] PAPEN, Der Wahrheit eine Gasse, S. 357.

[2] HOSSBACH, S. 106, s. Kap. 15; GAKKENHOLZ, S. 474.

[3] Briefwechsel bei FOERTSCH, S. 126ff.

[4] Ebd., S. 131.

[5] Brief vom 17. Juni 1938, ebd., S. 133f.

[6] Ebd., S. 213.

[7] Hierzu neben H. KRAUSNICK, Vorgesch. u. Beginn des militär. Widerstandes gegen Hitler, in: Die Vollmacht des Gewissens (1956), auch

FOERSTER über Beck, den Chef des Generalstabs, s. Kap. 18, Anm. 13; H.C. DEUTSCH, Verschwörung gegen den Krieg. Der Widerstand in den Jahren 1939–1940 (a.d. Amerik. 1969).

Kapitel 17
Der Anschluß Österreichs

Ribbentrop war Ende 1936 als Botschafter nach London geschickt worden. Premierminister der damaligen konservativen Regierung war Baldwin, Außenminister war Eden. Am 28. Mai 1937 übernahm der bisherige Schatzkanzler Neville Chamberlain die Nachfolge Baldwins als Leiter der Regierung. Die außenpolitische Situation, in der Ribbentrop seine Mission in London antrat, war durch die Tatsache bestimmt, daß die Westmächte sich bei der Besetzung des Rheinlandes durch die deutsche Wehrmacht mit Protesten begnügt hatten, daß die Sanktionspolitik gegen Italien die Begründung des italienisch-äthiopischen Kaiserreichs nicht hatte verhindern können und daß England sichtlich bestrebt war, sich in den europäischen Angelegenheiten zu entlasten, um die Hände frei zu haben für die Wahrnehmung seiner fernöstlichen Interessen im japanisch-chinesischen Konflikt. Chamberlain war ein Politiker des Ausgleichs. Zwar setzte er sich für eine verstärkte englische Rüstung zur See und in der Luft von Anfang an mit Nachdruck ein, war aber zugleich von der Überzeugung geleitet, daß es möglich sein werde, in einer Verbindung von Stärke und Entgegenkommen mit den autoritären Mächten einen Modus vivendi zu finden. Diese Politik des appeasement, der Befriedung, wurde in seinem Kabinett vor allem von Simon, Hoare und Halifax, der im Februar 1938 Eden als Außenminister ablöste, unterstützt[1]. Hitler war in seinem Verhältnis zu England von dem Wunschbild geleitet, in freundschaftlichen Beziehungen, womöglich in einem Bündnis die Voraussetzung für die Durchführung der Ostexpansion zu schaffen[2]. Damit verband sich die romantische Vorstellung einer Solidarität der nordisch-germanischen Völker. Das war mehr als eine vorübergehende politische Erwägung. Sie fand ihren Niederschlag z.B. auch in den vom Reichserziehungsministerium herausgegebenen Richtlinien für den Sprach- bzw. Geschichtsunterricht an höheren Schulen[3], der den germanischen Charakter der englischen Kultur herausarbeiten und Verständnis erwecken sollte für den britischen Wikingergeist und die England zufallende Rolle der Seeherrschaft. Der Auftrag für Ribbentrop lautete, ein Bündnis mit England zustande zu bringen. Ribbentrop ist mit seiner Mission nicht nur wegen seiner persönlichen Taktlosigkeiten gescheitert. Es war ein fundamentaler Irrtum Hitlers und Ribbentrops, wenn sie geglaubt hatten, in der englischen Haltung Anzeichen für die Bereitschaft zu einer Unterstützung der deutschen Pläne sehen zu können. In seinem Schlußbericht vom 2. Januar 1938 entwarf Ribbentrop ein anderes Bild der britischen Politik: England stelle sich »auf alle Fälle mit seinen militärischen und politischen Maßnahmen auf eine Auseinandersetzung mit Deutschland ein«; er glaube nicht mehr an eine Verständigung mit England, das in einem übermächtigen Deutschland eine ständige Bedrohung sehe; England sei als der gefährlichste Gegner Deutschlands zu betrachten. Ribbentrop hat Hitler gegenüber keinen Zweifel an seiner Auffassung gelassen, daß England kämpfen werde, wenn es sich in seinen eigenen vitalen Interessen gefährdet glaube. Er legte sich die Frage vor, wie sich England zur deutschen Expansion verhalten werde, wobei er von der These ausging, daß »eine Änderung des Status quo im Osten im deutschen Sinne ... nur gewaltsam durchzuführen« sei. England sei mit seinen Rüstungen noch im Rückstand und spiele im Augenblick auf Zeitgewinn. Man müsse daher nach außen hin weiter die Verständigung mit England suchen, zugleich aber eine Bündniskonstellation gegen England zustande zu bringen suchen, die einer englischen stärker oder vielleicht ebenbürtig gegenüberstehe. In diesem Fall, so meinte er, »wäre es möglich, daß England lieber doch noch einen Ausgleich versucht«. Was die zunächst begrenzte österreichische und tschechische Frage anbetraf, so glaubte Ribbentrop, daß England »für ein lokales mitteleuropäisches Problem ... einen Existenzkampf um sein Weltreich nicht riskieren« werde: »Entscheidend scheint mir in diesem Zusammenhang die Schnelligkeit, mit der ein solcher mitteleuropäischer Konflikt siegreich beendigt wäre. Bei einem blitzartigen Erfolg glaube ich sicher, daß der Westen nicht eingreifen würde.« Durch dieses Dokument wird die deutsche Einschätzung der englischen Haltung sowohl in der österreichischen und tschechischen Frage als auch später beim Kriegsausbruch verständlich[4]. Ribbentrop rechnete mit Englands Entschlossenheit, seine durch Abrüstung geschwächte Machtstellung wiederzugewinnen und falls nötig gegen Deutschland zu behaupten, glaubte aber, daß es unter zwei Voraussetzungen nicht eingreifen werde: wenn entweder die kontinentaleuropäischen Aktionen Deutschlands blitzartig zu Überrumpelungserfolgen führten, oder wenn es gelänge, eine Koalition von solcher Stärke gegen England zustande zu bringen, daß dieses den Waffengang nicht wagen könnte. Um beides hat sich Ribbentrop in seiner Außenpolitik bemüht. Sein entscheidender Kalkulationsfehler war, daß er 1939 dem Hitler-Stalin-Pakt diese lähmende Wirkung auf England zuschrieb. Im übrigen war er von der Verständigungsbereitschaft Chamberlains und Halifax' überzeugt.

Daß England bei einem deutschen Zugriff auf Österreich nicht eingreifen werde, wurde durch das Verhalten der englischen Politik in der Tat zur Gewißheit. Der österreichische Bundeskanzler Schuschnigg hatte sich schon im April 1937 vergeblich um eine britische Garantieerklärung für die politische Selbständigkeit und territoriale Integrität Österreichs bemüht. Auch eine von der französischen Politik gewünschte gemeinsame französisch-englische Erklärung über Mitteleuropa war nicht zustande gekommen. Chamberlain hatte im Gegenteil dem österreichischen Staatssekretär Schmidt, der zu den Krönungsfeierlichkeiten für Eduard VIII. im Mai 1937 in London weilte, erklärt, England hoffe nicht nur zu einer Verständigung mit Italien, sondern auch mit Deutschland zu kommen. Es wurde deutlich, daß England zwar die Selbständigkeit Österreichs wünschte, es aber deswegen nicht zum Kriege kommen lassen werde. Der neue britische Botschafter in Berlin, Henderson, sagte seinem österreichischen Kollegen, Österreich sei doch »genauso deutsch wie Deutschland«, und seine Selbständigkeitsbestrebungen erschienen ihm daher nicht recht verständlich[5]. Am weitesten ging Lord Halifax, damals Vorsitzender des Geheimen Rates, der am 19. November 1937 Hitler auf dem Obersalzberg besuchte: er begründete die Notwendigkeit für einen Ausgleich mit Deutschland trotz der durch dessen einseitige Methoden hervorgerufenen Schwierigkeiten mit der Überzeugung, von der er und andere Mitglieder der englischen Regierung durchdrungen seien, »daß der Führer nicht nur in Deutschland selbst Großes geleistet, sondern daß er auch durch die Vernichtung des Kommunismus im eigenen Lande diesem den Weg nach Westeuropa versperrt habe und daß daher mit Recht Deutschland als Bollwerk des Westens gegen den Kommunismus angesehen werden könne«. Er machte das Zugeständnis, daß der Versailler Vertrag revidiert werden müsse und daß auch die Danziger, österreichische und tschechische Frage hierzu gehöre. Als englischen Vorbehalt meldete er jedoch an, »daß diese Änderungen im Wege friedlicher Evolution zustande gebracht würden und daß Methoden vermieden würden, die weitergehende Störungen ... verursachen könnten«[6]. Es lag auf der Hand, daß auf diesem Wege sich niemals die großen Ostpläne Hitlers würden verwirklichen lassen, zugleich aber auch, daß England sich in der österreichischen Frage mit einem fait accompli abfinden würde. Frankreichs Stellungnahme war bei aller Sympathie für ein unabhängiges Österreich von der englischen abhängig. Polen war durch den Nichtangriffspakt mit Deutschland gebunden. Der italienischen Haltung konnte man noch nicht unbedingt sicher sein, aber die Römischen Protokolle hatten durch die Bildung der Achse ihre Bedeutung als Rückhalt der österreichischen Selbständigkeit eingebüßt. Mussolini ließ 1936 während des Abessinienkrieges Hitler gegenüber seine Bereitschaft erkennen, Österreich preiszugeben.

Hitler hat über seine Absichten rückschauend am 30. Januar 1939 erklärt, daß er sich im Januar 1938 entschlossen habe, im Laufe dieses Jahres für die 6,5 Millionen Deutschen in Österreich das Selbstbestimmungsrecht zu erkämpfen. Nun hat er hierbei zunächst nicht an den direkten Anschluß gedacht. Er wollte aber Raum schaffen für eine freie Entwicklung des Nationalsozialismus in Österreich. Dies ist der Sinn des Berchtesgadener Abkommens vom 12. Februar 1938.

Wie war die innere Lage in Österreich? Hier hatte sich aus der Wirtschaftskrise der Jahre 1931/32 ähnlich wie in Deutschland eine Staatskrise entwickelt. Wie sich in Deutschland der Reichstag unfähig zur Bildung einer stabilen parlamentarischen Mehrheit gezeigt hatte und durch seine Selbstausschaltung den Weg für die Präsidialkabinette, schließlich für Hitler bereitete, so hatte auch in Österreich der Nationalrat in den Jahren der Krise keine stabile parlamentarische Mehrheit erlebt. Außerparlamentarische Kräfte erlangten entscheidendes Gewicht im politischen Leben: auf der konservativ-katholischen Rechten die Heimwehr, auf der Linken der Republikanische Schutzbund. Unter dem christlich-sozialen Bundeskanzler Dollfuß wurde dem Heimwehrführer Fey das gesamte Sicherheitswesen übertragen[7]. Der Nationalrat schaltete sich selber aus, als am 4. März 1933 seine drei Präsidenten zurücktraten. Damit war der Weg frei geworden, um das parlamentarische durch ein autoritäres

Regime zu ersetzen. Hierin lag eine gewisse Parallelität zu der Entwicklung im Reich. Zugleich aber ließen angesichts des Nationalsozialismus die Christlich-Sozialen wie die Sozialisten den Anschlußgedanken fallen. Beiden untereinander verfeindeten Parteien stand als nationale Opposition die »Großdeutsche Front« gegenüber. Das unter Dollfuß entwickelte System des Austrofaschismus arbeitete mit Methoden, wie sie für die diktatoriale Regierungsweise mancher europäischer Staaten wie auch Deutschland charakteristisch waren, ohne daß freilich hinter diesem Regime die zu Exzessen treibende Rücksichtslosigkeit einer revolutionären Bewegung wie der nationalsozialistischen gestanden hätte. Aber auch in Österreich wurden gegnerische Zeitungen und Versammlungen verboten. Die Kommunistische Partei, der Republikanische Schutzbund und die NSDAP mit ihren Gliederungen wurden aufgelöst. Konzentrationslager und Standgerichte wurden errichtet. Die Polizeistrafgewalt wurde erhöht und der Verfassungsgerichtshof ausgeschaltet. Aus der Illegalität heraus versuchten die beiden verbotenen Organisationen des Schutzbundes und der Nationalsozialisten die Diktatur Dollfuß zu brechen. Eine sozialistische Erhebung vom 12.–15. Februar 1934 wurde nach blutigen Kämpfen niedergeworfen[8]. Sie führte zum Verbot der Sozialdemokratischen Partei Österreichs und der Gewerkschaften. Die Vaterländische Front, der auch die Heimwehr angehörte, wurde als alleinige Staatspartei im Mai 1934 privilegiert. Am 24. April 1934 erhielt der Staat eine Verfassung, die sich auf die Gedanken der päpstlichen Sozialenzyklika ›Quadragesimo anno‹ (1931) berief. Es war die Verfassung eines autoritären Ständestaates mit vier aus Berufs- und Sozialständen gebildeten Räten[9]. Aber auch hier zeigte sich, daß der ständische Gedanke als solcher nicht zur klaren politischen Machtbildung führt. Was tatsächlich entstand, war eine reine Regierungsdiktatur, die sich innenpolitisch auf Polizei und Heimwehr, außenpolitisch auf die Römischen Protokolle stützte.

Dem sozialistischen Aufstand folgte am 25. Juli 1934 ein im ersten Anlauf gescheiterter nationalsozialistischer Putschversuch, dem aber Dollfuß zum Opfer fiel[9a]. Damals mobilisierte Mussolini vier Divisionen und drohte, vom Brenner her einzugreifen. Hitler ließ die von Deutschland her unterstützten Putschisten fallen, und Papen übernahm die Aufgabe, als deutscher Botschafter in Wien das deutsch-österreichische Verhältnis zu normalisieren. Am 11. Juli 1936 wurde zwischen Schuschnigg, dem Nachfolger von Dollfuß, und Papen ein Kommuniqué über das künftige Verhältnis der beiden Staaten vereinbart[10]. Die deutsche Reichsregierung erkannte die volle Souveränität Österreichs an und verzichtete auf Einmischung in dessen innere Angelegenheiten. Österreich hingegen erklärte, daß es seine Politik gegenüber dem Reich »stets auf jener grundsätzlichen Linie halten« werde, »die der Tatsache, daß Österreich sich als deutscher Staat bekennt, entspricht«. Dementsprechend erwartete Deutschland von Österreich die Bereitschaft zu einer Zollunion, zur militärischen Zusammenarbeit und zu einer politischen Frontstellung gegen die Tschechoslowakei. Aber dem entzog sich Schuschnigg ebenso wie dem italienischen Ansinnen, sich bewußt in die Achse Rom–Berlin einzugliedern und aus dem Völkerbund auszuscheiden. Innenpolitische Schwierigkeiten ergaben sich aus einer geheimen Zusatzvereinbarung zum deutsch-österreichischen Abkommen vom Juli 1936[11]. Hier war die für Deutschland wichtigste Bestimmung dieser ganzen Übereinkunft festgelegt, nämlich die Zusicherung, daß die nationale Opposition in Österreich in die Vaterländische Front und auch in die Regierung einbezogen werden sollte. Hitler beabsichtigte, den Nationalsozialismus in Österreich unter den dortigen besonderen Verhältnissen analog der Machtergreifung in Deutschland unter Verzicht auf offene Revolution auf scheinbar legalem Wege zur Macht zu führen. In Österreich selbst jedoch schuf das Juli-Abkommen eine innere Unsicherheit unter den Nationalsozialisten. Während Führer der nationalen Bewegung wie der Kriegshistoriker Glaise-Horstenau, der nach dem Juli-Abkommen in die Regierung eintrat, und Seyß-Inquart[12] den Weg der Legalität gehen wollten, spielte Leopold, der Landesleiter der illegal mit Duldung der österreichischen Regierung weiterbestehenden NSDAP, mit Aufstandsplänen. Als die österreichische Polizei bei einer Durchsuchung des Büros der Landesleitung Pläne für einen gewaltsamen Umsturz mit Hilfe der deutschen Wehrmacht fand (Tavs-Plan), wurde es offenkundig, daß die Regelung vom Juli 1936 Österreich keine genügende Sicherheit gab.

Auf deutscher Seite war durch die unmittelbare Übernahme des Oberbefehls über die Wehrmacht durch Hitler und durch die Betrauung Ribbentrops mit der Leitung des Auswärtigen Amtes die Voraussetzung für einen eventuellen Einsatz der Wehrmacht in der Regelung der österreichischen Frage gegeben. Seit längerer Zeit schon waren noch unter Blomberg und

Fritsch generalstabsmäßige Pläne für einen Einmarsch in Österreich ausgearbeitet worden für den Fall einer Restauration der Habsburger, für die die österreichischen Monarchisten und der Prätendent Erzherzog Otto damals eine Chance zu sehen glaubten (»Fall Otto«). Papen gelang es, Schuschnigg zu einem Besuch bei Hitler auf dem Obersalzberg zu bewegen. Bei dieser Unterredung vom 12. Februar 1938, bei der Schuschnigg von dem Staatssekretär für Auswärtige Angelegenheiten Guido Schmidt begleitet wurde, bildeten von Berlin herbeigerufene Generale die Staffage, eine Androhung der ultima ratio, mit deren Notwendigkeit Hitler jedoch nicht rechnete. Es wurde ein Abkommen geschlossen[13], das eine Amnestie für die verurteilten österreichischen Nationalsozialisten vorsah und vor allem den Nationalsozialisten freiere Betätigungsmöglichkeiten und stärkeren Einfluß in der Regierung zusicherte. Seyß-Inquart erhielt als Sicherheits- und als Innenminister die Verfügung über die staatliche Exekutive. Die Illegalen Leopold und Tavs wurden nach Deutschland gerufen. Hitler war überzeugt, daß die Durchführung des Berchtesgadener Abkommens mit Sicherheit die Nationalsozialisten in Österreich in den vollen Besitz der Macht bringen werde.

Schuschnigg versuchte eine letzte verzweifelte Abwehr. Am 9. März setzte er plötzlich und kurzfristig für den 13. eine Volksabstimmung an »Für ein freies und deutsches, unabhängiges und soziales, für ein christliches und einiges Österreich! Für Friede und Arbeit! Und die Gleichberechtigung aller, die sich zu Volk und Vaterland bekennen!«[14]. Hier wurde die Frage nach der Unabhängigkeit Österreichs, für die bei einer Befragung eine Mehrheit sicher war, da auch einem großen Teil der österreichischen Nationalsozialisten wie Seyß-Inquart selber der Gedanke an ein Aufgehen Österreichs im Reich fernlag, verknüpft mit der Frage nach dem Regime des den Sozialisten ebenso wie der nationalen Opposition verhaßten »Austrofaschismus«. Um die Jugend von der Abstimmung fernzuhalten, wurde das Wahlalter auf 24 Jahre heraufgesetzt. Es war keine Zeit für sorgfältige und der Verfassung entsprechende Wahlvorbereitungen. Es gab keine Wählerlisten, und es war unsicher, ob die Wahl geheim oder offen sein würde. Diese Ungeschicklichkeiten gaben Hitler den Vorwand, die Absetzung der Wahl zu verlangen, an deren positivem Ergebnis für Schuschnigg er nicht zweifelte. Schuschnigg hat tatsächlich unter dem Druck Berlins und der österreichischen Nationalsozialisten auf die Volksabstimmung verzichtet. Aber inzwischen waren die Dinge ins Rollen gekommen. Auf deutscher Seite war es Göring, der auf eine radikale Lösung drängte und hierbei den sich nicht klar entscheidenden Hitler voranstieß. Hitler wollte sich zunächst mit der Gleichschaltung Österreichs begnügen und die Fiktion aufrechterhalten, daß diese von der österreichischen NSDAP vollzogen werde. Göring wurde von Ribbentrop unterstützt, der damals zur Verabschiedung in London weilte und in Telefongesprächen mit Göring die Zusicherung gab, daß die britische Regierung nicht handeln werde[15]. Von Mussolini erhielt man die Zusage, daß Italien sich anders als 1934 diesmal aus der österreichischen Frage heraushalten werde. Am 11. März wurde die österreichische Regierung vor das Ultimatum gestellt, daß deutsche Truppen einmarschieren würden, falls Schuschnigg nicht zurücktrete und Seyß-Inquart Platz mache. Schuschnigg wich dem Druck. Er richtete vor dem Rücktritt einen verzweifelten Hilferuf an die europäischen Mächte. Diese gaben durch Schweigen oder ausweichende Antworten zu verstehen, daß sie nicht intervenieren würden. Am Abend des 11. März übernahm Seyß-Inquart die Regierung. Dennoch erteilte Hitler an diesem Abend den Befehl zum Einmarsch. Den Anlaß bildete die Weigerung des österreichischen Bundespräsidenten Miklas, Seyß-Inquart zum Bundeskanzler zu ernennen. Am 12. März rückten deutsche Truppen in Österreich ein, obwohl in der Nacht vom 11. zum 12. März Miklas seinen Widerstand aufgegeben und Seyß-Inquart selbst um den Widerruf des Marschbefehls gebeten hatte. Als Vorwand diente nun ein von Göring veranlaßtes Telegramm, das von dem zu Seyß-Inquart gesandten SS-Obergruppenführer Keppler als ein angeblicher Hilferuf der österreichischen Regierung an die Reichsregierung gerichtet wurde. Inzwischen war in den österreichischen Bundesländern die Macht in die Hände der Nationalsozialisten gefallen, während Schuschnigg noch vor seinem Rücktritt die Weisung gegeben hatte, die österreichische Armee solle sich bei einem Einmarsch deutscher Truppen ohne Widerstand zurückziehen.

Als militärische Aktion war die Besetzung Österreichs, die nur als Generalstabsübung vorbereitet gewesen war, improvisiert, und es stellten sich bei den motorisierten Truppen erhebliche technische Mängel heraus. Aber sie war ein großer politischer Erfolg. Mit einem Schlage klärte sich das verworrene innere Bild Österreichs. Die deutschen Truppen wurden mit Jubel begrüßt. Bei allen Bedenken, die bei den österreichischen

Sozialisten und Katholiken gegen den Nationalsozialismus bestanden, kam nun die Empfindung der Zusammengehörigkeit der Deutschen in Österreich und im Reich in elementarer Weise zum Ausdruck. Hitler hatte den Einmarsch der Truppen bis Linz begleitet. Er dachte zunächst an eine lockere Union Österreichs mit dem Reich. Von der Situation getragen, entschloß er sich zur vollen staatlichen Vereinigung. Am 13. März entschied sich die Regierung Seyß-Inquart für den Anschluß, am 14. März wurde die Vereinigung der beiden Länder als Reichsgesetz verkündet, das durch eine Volksabstimmung bestätigt werden sollte[16]. Als Hitler von Linz aus Wien erreichte, läuteten die Glocken, und von manchen Kirchen wehten Hakenkreuzfahnen. Die österreichischen Bischöfe mit Kardinal Innitzer von Wien an der Spitze bekannten sich in einem Aufruf »als Deutsche zum Deutschen Reich« und forderten die Gläubigen auf, für den Anschluß an Deutschland zu stimmen, wobei sie hervorhoben: »Wir erkennen freudig an, daß die nationalsozialistische Bewegung auf dem Gebiet des völkischen und wirtschaftlichen Aufbaues sowie der Sozialpolitik für das Deutsche Reich und Volk namentlich für die ärmsten Schichten des Volkes Hervorragendes geleistet hat und leistet. Wir sind auch der Überzeugung, daß durch das Wirken der nationalsozialistischen Bewegung die Gefahr des alles zerstörenden gottlosen Bolschewismus abgewehrt wurde.«[17] Die evangelische Kirche in Österreich reagierte in der gleichen Weise. Auch der Sozialist Renner, der als ehemaliger Staatskanzler später nach dem Zusammenbruch des Nationalsozialismus der erste Präsident der wiedererstandenen österreichischen Republik werden sollte, ließ seine Bedenken gegen Hitler hinter seine großdeutsche Überzeugung zurücktreten. Er erklärte: »Als Sozialdemokrat und somit als Verfechter des Selbstbestimmungsrechtes der Nationen, als erster Kanzler der Republik Deutschösterreich und als gewesener Präsident ihrer Friedensdelegation zu St. Germain werde ich mit ›Ja‹ stimmen.«[18] Wie er dachte die Mehrzahl der österreichischen Sozialisten. Am 10. April fand in Österreich und Deutschland die Volksabstimmung statt. Der Anschluß wurde mit 99,7% der Stimmen gutgeheißen. Es ist unbestreitbar, daß die große Mehrheit in beiden Ländern in dieser Stunde und in dieser Sache Hitler zustimmte, obwohl zu bedenken ist, daß in Wien noch vor der Wehrmacht die SS erschienen war und daß dort ebenso wie in Deutschland Himmler und seine SS-Polizei keine abweichende Meinung sich äußern ließen. Der großdeutsche Jubel wich in Österreich in wenigen Jahren einer bitteren Enttäuschung[19].

DW 396, 397/446. – Wichtigste Quellen: ADAP, Serie D, Bd. 1; Ursachen u. Folgen 11; Der Hochverratsprozeß gegen Dr. Guido Schmidt vor dem Wiener Volksgericht. Protokolle u. Dokumente (1947). – Memoiren: Neben v. PAPEN vor allem K. v. SCHUSCHNIGG, Dreimal Österreich (Wien 1937); ders., Ein Requiem in Rot-Weiß-Rot (Zürich 1946); ders., Österreichs Erneuerung. Die Reden des Bundeskanzlers (3 Bde. 1935/36); ders., Im Kampf gegen Hitler. Die Überwindung der Anschlußidee (1969). – Wichtigste neuere Darstellungen: U. EICHSTÄDT, Von Dollfuß zu Hitler. Gesch. des Anschlusses Österreichs 1933–1938 (1955); J. GEHL, Austria, Germany and the Anschluss 1931–1938 (London 1963); D. ROSS, Hitler u. Dollfuß. Die dt. Österreich-Politik 1933 bis 1934 (1966); ferner H. BENEDIKT (Hg.), Gesch. der Republik Österreich (1954).

[1] Lit. zur Appeasement-Politik s. Kap. 15, Anm. 21; ferner I. COLVIN, The Chamberlain Cabinet (London 1971); K. MIDDLEMAS, The strategy of appeasement. The British government and Germany 1937–39 (Chicago 1972); K. FEILING, The Life of Neville Chamberlain (London 1946), sowie die Erinnerungen von S.H. Viscount of TEMPLEWOOD (Sir Samuel HOARE), Neun bewegte Jahre. Englands Weg nach München (a.d. Engl. 1955), u. Earl of HALIFAX, Fullness of Days (London 1957); The Earl of BIRKENHEAD, The Life of Lord Halifax (London 1965).

[2] Vgl. Kap. 1 u. Kap. 15, Anm. 22.

[3] Erziehung u. Unterricht in der Höheren Schule, amtl. Ausg. (1938).

[4] ADAP, Serie D, Bd. 1, Nr. 93.

[5] G.-Schmidt-Prozeß, S. 44.

[6] ADAP, Serie D, Bd. 1, Nr. 31 u. Anlage. Hat England Dtld. gegen Rußland vorgetrieben? Dieser sowjetruss., in der westlichen Forschung verneinten These dienen: Dokumente u. Materialien aus der Vorgesch. des Zweiten Weltkriegs (2 Bde. Moskau 1948), darin auch der Bericht über das Gespräch zwischen Halifax u. Hitler; ferner u.a. B.S. TELPUCHOWSKI, Die sowj. Gesch. des Großen Vaterländischen Krieges (a. d. Russ. 1961); W.G. TRUCHANOWSKI, Neueste Gesch. Englands (1917–1951) (a.d. Russ. Berlin-Ost 1962).

[7] Zu Dollfuß G. SHEPHERD, Engelbert Dollfuß (1961). – Zur inneren Entwicklung Österreichs H. BUSSHOFF, Das Dollfuß-Regime in Österreich in geistesgeschichtl. Perspektive unter bes. Berücksichtigung der »Schöneren Zukunft« u. »Reichspost« (1968); H.-J. KRÜGER, Faschismus oder Ständestaat. Österreich 1934–1938 (Diss. Kiel 1970). – Zur Heimwehr L. JEDLICKA, Die österr. Heimwehr, in: W. LAQUEUR/G. L. MOSSE (Hg.), Internat. Faschismus (1966); L. KEREKES, Abenddämmerung einer Demokratie. Mussolini, Gömbös u. die Heimwehr (a.d. Ungar. 1966), untersucht vor allem die Unterstützung der Heimwehr durch Mussolini, der einen faschist. Umsturz in Österreich wünschte.

[8] Zum Schicksal des Austromarxismus die bedeutenden Erinnerungen des Vorsitzenden der illegalen sozialist. Partei (Pseudonym G. Richter) J. BUTTINGER, Am Beispiel Österreichs. Ein geschichtl. Beitrag zur Krise der sozialist. Bewegung (1953); O. LEICHTER, Zwischen zwei Diktaturen, Österreichs revolutionäre Sozialisten 1934 bis 1938 (1968); zur sozialist. Erhebung L. JEDLICKA/R. NECK (Hg.), Das Jahr 1934: 12. Februar. Prot. des Symposiums in Wien am 5. Februar 1974 (1975).

[9] Text H. FISCHER/G. SILVESTRI (Hg.), Texte zur österr. Verfassungs-

Gesch. (1970), Nr. 26; zur Theorie des Ständestaates u. ihrer Bedeutung in Österreich neben KRÜGER u. BUSSHOFF: M. SCHNELLER, Die universalistische Staatslehre Othmar Spanns u. seines Kreises, ihr Verhältnis zur Romantik u. zum Nat.soz. (1970).

[9a] H. AUERBACH (Hg.), Eine nat. soz. Stimme zum Wiener Putsch vom 25. Juli 1934, VfZG 12 (1964); L. JEDLICKA (Hg.), Die Erhebung der österr. Nat.soz. Bericht der Hist. Komm. des Reichsführers SS (1965).

[10] ADAP, Serie D, Bd. 1, Nr. 153.

[11] Ebd., Nr. 152.

[12] W. ROSAR, Dt. Gemeinschaft. Seyß-Inquart u. der Anschluß (Zürich 1971).

[13] ADAP, Serie D, Bd. 1, Nr. 295; Bericht über die Besprechung auf dem Berghof bei SCHUSCHNIGG, Requiem, S. 38ff.

[14] Ursachen u. Folgen 11, Nr. 2618.

[15] Niederschrift der von Göring mit Ribbentrop u. Seyß-Inquart geführten Ferngespräche, Dok. Nürnberg 2949-PS; vgl. die Berichte Ribbentrops aus London über die zu gewärtigende brit. Haltung, ADAP, Serie D, Bd. 1, Nr. 146, 147, 149, 150, 151.

[16] RGBl. 1938 I, Nr. 21.

[17] Text in: Ursachen u. Folgen 11, Nr. 2628. Zum Zustandekommen u. zu der in der Folgezeit häufig verurteilten Haltung Innitzers im März 1938 vgl. V. REIMANN, Innitzer. Kardinal zwischen Hitler u. Rom (1967). Gauleiter Bürckel, der neuernannte Reichskommissar für Österreich, drängte die Bischöfe unter Versprechung einer günstigen Regelung des Verhältnisses von Kirche u. Staat zum Erlaß des Aufrufs, für den er auch einen Textentwurf sandte. Nach mehrfachen Umänderungen durch die Bischöfe u. den Gauleiter entstand daraus der Aufruf in der zit. Form. Neben der großdt. Begeisterung u. neben dem Druck u. den falschen Versprechungen Bürckels lag ein entscheidendes Motiv für die Bischöfe in der Hoffnung, durch eine freiwillige Loyalitätserklärung gegenüber der neuen Staatsgewalt der Kirche in Österreich eine bessere Stellung als in Dtld. zu sichern. Insbes. wollte Innitzer die Garantien des österr. Konkordats von 1934 retten, dessen Gültigkeit von den Nat.soz. jedoch nicht anerkannt wurde.

[18] Ursachen u. Folgen 11, Nr. 2630.

[19] Zur Gesch. Österreichs im Großdt. Reich G. BOTZ, Die Eingliederung Österreichs in das Dt. Reich. Planung u. Verwirklichung des polit.-administrativen »Anschlusses« 1938–1940 (1972); K. STADLER, Österreich 1938–1945 im Spiegel der NS-Akten (Wien 1966); Maria SZECSI/K. STADLER, Die NS-Justiz in Österreich u. ihre Opfer (1962); zur österr. Emigration s. Allgem. Bibl. z. Dritt. Reich, unter Emigration.

Kapitel 18
Die Zerschlagung der Tschechoslowakei

Nach dem Anschluß Österreichs stellte sich mit Notwendigkeit das tschechische Problem als nationalpolitische und als machtpolitische Frage. Die Vereinigung Österreichs mit dem Reich gab dem Ringen der Sudetendeutschen neuen Antrieb. Der tschechische Staat war den Verpflichtungen nicht gerecht geworden, die er als Vielvölkerstaat bei seiner Gründung im Jahre

1919 übernommen hatte[1]. Wenn auch der einzelne Sudetendeutsche im tschechischen Staate staatsbürgerliche Gleichberechtigung besaß, so fühlte sich doch das Sudetendeutschtum als Volksgruppe gegenüber dem Tschechentum benachteiligt, sowohl wirtschaftlich als auch politisch. Daß hier wirklich Mißstände vorlagen, geht nicht zuletzt aus dem Bericht Lord Runcimans hervor, der als Beauftragter der englischen Regierung 1938 zwischen den Sudetendeutschen und der tschechischen Regierung zu vermitteln suchte[2]. Die staatsrechtliche Problematik kann nicht treffender als mit den Worten des exiltschechischen Historikers Celovsky geschildert werden: »Die Tschechoslowakische Republik war konstitutionell eine parlamentarische Demokratie, die ihr Vorbild in Frankreich und den Vereinigten Staaten von Amerika sah. Die einzigen Träger der Macht waren die politischen Parteien; die Nationalitäten als solche waren keine Subjekte des Staatsrechtes. Die absolute Mehrheit im Parlament in beliebiger Zusammenstellung der politischen Parteien war auch die Regierungsmehrheit. Die meisten Parteien, sogar die Sozialdemokraten, waren Nationalitätenparteien, so daß die Regierung im wesentlichen notwendigerweise von der stärksten Nationalität, den Tschechen, gebildet wurde. Die Opposition wurde neben der einheitlichen Kommunistischen Partei und den tschechischen extremen Rechtsparteien vor allem von nationalen Minderheiten gebildet: den Ungarn, Polen und teilweise den Slowaken und Deutschen. Alle Kritik am tschechoslowakischen Regime wurde damit fast zwangsläufig zugleich Kritik am parlamentarisch-demokratischen und parteidemokratischen System ... Der einzige einzuschlagende Weg war die Erfüllung der Versprechen aus den tschechoslowakischen Denkschriften von Versailles. Eine vollkommene Autonomie für alle Minderheiten – etwa in der Form des Schweizer Regimes – hätte vielleicht die Integrität der Republik trotz aller späteren außenpolitischen Umwälzungen wahren können.«[3]

Politisch waren die Sudetendeutschen in mehreren Parteien organisiert. Eine 1907 gegründete deutsche Arbeiterpartei, die 1918 den Namen Deutsche Nationalsozialistische Arbeiterpartei angenommen hatte, war im Jahre 1933 ebenso wie die Deutsche Nationalpartei von den tschechischen Behörden verboten worden, weil ihre Führer immer offener die Angliederung des Sudetenlandes an das Deutsche Reich propagierten. Ihre Anhänger schlossen sich zum großen Teil der damals gegründeten

Sammlungsbewegung des Turnerführers Konrad Henlein, der Sudetendeutschen Heimatfront, an, die 1935 in Sudetendeutsche Partei umbenannt wurde. Henlein bekannte sich seit 1937 offen zum Nationalsozialismus, obwohl in der Partei auch andere konservativ-nationale Richtungen vertreten waren. Diese SdP gewann bei den Parlamentswahlen 1935 von 66 deutschen Mandaten 44. Die nächstgrößere Gruppe waren die Sozialisten, daneben einige bürgerliche und bäuerliche Parteien. Nach den Vorgängen in Österreich stand das Sudetendeutschtum vor der Frage, ob es wie bisher auf die Gewinnung einer autonomen Stellung innerhalb der Tschechoslowakei oder auf deren Zerschlagung und den Anschluß an das Reich hinarbeiten sollte. Die sudetendeutschen Gebiete hatten für den tschechischen Staat, der nach dem Anschluß Österreichs vom Deutschen Reich wie von einer Zange umgriffen war, eine besondere strategische Bedeutung. In den das böhmisch-mährische Becken umschließenden, von Deutschen bewohnten Gebirgszügen lagen die nach französischem Vorbild errichteten modernen Befestigungen. Ihr Verlust mußte den tschechischen Staat hilflos Deutschland ausliefern. Zwar gab die deutsche Regierung im Augenblick des österreichischen Anschlusses beruhigende Erklärungen ab, aber in allen Hauptstädten Europas rechnete man damit, daß Hitler als nächstes die tschechische Frage anfassen werde.

Die englische Haltung wurde durch die Sorge bestimmt, wegen der Tschechoslowakei keine bindenden Verpflichtungen einzugehen, die zum Kriege führen könnten. Um den deutschen Wünschen entgegenzukommen, stellte man sich in London von vornherein darauf ein, daß den Sudetendeutschen volle Autonomie gewährt werden müsse. Wenn man ferner die Eingliederung der Tschechoslowakei in den deutschen Machtraum verhindern wollte, so schien die einzige Alternative in ihrer Neutralisierung zu liegen. Frankreich war als Bundesgenosse der Tschechoslowakei verpflichtet, dem bedrohten Staate beizustehen. Ohne die Hilfe Englands war es hierzu aber nicht in der Lage. So wurde die Haltung Frankreichs von der Haltung Englands mitbestimmt, wobei schwer auszumachen ist, ob das Verlangen nach englischer Hilfe oder der Wunsch, aus einem möglichen Konflikt herauszubleiben, das stärkere Motiv der schwankenden französischen Politik war. Entschiedener in ihrer Stellungnahme war die Sowjetunion. Seit Mai 1935 besaß sie einen Beistandspakt mit der Tschechoslowakei, wonach russische Hilfe allerdings nur dann gewährt werden sollte, wenn auch Frankreich zu seinen Beistandsverpflichtungen stand. Alsbald nach dem Anschluß Österreichs hatte sich die sowjetische Regierung bereit erklärt, »unverzüglich im Völkerbund oder außerhalb des Völkerbundes praktische Maßnahmen mit anderen Mächten zu erörtern, wie sie durch die Umstände diktiert werden. Morgen kann es schon zu spät sein, aber heute ist die Zeit dafür noch nicht verpaßt, wenn alle Staaten, besonders die Großmächte, im Problem der kollektiven Rettung des Friedens eine feste, unzweideutige Haltung einnehmen werden.«[4] Die britische Antwort[5] lag ganz in der Linie des Gespräches, das Lord Halifax mit Hitler am 19. November 1937 gehabt hatte. Halifax war inzwischen britischer Außenminister geworden, nachdem Eden aus Protest gegen die Befriedungspolitik zurückgetreten war. Statt einen Bund der Mächte gegen Deutschland zusammenzubringen, erklärte die britische Regierung es für wünschenswert, die Probleme, die eine Kriegsgefahr in sich bargen, auf dem Wege der Vereinbarung zu lösen.

Warum ist England nicht auf das russische Angebot eingegangen? Man muß sich hier klarmachen, zu welchen Konsequenzen die Verwirklichung des russischen Planes geführt hätte. Rußland konnte der Tschechoslowakei wirkungsvolle Hilfe nur durch polnisches oder rumänisches Gebiet hindurch geben. Polen aber stand vom Beginn seiner Selbständigkeit an in einer kompromißlosen Abwehrstellung gegen die Sowjetunion. Allerdings muß man sich fragen, ob notwendigerweise die von der Sowjetunion erstrebte Herstellung einer gemeinsamen Abwehrfront mit den Westmächten gegen Hitler Polen in den sowjetischen Machtbereich hineingezogen hätte. Hätte doch schon die bloße Existenz eines solchen Systems kollektiver Friedenssicherung mit großer Wahrscheinlichkeit Hitler, der den Zweifrontenkrieg fürchtete, in die Schranken gewiesen, so daß der russische Durchmarsch durch Polen gar nicht akut zu werden brauchte. Wenn es dennoch zum Kriege kam, dann lag allerdings die Hauptlast nicht bei der Sowjetunion, sondern bei den Westmächten, Polen und der Tschechoslowakei. Es wäre ein Krieg kapitalistischer Staaten gegeneinander gewesen. So befürchtete Chamberlain hinter dem russischen Vorschlag eine Intrige mit dem Zweck, den Westen in einen Krieg mit Deutschland zu verwickeln. Man schätzte damals in England den Kampfwert der Roten Armee nach der eben erlittenen Schwächung durch die Säuberungsaktion im höheren Offizierkorps nur gering ein. Vor allem aber wollte Chamberlain den Ausgleich mit Hitler und nicht ein Bündnis gegen ihn. Er war in dieser Politik des appeasement bereit, bis an die Grenze des Tragbaren zu gehen. Damit trug er auch dem Wunsche der überseeischen Commonwealth-Länder, besonders Kanadas und Australiens, Rechnung, die nicht abermals des Mutterlandes wegen in einen europäischen Krieg hineingezogen werden wollten[6]. Zudem hätte ein Militärbündnis mit der Sowjetunion Polen und Rumänien dem Westen entfremdet. Beide Staaten lehnten den Durchmarsch sowjetischer Truppen entschieden ab. Polen war keineswegs auf einen Krieg gegen Deutschland eingestellt. Es hoffte umgekehrt, sich an der tschechischen Beute zu beteiligen. Frankreich war mit der Tschechoslowakei, die sich von Polen, und mit Polen, das sich von der Sowjetunion bedroht fühlte, und mit der Sowjetunion selbst verbündet. Der französischen Politik mangelte die Entschiedenheit, zwischen diesen drei nicht mehr miteinander zu vereinbarenden Bündnissen zu wählen.

Was wollte Hitler? In den sehr zahlreichen, nach dem Kriege bekanntgewordenen Geheimdokumenten spielt das Schicksal der Sudetendeutschen für Hitler gar keine Rolle[7]. Hitler ging es um die Zerschlagung der Tschechoslowakei. In der Vorbereitung dieser Aktion wurde der Sudetendeutschen Partei eine bestimmte Rolle zugewiesen. Henlein hatte am 19. November 1937 Hitler die zwiespältige Haltung der Sudetendeutschen Partei dargelegt. Ihr Ziel sei die »Einverleibung des sudetendeutschen Gebietes, ja des ganzen böhmisch-mährisch-schlesischen Raumes in das Reich«. Sie müsse aber »nach außen hin für die Erhaltung der Tschechoslowakei und die Integrität ihrer Grenzen eintreten« und ein »real scheinendes Ziel« herausstellen[8]. Ihm gab Hitler in einer Audienz kurz nach dem Anschluß Österreichs am 28. März 1938 die Weisung, gegenüber dem tschechischen Staat Ansprüche anzumelden, »die für die tschechische Regierung unannehmbar sind«[9]. Ähnlich verlangte Ribbentrop von Henlein, »durch den Umfang und die schrittweise Präzisierung der zu stellenden Forderungen den Eintritt in die Regierung zu vermeiden«[10]. Dementsprechend wurden von der Sudetendeutschen Partei am 24. April 1938 im »Karlsbader Programm« Forderungen aufgestellt, deren Erfüllung den tschechischen Staat auseinandergesprengt hätte: neben der vollen Autonomie freie Agitationsmöglichkeit für die »deutsche Weltanschauung« und Wiedergutmachung für die seit 1919 erlittenen wirtschaftlichen Schäden[11]. Programmgemäß steigerten sich die Spannungen im Sudetenland. Die Nervosität zwischen den europäischen Staaten wuchs. Am 20. Mai mobilisierten die Tschechen, weil sie irrtümlich Vorbereitungen für einen unmittelbar bevorstehenden deutschen Angriff zu erkennen glaubten. Die britische Regierung ließ durch den Botschafter Henderson in Berlin ankündigen, daß England an der Seite Frankreichs stehen werde, falls dieses seinem bedrohten tschechischen Bundesgenossen zu Hilfe eile. Gleichzeitig aber war sie bemüht, das ohnehin zögernde Frankreich zurückzuhalten: mit einer unmittelbaren militärischen Aktion durch England zur Rettung der Tschechoslowakei sei nicht zu rechnen. Nach außen hin aber entstand der Eindruck, als hätten die britische Intervention und die tschechische Entschlossenheit Hitler in seine Schranken gewiesen. Dieser fühlte sich herausgefordert und konkretisierte nun seinen Angriffsplan. In einer Weisung an die Wehrmacht vom 30. Mai 1938 (Aufmarsch »Grün«) erklärte er: »Es ist mein unabänderlicher Entschluß, die Tschechoslowakei in absehbarer Zeit durch eine militärische Aktion zu zerschlagen.« Dem Heer stellte er die Aufgabe, in einer Blitzaktion »Böhmen und Mähren rasch in Besitz zu nehmen ... in das Herz der Tschechoslowakei vorzustoßen«[12]. Als Zeitpunkt für die Bereitschaft setzte er den 1. Oktober 1938 fest.

Der Generalstabschef des Heeres Beck lehnte in Denkschriften gegenüber Brauchitsch die Mitverantwortung für diesen Plan ab. Er sah die Gefahr eines allgemeinen europäischen Krieges, der »nach menschlicher Voraussicht mit einer nicht nur militärischen, sondern auch allgemeinen Katastrophe für Deutschland endigen werde«. Der Chef des Stabes der Seekriegsleitung Vizeadmiral Guse beurteilte die Lage ebenso; er sah »den Bestand des Reiches bedroht«. Becks Absicht war es, durch den Oberbefehlshaber des Heeres Brauchitsch die Generalität zu veranlassen, sich der Durchführung der Kriegspläne Hitlers zu versagen. Er erklärte: »Es stehen hier letzte Entscheidungen über den Bestand der Nation auf dem Spiele. Die Geschichte wird diese Führer mit einer Blutschuld belasten, wenn sie nicht nach ihrem fachlichen und staatspolitischen Wissen und Gewissen handeln. Ihr soldatischer Gehorsam hat dort eine Grenze, wo ihr Wissen, ihr Gewissen und ihre Verantwortung die Ausführung eines Befehls verbieten.« Und weiter: »Es ist ein Mangel an Größe und Erkenntnis der Aufgabe, wenn ein Soldat an höchster Stelle in solchen Zeiten seine Pflichten und

Aufgaben nur in dem begrenzten Rahmen seiner militärischen Aufträge sieht, ohne sich der höchsten Verantwortung vor dem ganzen Volk bewußt zu werden. Außergewöhnliche Zeiten verlangen außergewöhnliche Handlungen.«[13] Da Brauchitsch jedoch, obwohl er die Bedenken gegen den Krieg und gegen das Regime Hitlers teilte, passiv blieb und nicht die von Beck gewünschte allgemeine Generalsopposition in die Wege leitete, trat dieser am 18. August 1938 von seinem Amt als Generalstabschef zurück. Sein Nachfolger Halder beschritt einen anderen Weg. Im Kontakt mit der Oppositionsgruppe des Auswärtigen Amtes und mit dem Leiter der Abwehr Admiral Canaris und dessen Mitarbeiter Oberstleutnant Oster bereitete er einen Staatsstreich gegen Hitler vor. Falls dieser den Krieg entfesselte, sollte er von Berliner Truppen verhaftet werden. Der Berliner Wehrkreisbefehlshaber General v. Witzleben und der Kommandeur der Potsdamer Division Generalmajor Graf Brockdorff-Ahlefeldt stellten sich für diesen Plan zur Verfügung. Voraussetzung für das Gelingen war eine feste Haltung Englands. Wenn Hitler vor der Entschlossenheit der Westmächte zurückwich, verlor er sein Prestige; wenn er dennoch den Angriff auf die Tschechoslowakei mit dem Risiko eines Weltkrieges befahl, war sein Sturz gerechtfertigt. Die Schwäche des Plans lag in dieser Voraussetzung. Die britische Regierung und auch Churchill wurden von dem Vorhaben in Kenntnis gesetzt und zur Unnachgiebigkeit gegen Hitler aufgefordert. Konnte die britische Regierung ihre Pläne von dem Vorhandensein und der unerprobten Zuverlässigkeit der Opposition im deutschen Heer abhängig machen? Konnte sie das Risiko eines Krieges mit Deutschland auf sich nehmen, ohne die Verständigungsmöglichkeiten bis zum äußersten erprobt zu haben? Halifax und Chamberlain jedenfalls gingen von der Vorstellung aus, daß der Weg der Verständigung mit Hitler vielleicht die Chance in sich schloß, zu einer friedlichen Dauerregelung zu gelangen.

Als daher die Krise sich im September verschärfte, Hitler auf dem Nürnberger Parteitag mit Intervention im Sudetenland drohte und Henlein die Parole »Heim ins Reich« verkündete, entschloß sich der britische Premierminister, Hitler persönlich zu stellen. Er traf ihn am 15. September auf dem Obersalzberg. Er hatte sich, nachdem die Vermittlungsversuche Lord Runcimans gescheitert waren, zu diesem außergewöhnlichen Schritte entschlossen, um den Frieden zu retten und um zu verhindern, daß die ganze Tschechoslowakei unter die Macht Hitlers fiel.

Für die Sudetendeutschen erkannte er das Recht auf nationale Selbstbestimmung an. Die französische Regierung machte sich den englischen Vorschlag zu eigen unter der Voraussetzung, daß dem tschechoslowakischen Rumpfstaat eine internationale Garantie gegeben werde und daß die Abtretung durch Vertrag und ohne Plebiszit erfolge. Von der Durchführung einer Volksabstimmung fürchtete Frankreich, daß die gesamten südosteuropäischen Verhältnisse, wie sie 1919 geschaffen worden waren, ins Gleiten geraten würden. Die Tschechoslowakei sah sich im Stich gelassen. Vergeblich berief sie sich auf den Bündnisvertrag mit Frankreich, vergeblich erklärte sie sich bereit, den Sudetendeutschen im Sinne der Autonomie weitestgehende Zugeständnisse zu machen und sich dem Spruch eines Schiedsgerichts zu unterwerfen. Die britisch-französischen Vorschläge kamen einem Ultimatum gleich. Der Staatspräsident Benesch und die Regierung Hodža unterwarfen sich. Zum zweiten Male kam Chamberlain nach Deutschland, um Hitler in Godesberg am 22. September das Ergebnis mitzuteilen[14]. Aber statt Zustimmung zu finden, stieß er zu seiner großen Bestürzung auf Ablehnung. Hitler verlangte den sofortigen Einmarsch der deutschen Wehrmacht und Abstimmung in einem noch näher zu umreißenden Gebiet. Aber nicht Deutschland allein machte gegen die Tschechoslowakei Gebietsansprüche geltend. Polen forderte die Abtretung des Industriegebietes von Teschen (ca. 140000 Polen von fast 300000 Einwohnern) und auch die zunächst zögernden Ungarn, die 1919 im Frieden von Trianon ihre von Magyaren, Slowaken und Karpato-Ukrainern bewohnten Nordgebiete an die Tschechoslowakei verloren hatten, rührten sich, von Hitler vorangetrieben[15]. Die Godesberger Konferenz (22.–24. September 1938) scheiterte, und in den nächsten Tagen sah es so aus, als sollte es zum Kriege kommen. Hitlers Forderungen wurden von den Tschechen abgelehnt. Ein deutsches Ultimatum war auf den 28. September befristet, und eine Rede Hitlers vom 26. September im Sportpalast war ganz auf Krieg eingestellt. Inzwischen hatten die Tschechen mobil gemacht, Frankreich rief die Reservisten zu den Fahnen, und England setzte am 25. September die Flotte in Kriegsbereitschaft. Am 27. September erklärte Sir Horace Wilson als der Beauftragte Chamberlains Hitler, daß Frankreich jetzt zu seinen Verpflichtungen gegenüber der Tschechoslowakei stehen wolle und daß, wenn Frankreich eingreife, England ihm beistehen werde.

Hitlers Ziel war die Zerschlagung der Gesamttschechoslowakei und die Besetzung Böhmens und Mährens, nicht des Sudetenlandes allein. Das große Entgegenkommen Englands und Frankreichs in der Sudetenfrage hatte ihn vermuten lassen, daß die Westmächte sich in keinem Fall für die Tschechoslowakei engagieren würden. Deshalb hatte er in Godesberg durch die Erhöhung seiner Forderungen einen Vorwand für den Angriff gesucht. Aber da in der Substanz alle deutschen Forderungen hinsichtlich des Sudetenlandes bewilligt worden waren, bezog sich diese Steigerung des Preises nur auf die Modalitäten der Räumung. Es war eine absurde Situation für die Westmächte, wegen dieser Differenz zwischen den ursprünglichen und neuerlichen Forderungen Hitlers, die nur die Modalitäten betrafen, Krieg führen zu sollen. Daher gab Chamberlain erneut nach. Er übernahm Hitlers Termine und schlug damit diesem jeden Vorwand aus der Hand, jetzt schon das ganze böhmisch-mährische Becken zu besetzen. Wenige Stunden vor Ablauf des Ultimatums schaltete sich auf Veranlassung Chamberlains Mussolini als Vermittler ein. Am 29. September trafen sich Chamberlain, der französische Ministerpräsident Daladier, Mussolini und Hitler in München. Ein von Staatssekretär v. Weizsäcker vorbereiteter, von Mussolini als italienischer Vermittlungsvorschlag unterbreiteter Text wurde im wesentlichen akzeptiert. Die Mächte vereinbarten, daß der deutsche Einmarsch am 1. Oktober beginnen und bis zum 10. Oktober in Etappen durchgeführt sein sollte. Für ein noch zu bezeichnendes Gebiet wurde eine Abstimmung vorgesehen, auf die man aber später verzichtete. Frankreich und England gaben für die restliche Tschechoslowakei eine Garantie-Erklärung, der auch Deutschland und Italien beizutreten versprachen, nachdem die Frage der polnischen und ungarischen Minderheit geregelt sein werde. Die Sowjetunion wurde an der Münchener Vereinbarung nicht beteiligt. Wie die westlichen Mächte im März den sowjetischen Bündnisvorschlag gegen Hitler abgelehnt hatten, so hielten sie Rußland auch jetzt aus den europäischen Angelegenheiten heraus. Sie schufen damit eine der Voraussetzungen, die ein Jahr später zum Pakt zwischen Hitler und Stalin führten. Die Tschechen selbst wurden bei der Münchener Regelung nicht gefragt. Es wurde ihnen zugemutet, einen Urteilsspruch entgegenzunehmen. Der Staat Beneschs zerbrach. Auch Polen gewann seinen Anteil an der Beute. Am 1. Oktober 1938, dem Tag des Einmarsches der deutschen Truppen in das Sudetenland, gab die Tschechoslowakei das Teschener Gebiet preis. Im Innern des darnach verbleibenden Staatsgebietes erhielten die Slowakei und die Karpato-Ukraine autonome Regierungen.

In München kam es noch zu einer Sondervereinbarung zwischen Hitler und Chamberlain. Beide gaben sich die Zusicherung, in Zukunft »Fragen, die unsere beiden Länder angehen, nach der Methode der Konsultation zu behandeln«, und sie erklärten, daß es der Wunsch der beiden Völker sei, niemals wieder gegeneinander Krieg zu führen. Mit Frankreich schloß Hitler am 6. Dezember ein ähnliches Abkommen[16]. Chamberlain und Daladier wurden in ihren Ländern, als sie von München zurückkehrten, mit Begeisterung empfangen. Die furchtbare Kriegsdrohung, die über Europa gelastet hatte, schien gebannt. »Frieden für unsere Zeit« schien der Gewinn von München zu sein, den die Westmächte durch ihre Konzessionen erkauft hatten.

Das Fazit für Deutschland war die vollständige Erfüllung der nationalstaatlichen, großdeutschen Forderungen. Dem Staatsstreich des Heeres war der Boden entzogen, das Ansehen Hitlers erhöht. »Wenn wir jetzt noch etwas tun«, erklärte General v. Witzleben im Kreise der Verschwörer, als die Nachricht von der Reise Chamberlains nach München eintraf, »dann würde die Geschichte, und nicht nur die deutsche, nichts anderes von uns zu berichten haben, als daß wir dem größten Deutschen die Gefolgschaft aufgesagt haben gerade in dem Augenblick, als er am größten war und die ganze Welt seine Größe anerkannte«[17]. Die Ordnung von Versailles war nun auch in territorialer Hinsicht gänzlich überwunden. Das großdeutsche Reich besaß aufgrund seiner Bevölkerungszahl und seiner Grenzen ein natürliches Übergewicht in Mittel- und Südeuropa. Bis zu diesem Augenblick hin konnten, wenn man die eigentlichen Motive der nationalsozialistischen Außenpolitik nicht sah oder sehen wollte, alle Schritte der Hitlerschen Außenpolitik begründet werden aus der nationalstaatlichen Tradition und – was das Selbstbestimmungsrecht der Deutschen anbetraf – aus den Prinzipien der westlichen Welt, wie sie zu Ausgang des Ersten Weltkrieges von Wilson proklamiert worden waren. Jenseits dieses Punktes lag das Ziel der Eroberung und Unterwerfung anderer Völker, die Forderung nach »Lebensraum«. Das deutsche Volk hat bis zu dieser Scheide hin die Außenpolitik Hitlers gebilligt; aber was ihm als Erfüllung seiner Geschichte erschien, war für

Hitler nichts als die Ausgangsstellung für den Kampf um seine eigentlichen Ziele.

Die Illusionen von München verflogen bald. In England war Churchill der heftigste Kritiker. Er nannte die Vereinbarungen eine Niederlage. Aber darin war sich Chamberlain mit Churchill einig, daß England keiner weiteren Erpressung nachgeben dürfe und es daher geboten schien, die eigene Rüstung zu beschleunigen. Schon bald nach München hielt Hitler am 9. Oktober in Saarbrücken eine gegen England gerichtete herausfordernd-aggressive Rede[18]. Der verkleinerten Tschechoslowakei gab er niemals die in München vorgesehene Garantie. Deutschland und Italien regelten gemeinsam durch den ersten Wiener Schiedsspruch vom 29. Oktober 1938 die zwischen Ungarn und der Tschechoslowakei strittige Grenzfrage: in Anwendung des ethnographischen Prinzips wurden die von Magyaren besiedelten südlichen Randgebiete der Slowakei und der Karpato-Ukraine zu Ungarn geschlagen[19]. Dies war aber nur eine Zwischenlösung. Denn schon einige Tage zuvor, am 21. Oktober, hatte Hitler bereits Weisung erteilt, die »Erledigung der Resttschechei« militärisch vorzubereiten[20]. Den Vorwand und Anlaß für einen solchen Zugriff fand er in slowakischen Unabhängigkeitsbestrebungen[21]. Der tschechische Staat brach auseinander. Am 14. März 1939 erklärte der slowakische Landtag – nachdem tags zuvor Hitler dem Slowakenführer Tiso damit gedroht hatte, die Slowakei den Ungarn zu überlassen, falls sie sich nicht von Prag löse – die Souveränität und stellte die Slowakei zugleich unter den Schutz des Deutschen Reiches. Am gleichen Tage wurde der tschechische Staatspräsident Hacha, der Nachfolger Beneschs, nach Berlin gerufen. Hier erfuhr er in der Nacht zum 15. März, daß die deutschen Truppen bereits auf dem Marsch nach Prag seien. Hitler drohte mit der Bombardierung der tschechischen Hauptstadt, falls Widerstand geleistet würde. Unter dieser Erpressung gab Hacha nach. Er erklärte, daß er das Schicksal der Tschechoslowakei »vertrauensvoll in die Hand des Führers« lege[22]. Ohne Kampf wurde das Land besetzt. Am 16. März proklamierte Hitler von der Prager Burg die Errichtung des »Protektorates Böhmen und Mähren«[23]. Die Karpato-Ukraine kam an Ungarn, das nun mit dem befreundeten Polen die lang erstrebte gemeinsame Grenze erhielt.

Die Besetzung Prags war der eklatante Bruch einer freiwillig von Hitler eingegangenen europäischen Regelung. Hitler hatte während der Sudetenkrise feierlich vor der Weltöffentlichkeit versichert, daß er über das Sudetenland hinaus keine territorialen Forderungen mehr erhebe[24]. Jetzt wurde es offenkundig, daß Hitlers Ziele nicht nationalstaatlich-großdeutsch begrenzt waren. Die Besetzung von Prag war für die britische Politik der Anlaß, um in unmißverständlicher Weise klarzumachen, daß Hitler beim nächsten Schritt auf den Widerstand Englands stoßen werde.

Inzwischen hatte Hitler am 29. Januar 1939 den Befehl zum beschleunigten Ausbau der Flotte gegeben. Die Rüstung der Marine sollte Vorrang erhalten vor der des Heeres und der Luftwaffe. Der in der Seekriegsleitung erarbeitete sogenannte »Z-Plan« legte entgegen den Erfahrungen des Ersten Weltkrieges den Schwerpunkt auf den Bau von Großkampfschiffen. Das Bauprogramm sollte bis zum Jahre 1946 erfüllt sein. Zahlenmäßig hätte sich diese Flotte nach ihrer Fertigstellung noch etwa im Rahmen der 35%-Klausel des deutsch-britischen Flottenabkommens von 1935 gehalten, da man wußte, daß die Briten ihre eigene Flotte im Hinblick auf die forcierte Seerüstung Japans verstärkt ausbauten. Aber die Marine, auf deren Initiative der Z-Plan ausgearbeitet war, wollte freie Hand bekommen und drängte darum auf Kündigung des Flottenabkommens mit England. Welche strategischen Überlegungen lagen diesem Plan zugrunde? Die Marine dachte an atlantische Operationen gegen die britische Handelsschiffahrt, ohne doch die Frage lösen zu können, wie dies ohne Stützpunkte außerhalb der Deutschen Bucht auf lange Sicht möglich sein könnte. Michael Salewski, dem wir die genaueste Darstellung dieser Zusammenhänge verdanken[25], stellt fest, daß sich der Z-Plan in den Bahnen des Tirpitzschen Denkens bewegte. Nur eine starke Überseeflotte konnte Seegeltung auf den Weltmeeren repräsentieren. Die Funktion der geplanten Flotte gegenüber England, mit dessen möglicher Gegnerschaft man seit der politischen Entwicklung im Jahre 1938 rechnete, wurde wie einst durch Tirpitz, so erneut auch jetzt mit dem Risikogedanken umschrieben. In Wiederholung des fehlerhaften Kalküls von Tirpitz hieß es in der von Fregattenkapitän Heye entworfenen amtlichen Denkschrift der Seekriegsleitung: »Je bedrohlicher dem Engländer die Möglichkeit einer solchen deutschen Seekriegführung durch Bereitstellung der hierfür geeigneten deutschen Schiffstypen erscheinen muß, um so größer wird er das Risiko eines Krieges mit Deutschland einschätzen, um so eher wird er zu einer friedlichen Verständigung bereit sein.« Und der Chef der Seekriegsleitung, Vizeadmiral Guse, forderte geradezu: »Diese Flotte muß eine ›Risikoflotte‹ im Tirpitzschen Sinne sein.«[26] Es entsprach diesem Gedanken, wenn Heye ebenso wie Guse aus Sorge vor einem Kriegseintritt Englands im Sommer 1938 vor einem Überfall auf die Tschechoslowakei warnte, wenn es auch offen ist, ob Raeder diese Warnung Hitler zur Kenntnis gebracht hat[27]. Wenn man aber damit rechnete, daß sich demnächst Deutschland tatsächlich im Kriegszustand mit England befinden werde, dann war diese Z-Plan-Flotte ein Schlag ins Wasser. Denn ihre Fertigstellung kam zu spät, und ihre Erbauung blokkierte in den acht Monaten bis zum Kriegsbeginn, als der Weiterbau eingestellt wurde, die Herstellung von Unterseebooten, die sich im Ersten Weltkrieg als die einzige gefährliche Waffe gegen England erwiesen hatten und sich im Zweiten Weltkrieg erneut als solche erweisen sollten. Zu den schärfsten Kritikern des Z-Planes gehörte daher der Führer der U-Boote, der spätere Großadmiral Dönitz. Er hielt die ihm zugrunde liegende Operationsplanung für verfehlt und sah in der Bevorzugung des Baus von Schlachtschiffen gegenüber dem Bau von U-Booten ein verhängnisvolles Versäumnis[28].

Wie die Marineleitung, so rechnete auch Hitler nicht mit der sicheren Gegnerschaft Englands in dem kommenden Kontinentalkrieg. Im Gegenteil. Er hoffte, England durch seine Blitzkriegstrategie politisch ausmanövrieren zu können, bevor es militärisch zum Zuge kam. Welche Bedeutung aber hatte dann für ihn der Z-Plan, dessen Vollendung erst für einen Zeitpunkt vorgesehen war, in dem das Reich die europäische Hegemonie bereits errungen haben würde? Man ist hier auf Hypothesen angewiesen. Hillgruber u. a. sehen in den Flottenbauplänen Hitlers ein Zeichen für seine über ein europäisch-kontinentales Hegemonialreich hinausgehenden Weltherrschaftsambitionen[29]. Der Flottenbau als solcher gemäß dem Z-Plan mit seinem im Vergleich zu England und den Vereinigten Staaten immer noch begrenzten Umfang kann jedoch kaum als ein eindeutiges Indiz dafür angesehen werden, daß Weltherrschaftsträume Hitlers sich bereits zu konkreter Planung verdichteten. Denn er könnte auch als Absicherung der maritimen Aktivitäten des demnächst zu errichtenden deutschen Kontinentalreichs verstanden werden. Daß Hitler aber dem Wunsch der Seekriegsleitung entsprechend das Flottenabkommen tatsächlich kündigte, war im Zusammenhang der von ihm auf den Kontinentalkrieg hin gesteuerten Entwicklung eine zusätzliche Herausforderung an England.

Lit. über Tschechoslowakei u. Sudetendeutschtum vgl. Bd. 18, Kap. 23, Anm. 5, Bd. 19, Kap. 5, Anm. 19 u. Bd. 19, Allgem. Bibl. z. Weim. Rep. – DW 397/447–452. Ausführl. Lit. Bericht von F. Seibt, Bohemica. Probleme u. Lit. seit 1945, HZ Sonderheft 4 (1970). Dok.grundlage für die diplomat. Gesch. in den für diesen Zeitabschnitt vollständig vorliegenden engl. u. dt. Aktenbänden (s. Allgem. Bibl. z. Dritt. Reich, unter Dokumente). W. F. Klotschko u.a. (Hg.), Neue Dok. zur Gesch. des Münchener Abkommens (Prag 1959), veranstaltet von den Außenministerien der Sowjetunion u. der Tschechoslowakei; dazu H. Bodensieck in Z. f. Ostforsch. 9 (1960); V. Král (Hg.), Das Abkommen von München 1938. Tschechoslowak. diplomat. Dok., 1937–1939 (Prag 1968); dazu J. K. Hoensch in HZ Bd. 209 (1969). – Darstellungen: Von einem Historiker der tschech. Nachkriegsemigration, wertvoll für die innertschech. Verhältnisse, B. Celovsky, Das Münchener Abkommen 1938 (1958); aus kommunist.-tschech. Sicht K. Gajan/R. Kvaček, Dtld. u. die Tschechoslowakei (Prag 1965); H. K. G. Rönnefarth, Die Sudetenkrise in der internat. Politik (2 Bde. 1961); R. Luža, The Transfer of the Sudeten Germans. A Study of Czech-German Relations, 1933–1962 (New York 1964). – Zur engl. Haltung Lit. in Kap. 17, Anm. 1, ferner K. Robbins, Munich 1938 (London 1968, a.d. Engl. 1969); B. J. Wendt, München 1938. England zwischen Hitler u. Preußen (1965). G. Bonnet, Vor der Katastrophe. Erinnerungen des franz. Außenministers 1938/1939 (a.d. Franz. 1951); ders., De Munich à la guerre (Paris 1967). – I. M. Maiski, Memoiren eines sowj. Botschafters (a.d. Russ. 1967). – Für die tschech. Entw. zw. München u. Prag H. Bodensieck, Die Politik des Prager Kabinetts Beran (Diss. Kiel 1956); ders., Die Politik der Zweiten Tschech. Republik, in: Z. f. Ostforsch. 6 (1957); ders., Zur Vorgesch. des »Protektorats Böhmen u. Mähren«, in: GWU 19 (1968); ferner die Erinnerungen von G. F. Kennan, Diplomat in Prag: 1938–1940. Berichte, Briefe, Aufzeichnungen (a.d. Amerik. 1972). – E. Benesch, Gedanke u. Tat. Aus den Schriften u. Reden (3 Bde. Prag 1937); ders., Memoirs. From Munich to New War and New Victory (London 1954); ders., Munich (a.d. Tschech. Paris 1970); zu Benesch: J. W. Brügel, Zum Streit um E. Beneš. Osteuropa 14 (1964) sowie F. Prinz u. F. Seibt, in: Beiträge zum dt.-tschech. Verhältnis im 19. u. 20. Jhdt. (1967); K. Henlein spricht, Reden zur polit. Volksbewegung der Sudetendeutschen (1937); aufschlußreich die Erinnerungen des Führers der sudetendt. Sozialisten W. Jaksch, Europas Weg nach Potsdam ([3]1968); zu diesem M. K. Bachstein, Wenzel Jaksch u. die Sudetendt. Sozialdemokratie (1974); er stand im Kampf für sudetendt. Autonomie zwischen den Fronten des Tschechoslowakismus Beneschs u. der »Heim-ins-Reich«-Parole Henleins; über seinen Vorgänger im Vorsitz der Partei: J. W. Brügel, Ludwig Czech, Arbeiterführer u. Staatsmann (Wien 1960).

[1] Minderheitenschutzvertrag mit der Tschechoslowakei St. Germain 10. Sept. 1919; zum Minderheitenproblem in Ostmitteleuropa: E. Viefhaus, Die Minderheitenfrage u. die Entstehung der Minderheitenschutzverträge auf der Pariser Friedenskonferenz 1919 (1960). – Benesch hatte in einer seiner Kriegsdenkschriften in Aussicht gestellt: »Le régime sera semblable à celui de la Suisse«, H. Raschhofer (Hg.), Die tschech. Denkschriften für die Friedenskonferenz von Paris 1919/20, in: Beiträge z. ausl. öff. Recht u. Völkerrecht, H. 24 (1937), S. 100. Benesch ist später von seiner Zusage abgerückt; vgl. Celovsky, S. 100f. In den Kriegsdenkschriften Masaryks wird Autonomie wohl der karpato-ukrainischen Volksgruppe, nicht aber der sudetendt. in Aussicht gestellt; vgl. E. Birke, Das neue Europa in den Kriegsdenkschriften T. G. Masaryks, in: Festschr.

Herzfeld (1958). Zur Lage der Sudetendeutschen: E. NITTNER (Hg.), Dok. zur sudetendt. Frage 1916–1967 (1967); ausführl. Darstellung von dem 1939 nach London emigrierten langjährigen Sekretär Czechs J. W. BRÜGEL, Tschechen u. Deutsche 1918–1938 (1967).

[2] Ursachen u. Folgen 12, Nr. 2684.

[3] B. CELOVSKY, op. cit., S. 103–105.

[4] Note vom 17. März 1938, Dok. u. Materialien 1 (s. Allgem. Bibl. z. Dritt. Reich, unter Dokumente), Nr. 7, Anm. 3; Brit. For. Pol., 3. Serie, Bd. 1, Nr. 90.

[5] Ebd., Nr. 116.

[6] Zu dem sowj. Vorschlag u. den engl. Motiven ausführl. G. NIEDHART, Großbritannien u. die Sowjetunion 1934–1939 (1972), S. 357ff. – Für den sowj. Vorschlag u. a. CHURCHILL, Der Zweite Weltkrieg, Bd. 1, S. 335; der franz. Botschafter in Moskau, COULONDRE, Memorandum März 1938, in: »Von Moskau nach Berlin« 1936–1939 (1950), S. 199; u. der amerik. Botschafter in Moskau, DAVIES, Brief an Sumner Welles 26. März 1938, in: »Mission to Moscow«, Bd. 1, S. 194; als Folge der »complete isolation«, in die die Sowjetunion durch England u. Frankreich getrieben werde, sah er schon damals voraus: »a realistic union of these forces with Germany in the not distant future«. – Bemerkenswert ist die Erörterung der verschiedenen kontroversen Urteile über das russ. Angebot bei R. G. D. LAFFAN, Survey of Internat. Aff. 1938, III (1953). Das vorsichtig formulierte Ergebnis lautet: »Vielleicht kann nicht mehr gesagt werden, als daß es nicht sicher ist, aus der Politik der Sowjetregierung im Jahre 1938 zu folgern, daß sie, wenn ihre Angebote auf Zusammenarbeit 1938 angenommen worden wären, ihr Gewicht nicht in die Waagschale der westlichen Welt geworfen und so den Krieg überflüssig gemacht haben würde« (S. 410). Die offizielle kommunistische These, die aber aktenmäßig nicht erhärtet ist, lautet, daß die Sowjetunion auch ohne das Eingreifen Frankreichs bzw. des Völkerbundes der Tschechoslowakei zu Hilfe geeilt wäre, wenn deren Regierung darum nachgesucht hätte. Ein solches Gesuch sei jedoch unterblieben wegen des Klasseninteresses der tschechischen Regierung. Vgl. z. B. Vorwort zu W. F. KLOTSCHKO (Hg.), Neue Dokumente. Tatsächlich hat die Sowjetunion bei den Verhandlungen über eine militärische Verteidigung der Tschechoslowakei keinerlei Konkretisierungen ihrer Hilfsmöglichkeiten vorgenommen. Russische Hilfe hätte nur wirksam werden können, wenn Polen oder Rumänien den Durchmarsch bewilligt hätten, wozu beide Staaten aus Mißtrauen gegen die Ziele der russ. Politik nicht bereit waren. – Zur sowj. Beurteilung der brit. Politik s. Kap. 17, Anm. 6.

[7] So auch G. L. WEINBERG, Secret Hitler-Beneš negotiations in 1936–37, Journ. Centr. Europ. Aff. 19 (1959). Die Verhandlungen wurden unter Umgehung des Ausw. Amtes über die Dienststelle Ribbentrop geführt. Benesch war bereit zu Nichtangriffspakt u. kulturpolit. Zugeständnissen an die Sudetendeutschen.

[8] ADAP, Serie D, Bd. 2, Nr. 23.

[9] Ebd., Nr. 107.

[10] Ebd., Nr. 109.

[11] Ebd., Nr. 135.

[12] Ebd., Nr. 221.

[13] Zit. nach W. FOERSTER, Generaloberst Ludwig Beck. Sein Kampf gegen den Krieg. Aus den nachgelassenen Papieren des Generalstabschefs (1953). Zur Kritik: K.-J. MÜLLER, Probleme einer Beck-Biographie, in: Milit. geschichtl. Mitteilungen 1/1972; ders., Ludwig Beck. Ein General zwischen Wilhelminismus u. Nat.soz., in: Festschr. F. Fischer (1973). Die Kritik Müllers an Beck ist charakteristisch für eine Beurteilung des Widerstandes, die in ihm kein nationales »Vermächtnis« mehr sehen will, sondern ihn »einer vergangenen Epoche« zu-

rechnet, weil seine Träger in ihren innen- u. außenpolit. Handlungsmaximen durch die national-konservative Tradition geprägt waren. So erfolgt schließlich die histor. Einschätzung Becks nicht mehr unter dem leitenden Gesichtspunkt, daß hier schließlich der einzige ernsthafte Versuch gemacht wurde, Dtld. von Hitler zu befreien, sondern in der distanzierenden Feststellung, daß sich in ihm »die folgenreiche, offensichtlich unaufhebbare Schwäche preußisch-konservativer Positionen gegenüber einem Phänomen wie dem Faschismus« gezeigt habe. Vgl. demgegenüber die Beurteilung Becks bei H. KRAUSNICK, Vorgesch. u. Beginn des milit. Widerstandes gegen Hitler, in: »Vollmacht des Gewissens« (1956) u. bei G. RITTER, Carl Goerdeler u. die dt. Widerstandsbewegung (1956), bes. S. 174ff. Für die folgenden oft dargestellten Begebenheiten neben H. KRAUSNICK u. K.-J. MÜLLER (Kap. 16): H. C. DEUTSCH, Verschwörung gegen den Krieg (a. d. Amerik. 1972); H. KRAUSNICK/H. C. DEUTSCH (Hg.), Helmuth Groscurth, Tagebücher eines Abwehroffiziers, 1938–1940 (1970).

[14] Das Material zur Godesberger u. Münchener Konferenz in ADAP, Serie D, Bd. 2; Doc. Brit. For. Pol., 3. Serie, Bd. 2.

[15] Zur Teschener Frage H. ROOS, Polen zwischen den Weltkriegen, in: W. MARKERT (Hg.), Osteuropahandbuch. Polen (1959); J. K. HOENSCH, Der ungar. Revisionismus u. die Zerschlagung der Tschechoslowakei (1967).

[16] W. BUSSMANN, Ein dt.-franz. Verständigungsversuch vom 6. Dez. 1938, Nachr. Akad. Göttingen (1953).

[17] Aus einer Aufzeichnung von Hpt. Heinz, dem Führer des Stoßtrupps, der sich der Person Hitlers bemächtigen sollte, zit. H. C. DEUTSCH, op. cit., S. 41, Anm. 1.

[18] DOMARUS, Hitler. Reden, Bd. 1, S. 954.

[19] Dok. zum Wiener Schiedsspruch in ADAP, Serie D, Bd. 4, Nr. 99.

[20] Ursachen u. Folgen 12, Nr. 2738.

[21] J. K. HOENSCH, Die Slowakei u. Hitlers Ostpolitik. Hlinkas Slowakische Volkspartei zwischen Autonomie u. Separation 1938/39 (1965).

[22] Erklärung vom 15. März 1939, ADAP, Serie D, Bd. 4, Nr. 229.

[23] Ebd., Nr. 246.

[24] Sportpalastrede 26. Sept. 1938: Das Sudetenland ist »die letzte territoriale Forderung, die ich in Europa zu stellen habe!«, DOMARUS, Bd. 1, S. 927.

[25] M. SALEWSKI, Die dt. Seekriegsleitung 1935–1945, 1 (1970), S. 38ff.; W. HUBATSCH, Der Admiralstab u. d. obersten Marinebehörden in Dtld. 1848–1945 (1958).

[26] Zit. SALEWSKI, S. 49 u. 53.

[27] K. ASSMANN, Dt. Schicksalsjahre (1950), S. 45; M. SALEWSKI, S. 44f.

[28] K. DÖNITZ, Die Schlacht im Atlantik in d. dt. Strategie d. Zw. Weltkrieges, in: Marinerundschau 61 (1964).

[29] Vgl. Kap. 1 u. dort Lit. Anm. 14.

Kapitel 19
Von der englischen Garantieerklärung an Polen bis zum Hitler-Stalin-Pakt

Der Einmarsch in Prag mit seiner Auswirkung in der öffentlichen Meinung der Welt ist der sichtbare Wendepunkt der europäischen Politik. England entschloß sich, Hitler ein unmißverständliches »Bis hierher und nicht weiter« entgegenzusetzen. Am 31. März 1939 erklärte Chamberlain vor dem Unterhaus, England werde in voller Übereinstimmung mit Frankreich, dem Bundesgenossen Polens, diesem Beistand leisten »für den Fall irgendeiner Aktion, die in klarer Weise die polnische Unabhängigkeit bedroht und die die polnische Regierung daher für so lebenswichtig ansieht, daß sie ihr mit ihren nationalen Kräften Widerstand leistet«. Das war ein plein pouvoir für Polen, eine Bündniszusage, wie sie weitgehender nicht gedacht werden konnte. Seit den Tagen von Locarno, als sich die französische Politik um ein Ostlocarno bemühte, hatte England es stets abgelehnt, im östlichen Mitteleuropa bindende Verpflichtungen zu übernehmen. Ein wirksamer Schutz für Polen war allerdings ohne die Einbeziehung Rußlands in das Verteidigungsbündnis gegen einen deutschen Angriff nicht möglich. Dennoch übernahm England in Vereinbarungen mit Polen vom 6. April die Verpflichtung hierzu. Dieser ungewöhnliche Schritt läßt sich nur so erklären, daß England zu der Überzeugung gelangt war, nach München nunmehr selber in die Schußlinie Hitlers geraten zu sein. Denn die Bedeutung Münchens für die Gruppierung der Mächte liegt ja doch vor allem darin, daß Hitler an dem schon damals geplanten Ausgriff über den Bereich der Nation in den Bereich des »Lebensraums« durch das Eingreifen Englands gehindert worden war. Seit der Jahreswende 1938/39 tritt in der britischen Politik in zunehmendem Maße die Sorge hervor, daß Hitler seinen nächsten Schlag möglicherweise gegen den Westen führen werde, um die Hand für den Osten freizubekommen[1]. In der Tat hat Hitler am 22. August 1939 rückblikkend vor den Führern der Wehrmacht erklärt, daß er »mit Polen ein tragbares Verhältnis« hatte herstellen wollen, »um zunächst gegen den Westen zu kämpfen«[2].

Die Zeit zwischen München und Prag war mit solchen Versuchen Hitlers, Polen für ein festeres Verhältnis zu gewinnen, angefüllt. Ribbentrop schlug dem polnischen Botschafter Lipski vor, Danzig, das seit Juni 1933 eine nationalsozialistische Regierung hatte[3], bei Respektierung der wirtschaftlichen Rechte Polens im Danziger Hafen politisch mit dem Reich zu verbinden, durch den Korridor eine exterritoriale Eisenbahn und Autostraße zu bauen und den Freundschaftsvertrag um 25 Jahre zu verlängern[4]. Bei einem Besuch in Warschau Ende Januar 1939 hat Ribbentrop die Möglichkeit einer polnischen Expansion in der Ukraine bis ans Schwarze Meer hin angedeutet[5]. Das Ziel war, Polen als Bundesgenossen für die zukünftige Auseinandersetzung mit der Sowjetunion zu gewinnen. Aber Oberst Beck, der polnische Außenminister, und sein Unterstaatssekretär Szembek wollten eine unabhängige Stellung zwischen der Sowjetunion und Deutschland bewahren, ohne sich nach der einen oder anderen Seite zu binden. Gerade damals verschärfte sich auch das Verhältnis zwischen der deutschen und polnischen Bevölkerung. Viele der mit dem Gebiet von Teschen unter polnische Herrschaft geratenen Deutschen verließen das Land, in Warschau und Bromberg kam es zu deutschfeindlichen Kundgebungen.

Während so das deutsche Werben um Polen ohne Erfolg blieb, begann sich das Verhältnis zur Sowjetunion zu entspannen. Stalin hielt seit München das von Litwinow vertretene Konzept der »kollektiven Sicherheit« in Zusammenarbeit mit den westlichen Demokratien für gescheitert. Er glaubte, daß England ein Arrangement mit Deutschland auf Kosten Rußlands anstrebe. Deshalb suchte er durch ein besseres Verhältnis zu Deutschland Bewegungsfreiheit zu gewinnen. Am 10. März 1939 hielt er eine bemerkenswerte Rede[6] – wenige Tage vor Hitlers Entschluß zum Einmarsch nach Prag. Stalin beschuldigte die Westmächte, daß sie verärgert seien, weil Hitler den von ihnen erwarteten Preis für die Zugeständnisse von München, nämlich einen Angriff auf die Sowjetunion, nicht gezahlt habe. Im übrigen erklärte er, daß er sich wegen der Ukraine nicht bedroht fühle. Das war ein deutlicher Wink an Deutschland, und Hitler hat ihn als solchen aufgefaßt. Er verstand, daß sich Stalin seinem Zugriff auf Prag nicht entgegenstellen werde. Er begann damals unter dem Eindruck der polnischen Weigerung und der nun offenen Feindschaft Englands sich mit dem Gedanken einer Annäherung an die Sowjetunion vertraut zu machen. Diese gab am 17. April 1939 ihr Interesse hieran durch eine Erklärung des Botschafters Merekalow zu erkennen. In einer Aufzeichnung des Staatssekretärs v. Weizsäcker hierüber heißt es: »Die russische Politik sei immer geradlinig gewesen. Ideologische Meinungsverschiedenheiten hätten das russisch-italienische Verhältnis kaum beeinträchtigt und brauchten es auch Deutschland gegenüber nicht zu stören ... Es bestehe für Rußland kein Grund, warum es nicht mit uns auf normalem Fuße leben sollte. Aus normalen Beziehungen könnten auch wachsend bessere werden.«[7]

Nach der Errichtung des Protektorats wurde die Position der

Achsenmächte weiter ausgebaut. Am 22. März gab Litauen das Memelgebiet an das Reich zurück[8]. Am folgenden Tage wurde mit Rumänien ein Handelsvertrag geschlossen, der die ganze Wirtschaft dieses Landes mit seinen Schätzen an Getreide und Öl auf die Bedürfnisse des Reiches einstellte[9]. Am 27. März trat Spanien dem Antikomintern-Pakt bei. Am 28. März zogen Francos Truppen in Madrid ein. Der Bürgerkrieg war beendet. Am 7. April besetzte Mussolini, durch die Erfolge Deutschlands angetrieben, Albanien und brachte damit den Eingang zur Adria unter italienische Kontrolle. Dem hierdurch bedrohten Griechenland wie dem unter dem Druck der deutschen Ölinteressen stehenden Rumänien gaben darauf England und Frankreich Hilfsversprechen gegen einen Angriff, ähnlich der Polen gewährten Garantie. Darüber hinaus schloß England mit der Türkei einen gegenseitigen Beistandspakt ab. Auch die Vereinigten Staaten versuchten, der auf den Krieg tendierenden Dynamik der Achsenmächte entgegenzuwirken. Präsident Roosevelt richtete am 14. April an Hitler und Mussolini eine Botschaft mit der Aufforderung, sich zu verpflichten, in den nächsten Jahren gegen eine Anzahl von namentlich genannten Staaten keinen Angriff zu führen[10]. Beide wiesen den Vorschlag Roosevelts als Zumutung mit großer Geste zurück, Hitler in einer sarkastischen, überaus geschickten und wirkungsvollen Rede vor dem Reichstag vom 28. April. Gleichzeitig kündigte er als Antwort auf die englische Garantieerklärung für Polen den Flottenpakt und den deutsch-polnischen Freundschaftsvertrag und forderte die Nachbarstaaten zu Nichtangriffspakten auf. Mit Dänemark (31. Mai), Estland und Lettland (7. Juni) kamen solche Verträge zustande[11]. Am 22. Mai bekräftigten Deutschland und Italien ihr Zusammengehen durch ein formelles Bündnis, den »Stahlpakt«, der auch in seiner Formulierung nicht auf gegenseitigen Beistand im Falle des Angriffs beschränkt wurde, sondern der Sicherung des »Lebensraumes« und anderer »Lebensinteressen« dienen sollte[12]. Die zwischen Italien und Deutschland bestehende Grenze wurde als endgültig anerkannt. In der Folge trafen Hitler und Mussolini ein Abkommen über die Aussiedlung der Deutschen aus Südtirol[13].

Entscheidend war die Frage, wie sich die Sowjetunion zu den beiden Bündnisgruppierungen verhalten würde. In England verlangte die Opposition innerhalb der konservativen Partei unter Führung Churchills, einen energischen Versuch zu unternehmen, um Rußland in das Bündnis gegen Hitler einzubeziehen. Auch Chamberlain hatte statt der einseitigen britischen Garantie für Polen an eine gemeinsame Erklärung der beiden Westmächte, Polens und der Sowjetunion gedacht. Ein solcher gemeinsamer Schritt war aber an der Weigerung Polens gescheitert, sich von der Sowjetunion helfen zu lassen. Die führenden polnischen Staatsmänner fürchteten, durch eine Verteidigungsabsprache mit der Sowjetunion in deren Machtbereich hineingezogen zu werden. Im Besitz der einseitigen britischen Garantieerklärung waren sie weniger als je geneigt, sich auf russische Hilfe einzulassen. Auch überschätzten sie die militärische Stärke ihres Landes[14]. Es lag jedoch auf der Hand, daß in Osteuropa eine wirksame Abwehr gegen Hitler nur mit Hilfe der Sowjetunion aufgebaut werden konnte. Am 15. April schlug daher die britische Regierung vor, die Sowjetunion möge unter Verzicht auf die Vertragsform ähnlich wie Großbritannien von sich aus eine Garantieerklärung für Polen abgeben[15]. Stalin bestand jedoch auf einem gegenseitigen Beistandspakt. Im Verlaufe der Verhandlungen steigerte er seine Bedingungen hierfür: Einbeziehung auch der baltischen Staaten und Finnlands, die dies keineswegs wünschten, da sie ebenso wie Polen in sowjetischer Hilfeleistung eine Gefahr für ihre Unabhängigkeit sahen; Ausdehnung des casus foederis auch auf den Fall »indirekter Aggression«; Abschluß einer Militärkonvention. Der Gang der Verhandlungen war schleppend. Chamberlain und Stalin waren von tiefem Mißtrauen gegeneinander erfüllt. Schließlich wurden die russischen Wünsche weitgehend akzeptiert. Am 24. Juli 1939 wurde in Moskau eine französisch-britisch-sowjetische Übereinkunft paraphiert, die nach Abschluß einer Militärkonvention in Kraft treten sollte. Der hier vereinbarte volle gegenseitige Beistand sollte für den Fall einer direkten oder indirekten Aggression auf Finnland, die baltischen Staaten, Polen, Belgien, Rumänien, Griechenland und die Türkei gelten. Unlustig gingen die Briten an die nun folgenden Militärbesprechungen heran. Die Militärmission, die sie nach Moskau schickten, bestand aus Fachleuten untergeordneten Grades. Sie nahm sich Zeit und reiste statt auf dem Luftwege zu Schiff. Erst am 12. August konnten die Verhandlungen über die Militärkonvention beginnen. Es stellte sich alsbald das kritische Problem des Durchmarschrechtes für die Rote Armee durch Polen. Die Polen erklärten ihrem französischen Bundesgenossen und der britischen Garantiemacht, daß keine Konzession möglich sei. Schließlich gaben die Franzosen ihrem Vertreter, dem General

Doumenc, den Auftrag, unter Übergehung der polnischen Vorbehalte den Vertrag in der Form zu unterzeichnen, wie ihn Moskau wünschte. Der britische Unterhändler wurde jedoch lediglich zu der Erklärung ermächtigt, daß Polen im Kriegsfall wahrscheinlich die sowjetische Unterstützung annehmen werde. Es war zu spät. Am 23. August wurde die Welt durch den Abschluß eines Paktes zwischen Deutschland und der Sowjetunion überrascht, den Ribbentrop und Molotow in Moskau unterzeichneten. Moskau hatte seit April parallel zu den Verhandlungen mit den Westmächten Verhandlungen mit Deutschland geführt. Ribbentrop sah hier die Möglichkeit, jene überlegene Machtkonstellation zustande zu bringen, die er seinem englischen Schlußbericht gemäß für notwendig hielt, um England zu hindern, Deutschland bei weiteren Aktionen im Osten in den Arm zu fallen. Hitler gab Stalin, was ihm England verweigert hatte.

Der »Nichtangriffspakt zwischen Deutschland und der Union der Sozialistischen Sowjetrepubliken«[16] knüpfte an den Berliner Vertrag vom April 1926 und damit an Rapallo an. Aber er war in seinem Wesen grundverschieden von jenen damaligen Verträgen. Denn diese hatten den Zweck gehabt, das Verhältnis zwischen den beiden Mächten zu normalisieren und den Handel zu fördern, ohne daß sich Deutschland von den Westmächten hätte abziehen lassen und die von der Sowjetunion damals gewünschte gemeinsame Aktion gegen Polen unternommen hätte. Eben dies aber war der Sinn des Hitler-Stalin-Paktes. Das Entscheidende stand nicht in dem offiziellen Nichtangriffsvertrag und in der in ihm enthaltenen Konsultationsverpflichtung, sondern in einem geheimen Zusatzprotokoll. Hier wurden Interessensphären in Osteuropa abgegrenzt, wobei Finnland, Estland und Lettland sowie Polen östlich von Narew, Weichsel und San in das sowjetische Interessengebiet fielen. Für Südosteuropa wurde keine klare Demarkationslinie gezogen. Die Sowjetunion betonte aber ihr Interesse an Bessarabien, während sich das Reich in politischer Hinsicht an diesem Gebiet für uninteressiert erklärte. Der Pakt bedeutete das Todesurteil für Polen. Hitler war nun überzeugt, daß die Westmächte ihn trotz ihrer Garantie nicht daran hindern könnten, die vierte Teilung Polens, wie mit Stalin verabredet, zu vollziehen. Hat er darüber hinaus die Absicht gehabt, nun er den Rücken im Osten frei hatte, den Westen anzugreifen? Oder hat er geglaubt, daß der Westen unter dem Eindruck seines Paktes mit der Sowjetunion versuchen werde, sich mit ihm zu arrangieren? Hat er, als er den Pakt abschloß, schon daran gedacht, ihn später zu brechen? Auf diese Fragen gibt es keine sichere Antwort. Die Äußerungen Hitlers sind widerspruchsvoll. Hitler hat seine einzelnen Entscheidungen den taktischen Möglichkeiten der wechselnden Situationen angepaßt. Man wird aber daran festhalten müssen, daß er von England jetzt nichts wollte, außer daß es ihm auf dem europäischen Kontinent freie Hand ließ. Auch noch im späteren Verlauf des Krieges, nach dem Polenfeldzug und nach Dünkirchen, hat er gehofft, daß England sich aus dem Kampfe zurückziehen werde – wie phantastisch diese Hoffnung auch gewesen sein mag und wie wenig sie der Tatsache Rechnung trug, daß es der historischen Linie der englischen Politik entsprach, sich in keinem Falle mit der militärischen Beherrschung des europäischen Kontinents durch eine Hegemonialmacht abzufinden.

Für Stalin bedeutete der Pakt, daß dem Bolschewismus nun das Tor in den baltischen Raum, in das östliche Mitteleuropa und nach Südeuropa geöffnet wurde. Er gewann ein Glacis und vor allem für die nur 25 Kilometer von der finnischen Grenze entfernte Stadt Leningrad die Aussicht, durch Ausbau einer baltischen Stellung und Zurückdrängung Finnlands bessere Verteidigungsmöglichkeiten zu schaffen. Es entsprach der bolschewistischen Doktrin, mit der Unvermeidlichkeit von Kriegen der kapitalistischen Staaten gegeneinander im Zeitalter des Hochimperialismus zu rechnen. Hier lag die Chance für den Sieg des Kommunismus[17]. Stalin hätte es in der Hand gehabt, den Krieg zu verhindern. Wenn er sich trotz der polnischen Bedenken mit den Westmächten verbündet hätte, wäre der deutsche Angriff auf Polen unterblieben. Alle Indizien sprechen dafür, daß Hitler nicht von vornherein einen Zweifrontenkrieg auf sich nehmen wollte. Stalin hat den Krieg nicht verhindert, weil er ihn nicht verhindern wollte.

Trifft eine ähnliche Überlegung für die Westmächte und insbesondere für die Haltung Englands zu? Waren sie bereit, einen europäischen Krieg mit allen Mitteln zu verhindern?[18] Hätte England nicht, wie es Churchill forderte, durch eine entschlossene Bündnispolitik mit Rußland unter Beiseitelassen der polnischen Bedenken Deutschland eindämmen können? Aber Chamberlain war nicht bereit, den gleichen Preis für ein Bündnis mit der Sowjetunion zu zahlen wie Hitler. Ja, es ließen sich im Sommer 1939 deutliche Anzeichen dafür erkennen, daß England im Grunde nicht abgeneigt war, sich auch jetzt noch mit Deutschland zu arrangieren. War es ein Wink an Deutschland, wenn Lord Halifax in einer Rede erklärte, daß es in einer besseren Atmosphäre möglich gewesen wäre, »das Kolonialproblem, die Frage der Rohstoffe, der Handelsschranken und des Lebensraumes« zu untersuchen?[19] Jedenfalls fanden im Juli 1939 in einem Augenblick, als die britisch-sowjetischen Besprechungen an einem toten Punkt angelangt zu sein schienen, Besprechungen zwischen dem Ministerialdirektor Wohlthat aus dem Stabe Görings und den Ministern Wilson und Hudson statt. Diese mit Billigung Chamberlains geführten Unterredungen fanden ihren Abschluß und ihre Bestätigung in Gesprächen zwischen dem deutschen Botschafter Dirksen und Wilson. Wir besitzen über die Verhandlungen die Aufzeichnungen der englischen und deutschen Gesprächspartner[20]. Der Tenor dieser Aufzeichnungen ist nicht identisch. Beide Seiten schieben die Initiative zu diesen Unterredungen der anderen Seite zu, und die Tragweite der englischen Zusicherungen erscheint nach den deutschen Berichten größer als nach den englischen. So viel läßt sich jedoch feststellen, daß England für den Fall, daß Hitler auf einseitiges Vorgehen mit Gewalt verzichtete, die besonderen Interessen der deutschen Wirtschaft in Ost- und Südosteuropa, also einen wirtschaftlichen Lebensraum anzuerkennen bereit gewesen wäre, wobei es den Anschein hatte, daß England selbst mit einer Regelung des Danzig- und Korridor-Problems im deutschen Sinne auf lange Sicht einverstanden gewesen wäre. Der deutsche Botschafter jedenfalls hielt die Eröffnungen für so wichtig, daß er sich in der zweiten Augustwoche nach Deutschland begab, um sie Hitler und Ribbentrop vorzutragen. Aber weder der eine noch der andere gab ihm Gelegenheit hierzu. Sie sahen in diesen britischen Eröffnungen ebenso wie in mancherlei privaten englischen Bemühungen um eine Verständigung mit Deutschland in letzter Minute nur ein Zeichen der Schwäche. Auf der anderen Seite wäre die britische Politik vielleicht weniger zögernd gewesen, wenn sie damit gerechnet hätte, daß Hitler und Stalin dabei waren, miteinander zu paktieren. Sie wurden allerdings gewarnt.

Damals hat Ernst v. Weizsäcker, der Staatssekretär im Auswärtigen Amt, den ungewöhnlichen Schritt getan, mit Hilfe der Brüder Kordt und auch unmittelbar gegenüber dem britischen Botschafter Henderson auf den bald erwarteten Abschluß eines deutsch-russischen Paktes hinzuweisen[21]. Er hielt, wie er in seinen Erinnerungen sagt, die Bildung einer Tripelentente London–Paris–Moskau im Interesse des Friedens für ein kleineres Übel als einen Pakt Berlin–Moskau mit dem Hintergedanken einer neuen Teilung Polens. Vermeidung des Krieges durch eine deutsch-britische Verständigung unter gewissen Konzessionen an die deutschen Ostinteressen hätte dem Wunsch der Wilhelmstraße und besonders auch Weizsäckers entsprochen. Aber den Gesprächen, die Wilson und Henderson geführt hatten, fehlte die Basis. Als Gerüchte über sie in die britische Öffentlichkeit drangen, reagierte diese mit heftiger Empörung. Sie blieben Episode, weil das englische Volk nach den Erfahrungen von München und Prag nicht bereit war, den Weg der Appeasement-Politik weiterzugehen, und weil Hitler durch den Pakt mit Stalin freie Bahn gewann für den Krieg.

Neben den Nürnberger Dokumenten u. den Dokumentenserien der verschiedenen Mächte zur ausw. Politik (s. Allgem. Bibl. z. Dritt. Reich, unter Dokumente): E. M. CARROL/F. Th. EPSTEIN (Hg.), Das nat.-soz. Dtld. u. die Sowj.-Union 1939–41, Akten aus dem Archiv des dt. Ausw. Amtes (Department of State 1948); Min. f. Ausw. Angeleg. d. UdSSR (Hg.), Dok. u. Materialien aus der Vorgesch. des Zw. Weltkrieges (2 Bde. Moskau 1948). – Memoiren s. Allgem. Bibl. z. Dritt. Reich, S. 19f. – Allg. Darstellungen DW 397/460; M. BRAUBACH, Hitlers Weg zur Verständigung mit Rußland im J. 1939 (1960); W. HOFER, Die Entfesselung des Zweiten Weltkrieges ([2]1964, Tb. 1967); H. BOOMS, Der Ursprung des 2. Weltkrieges – Revision od. Expansion? GWU 16 (1965); W. L. LANGERS/E. GLEASON, The Challenge to Isolation. The World Crisis of 1937–1940 and American Foreign Policy (2 Bde. New York 1964).

[1] Zu den Motiven der engl. Pol. bes. G. NIEDHART, Großbritannien u. die Sowjetunion 1934–1939 (1972); ferner MIDDLEMAS (s. Kap. 17) u. J. C. DOHERTY, Das Ende des Appeasement. Die brit. Außenpol., die Achsenmächte u. Osteuropa nach dem Münchener Abkommen (1973).

[2] Text bei W. BAUMGART, Zur Ansprache Hitlers vor den Führern der Wehrmacht am 22. August 1939. Eine quellenkritische Untersuchung, VfZG 16 (1968); vgl. auch Bd. 21, Kap. 1, Anm. 1f. – Zu Hitlers Politik gegenüber dem Westen seit München J. HENKE, England in Hitlers polit. Kalkül 1935–1939 (1973).

[3] Zunächst Senatspräsident Rauschning, sein Nachfolger seit Nov. 1934 Greiser. Lit. zur Danzig-Frage s. Allgem. Bibl. z. Dritt. Reich, S. 23.

[4] 24. 10. 1938, ADAP Serie D, Bd. 5, Nr. 81.

[5] J. BECK, Dernier rapport. Politique polonaise 1926–1939 (Paris 1951), S. 184ff.; J. COMTE SZEMBEK, Journal 1933–1939 (Paris 1952), S. 413f.; H. ROOS, Polen u. Europa, Stud. z. poln. Außenpol. 1931–1939 ([2]1965).

[6] Rechenschaftsbericht vor dem 18. Parteitag, in: J. STALIN, Fragen des Leninismus (Moskau 1947), S. 680ff.; Überblick über die russ. Politik 1938/39 bei D. GEYER (Hg.), Osteuropa-Handbuch. Sowjetunion (1972).

[7] ADAP Serie D, Bd. 6, Nr. 215.

[8] E.-A. PLIEG, Das Memelland 1920–1939. Dt. Autonomiebestrebungen im litauischen Gesamtstaat (1962); W. HUBATSCH, Die Rückkehr des Memelgebietes 1939, in: Dt. Studien 7 (1969).

[9] RGBl. 1939 II, Nr. 22. Hierzu der rumän. Außenminister G. GAFENCU, Vorspiel zum Krieg im Osten (Zürich 1944), S. 311: »... Rumänien ... wagte sich ... in den deutschen Lebensraum...«; A. HILLGRUBER, Hitler, König Carol u. Marschall Antonescu. Die dt.-rumän. Beziehungen 1938–1944 (1954).

[10] ADAP, Serie D, Bd. 6, Nr. 200.

[11] ADAP, Serie D, Bd. 6, Nr. 461 (Dänemark); RGBl. 1939 II, Nr. 32 (Estland u. Lettland).

[12] ADAP, Serie D, Bd. 6, Nr. 426; M. TOSCANO, The origins of the Pact of Steel (a.d. Ital. Baltimore 1967); F. SIEBERT, Der dt.-ital. Stahlpakt, VfZG 7 (1959); ders., Italiens Weg in den Zweiten Weltkrieg (1962).

[13] C. F. LATOUR, Südtirol u. die Achse Berlin–Rom 1938–1945 (1962); Vertragstext ebd., Anhang.

[14] Anna M. CIENCIALA, Poland and the Western Powers 1938–1939. A Study in the Interdependance of Eastern and Western Europe (London 1968); E. RAZCYNSKI (poln. Botschafter in England), The British-Polish Alliance: Its Origins and Meaning (London 1948); ders., In Allied London (London 1963).

[15] Akten in Doc. Brit. For. Pol. und von sowj. Seite: Die Verhandlungen der Militärmissionen der UdSSR, Großbritanniens u. Frankreichs in Moskau, August 1939 (dt. 1959, Beilage der Zeitschr. ›Die Sowjetunion heute‹). Einzelheiten der Verhandlungen bei NIEDHART u. DOHERTY (s. o.).

[16] Vertrag und Zusatzprotokoll in ADAP, Serie D, Bd. 7, Nr. 228 u. 229. – Vgl. allg. Lit. zur sowj. Außenpol. in Bd. 19, Allgem. Bibl. z. Weim. Rep., S. 23 u. Allgem. Bibl. z. Dritt. Reich, S. 22; G. L. WEINBERG, Germany and the Soviet Union 1959–1941 (Leiden 1954); P. W. FABRY, Der Hitler-Stalin-Pakt 1939–1941. Ein Beitrag zur Methode sowj. Außenpolitik (1962). Zur sowj. Interpretation G. v. RAUCH, Der dt.-sowj. Nichtangriffspakt vom Aug. 1939 u. die sowj. Geschichtsforschung, in: GWU 17 (1966); W. G. TRUCHANOWSKI (Hg.), Gesch. der internat. Beziehungen 1917–1939 (Berlin-Ost 1963). Die sowj. Interpretation läßt das geheime Zusatzprotokoll über die Teilung der Beute außer acht. Das gleiche gilt für die in dieser Hinsicht blockierte Geschichtsliteratur der DDR. Der russ. Ankläger im Nürnberger Prozeß versuchte die Verwendung des Zusatzprotokolls durch die dt. Verteidigung zu verhindern, vgl.: Der Prozeß gegen die Hauptkriegsverbrecher, Bd. 10, S. 14, 303f., 353f., Bd. 14, S. 315f. Seit das Dokument im Auftrage des State Dept. veröffentlicht wurde, kann seine Existenz nicht mehr bestritten werden. Die westliche Literatur seit G. GAFENCU, Vorspiel zum Krieg im Osten (Zürich 1944), sieht bei Stalin das Doppelmotiv des Wunsches, sich durch den Pakt mit Dtld. aus dem kommenden Krieg herauszuhalten, u. zugleich des Strebens nach territorialem Gewinn im Sinne des alten russ. Imperialismus, also Sicherheit u. Beute. Auf russ. Seite sind keine diplomat. Quellen erschlossen, daher Interpretation hypothetisch u. von Indizien ausgehend. Die entscheidenden Fragen lauten: Wie hätte sich Hitler verhalten, wenn sich 1939 die Sowjetunion mit den Westmächten verbündet hätte? Warum hat Stalin dieses Bündnis an den poln. Vorbehalten scheitern lassen? – Interessanterweise war Chruschtschow der Überzeugung, daß Stalin durch seinen Pakt mit Hitler diesen in den Krieg hineinstoßen wollte; vgl. W. LIPPMANN, The Communist World and Ours (London 1959), S. 18, über ein Interview mit Chruschtschow. Diese These vertritt auch der ehemalige schwed. Botschafter Sven ALLARD in: Stalin u. Hitler. Die sowjetruss. Außenpolitik 1930 bis 1941 (1974); er glaubt, daß Stalin schon seit den 20er Jahren den Krieg zwischen den Westmächten erwartet u. gewünscht u. nach kurzem Schwanken über die Einschätzung Hitlers

(1930–1934) zu diesem Zweck das Bündnis mit Dtld. gesucht habe. – Zum ideologischen Hintergrund: G. v. RAUCH, Lenin u. das Problem der Widersprüche im »kapitalistischen Lager«, GWU 22 (1971).

[17] So haben z. B. die tschech. Kommunisten im Okt. 1939 die Lage gedeutet. Mitteilung BENESCHS, Gazette de Lausanne 14. 3. 1948, zit. A. ROSSI, Zwei Jahre dt.-sowj. Bündnis (1954), S. 105 f.: »...die Kommunisten rechneten damit, daß der Eintritt der Sowjetunion in den Krieg bis zum Ende der Feindseligkeiten hinausgezögert werden könnte bis zu dem Augenblick, in dem beide Parteien zu erschöpft sein würden, um dem Druck der sozialen Revolution zuvorzukommen oder ihn aufzuhalten. Ich war also nicht überrascht, aus Prag zu erfahren, daß die Kommunisten gegenüber unserer Widerstandsgruppe eine sehr reservierte Haltung einnahmen. Unsere Prager Freunde unterrichteten uns über die Entschlüsse des Zentralkomitees der Partei, die in der kommunistischen Geheimzeitung bekanntgegeben wurden. Die Kommunisten rechneten mit der Neutralität der Sowjets bis zum Ende des ›imperialistischen Konfliktes‹, auf den dann die Weltrevolution folgen würde.« Weitere Beispiele dieser Art bei J. W. BRÜGEL (Hg.), Stalin u. Hitler. Pakt gegen Europa (1973).

[18] Die offizielle sowj. These geht so weit, zu behaupten, daß England und Frankreich »nicht nur nicht entschlossen waren, ernsthaft irgend etwas zu unternehmen, um Hitlerdeutschland zu hindern, einen Krieg zu entfesseln, sondern daß sie im Gegenteil alles in ihrer Macht Stehende taten, um durch die Methode geheimer Besprechungen und Verträge, durch die Methode aller möglicher Provokationen Hitlerdeutschland gegen die Sowjetunion aufzuhetzen«. Diese These aus ›Geschichtsfälscher. Aus Geheimdokumenten über die Vorgeschichte des Zweiten Weltkrieges‹ (Moskau 1948) wird u. a. wörtlich übernommen von B. S. TELPUCHOWSKI, Die sowj. Gesch. d. gr. Vaterl. Krieges (aus d. Russ. 1961), S. 11 f.

[19] 29. 6. 1939 vor Inst. of Internat. Affairs, Blaubuch d. brit. Reg. üb. d. dt.-poln. Bez. u. d. Ausbruch d. Feindseligkeiten zw. Gr.-Brit. u. Dtld. am 3. Sept. 1939 (autoris. Übers. Basel 1939) Nr. 25; ähnlich Oberhausrede 8. 6. 1939.

[20] In Doc. Brit. For. Pol., Serie 3, Bd. 6; Dok. u. Materialien, Bd. 2, Das Archiv Dirksen; vgl. Zusammenstellung K. D. ERDMANN, GWU 6 (1955), S. 711 f.; M. GILBERT/R. GOTT, Der gescheiterte Frieden (a. d. Engl. 1964); H. METZMACHER, Dt.-engl. Ausgleichsbemühungen im Sommer 1939, VfZG 14 (1966); zusammenfassend HENKE, S. 268 ff.

[21] WEIZSÄCKER, Erinnerungen, S. 235, 248; E. KORDT, Nicht aus den Akten (1950), S. 313 ff.

Übersicht der Taschenbuchausgabe des GEBHARDT

Die erste Auflage des ›Handbuchs der deutschen Geschichte‹, herausgegeben von dem Berliner Realschullehrer Bruno Gebhardt (1858–1905) in Zusammenarbeit mit elf Gymnasiallehrern, Bibliothekaren und Archivaren, erschien 1891/92 in zwei Bänden. Von der zweiten bis zur siebenten Auflage wurde das Handbuch unter seinen Herausgebern Ferdinand Hirsch, Aloys Meister und Robert Holtzmann unter immer stärkerer Heranziehung von Universitätslehrern jeweils nach dem erreichten Forschungsstand überarbeitet und ergänzt und fand im wachsenden Maße bei Lehrenden und Lernenden an den Universitäten Verwendung. Nach dem Zweiten Weltkrieg nahm Herbert Grundmann mit neuen Autoren eine völlige Neugestaltung des ›Gebhardt‹ in Angriff, und auf diese in den Jahren 1954 bis 1960 in vier Bänden erschienene achte Auflage geht die nun vorliegende, wiederum überarbeitete und ergänzte, 1970 bis 1976 erschienene neunte Auflage zurück.

Um das bewährte Studien- und Nachschlagewerk vor allem den Studenten leichter zugänglich zu machen, haben sich der Originalverlag und der Deutsche Taschenbuch Verlag im Einvernehmen mit den Autoren zu dieser Taschenbuchausgabe entschlossen. Das Handbuch erscheint ungekürzt und, von kleinen Korrekturen abgesehen, unverändert in folgender Bandaufteilung:

1. Ernst Wahle: Ur- und Frühgeschichte im mitteleuropäischen Raum
2. Heinz Löwe: Deutschland im fränkischen Reich
3. Josef Fleckenstein und Marie Luise Bulst-Thiele: Begründung und Aufstieg des deutschen Reiches
4. Karl Jordan: Investiturstreit und frühe Stauferzeit (1056 bis 1197)
5. Herbert Grundmann: Wahlkönigtum, Territorialpolitik und Ostbewegung im 13. und 14. Jahrhundert (1198–1378)
6. Friedrich Baethgen: Schisma und Konzilszeit, Reichsreform und Habsburgs Aufstieg
7. Karl Bosl: Staat, Gesellschaft, Wirtschaft im deutschen Mittelalter
8. Walther Peter Fuchs: Das Zeitalter der Reformation
9. Ernst Walter Zeeden: Das Zeitalter der Glaubenskämpfe (1555–1648)
10. Max Braubach: Vom Westfälischen Frieden bis zur Französischen Revolution
11. Gerhard Oestreich: Verfassungsgeschichte vom Ende des Mittelalters bis zum Ende des alten Reiches
12. Wilhelm Treue: Wirtschaft, Gesellschaft und Technik in Deutschland vom 16. bis zum 18. Jahrhundert
13. Friedrich Uhlhorn und Walter Schlesinger: Die deutschen Territorien
14. Max Braubach: Von der Französischen Revolution bis zum Wiener Kongreß
15. Theodor Schieder: Vom Deutschen Bund zum Deutschen Reich
16. Karl Erich Born: Von der Reichsgründung bis zum Ersten Weltkrieg
17. Wilhelm Treue: Gesellschaft, Wirtschaft und Technik Deutschlands im 19. Jahrhundert
18. Karl Dietrich Erdmann: Der Erste Weltkrieg
19. Karl Dietrich Erdmann: Die Weimarer Republik
20. Karl Dietrich Erdmann: Deutschland unter der Herrschaft des Nationalsozialismus 1933–1939
21. Karl Dietrich Erdmann: Der Zweite Weltkrieg
22. Karl Dietrich Erdmann: Das Ende des Reiches und die Entstehung der Republik Österreich, der Bundesrepublik Deutschland und der Deutschen Demokratischen Republik

Sachregister

Personenregister

Deutsche Geschichte der neuesten Zeit

Peter Burg:
Der Wiener Kongreß
dtv 4501

Wolfgang Hardtwig:
Vormärz
dtv 4502

Hagen Schulze:
Der Weg zum Nationalstaat
dtv 4503

Michael Stürmer:
Die Reichsgründung
dtv 4504

Richard H. Tilly:
Vom Zollverein zum Industriestaat
dtv 4506

Helga Grebing:
Arbeiterbewegung
dtv 4507

Hermann Glaser:
Bildungsbürgertum und Nationalismus
dtv 4508

Michael Fröhlich:
Imperialismus
dtv 4509

Gunther Mai:
Das Ende des Kaiserreichs
dtv 4510

Klaus Schönhoven:
Reformismus und Radikalismus
dtv 4511

Horst Möller:
Weimar
dtv 4512

Peter Krüger:
Versailles
dtv 4513

Corona Hepp:
Avantgarde
Moderne Kunst, Kulturkritik und Reformbewegungen nach der Jahrhundertwende
dtv 4514

Fritz Blaich:
Der Schwarze Freitag
dtv 4515

Martin Broszat:
Die Machtergreifung
dtv 4516

Norbert Frei:
Der Führerstaat
dtv 4517

Bernd-Jürgen Wendt:
Großdeutschland
dtv 4518

Hermann Graml:
Reichskristallnacht
dtv 4519

Hartmut Mehringer:
Emigration und Widerstand
dtv 4520 (i. Vorb.)

Lothar Gruchmann:
Totaler Krieg
dtv 4521

Wolfgang Benz:
Potsdam 1945
dtv 4522
Die Gründung der Bundesrepublik
dtv 4523

Dietrich Staritz:
Die Gründung der DDR
dtv 4524

Kurt Sontheimer:
Die Adenauer-Ära
dtv 4525

Ludolf Herbst:
Option für den Westen
dtv 4527

Peter Bender:
Die »Neue Ostpolitik« und ihre Folgen
Vom Mauerbau bis zur Vereinigung
dtv 4528

Thomas Ellwein:
Krisen und Reformen
Die Bundesrepublik seit den sechziger Jahren
dtv 4529

Helga Haftendorn:
Sicherheit und Stabilität
Außenbeziehungen der Bundesrepublik zwischen Ölkrise und NATO-Doppelbeschluß
dtv 4530